唐代佛典音義中的方音研究

李華斌 ◎ 著

中国社会科学出版社

圖書在版編目(CIP)數據

唐代佛典音義中的方音研究/李華斌著. —北京：中國社會科學出版社，2015.5
ISBN 978-7-5161-5606-3

Ⅰ.①唐⋯ Ⅱ.①李⋯ Ⅲ.①佛經—訓詁—研究—中國—唐代 Ⅳ.①H131.6②B94

中國版本圖書館 CIP 數據核字(2015)第 037458 號

出 版 人	趙劍英
責任編輯	郭曉鴻
特約編輯	郜同麟
責任校對	王佳玉
責任印製	戴　寬

出　　版	中國社會科學出版社
社　　址	北京鼓樓西大街甲 158 號（郵編 100720）
網　　址	http://www.csspw.cn
發 行 部	010-84083685
門 市 部	010-84029450
經　　銷	新華書店及其他書店
印刷裝訂	三河市君旺印務有限公司
版　　次	2015 年 5 月第 1 版
印　　次	2015 年 5 月第 1 次印刷
開　　本	710×1000　1/16
印　　張	19.5
插　　頁	2
字　　數	311 千字
定　　價	66.00 元

凡購買中國社會科學出版社圖書，如有質量問題請與本社聯繫調換
電話：010-84083683
版權所有　侵權必究

目 录

序 1
緒　論 1

第一章　方言音注的類別、體式、術語及認定 18
第一節　方言音注的類別 18
第二節　方言音注的體式 20
第三節　方言音注的術語 22
第四節　方言音注的認定 38

第二章　玄應音義的方音研究 43
第一節　方言音注的概況 44
第二節　方言音注的輯佚 45
第三節　方言音注的校勘 82
第四節　方言音注的考證 89
第五節　方言音注反映的方音特點 154

第三章　窺基音義的方音研究 181
第一節　方言音注的概況 181

第二節　方言音注的考證 182
　　第三節　方言音注反映的方音特點 188

第四章　慧苑音義的方音研究 191
　　第一節　方言音注的概況 191
　　第二節　方言音注的考證 192
　　第三節　方言音注反映的方音特點 194

第五章　雲公音義的方音研究 196
　　第一節　方言音注的概況 197
　　第二節　方言音注的考證 197
　　第三節　方言音注反映的方音特點 201

第六章　慧琳音義的方音研究 203
　　第一節　方言音注的概況 204
　　第二節　方言音注的校勘 206
　　第三節　方言音注的考證 211
　　第四節　方言音注反映的方音特點 268

結　論 283
參考文獻 293
後　記 301

序

萬獻初

　　李華斌《唐代佛典音義中的方音研究》書稿成，即將付梓，問序於我。讀過書稿，感受深的，仍然是他做學問踏實、細緻的一貫風格。華斌隨我攻讀博士學位，屬古典文獻學專業之下的"音義學"方向，博士學位論文選題是《〈昭明文選〉音注研究》，用文獻學與語言學相互參照的方法，對《文選》李善注中所有音注材料做了深入細緻的梳理與考辨，有不少新的發現，對漢語語音發展史研究和《文選》學研究都有很好的參考價值。論文經修改成書，已於 2013 年由巴蜀書社出版。

　　《唐代佛典音義中的方音研究》與《〈昭明文選〉音注研究》一樣，主體部分屬於語言材料的基礎研究。所謂"語言材料基礎研究"，是指在一定的理論指導之下按一定的方法對一定的材料進行搜集、整理、分析和歸類，確定性質，分辨層次，梳理脈絡，探尋規律，爲更深入的語言系統研究打好基礎。

　　我國傳統語言學的材料非常豐富，但又非常蕪雜，常常是歷時性、泛地域性的材料疊置在某個共時的材料類聚中，不能簡單地把這種泛時泛地性的材料當作同質材料，用來做特定時段的平面語言本體研究，必須逐一經過細緻考察，確定時段與地域的不同來源，合理類聚，分清層次，之後才能進入語言本體研究。不然，鬍子眉毛一把抓，把不同層次不同性質的材料強行納入一個框架內來討論一個平面的語言問題，得出的結論一定是不可信的。

— 1 —

華斌性格沉靜，耐心細緻，肯下苦功夫。他研究唐代佛典音義中的方音，還是用文獻考析的"笨"辦法，先做輯佚、校勘、考證等文獻整理工作。書稿框定唐代五家佛典音義文本中的全部方音材料，逐一進行多角度的考辨、分析、比對，然後將考實的材料按不同層次匯聚分類，從而討論由不同類別材料所反映的唐代方音上的多方面問題，爲漢語歷史方言研究提供信實的考辨成果。

　　書稿在確認版本、詳做校勘的基礎上，以玄應、慧琳《一切經音義》爲主體文本，參考相關文獻，將流傳至今的"玄應、慧苑、雲公、窺基、慧琳"五家佛典音義分列開來，設定統一的判別條例，對其中的方音作考訂及身份認定，從而將各家音義中的方音注項提取出來，進行各家的專題方音研究。然後，結合筆記小說、敦煌文獻、詩韻、對音、現代漢語方言、少數民族語言等材料，對唐代方音的特點進行相應的描寫。

　　從佛典音義中提取方音材料，首先要解決的是標準設定問題。需要從方言音注的類別、體式、術語入手，確定識別標記，保證方音材料提取的可操作性和可靠性。書稿的操作，主要是從文獻中的方言記載、音義書中的特殊反切、不合常規的押韻、特殊的對音材料幾個方面來確定和描寫唐代方音，操作標準明確而統一，是切實可行的。

　　借鑒前人的得失經驗，按較大方言區來描寫歷史方言的語音特點比較可靠。由於文獻的泛時性及地域的變動性，如果描寫的分區過細，就會帶來材料不足徵及區別特徵不明顯等弊病。較細的次方言區特點、作者個人方音特點是否代表整個方言區的特點，已不可考，不好妄下斷語，故書稿用變通的處置方法，注明某方言音注的作音注人籍貫和次方言區劃，以備參考，處理比較穩妥。從所得材料出發，書稿將唐代佛典音義所載方音分歸爲"秦（隴）晉、中國（原）、江南、吳越、楚、蜀、齊魯、燕趙、南越、東甌"十個方言區，集中分析、比對所考辨確定下來的五家音義的方音材料，集中描寫唐代各方言區的音系及其特點。"南越、東甌"兩區文獻缺失，材料極少，故所論從略。

　　框定材料範圍之後，在宏觀性的系統把握上，華斌依然採用建立數據庫來統計、分析語料的方法，窮盡所選方音語料的數據，在語料庫中作多角度的數據統計，用分佈來顯示隱含的內在規律，通過定量來定性。數據庫顯示，考定的五家佛典音義的方言音注有：玄應音義 602 條，窺基音義 27 條，慧苑音義 8 條，雲公音義 23 條，慧琳自作音義 308 條，合計 968 條。然後，對這些方音數據分設多個字段，按不同内容的資料分佈來統計、歸納不同的方音特點，精確而完整，所得結論令人信服，富於啟發性。如：

從方言音注文獻上看，唐代佛典音義的方言音注呈現承繼性的特徵。玄應發凡起例，爲佛經詞條的方言注音及釋義確立了範式。窺基、慧苑、雲公、慧琳承襲了這種音義的註釋形式，既承用玄應方音註釋的體例，也徵引玄應的方言註音内容。窺基、慧苑、雲公承襲的多，開拓的少；慧琳有所承襲，也有所突破。總體來看，佛經音義是累積性的音注文獻，其中的方言音注也是累積性的材料。

從方言區的變化來看，揚雄《方言》分 47 類方言區，到玄應音義則祇分 28 類方言區，說明從西漢到唐初，漢語大的方言區相繼減少，漢語的融合步伐在不斷加快。部分方言詞已變成了通語，突出的如宋、衛、鄭等方言區已融入"中國"之內；方言區的格局也在變化，如蜀語已上升爲一個大的方言區。

從考定材料所反映的唐代方言的語音特點看，有的是方言區的特點，有的則反映了漢語語音系統的整體變化。重要的所得如：

聲母方面，中唐以後北方方言開始不分船禪，從邪相合的情況也多起來，這是南音北漸的結果。唐中後期開始，方言中的莊、章二組分合已有兩種走向，一種是莊、章合併（如中國方音），一種是知三與章組合流（如西北方音）。唐代各地方言都有照二歸精、舌上歸舌頭、古匣母字讀舌根塞音等存古遺跡。除吳語不太明顯外，唐代各方言都存在濁音清化的現象。

韻母方面，"秦晉方音、中國音、江南音"與"吳語、楚語、燕趙方音"在語音上的顯著區別，是尤侯韻的唇音字是否讀虞模韻。重韻不分，一二等相混，三四等相混，在唐代北方方言區較爲普遍，南方方言在這些音變上則略爲滯後。唐代吳音把二等唇音字讀成三等，是二等韻細音化的開端。唐代各方言區洪音讀細音的例子較多，顯示 i 介音增生現象在唐代北方比較普遍，南方也有一些地區有三等介音的增生，這對通常認爲 i 介音增生只見於北方的認識是有修正價值的。

聲調方面，北方多個方言區已有入聲消變的現象，但還沒有發現平分陰陽的音變現象。

　　整體而言，就歷時音變的情況看，語音不同的方言詞分佈數據可用來揭示方音的區別性特點。與通用語比較，方音有超前或滯後的語音變化，也有特有的方音變化。超前的變化，如韻部合併、濁音清化、入聲消失等；滯後的變化，如匣歸群、照二歸精、照三歸端及聲調的去入相混等；特有的方音變化，如送氣不送氣聲母相混、開合韻相混、尤侯與豪宵韻混、聲調的平去相混及上去相混等。

　　通過對考定材料作不同角度的分析和數據分佈的觀察，可論證這些佛典音義所保存的正是唐代方音的第一手材料，從中可管窺唐代方音的基本面貌和特點。這些研究所得，在漢語方音斷代研究上具有重大的價值，對漢語語音發展史的整體研究也會有重要價值。

　　華斌性喜清靜，在黔南青林碧水的都勻居住、教課、做研究，很適合他的心意。上年暑假，我去了一趟都勻，他陪我登斗篷山，遊荔波小七孔，漂流樟江，十分愜意。傍晚，他引我在都勻市內的劍江清水岸邊走了很遠，江流婉轉，月照花林，一二廊橋，兩三燈火，四五遊人，真個是現代城市不能再有的幽靜。華斌說他每天傍晚都在這劍江邊走兩個小時，有時也會一個人在斗篷山上走一整天，不見一個人，沒說一句話。可以想見，只有這樣的華斌，才可以這樣仔細地去靜心爬梳這樣蕪雜的文獻，不計時日，不急功利，積積累累，得出些實實在在的心得。這便有了《唐代佛典音義中的方音研究》，樸實而沉靜。期待華斌下一個研究成果，相信還是這樣的樸實而沉靜。

2014 年 5 月 26 日於珞珈山東山頭寓所

緒　論

據《大唐內典錄》、《開元釋教錄》的記載，高齊沙門道慧作《一切經音義》，隋朝沙門智騫著《衆經音》。據日本學者的考證，隋朝經師曇捷曾給《妙法蓮華經》撰《字釋》。惜上述佛經音義均已亡佚。據圓珍《智證大師將來目錄》、義淨《南海寄歸內法傳》、圓仁《入唐求法巡禮記》、可洪《大藏經音隨函錄後序》等的記載，唐代佛典音義有釋玄應《大唐衆經音義》二十五卷、郭迻《新定一切經類音》八卷、善遇《一切經音》、慧琳《一切經音義》一百卷、桂輪《大藏經音》八卷、江西謙大德經音等，今流傳下來的僅有玄應音義、慧苑音義、雲公音義、窺基音義、慧琳音義。玄應音義成書於公元661—663年間，是一部未完成的書稿[①]；窺基、慧苑、雲公音義約成書於公元664—733年間，保存在慧琳的《一切經音義》中；慧琳音義成書約在公元800年，是佛典音義的集大成之作。這些佛典音義保存了唐代方音的第一手材料，從中可管窺唐代方音的基本面貌，在斷代方音研究中意義重大。

一　唐代方言區劃及特點

一般來說，古人尊奉雅言，排斥方言，導致古代文獻材料記載方言的材料相對較少。唐代文獻反映本朝方音的材料較分散、零星，今勾稽代表性的幾條，如下：

（1）唐初有一個關於"言音不正"的故事：

[①] 徐時儀：《玄應〈衆經音義〉的成書和版本流傳考探》，《古籍整理研究學刊》2005年第4期。

"侯思止出自皂隸，言音不正，以告變授御史。時屬斷屠，思止謂同列曰：'今斷屠宰，雞云圭猪云誅魚云虞驢云平縷，俱云居不得喫云詰，空喫結米云弭麵泥去，如云儒何得不饑！'侍御崔獻可笑之。思止以聞，則天怒，謂獻可曰：'我知思止不識字，我已用之，卿何笑也！'獻可具以雞猪之事對，則天亦大笑，釋獻可。"[①]

侯思止（？—693年），雍州醴泉（今稱禮泉，咸陽市轄縣）人，他開合混，魚虞、支齊、真先、齊先不分，-t/-k 混併，見溪、明泥不分，[②]口音重，"言音不正"，受人恥笑。可能當時關中醴泉片的方音如此。

（2）顏師古《匡謬正俗》卷六"底"條："俗謂何物爲底丁兒反……此本言何等物，其後遂省，但言直云等物耳。等字本音都在反，又轉音丁兒反。……今吳越之人呼齊等皆爲丁兒反。"

（3）釋元康《肇疏論》："大唐吳兒呼來爲離。"

"等、來"上古之部。"在、來"中古咍開一。"兒、離"中古支開三。上古之部字唐代吳音讀止攝三等，而山東（崤山以東）音讀蟹攝一等，表明北方方音演變滯後，而南方方音演變較快。鄭張尚芳認爲"三等介音的增生最初祇見於北方"[③]，從以上材料可看出唐代南方的三等介音也已增生，且比北方音變超前。

（4）晚唐李匡乂《資暇集》卷中"俗譚"條："俗之誤譚，不可以證者何限。……熨斗爲醖，剪刀爲箭，帽爲慕，禮爲里，保爲補，裒爲逋，暴爲步，觸類甚多，不可悉數。"[④]

稱熨（影微合三去）爲醖（影文合三去），表明微、文陰陽對轉。稱剪（精仙開三上）爲箭（精仙開三去），反映上去混。"帽爲慕，保爲補，裒

---

① 劉肅：《大唐新語》，中華書局1984年版，第190頁。

② 雞（齊開四）圭（齊合四），猪（魚開三）誅（虞合三），驢（魚開三）縷（虞合三），俱（虞合三）居（魚開三），喫（溪母青開四入）詰（溪母真開三入）結（見母齊開四入），米（齊開四上）弭（支開三上），麵（明母先開四去）泥去（泥母齊開四去），如（魚開三）儒（虞合三）。他開合、魚虞、支齊、真先、齊先不分，-t/-k 混併，見溪、明泥不分。

③ "三等介音的增生最初祇見於北方"見於鄭張尚芳《漢語介音的來源分析》，《語言研究》1996年增刊。

④ 李匡乂：《資暇集》，中華書局1985年版，第16—17頁。

爲逋，暴爲步"說明蕭豪韻的唇音字讀同魚模。稱禮（齊開四上）爲里（之開三上），反映之齊混。李匡乂爲宰相李夷簡之子，"直隴西一系，非宗室子也"①，可知他是京兆長安人。它們反映的大概是京兆一帶的俗音特點，李匡乂認爲這些是不規範的讀音，即"誤譚"。

（5）唐末有胡曾的一首《戲妻族語音不正》（《全唐詩》卷870）的五絶：

"呼十卻爲石，喚針將作真。忽然雲雨至，總道是天因。"

"十"是禪緝開三，"石"是禪昔開三，都是入聲字，但"十"是-p尾，"石"是-k尾。"針"是章侵開三，"真"是章真開三，"針"收-m尾，"真"收-n尾。"陰"是影侵開三，"因"爲影真開三，"陰"是-m尾，"因"是-n尾。胡曾是邵陽人，他嘲笑妻族語音不正。他的妻族是哪裡人沒交代，大概是湖南人。今婁底邵陽一帶的老湘語-m尾與-n尾合併，入聲韻尾無區別，可能有唐代方音的影子。

總之，古人對方音的研究不太重視，文獻中無完整的方言音系描寫。但筆者可從文獻記載管窺唐代方音的一角。

（一）方音區劃

現代漢語方言的區劃承襲古代方言區而來，就距今一千多年的唐代方言區而言，二者並不等同。從文獻可考知，唐代方言大致有如下區劃：

（1）秦（隴）晉方言區

函谷關以西，以關中爲中心，包括秦隴地區。關中平原、甘肅南部渭水流域的隴西盆地是秦人的發祥地，這裡很早就是一個漢語方言區，郭璞注《方言》稱爲"關西"，它們具有相同的語音特徵，如陸法言《切韻序》："秦隴則入聲似去……"

春秋時代，秦和魏（晉南）方言差別很大，通話不便②；兩漢時代，秦晉方音連成一片，如揚雄《方言》常"秦晉"連言，形成一個更大的方言區。

（2）中國（原）方言區

---

① 張固也：《〈資暇集〉作者李匡文的仕履與著述》，《文獻》2000年第4期。是李匡乂還是李匡文？存爭議，如《四庫提要》認爲是李匡文。由於與本書無關，略去。

② 袁家驊：《漢語方言概要》，語文出版社2006年版，第17頁。

《說文》："夏，中國之人。"夏人所在的中國之地，史前時期就是漢族人的故地，它以河洛爲中心，逐漸向外輻射、延伸。夏、雅上古都是魚部，聲母都是喉牙音，表明春秋時期的民族共同語——雅言①是在"夏"言的基礎上形成的。先秦時代，"諸戎"、"南蠻鴃舌之人"、"齊東野人"、楚人等與中原一帶的人不能通話②。戰國時期，諸侯分治，這個大的方言區分成周鄭、衛宋、魏等幾個次方言區③，秦至西漢，咸陽、長安是政治文化中心，秦晉方音的地位上升，例如揚雄《方言》中秦晉並稱88次，遠超其他方言區的次數。南北朝分裂時期，以洛陽爲中心的中國方言區和以金陵爲中心的江南方言區的地位上升。這一時期有王長孫撰《河洛語音》一卷④，應是描寫中國方音，惜亡佚。唐代，中國方言區的範圍逐漸擴大，包括函谷關以東的大部分地區。唐人對全國方言的評述，也是以中原方音作參照對象，如陸法言《切韻序》："吳楚則時傷輕淺，燕趙則多傷重濁。"

（3）江南方言區

北人自永嘉之亂起，逐漸南遷，佔據淮河以南、長江下游的吳語區，歷東晉、宋、齊、梁、陳273年，在南北朝後期形成以南京話爲基礎方言的南朝通語⑤。從唐人佛典音義有"江南行此音"等音注術語可知，江南音影響大，通行的範圍也較大。它以南京爲中心，也包括江北的揚州等地，與以洛陽爲中心的中國方言分庭抗禮。

（4）吳越方言區

揚雄《方言》中"吳"出現33次，"越"出現13次，屬於吳越方言區的地名有揚、東越、會稽、丹陽等。姚秦·佛陀耶舍譯《虛空藏菩薩經》的密咒有標明"吳音"的音注術語，如"博廁初器反娑迷莫隸反，吳音讀

---

① "雅言"較早出現在《論語·述而篇》中，"子所雅言，詩、書、執禮，皆雅言也"。
② 轉引自周振鶴、游汝杰《語言與中國文化》，上海人民出版社1986年版，第80—82頁，但觀點略有修改。
③ 華學誠根據揚雄《方言》把全國分爲十二個方言區，其中周鄭、魏、衛宋三個方言區是中原大方言區的幾個次方言區。見《周秦漢晉方言研究史》，復旦大學出版社2007年版，第114—115頁。
④ （唐）魏徵等撰：《隋書》，中華書局1973年版，第945頁。
⑤ 見魯國堯《客、贛、通泰方言源於南朝通語說》，《魯國堯自選集》，大象出版社1994年版，第66—79頁。

之"①。東晉以前，吳語區範圍較大，包括淮河以南、長江下游廣大地區。永嘉之亂後，幽、冀、青、并、兖五州及徐州之淮北流人多越過淮水、長江而停留於揚州境內，東晉王朝在原吳語區設立僑州郡安置南遷的北人，導致吳語區縮小。隋唐，越語在文獻中已很少提到，大概與吳語融合了，但吳語是特點明顯的方音，顧況《南歸》："鄉關殊可望，漸漸入吳音。"

（5）楚語區

楚語通行於楚地。從春秋時期始，楚從小的諸侯國發展到南方大國，其語言的影響也越來越大，代表作品有《楚辭》、《淮南子》等。秦漢以後，楚語受北方漢語的影響開始萎縮，其語言區域逐漸變小。永嘉之亂後，秦、雍（今隴右、關中）、司、豫（今晉南、豫西、豫中）等州流民則多至襄、樊、漢、沔，也有一部分司、豫流民南遷至江州北境，北方流民到達楚語的核心地區，楚語在語音、詞彙、語法等方面受到北方漢語的衝擊，一些特有的語氣詞，如"兮"，基本已消失。隋唐時期，由於戰爭如安史之亂等原因，北方流民繼續湧入到楚語的南區，朝廷在江陵、常德一帶設置荊南節度使轄區對移民加以管制②，楚語和北方漢語進一步融合，楚語不再是強勢方言，但方言特點還十分明顯，如儲光羲《安宜園林獻高使君》有"楚言滿鄰里"的詩句，李肇《唐國史補》下卷載"今荊襄人呼堤爲提……"③

（6）蜀語區

遠古時期，古蜀語大概是少數民族語言（羌語、彝語等）和漢語方言的混合語。秦滅蜀後，秦人湧入蜀地，古蜀語逐漸衰微，秦隴方言融入蜀語中。兩漢時期，由於蜀地文人司馬相如等著作傳播的影響，"蜀學比於齊魯"，蜀語有較高的地位。三國時期，劉備入川，中原雅音等"入侵"蜀語。唐五代時期，蜀地人口衆多，大量流民入蜀，蜀語吸收了大量流民語音，同時也把蜀語的影響傳向各地，成爲漢語方言的重要一支④，但這時

---

① 《大正藏》第13冊，第655頁。
② 《舊唐書‧地理志》："自至德（756—758年）後，中原多故，襄、鄧百姓，兩京衣冠，儘投江、湘，故荊南井邑，十倍其初，乃置荊南節度使。"
③ 堤《廣韻》都奚（端母齊開四）切。提《廣韻》杜奚（定齊開四）切。今湖北的西南官話武天片等地仍讀堤爲提，大概是中古楚語的殘留。
④ 王啟明：《古蜀語諸家論述纂要》，《楚雄師範學院學報》2012年第2期。

的蜀語並不等同後來的西南官話。李商隱著《蜀爾雅》三卷①,惜今已亡佚,它在《詩傳名物集覽》、《十三經正字》殘存2條軼文,晚唐的蜀語基本失去了相關的稽考材料。

(7) 齊魯方言區

戰國時期,齊語是與楚語差別很大的方言,從《孟子·滕文公》記載"一傅衆咻"的故事就可看出。兩漢時期,揚雄《方言》描寫了齊、魯、青齊、海岱四個次方言區的部分方言。隋唐時期,這四個方言區的方言進一步接觸、融合,形成一個更大的齊魯方言區。

(8) 燕趙方言區

先秦時期,燕趙處在中華文化的北方,邯鄲曾是當時的文化中心。兩漢時期,從揚雄《方言》可知趙魏方言近、燕代方言近,二者之間方言差別較大。隋唐時期,趙魏、燕代方言差別縮小,融合成一個較大的河北方言區,即燕趙方言區,它方言特點明顯,與江南方言差別很大,陸德明《經典釋文》:"方言差別,固自不同,河北江南,最爲鉅異。"

(9) 南越方言區

南楚之外、南楚以南、桂林之中、吳楚之西郊、西甌等地,西漢初屬南越王國,揚雄《方言》稱之爲南越方言區。隋唐,有關南越方言區的記載較少,從略。

(10) 東甌方言區

浙南閩東一帶,揚雄《方言》稱之爲甌、東甌、東越等,其方言與吳語接近。也有學者認爲今吳語、閩語的前身是江東方言。隋唐文獻記載不詳,也從略②。

(二) 方言音系及特點

描寫唐代各方言區的音系及特點,首先要分清音系的性質。筆者認爲唐代的韻書、音義反切、梵漢對音、詩歌押韻整體上並不反映方音,而反映的是讀書音系或通語音系,它的部分語言細節透露了作者的方音信息。

---

① 宋《中興館閣書目》卷一"小學類":"《蜀爾雅》三卷,案李邯鄲云:唐李商隱采蜀語爲之,當必有據。"

② 南越語、東甌語是漢語還是少數民族語言?筆者認爲它並不重要,因爲它們和鄰近地區的漢語方言長期接觸,隋唐時期應和漢語形成語言聯盟,或混合語,也可能已被同化成漢語方言的一支。

筆者不認爲陸法言《切韻》整體反映吳音①，元庭堅《韻英》、張戩《考聲切韻》、慧琳音義②、慧苑音義、雲公音義、窺基音義③等整體反映秦音，某地的對音反映某地的方音④，某地的詩人押韻反映某地的方音等。所以，筆者主要根據文獻中的方言記載、音義中的特殊反切、不合常規的押韻、特殊的對音等材料來描寫唐代方音。其次，筆者描寫的是較大方言區的語音特點，至於次方言區的特點或個人方音特點是否代表整個方言區的特點，已不可考，變通處置的方法是注明方音人的籍貫和次方言區劃。

（1）北方方言區

北語區五片：秦晉、中國、燕趙、齊魯、蜀。這五片方言都有共同的方音特點："北方山川深厚，其音沈濁而鈋鈍，得其質直，其辭多古語"（《顏氏家訓·音辭篇》）；"北雜夷虜"（《顏氏家訓·音辭篇》）等。

描寫北語音系，《切韻》是最好的參照系。一則是在唐代的音義、韻書中，它的小韻數最完備，音節基本沒有空缺。二則因爲《切韻》的基礎方言應是以洛陽音爲代表的中國方言或長安爲代表的秦晉方言⑤。但《切韻》音系並不等同唐代的洛陽或長安音系。陸法言反切承襲六朝舊音而來，《切韻》反映的就是承襲六朝而來的讀書音系。讀書音系曾在漢語語音史上居主導地位，從先秦時期的雅音到《康熙字典》的注音，一直延續了數千年。筆者認爲東漢原初的傳注音與當時的交際語音基本一致，受"述而不作"、"托古傳道"思想的影響，後代經師大多因襲前人的注音，以致讀書音與實際語音發生背離。隋唐已出現這種背離，音義、韻書等反映的音系與詩詞押韻等反映的通語音系並不等同。宋代以後，

---

① 蘇鶚《蘇氏演義》卷上："陸法言著《切韻》，時俗不曉其韻之清濁，皆以法言爲吳人而爲吳音也。"唐人筆記基本都認爲《切韻》是吳音，《切韻》中有吳音的成份不容置疑，但從整體看並非吳音。

② 黃淬伯認爲慧琳音系就是關中方言音系，見黃淬伯《唐代關中方言音系》，江蘇古籍出版社 1998 年版。

③ 儲泰松：《唐五代關中方音研究》，安徽大學出版社 2005 年版，第 41—79 頁。儲泰松反對用音義反切來研究方音，但他仍用慧苑、雲公、窺基的音義反切整體來研究關中方音。

④ 見羅常培《唐五代西北方音》（商務印書館 2012 年版）等。

⑤ 馬伯樂《唐代長安方音考》（中華書局 2005 年版）第 10 頁："《切韻》從總體上記錄了略早於唐代的 6 世紀長安方言。"《切韻》並非記錄某一地的方言，但它一定有一個基礎方言，馬伯樂認爲它是長安方言，也可能它是洛陽方言，其實隋唐時期，西都長安和東都洛陽都是外來人口雜居之地，兩地通行的都應是雅言，差別不大，就如同今北京、南京話差別不大一樣。

這種差距擴大，人們就用各種等韻門法補救它與實際語音的差距，如辨類隔、窠切、輕重交互等。因此，描寫北方漢語音系應剔除《切韻》音系中的古音成份。《切韻》還兼采各地的方音，描寫北方漢語音系也必須剔除非中原地區的方音成份。

聲母方面：從《顏氏家訓》可知北人分船禪；從守溫《歸三十字母例》可知有 30 個聲母，輕唇音沒有獨立，泥孃混併、船禪不分；筆者認爲唐末輕唇音四母獨立已完成，非敷已混同[1]；孃母已獨立[2]。總之，聲母 35 個，即見溪群疑、幫滂並明、非（敷）奉微、端透定泥、知徹澄孃、精清從心邪、照穿牀審禪、影喻曉匣、來、日。另外還存在濁音清化的現象。

韻母方面：據《顏氏家訓》和《切韻序》可知魚虞、支脂、洽狎不分[3]；據《封氏聞見記》可知先仙、刪山同用[4]；從許敬宗奏請同用，參考《廣韻》的同用，可知冬鍾、支脂之、虞模、佳皆、灰咍、真諄臻、文欣、元魂痕、寒桓、刪山、先仙、蕭宵、歌戈、陽唐、庚耕清、蒸登、尤侯幽、覃談、鹽添、咸銜、嚴凡、祭霽、卦夬怪、沃燭、質術櫛、物迄、月沒、曷末、黠鎋、屑薛、藥鐸、陌麥昔、職德、合盍、葉帖、洽狎、業乏同用；從《封氏聞見記》卷四 "甌使" 條可知脂微不分[5]；從孫光憲《北夢瑣言》可知清青不必分用[6]；劉知幾爲避玄宗諱，改基（之）爲幾（微），可知之微不分；據武玄之《韻詮》韻目可知脂併入之、殷併入文、痕併入魂、刪併入山、銜併入咸、凡併入鹽[7]；從《俗務要名林》的音義反切可知支脂之微、先

---

[1] 周祖謨：《讀守溫韻學殘卷後記》，見《問學集》，中華書局 1981 年版，第 506 頁。
[2] 《切韻》奴、女類能系聯，它們混用率低於端知組，既然大家公認知組已獨立，那麼孃母應已獨立。
[3] 《音辭篇》："北人以庶爲戌，以如爲儒，以紫爲姊，以洽爲狎"；"北人之音多以舉莒爲矩……" 庶、如、莒，魚韻；戌、儒、矩，虞韻。紫，支上；姊，脂上。洽，咸入；狎，銜入。陸法言《切韻序》："支脂魚虞共爲一韻……"
[4] 《封氏聞見記》卷二 "聲韻條"："而先仙刪山之類，分爲別韻，屬文之士苦其苛細。國初許敬宗等詳議，以其韻窄奏合而用之。"
[5] 《封氏聞見記》卷四 "甌使"："天寶中，玄宗以甌字聲似鬼，改甌使爲獻納使。" 甌，脂上；鬼，微上。
[6] 孫光憲《北夢瑣言》卷九："廣明（唐僖宗年號，公元 880 年）以前，《切韻》多用吳音，而清青之字，不必分用。"
[7] 轉引自周祖謨《唐五代的北方方音》，《語言學論叢》第十五輯，商務印書館 1988 年版，第 3—15 頁。

仙、庚耕、鹽嚴、佳皆、真文、刪山、黠鎋、陌麥不分①。從初唐詩歌押韻可知祭霽、泰代、夬怪合韻較多②；從中唐詩韻可知冬鍾/東、江/陽唐、支脂之/微、齊祭/廢、真諄臻/文欣、元魂痕/寒桓/刪山/先仙、蕭宵/肴豪、庚耕清/青、鹽添/咸銜/嚴凡、沃燭/屋、藥鐸/覺、月沒/曷末/黠鎋/屑薛、陌麥昔/錫、葉帖/洽狎/業乏已歸爲一部③。因此中唐26韻部，其中陰聲8部，即歌戈、麻邪、支微、齊祭、灰咍、魚模、尤侯、蕭豪；陽聲9部，即東鍾、陽唐、庚青、蒸登、真文、寒先、侵尋、覃談、鹽咸；入聲9部，即屋燭、藥鐸、陌錫、職德、質物、末屑、緝立、合盍、葉洽。從晚唐詩韻考知，它與中唐相同，也是26部，但存在歌戈/麻邪、麻邪/灰咍、齊祭/灰咍、灰咍/支微、支微/齊祭、支微/魚模、魚模/侯尤、歌戈/魚模、真文/寒先、庚青/蒸登、東鍾/庚青、覃談/鹽咸、陌錫/職德、質物/末屑、屋燭/藥鐸、屋燭/職德等跨部通押的現象④。從《敦煌變文集》的韻文可知晚唐到五代詩韻23部，其中陰聲7部：歌、麻、咍、之、魚、尤、蕭；陽聲8部：東、陽、庚、蒸、真、寒、侵、覃；入聲8部：屋、藥、陌、職、質、曷、緝、合⑤。

聲調方面：平、上、去、入四調，平分陰陽相對較少或基本不發生⑥，濁上變去相對較多⑦，入聲韻尾有弱化、消失的現象。

---

① 轉引自周祖謨《唐五代的北方方音》，《語言學論叢》第十五輯，商務印書館1988年版，第3—15頁。

② 鮑明煒：《初唐詩文的韻系》，《音韻學研究》第二輯，中華書局1986年版，第88—120頁。

③ 劉根輝、尉遲志平：《中唐詩韻系略說》，《語言研究》1999年第1期。

④ 趙蓉、尉遲志平：《晚唐詩韻系略說》，《語言研究》1999年第2期。另外，廖恩喜《皮陸詩韻研究》(《廣西師範大學學報》2006年第1期)認爲晚唐詩韻21部，其中陰聲7部，陽聲8部，入聲6部。二者相比，廖恩喜的齊祭/灰咍、覃談/鹽咸、陌錫/職德、質物/末屑、合盍/葉洽合併，少了5部。

⑤ 轉引自周祖謨《唐五代的北方方音》，《語言學論叢》第十五輯，商務印書館1988年版，第3—15頁。

⑥ 唐代文獻記載平分陰陽的語言現象的材料遠不及濁上變去的多。據《中國語言地圖集》今漢語方言平聲不分陰陽的有24個點，主要在新疆伊犁、寧夏、內蒙古西部、山西晉中一帶、河北宣化縣、江西瑞昌、湖南永州等，這些地區大多在北方，也可爲逆推唐代北方的平分陰陽發生的時間較晚或基本不發生提供依據。另外，李樹儼《論"平分陰陽、入派三聲"》(《語文研究》2000年第1期)認爲北方話平分陰陽比入派三聲的時間要早，但它是推論。唐代文獻記載入聲韻尾的弱化脫落的材料也比平分陰陽的多，如果真的發生了平分陰陽，唐人不會沒有感知不去記載它，所以筆者不採納這種觀點。

⑦ 李涪《刊誤》卷下："又恨怨之恨則在去聲，佷戾之佷則在上聲。又言辯之辯則在上聲，冠弁之弁則在上聲。又舅甥之舅則在上聲，故舊之舊則在去聲。又皓白之皓則在上聲，號令之號則在（转下頁）

— 9 —

至於這五片的具體差別,整體已不得而知,從唐人的文獻中可管窺一二,如下:

燕趙:"多(涉)重濁"(《切韻序》)、"取韻與江東復殊"(《切韻序》)。

秦晉:"秦壤雍梁,音詞雄遠"(《續高僧傳》卷三〇《雜科聲德篇·論》); "秦隴則去聲爲入"(《切韻序》),"秦人去聲似上"[①](顧齊之《慧琳音義·序》);全濁聲母清化後有讀送氣清音的現象[②];-m 韻尾有已顯露併入 -n 韻尾的跡象[③]。

蜀:"梁益則平聲似去"(《切韻序》)。

就次方言區而言,整體面貌不清楚,從唐人筆記、詩韻、對音等略知一二。秦晉方言區的醴泉小片,它的方音特點從侯思止的方音可知是開合混,支齊、真先、齊先不分,-t/-k 混併,甚至見溪、明泥不分;關中片有蕭豪韻的唇音字讀同魚模,宕攝三等韻與梗攝三等韻、通攝三等韻混用[④],

---

(接上頁)去聲。又以恐字若字俱去聲。今士君子於上聲呼恨,去聲呼恐,不得爲有知之所笑乎?"很與恨、辯與弁、舅與舊、皓與號,都是全濁上聲與全濁去聲混。楊耐思《北方話"濁上變去"來源試探》(《學術月刊》1958 年第 2 期):"這是'濁上變去'的早期現象。"

① 上去混的現象在唐人筆記也有記載,如李匡乂《資暇集》卷上"杜度"條:"世徵名與姓同,必稱杜度。愚或非之曰:'杜不名度。'其人則冷哂曰:'韓公《諱辯》亦引之。子獨不然,妄也。……'杜《廣韻》徒古(定模合一上)切,度《廣韻》徒故(定模合一去)切。

② 李肇《唐國史補》卷下:"關中人呼'稻'爲'討',呼'釜'爲'傅',皆訛謬所習,亦曰坊中語。"喬全生《晉方言語音史研究》,中華書局 2008 年版,第 103—104 頁):"'稻'在漢語方言中,陝西西安、商縣、甘肅定西、通渭、武山、天水、岷縣、西和、涇川、山西運城、臨汾、太原等處,都與'討'同音,而不與'道'同音。今關中戶縣方言'稻'不讀去聲,而讀上聲。也與'討'同音。"羅常培《唐五代西北方音》(商務印書館 2012 年版,第 181 頁):"祇有《大乘中宗見解》很顯著地把大部分全濁寫作次清……"如果從不空的對音材料看,"他大量用全濁字對送氣濁音,又不加標記,合乎邏輯的理解就是長安音全濁聲母送氣。"可能的解釋是關中片的濁音清化分兩步,即唐初,先全濁聲母開始演變爲送氣濁音;中唐以後,這些送氣的濁音再逐漸演化爲送氣的清音。

③ 李匡乂《資暇集》卷中"俗譚"條:"俗之誤譚,不可以證者有限。今人呼……,謂'茜'爲'壍'……"茜,-n 尾;壍,-m 尾。-n 尾與 m 尾混併。

④ 顏師古《匡謬正俗》卷六:"問曰:'俗呼姓楊者,往往爲盈音,有何依據?'答曰:'晉灼《漢書音義》反楊憚爲由嬰。'如此則知楊姓舊有盈音蓋是當時方俗,未可非也。"卷七:"今俗呼上下之上音盛。"楊、上中古陽開三。盈、盛中古清開三。二者陽清混。又《匡謬正俗》卷六:"或問曰:'今所謂木鍾者,於義何取?字當云何?'答曰:'本呼木章,音訛遂爲鍾耳。古謂大木爲章,……又古謂舅姑爲姑章,今俗亦呼姑鍾。益知章音皆轉爲鍾。'"章中古陽開三。鍾中古鍾合三。陽鍾混。顏師古所說的訛音應是關中一帶的俗音。

緒　論

清平與清上混同①，次濁上聲讀平聲②的現象；晉絳片有清心混③的現象；太原片有魚模與歌戈同韻④的現象；敦煌片有-n 讀-ŋ⑤、支微入魚⑥、全濁聲母清化後一律讀不送氣清音⑦的現象等。山東俗音有平上混的情況⑧，中國

---

① 李肇《唐國史補》卷下："于思空以樂曲有《想夫憐》，其名不雅，將改之。客有笑者曰：'南朝相府曾右瑞蓮，故歌《相府蓮》，自是後人語訛，相承不改耳。'"想、夫，清上；相、府，清平。羅常培《唐五代西北方音》（商務印書館 2012 年版，第 167—168 頁）：在《開蒙要訓》的注音裏，有清平注清上 6 例，清上注清平 8 例。喬全生《晉方言研究史》第 257 頁："陝北的府穀、神木、靖邊、米脂、子洲、綏德方言清上與清平同調，今晉方言五臺片有 18 個方言點清上與清平合流，與此片相連的内蒙古杭錦後旗、臨河、磴口、烏海也是清上與清平合流。……筆者有理由認爲唐五代西北方音的一支應該是清上與清上同調。"

② 顔師古《匡謬正俗》卷八（文淵閣四庫本）："愈。愈，勝也，故病差者言愈。《詩》云：'政事愈蹙。'《楚辭》云：'不侵（脱漸字）分愈疏。'此愈並言漸就耳。文史用之者皆取此意，與病愈義同。而江南近俗讀愈皆變爲踰，關内學者遞相放習亦爲難解。"愈《廣韻》以主（以虞合三上）切。踰《廣韻》羊朱（以虞合三平）切。本次濁上聲字，江南讀次濁平聲。次濁上聲讀平聲也擴展到關中來。

③ 李肇《唐國史補》卷下："晉絳人呼'梭'爲'莝'（原注：七戈反）。"《廣韻》："梭，蘇禾切。"七，清母。蘇，心母。喬全生《晉方言語音史研究》，中華書局 2008 年版，第 96 頁："李肇所處時代爲 9 世紀，實際讀音當爲[ˌtsʻuo]。千餘年後今汾河片依然讀"梭"爲塞擦音[ˌtsʻuo]，不讀擦音[ˌsuo]。"

④ 唐末并州晉陽（山西太原）詩人唐彥謙戈模押韻的例子，如七古《送許户曹》協 "和拖歌峨壺羅河波"、七古《蟹》協 "墮虎貨"、五古《梅》協 "素墮"，壺虎素爲模韻字，其餘爲戈韻字。喬全生《晉方言語音史研究》（中華書局 2008 年版，第 146 頁）："今晉方言并州片太原話已找不到同韻的痕跡，但同片的太谷話歌戈與魚模的部分字是同韻的。"

⑤ 敦煌曲子詞《獻忠心》："齊拍手，奏仙音。"仙原作香。孫其芳《敦煌詞中的方音釋例》（《甘肅社會科學》1982 年第 3 期）："今河西武威地區，張掖部分地區，凡是韻母爲 an 和字 ian 的，均讀爲韻母 ang 和 iang。"

⑥ 據羅常培《唐五代西北方音》（商務印書館 2012 年版，第 68—69 頁）的研究，《千字文》、《大乘中宗見解》、《金剛經》的支合三、微合三和部分之開三的對音是 u，虞合三、魚開三的對音也是 u，有支微入魚的現象。王軍虎《晉陝方言的"支微入魚"現象和唐五代西北方音》（《中國語文》2004 年第 3 期）："陝西方言的'支微入魚'現象主要分佈在陝北和關中，陝北的佳縣、延川等點，關中的大荔、澄城、閻良、西安、醴泉、武功、彬縣、鳳翔等點都有這類現象。"

⑦ 唐明宗時期的《開蒙要訓》的直音中，全濁與全清互注而不同次清互注。李匡乂《資暇集》卷上"蟲霜旱潦"條："呼曲子名，則'下兵'爲'下平'……"兵《廣韻》甫明（幫庚開三平）切。平《廣韻》符兵（並庚開三平）切。兵平同音，反映的是全濁聲母變不送氣清音的語音現象。羅常培《唐五代西北方音》（商務印書館 2012 年版，第 181 頁）："至於《開蒙要訓》的全清全濁互注例，就比較同現代西北方音的演變相差就較遠了。"喬全生《晉方言語音史研究》（中華書局 2008 年版，第 110 頁）："《開蒙要訓》所代表的這種方言全濁聲母（不論平仄）塞音塞擦音清化後讀如不送氣的全清聲母，……羅先生稱其爲該方音的特異色彩。對照晉方言，并州片讀音與此方音非常一致。可以說并州片方音與這種方音有着一脈相承的關係。"

⑧ 顔師古《匡謬正俗》卷六："或問曰：'今山東俗謂伏地爲趺，何也？答曰：'趺者，俯也。案張揖《古今字詁》云：頫、俯今俯俛也。許氏《説文解字》曰：頫，低頭也。太史仆書頫仰字如（轉下頁）

— 11 —

方言區的新鄭、鞏縣等地有平讀入的現象①等。

（2）南方方言區

南語區三片：江南、吳越、楚。這三片方言都有共同的特點，即"南方水土和柔，其音清舉而切詣，失在浮淺，其辭多鄙俗"（《顏氏家訓·音辭篇》）。

聲母：船禪、從邪、匣于不分②，孃日歸泥。據守溫三十字母，可推知聲母有 27 個，即見溪群疑、幫滂並明、端透定泥、知徹澄、精清從心、照穿審禪、影曉匣、來。其中端知、精照混用較多。

韻母：據南朝詩人謝朓、沈約用韻可知"支脂之微"、"魚虞模"分用，"豪、肴、青、合"獨用等，完全與《切韻》相同……齊梁人分韻的類別與《切韻》的編排是相應的③；據《顏氏家訓》和《切韻序》可知魚虞、支脂、洽狎能分④；從孫光憲《北夢瑣言》可知清青分用⑤。由於唐是一個大一統的朝代，處於南方方言區的詩人押韻基本上按《唐韻》規定的同用、獨用押韻，例如孟浩然，襄陽人，詩韻與《唐韻》規定的同用、獨用基本一致⑥。南方詩人的用韻對考知南語區的韻部價值不大，筆者認爲南朝詩人

（接上頁）此。斯則呼俯音訛，故爲趺也。"頫、俯《廣韻》方矩切，虞合三上。趺《廣韻》甫無切，虞合三平。山東俗呼上爲平。

① 陸游《老學庵筆記》卷十："世多言白樂天用相字多從俗語作思必切，如'爲問長安月，如何不相離'是也。然北人大抵以相字作入聲，至今猶然，不獨樂天。老杜云：'恰似春風相欺得，夜來吹折數枝花'，亦從入聲讀，仍不失律。"切下字必是質韻字。白居易是新鄭人，杜甫是鞏縣人，二人都在中國方言區。大概中國方言區有把平聲讀入聲的現象。

② 《顏氏家訓·音辭篇》："則南人以錢爲涎，以石爲射，以賤爲羨，以是爲舐。"錢、賤，從母；涎、羨，邪母。石、是，禪母；射、舐，船母。周祖謨考證《篆隸萬象名義》中的原本《玉篇》（顧野王 519—581 年）音系，發現胡類、于類的切上字可系聯，併爲胡類；陳新雄《古音研究》，（臺北）五南圖書出版有限公司 1999 年版，第 582—583 頁）發現南朝王融（468—494 年）、庾信（513—581 年）的雙聲詩把"匣、于"作雙聲。

③ 周祖謨：《齊梁陳隋詩文韻部研究》，見《魏晉南北朝韻部演變研究》，中華書局 2007 年版，第 351—352 頁。

④ 《顏氏家訓·音辭篇》："北人以庶爲戍，以如爲儒，以紫爲姊，以洽爲狎"；"北人之音多以舉莒爲矩……"庶、如、莒，魚韻；戍、儒、矩，虞韻。紫，支上；姊，脂上。洽，咸入；狎，銜入。陸法言《切韻序》："支脂魚虞共爲一韻……"北人不分，可反推南人能分。

⑤ 孫光憲《北夢瑣言》卷九："廣明（唐僖宗年號，公元 880 年）以前，《切韻》多用吳音，而清青之字，不必分用。"表明吳音能分清青。

⑥ 見武瞱卿《孟浩然詩韻研究》，《河北理工學院學報》2005 年第 1 期。

應按照南朝通語來押韻，就選擇齊、梁、陳的詩人用韻來考知南方通語的韻部情況①，同時參考帶"吳音"特點的《切韻》，認爲南語區大致有57個韻部，其中陰聲17部，即脂（脂之）、微、咍（咍灰）、皆、齊、泰（泰廢）、祭（祭霽）、支、佳、歌（歌戈）、麻、魚、模（虞模）、尤（尤侯幽）、豪、肴、蕭（蕭宵）；陽聲20部，即東、鍾（冬鍾）、江、陽（陽唐）、庚（庚耕清）、青、蒸、登、真（真諄臻殷）、文、元（元魂痕）、先（先仙）、山、刪、寒（寒桓）、侵、覃、談、鹽（鹽添）、嚴（嚴凡）；入聲20部，即屋、燭（沃燭）、覺、藥（藥鐸）、陌（陌麥昔）、錫、職、德、質（質術櫛迄）、物、月（月沒）、屑（屑薛）、黠、鎋、曷（曷末）、緝、合、盍、葉（葉怗）、業（業乏）。

聲調：平、上、去、入，基本上無平分陰陽、濁上變去、入派三聲的情況。

至於這五片的具體差別，整體已不得而知，可管窺一二，如下：

吳語："江東取韻與河北復殊"，"時傷輕淺"（《切韻序》）；"上聲似去"②（顧齊之《慧琳音義·序》）；"上聲似去，去聲似上"（李涪《刊誤》卷下"切韻"條）；尤侯與豪宵混③；奉、微混併，禪、日混同④。

楚語："時傷輕淺"（《切韻序》）；全濁聲母清化後有讀送氣清音的現象。

江南："南染吳越"（《顏氏家訓·音辭篇》），次濁上聲有讀次濁平聲的現象⑤。

---

① 齊、梁、陳詩人用韻參考周祖謨《齊梁陳隋詩文韻部研究》，見《魏晉南北朝韻部演變研究》，中華書局2007年版，第351—352頁。

② 顏師古《匡謬正俗》卷八（文淵閣四庫本）："受授。或問曰：'年壽之字，北人讀作受音，南人則作授音。何者爲是？'荅曰：'兩音並通。'"壽、受，《廣韻》殖酉（禪尤開三上）切。授《廣韻》承呪（禪尤開三去）切。南人主要是吳人把上聲字讀去聲。

③ raudrī 留（吳音）持利(453c)，不空譯作"嘮捘哩"(429b)，義淨譯作"曷嘍姪唎"(469b)（轉引自儲泰松《中古佛典翻譯中的"吳音"》，《古漢語研究》2008年第2期）。留，尤韻字，吳音對 au。效攝一等逢端、精組聲母有少數字，今閩方言讀со流攝一等文讀同韻，如"老"與"漏"音同。丁邦新認爲中古吳語的前身是閩語，大概吳語、閩語是鄰近方言，相互接觸，吳語中有閩語的成份。

④ 吳語除船禪、從邪不分外，從今吳語的特點上推，筆者認爲奉微、禪日相混也是中古吳語的特點。

⑤ 顏師古《匡謬正俗》卷八（文淵閣四庫本）："愈。愈，勝也，故病差者言愈。《詩》云：'政事愈蹙。'《楚辭》云：'不侵（脫漸字）分愈疏。'此愈並言漸就耳。文史用之者皆取此意，與病愈義同。而江南近俗讀愈皆變爲踰，關內學者遞相放習亦爲難解。"愈《廣韻》以主（以虞合三上）切。踰《廣韻》羊朱（以虞合三平）切。本次濁上聲字，江南讀次濁平聲。

總之，北方方言的聲母較多，韻部較少，聲調變化略快；南方方言的韻部較多，聲母較少，聲調變化較慢。

二　唐代佛典音義的方音研究狀況

佛典音義的研究是當下的熱點。研究文章較多，主要集中在音系描寫、文字考釋、詞義訓詁、版本源流、文本輯佚等方面，對其方音涉及不多，具體情況如下：

（一）徐時儀的研究

他的《玄應〈衆經音義〉方俗詞考》（《上海師範大學學報》2004 年第 4 期）、《玄應〈衆經音義〉方言俗語詞考》（《漢語學報》2005 年第 1 期）、《玄應〈衆經音義〉口語詞考》（《南開語言學刊》2005 年第 1 期）共考釋 34 個漢唐時的方俗口語詞，填補了唐代方俗口語詞的研究空白。他的《〈一切經音義〉與方俗口語詞》擴大到慧琳音義，是對玄應方俗詞研究的總結和深化[①]。他的《玄應〈衆經音義〉引〈方言〉考》（《方言》2005 年第 1 期）把玄應引的 430 多條《方言》與今傳本《方言》比較，得出二者相同或大致相同的有 80 餘條 61 詞，略異而大同的有 140 餘條 62 詞。另外，他認爲玄應的"舊音"是"道惠"或"智騫"等所撰的佛經音義，不是方音[②]。

（二）儲泰松的研究

他的《唐代的秦音與吳音》（《古漢語研究》2001 年第 2 期）引用玄應、慧琳音義等材料，認爲秦音代表北方通語，不等於關中音；吳音代表南方通語。他的《唐代音義所見方音考》（《語言研究》2004 年第 2 期）利用玄應、慧琳的方音材料，指出當時的方音有濁音清化、匣疑混、曉匣混、喻四定混、支魚混、歌戈與支脂混、宕攝與梗攝混、緝葉混等現象。他的《唐五代關中方音研究》（安徽大學出版社 2005 年版，第 24 頁）利用玄應、慧琳的方音材料，指出北方、江南有"止攝與蟹攝"混用的情況，關中、江南有"一二等與三四等"混併的情況。他的《唐代的方言研究及其方言觀念》（《語言科學》2011 年第 2 期）描寫玄應、慧琳等的方言區劃及方言術

[①] 見徐時儀《玄應和慧琳〈一切經音義〉研究》，上海世紀出版集團、上海人民出版社 2009 年版，第 392—428 頁。

[②] 徐時儀校注：《一切經音義三種校本合刊·緒論》，上海古籍出版社 2008 年版，第 11 頁。

語，並以此來探討唐人的方言觀念。

其他人的研究大多僅引用玄應、慧琳的方言材料，不對材料本身作研究，較零碎，略去。總之，徐氏側重於方言詞語的考釋和對揚雄《方言》軼文的稽考，涉及方音的地方不多；儲氏以關中方音爲重點，側重方音之間的比較，但他對玄應的方音材料採用舉例的方法，沒有窮盡材料；他反對"音義反切反映方音"的觀點，但在《唐五代關中方音研究》中又把慧苑、雲公、窺基的音義反切當作關中方音來研究。

三 本書的凡例

由於研究的文本體例複雜，涉及字樣、字體、版本、引文、符號、術語、標題等相關問題，爲免受相關問題的干擾以及行文的簡潔，需一一交代。

1. 採用的字體、字樣

爲統一體例和精確表達的需要，正文統一選用規範、通用的宋體繁體字；腳注採用小一號的宋體繁體字；引文中的異體字、俗字、古今分化字等，一律存古，不採用通行字、後期分化字；數字、符號等採用"Time New Roman"字體。

2. 版本

玄應《衆經音義》的版本衆多，大致分宋開寶藏（北本）、宋福州崇寧萬壽樓（南本）兩大系統[①]。慧琳《一切經音義》的版本也衆多，有契丹刻本、朝鮮海印寺本、日本獅谷白蓮社本等，今高麗藏、頻伽藏、弘教藏、大正藏和中華大藏經中都有收錄，但迄今無較好的校本問世[②]。筆者選擇的版本是徐時儀校注《一切經音義》（三種校本合刊），上海古籍出版社 2008 年版。因爲它採用 10 種版本（敦煌吐魯番卷子本、高麗藏本、磧沙藏本、山田孝雄據聖語藏本和大治寫本的彙編本、廣島大學等藏本、慧琳音義的轉錄部分、中華大藏經所據的趙城廣勝寺金藏本、中華大藏經所據的永樂南藏本、宛委別藏本、叢書集成本[③]）對校和比勘玄應《衆經音義》，涵蓋南北兩大版本系統，是目前較好的校本；它以《中華大藏經》收錄的慧琳

---

① 于亭：《玄應〈一切經音義〉研究》，中國社會科學出版社 2009 年版，第 41—63 頁。
② 見徐時儀《一切經音義三種校本合刊·緒論》，上海古籍出版社 2008 年版，第 139 頁。
③ 它是影印的海山仙館叢書本。

音義和臺灣大通書局據日本京城大學翻刻高麗藏本的影印本作底本，並以海印寺本、獅谷白蓮社本、頻伽精舍本、大正藏本慧琳音義和玄應音義各本及慧琳音義所引一些古籍的今傳本等作參校本，對慧琳音義作了全面的整理。所以筆者選徐校本作底本。更重要的原因是筆者的研究要建立在前人研究的基礎上，應避免重複勞動。

需要指出的是：除非特殊標注外，本書所舉玄應、慧琳《一切經音義》的例子都出自徐校本，引文的字體、頁碼等都採用徐校本的字體、頁碼等。

3. 引文的標注

本書引文衆多，引文的標注實屬大問題，包括出處、簡稱、脫訛等，其具體標注方式如下：

3.1 出處

3.1.1 本書引玄應、慧琳等《一切經音義》的例子，採用如下方式標注文獻出處，如：

（1）【蚊蚋】而鋭反。《說文》：秦人謂之蚋，楚人謂之蚊。[①]《通俗文》：蜎化爲蚊。小蚊曰蚋。蜎音渠究反。（玄應卷三，摩訶般若波羅蜜經第三五卷，60頁下）

"玄應卷三"指玄應《一切經音義》第三卷，"摩訶般若波羅蜜經第三五卷"指《摩訶般若波羅蜜經》第三五卷，"60頁下"指徐校本第60頁的下欄。

（2）【考掠】《字書》云：拷擊也。從手京省[②]聲。方言音略，亦通。（慧琳卷十六，佛說胞胎經，781頁下）

"慧琳卷十六"指慧琳《一切經音義》第十六卷，"781頁下"指徐校本第781頁的下欄。

3.1.2 著者按規範格式稱姓名，後不綴先生字樣[③]。書籍、期刊的出版僅標注到"年"，期刊要標注"期"。部分1949年以前出版及港台、海外等期刊需特別標注，與此不同。

3.2 簡稱

[①] 徐校：《說文》的解說，高麗藏無，據磧沙藏補。
[②] 徐校：省字衍。
[③] 如有冒犯前修時賢，敬請原諒。

由於徵引的文獻較多，一般使用簡稱，其具體標注方式如下：

（1）《高麗大藏經》，臺北：新文藝出版股份有限公司1982年版。簡稱高麗藏。

《景印磧沙藏經》，上海：商務印書館1935年版。簡稱磧沙藏。

《中華大藏經》，北京：中華書局1993年版。簡稱中華藏。

（2）宋濂跋唐寫本王仁昫《刊謬補缺切韻》（《唐五代韻書集存》，中華書局1983年版，第434—532頁），簡稱王三；宋本《廣韻》（中國書店1982年版），張氏澤存堂本影印，簡稱《廣韻》；丁度等編的宋刻《集韻》（中華書局1989年版），簡稱《集韻》等。

3.3 脫訛。本書所引文獻如存在脫、訛等問題，處理方式如下：訛字在原字後用"（）"補出正字，缺字用"□"號表示，缺幾字用幾個"□"等。

4. 符號的標注

本書涉及的符號標注問題主要有特別標點符號、國際音標、中古音三類，具體如下：

4.1 特別標點符號

A＞B 在歷史上由A變B：心 sim＞sin

A＜B 在歷史上A來自B：心 sin＜sim

4.2 國際音標

採用雲龍國際音標輸入法3.0版，其中聲調採用四角標圈法，陰平。□，陽平ˌ□，上聲ᶜ□，去聲□ˀ，入聲□ˌ，陰聲調是"c"，陽聲調在下加"c"；鼻化元音符號是"˜"，如 æ̃；送氣音加"h"或"'"等。

4.3 中古音

一般來說，平聲默認不標記，如頗王三滂何反，祇標注滂歌合一；而上去入都需標記，如縵王三莫半、莫晏二反，就分別標注明桓合一去、明刪開二去。另外，就韻目而言，一般舉平以賅上去入。

5. 標題的標注術語及層級

標題的標注術語有章、節。節下的標注層級分別是中文數字、帶小括號的中文數字、阿拉伯數字等，如下：

第一章＞第一節＞一＞（一）＞1＞1.1＞1.1.1＞……

舉例用帶小括號的阿拉伯數字，如（1）、（2）、（3）……

第一章 方言音注的類別、體式、術語及認定

對佛典音義中的方音材料，本書先分類，接着描寫各類音注的體式和術語，再對方音作身份認定，最後綜述。先分類，可使描寫的層次分明；再在分類描寫的基礎上作歸納總結，可使綜述完整全面。

第一節 方言音注的類別

唐代佛典音義中的方音材料可分三類，即方言詞的音注、某地音、某音。前者一般先注音，後標注是某地的方言詞；中者直接標注某地的方音；後者籠統地標注方音等。

一 方言詞的音注

玄應、慧琳等的方言詞音注有兩類，即引用前人的方言詞、自己"使用"的方言詞。一般來說，前者是歷史上的方言詞；後者部分是暗引的歷史上的方言詞，部分是唐代的方言詞。

（一）玄應等自己"使用"的方言詞

（1）【剿勇】《說文》作勦，同。助交反。捷健也。謂勁速剿健也。中國多言勦。勦音姜權反。（玄應卷十九，佛本行集經第十一卷，396頁上）

勦是中國方言詞，姜權反是它的反切。

（二）玄應等引用揚雄《方言》的方言詞

（2）【悛法】且泉反。悛，改也。《方言》：自山東而謂改曰悛。《廣雅》：

悛，改也。（玄應卷二十，分別業報集，424 頁下）

悛是歷史上的山東方言詞，且泉反是它的反切注音。

（三）玄應等引用其他人的方言詞

以玄應音義爲例，玄應還引用其他人（如犍①爲舍人、樊光、許慎、服虔、郭璞、何承天）的方言詞，今舉 1 例，如下：

（3）【潬上】徒旱反。《爾雅》：潬，沙出。郭璞曰：今江東呼水中沙堆爲潬。謂水中央地也。（玄應卷十九，佛本行集經第四二卷，403 頁上）

潬是郭璞《爾雅注》的江東方言詞，徒旱反是它的反切。

二　某地音

玄應等在注文中直接標注"某地音"，筆者認爲它是著者時代的某地方音，例如：

（4）【蝇䘆】補奚反。《說文》：蝇，齧牛蟲也。今牛馬雞狗皆有蝇也。下所几反。齧人蟲也。山東及會稽皆音色。（玄應卷十七，舍利弗阿毗曇論第十四卷，363 頁上）

䘆音色是玄應時代山東和會稽一帶的方音。

三　某音

以玄應音義爲例，玄應的某音包括俗音、俗呼、方俗語、下里間音、田里間音、閭里間音②、誤音、訛音、借音、舊音、通語、正音、古文音 13 類，其中誤音、訛音、借音、舊音 4 類情況複雜，有方音的因子；通語、正音 2 類與方音相對，可從反面研究方音，故附於此；古文音是歷史上的讀音，鑒於方音中的部分與歷史音變有關，也附於此。今列舉 2 例，加以說明。

（5）【蟲蛀】俗音注。此應蠹字，丁故反，謂蟲物損壞衣者，如白魚等也。律文有改作住。（玄應卷十六，善見律第八卷，341 頁下）

蛀的"音注"是玄應時代的俗音。

---

① 玄應是"揵"字，改爲通行的"犍"字。
② 下里間音、田里間音、閭里間音三類的具體地點不清楚，應歸爲某音。

(6)【麥果】書又作䅣，同。口果反。或言子，或云粒，又言皂，皆一也。皂音逼，方俗語耳。（玄應卷二二，瑜伽師地論第一卷，446頁下）

皂的"音逼"是玄應時代的方俗語。

總之，在三種類別的音注材料中，某地音的研究價值大，因爲它直接標注了玄應時代的方音；某音儘管它是玄應時代的方音等，但沒標記方言區域，研究價值相對略低；玄應引用的方言詞音注的研究價值比玄應自己"使用"的方言詞音注的價值略低，因爲歷史上的方言詞如揚雄《方言》中的方言詞，由於《方言》的巨大影響，它的部分方言詞在唐代已成通語詞了。

第二節　方言音注的體式

方言音注體式主要兩種，即反切，直音。我們以玄應音義爲例來說明，具體如下：

一　反切

玄應等的反切音注體式：某某反。從它的被注字頭的來源看，有出自佛經的詞條和玄應的注文之分。以下從兩方面分析它的音注體式，如下：

（一）被注字頭是玄應所釋佛經的詞條

1. 先用首音標注規範的讀音，再用又音標注方音。例如：

（1）【厭人】於冉反。鬼名也。梵言烏蘇慢，此譯言厭。《字苑》云：厭，眠內不祥也。《蒼頡篇》云：伏合人心曰厭。字從厂厂音呼早反猒聲。山東音於葉反。（玄應卷一，大方等大集經第一卷，13頁下）

按：厭的首音"於冉反"是規範的讀音，又音"於葉反"是山東方音。

2. 先標注方音，有的再注出又讀，有的不再注出又讀。例如：

（2）【園圃】補五反江東音、布二音。《蒼頡解詁》云"種樹曰園，種菜曰圃"也。《詩》云：無踰我園。《傳》曰：有樹也。又云：折柳樊圃。《傳》曰：菜圃也。皆其義也。（玄應卷一，大方廣華嚴經第六卷，9頁上）

補五反是圃的江東音，布是圃的又音。

(3)【抨乳】普耕反，江南音也。①抨，彈也。經文作軯，音瓶，車名，非此用也。（玄應卷十一，中阿含經第三九卷，229頁下）

抨，祇標注方音，不再標注規範的讀音。

（二）被注字頭非玄應所釋佛經的詞條，而是來自注文，一般僅標注方音

(4)【氣瘶】蘇豆反。《說文》：瘶欬，逆氣也。欬音苦代反，江南行此音。起志反，山東行此音。（玄應卷十九，佛本行集經第四四卷，403頁下）

欬，非來自佛經的詞條，而是來自玄應的引文，他沒注規範讀音，祇注出江南、山東的方音。

二 直音

以玄應音義爲例，玄應注音首選反切，與當時流行的注音方式一致；但他也承襲了漢魏以來傳統的注音方式，偶爾採用直音，例如：

(5)【船舶】音白。《字林》：大船也。今江南凡汎海船謂之舶，昆侖及高驪皆乘之。大者受万斛。（玄應卷十，三具足論，217頁上）

舶是江南方言詞，音白是它的直音。

(6)【葑菁】思雄反。《方言》：蘴、蕘，蕪菁也。郭璞注：舊音蜂，今江東音嵩，字作葑。陳楚間曰蘴，音豐。齊魯之間謂之蕘，關之東西謂之蕪菁。蕘音饒。（玄應卷十一，中阿含經第二十卷，228頁上—下）

葑音嵩是郭璞時代的江東方音，蕘音饒是齊魯一帶方言詞的音注。

窺基、慧苑、雲公、慧琳的音注體式與玄應相同，略。總之，玄應等注音以反切爲主，兼用直音；無如字（默認的常讀）、譬況（讀若、讀如、讀爲、急氣言之、緩氣言之等描寫注音體式）等，表明音注體式已規範、成熟。反切採用"某某反"或"音某某反"，而無北宋初才興起的"某某切"，表明今本玄應等《一切經音義》來源於唐本，非後

---

① 徐校："江南音也"高麗藏無，據磧沙藏補。

— 21 —

人杜撰。

第三節　方言音注的術語

　　佛典音義中的方言音注，一般標注了音切和交代了方言區劃，其術語就有音注術語和方言區劃術語兩種。以玄應音義爲例，他的音注術語層次較多，術語較複雜；方言區劃術語也較多，有方言聯盟區域的術語，有次方言區的術語，有方言片的術語等。

一　音注術語

　　本書以玄應音義爲例，來說明方言音注術語的狀況，具體如下：

1. 某地音

　　略，見上。

2. 俗音

　　（1）【曰虹】胡公反。江東俗音絳。《爾雅音義》云：雙出鮮盛者爲雄，雄曰虹。暗者爲雌，雌曰蜺。蜺或作霓。霓音五奚反。（玄應卷一，大集月藏分經第十卷，21頁下）

　　玄應採用俗音的音注共6條，其餘5條是蹉江南俗音帶（275頁下）、蛀俗音注（341頁下）、虹俗音古巷反（394頁下）、虹俗音絳（432頁上）、虹俗音絳（503頁下）。

3. 下里間音

　　（2）【疼痛】又作痋、胨二形，同。徒冬反。《聲類》作瘲。《說文》：痋，動痛也。《釋名》：疼，痹也。下里間音騰。（玄應卷十四，四分律第四卷，297頁下）

　　疼音騰是下里間音。玄應採用下里間音的術語僅此1條。

4. 田里間音

　　（3）【如睫】《說文》作睞，《釋名》作䀹，同。子葉反。目旁毛也。山東田里間音子及反。論文作氈、氎二形，非也。（玄應卷十八，成實論第六卷，375頁上）

玄應的田里間音僅此1條。

5. 閭里間音

（4）【胡荽】又作荽，《字苑》作䔬，同。私佳反。《韻略》云：胡荽，香菜也。《博物志》云：張騫使西域得胡綏①，今江南謂胡薐，亦爲葫薐，音胡祈。閭里間音火胡反。（玄應卷十六，薩婆多毗尼毗婆沙第六卷，348頁下）

玄應的閭里間音僅此1條。

6. 世俗間語

（5）【諿語】是鹽反。又音壚，世俗間語耳。（玄應卷十九，佛本行集經第十六卷，398頁下）

玄應的世俗間語僅此1條

7. 俗呼

（6）【蟾蜍】之鹽反，下以諸反。《爾雅》：蟾蜍。郭璞曰：似蝦蟇，居陸地。淮南謂之去父，此東謂之去蚁。蚁音方可反。江南俗呼蟾蜍。蟾音食餘反。（玄應卷十，般若燈論第十二卷，207頁下）

蟾蜍（蜍）是江南方言詞，食餘反與以諸反不同，食餘反是江南俗呼音。

按：玄應的俗呼音2條，另1條是筬音成（217頁下）。

8. 方俗語

（7）【麥果】書又作顆，同。口果反。或言子，或云粒，又言皂，皆一也。皂音逼，方俗語耳。（玄應卷二二，瑜伽師地論第一卷，446頁上）

玄應的方俗語僅此1條。

9. 誤音

（8）【心行】下庚反。謂遊履也。《放光經》云：意所趣向。《光讚經》云：所趣所行。《大論》云：問：云何悉知衆生心行？答：菩薩知衆生心種種法中處處行。即《維摩經》云：善知衆生往來所趣及心所行。其義一也。今有讀爲下孟反，誤也。（玄應卷三，摩訶般若波羅蜜經第一卷，56頁下）

按：行的下孟反是誤音；誤音一般是由方俗音等原因造成，所以附

---

① 此處的逗號應校改爲句號。

於此。

10. 訛音

（9）【潷飯】碑密反。《通俗文》：去汁曰潷。江南言逼，訛耳。今言取義同也。經文作匕，俗語也。（玄應卷五，心明經，120頁上）

按：潷，江南讀逼，玄應認爲它是訛音。

11. 借音

（10）【殷皮】於斤反。《詩》云：殷其盈矣。《傳》曰：殷，衆也。殷，大也。又於艱反。赤黑色爲殷，此借音耳。（玄應卷十三，五百弟子自說本起經，268頁下）

於斤反是影母欣開三。於艱反是影母山開二。二者是欣山混。時音欣、山基本不混。

玄應的借音一共32條。他的借音較複雜，借誰的音？本字，或異文，或方俗語，或又讀，或時音等？暫列於此，待後考。

12. 舊音或舊

有"舊音"、"舊"二種音注術語。徐時儀認爲玄應的"舊音"是"道惠"或"智騫"等所撰的佛經音義[1]；于亭認爲它"與'正音'對舉，以見其非"的不規範音[2]。一般來說，不規範讀音大多與方俗音有關。究竟是玄應引用前代高僧的音注，還是方俗音？筆者暫列於此，留待後文再考。玄應標注的舊音8條，舊1條，共9條，今各列舉1條，如下：

（11）【爪𢗰】於姶反。《三蒼》：印，信也。撿也。字從爪卪也。卪音節。下又作恄，同。昌志反。《通俗文》：私記爲幟。舊音皆與知、識[3]同，更無別音。（玄應卷十七，阿毗曇毗婆沙論第二十卷，359頁上）

幟的昌志反是玄應認爲的規範讀音，"舊音知或識"大概是不規範的讀音。

（12）【坐頭】藏果反。《說文》：坐，止也。經文作屋，於人反，塞也。屋非此義。舊烏見反，非也。（玄應卷十二，雜寶藏經第七卷，252頁下）

---

[1] 徐時儀校注：《一切經音義三種校本合刊·緒論》，上海古籍出版社2008年版，第11頁。
[2] 于亭：《玄應〈一切經音義〉研究》，中國社會科學出版社2009年版，第115頁。
[3] 按："知、識"的點斷其他幾處是"知識"。

屋的"烏見反"與"於人反"相對而舉，大概是不規範的讀音。

以上共列舉 12 種方言音注術語。儲泰松《唐代的方言研究及其方音觀念》(《語言科學》2011 年第 3 期) 統計的方言稱謂是 8 種，即方俗語、方言、俗音、世俗間語、俗音、下里間音、俗呼、時俗音。和本書相同的有方俗語、俗音、下里間音、世俗間語、俗呼 6 種，其中玄應音義中無時俗音、方言 2 種術語[①]。另外，有 3 種音注術語與方言音注術語相對，可從反面來研究玄應的方言音注術語，暫列如下：

1. 通語

(13)【蛇蝥】式亦反。《字林》：蟲行毒也。關西行此音。又呼各反，山東行此音。蛆(蜇)，知列反。南北通語也。(玄應卷十四，四分律第二卷，296 頁上)

玄應標注通語的音注共 7 條，除上舉 1 條外，還有賈公戶反(135 頁上)、楔先結反(198 頁下)、楔先結反(211 頁下)、蛆(蜇)知列反(296 頁上)、蛆(蜇)知列反(381 頁上)、謇居展反(399 頁下) 6 條。

2. 正音

(14)【一攤】虛奇反。《方言》：陳楚宋魏之間謂蠹為攤。郭璞曰：攤、蠡、瓠，勺也。今江東呼勺為攤。律文作捭，假借也。正音虛衣反。捭，木名，汁可食。稊非此義。(玄應卷十六，善見律第五卷，340 頁下)

攤的正音(虛衣反)與陳楚宋魏之間的方音(虛奇反)相對，二者支微混。

3. 古文音

(15)【童齔】初忍反。古文音差貴反。毀齒曰齔。《說文》：男八月生齒，八歲而為之齔。女七月生齒，七歲而毀齒。字從齒從匕聲。《釋名》云：齔，洗也。毀洗故齒更生新也。(玄應卷四，大方便報恩經第七卷，95 頁下)

按：古文音的性質不清，待後考。

總之，玄應音義的方言音注術語共 12 種，與之相對的音注術語共 3 種。窺基的方言音注術語有某地音、借音、相傳音 3 種，慧苑的有某地音、

---

① 玄應音義中的方言都指的是揚雄的《方言》。

借音 2 種，雲公的有某地音、借音、舊音 3 種，慧琳的有某地音、借音、方言音、俗音、時音、相傳音、舊音、或音、通音 9 種。玄應的音注術語基本包括了他們四人的音注術語，卽他們四人基本承襲了玄應的音注術語，所以本書以玄應音義爲例來説明唐代佛典音義的音注術語的狀況。

二 方言區域術語

儲泰松《唐代的方言研究及其方音觀念》統計玄應音義的方言區域術語有山東、江南、江東、陝以西、中國、關東、關西、關中、吳人、吳、三輔、江北、北人、南人、北土、蜀人、江湘以南、楚人、會稽、吳會、高昌，共 21 類，涉及 19 個地域。玄應音義中，有玄應引用、"使用"的方言區域術語，本書以淮河爲界，把它們分爲北語區[①]、南語區，窮盡統計如下：

（一）南語區

1. 南方

（1）【簿筏】又作箷，同。蒲佳反。《方言》：箷謂之筏。南方名簿，北人名筏。（玄應卷十五，十誦律第五三卷，324 頁上）

簿是南方方言詞，蒲佳反是它的反切。

2. 江南

（2）【甲胄】古文軸，同。除救反。《廣雅》：胄，兜鍪也。中國行此音。亦言鞮鍪，江南行此音。鞮音低，鍪莫侯反。（玄應卷一，大方廣佛華嚴經第六卷，9 頁上）

鞮鍪是江南方言詞，"音低、莫侯反"分别是它們的注音。

3. 江淮

（3）【餬口】又作飵，同。户姑反，言寄食也。江淮之間謂寓食爲餬。《爾雅》：餬，饘也。注云：卽麋也。（玄應卷八，前世三轉經，179 頁上）

餬是江淮之間方言詞，户姑反是它的反切。

4. 江淮以南

（4）【牛桊】居院反。《字書》：桊，牛拘也。今江淮以北皆呼牛拘，

[①] 秦漢時期，梁益方言近似，曾是一個大的語言聯盟，從歷史來源考察，筆者把蜀語劃歸北語區。

— 26 —

以南皆曰桼。(玄應卷四,大灌頂經第七卷,85頁上)

桼是江淮以南方言詞,居院反是它的反切。

5. 江東

(5)【園圃】補五反江東音、布二音。《蒼頡解詁》云"種樹曰園,種菜曰圃"也。《詩》云:無踰我園。《傳》曰:有樹也。又云:折柳樊圃。《傳》曰:菜圃也。皆其義也。(玄應卷一,大方廣華嚴經第六卷,9頁上)

補五反是圃的江東方音。

6. 江湖之間

(6)【征伀】之盈反。古文忪,同。之容反。《方言》:征伀,惶遽也。江湖之間凡窘卒怖遽皆謂之征伀。(玄應卷十三,四自侵經,270頁下)

征伀是江湖之間方言詞,之盈反、之容反分别是它們的反切①。

7. 江湘之間

(7)【心忪】又作伀,同。之容反。《方言》:征伀,惶遽也。江湘之間凡倉卒怖遽皆謂之征伀。(玄應卷十九,佛本行集經第十六卷,398頁上)

征伀是江湘之間的方言詞,之容反是伀的反切。另外,從上例可知,江湖之間、江湘之間都是揚雄的方言區劃,二者是版本異文。

8. 揚州

(8)【梓柟】音南。《爾雅》:柟,梅。樊光注云:荆州曰梅,揚州曰柟,益州曰赤梗,葉似豫章,無子。(玄應卷二十,六度集第四卷,415—416頁)

柟是揚州方言詞,音南是它的直音。

9. 吳會

(9)【明㲉】《字書》作殼,同。口角反。吳會間音口角反。卵外堅也。案凡物皮皆曰殼是也。(玄應卷二,大般涅槃經第三三卷,51頁下)

㲉吳會間讀口角反。

10. 吳

(10)【土塠】徒果反。《字林》:小堆也。吳人積土爲塠,字體從自。

---

① 揚雄《方言》卷十:"……征伀,遑遽也。江湘之閒凡窘猝怖遽……或謂之征伀。"從今傳本《方言》看,江湖之間應爲江湘之間。

（玄應卷十五，十誦律第四七卷，323 頁上）

陊是吳方言詞，徒果反是它的反切。

11. 吳楚

（11）【熸爐】子廉反，下似進反。熸，吳楚之間謂火滅爲熸。爐，火餘也。經文作爔。（玄應卷七，大方等大集菩薩念佛三昧經第一卷，150 頁下）

熸是吳楚之間的方言詞，似進反是它的反切。

12. 楚

（12）【潭然】徒耽反。潭，深也。楚人名深曰潭也。（玄應卷五，海龍王經第一卷，105 頁上）

潭是楚方言詞，徒耽反是它的反切。

13. 南陽

（13）【雨霽】子詣反。《通俗文》：雨止曰霽。今南陽人呼雨止曰霽。（玄應卷七，慧上菩薩問大善權經上卷，162 頁上）

霽是南陽方言詞，子詣反是它的反切。另外，南陽毗鄰楚地，所以附在楚後。

14. 陳楚

（14）【鞠育】《詩》云：母兮鞠我。《傳》曰：鞠，養也。《方言》：陳楚之間謂養爲鞠。又作掬，同。居六反。《說文》：掬，撮也。（玄應卷二十，陀羅尼雜集經第三卷，409 頁上—下）

鞠是陳楚之間方言詞，居六反是它的反切。

15. 南楚

（15）【竹筲】又作簎，同。力與、紀呂二反。《字林》：筲，籫也。飯器，受五升。秦謂筲。《方言》：南楚謂之筲，趙魏謂之籫。郭璞曰：盛飯筲也。《聲類》：筲，箱也。亦盛杯器籠曰筲。筲音所交反。（玄應卷十五，僧祇律第三卷，325 頁上）

筲是南楚方言詞，所交反是它的反切。

16. 楚郢以南

（16）【蟻垤】徒結反。垤，蟻塚也。《方言》：垤、封，場也。楚郢以南蟻土謂之垤。（玄應卷十三，阿蘭若習禪法經上卷，279 頁下）

埊是楚郢以南的方言詞，徒結反是它的反切。

17. 荊

（17）【愵恧】女六反。《方言》：愵、恧，慙也。荊揚青徐之間曰愵，梁益秦晉之間曰慙，山之東西自愧曰恧。《三蒼》：恧，慙也。《小爾雅》云：不直失節謂之慙。慙，愧也。《小爾雅》：心慙曰恧。愵音他典反。（玄應卷十九，佛本行集經第三十九卷，402頁下）

愵是荊（揚青徐之間）方言詞，他典反是它的反切。

（二）北語區

1. 北

（1）【摶食】徒丸反。《說文》：摶，圜也。《通俗文》"手團曰摶"是也。律文作揣。《說文》：揣，量也。音都果反，北人行此音。又初委反，江南行此音。揣非字義。（玄應卷十四，四分律第三卷，296頁下）

摶的都果反是北人音。

2. 江北

（2）【螽蜇】古文蠢，同。止戎反，下徙移反。《詩》云：螽蜇羽。《傳》曰：螽蜇，蜙蝑也。亦即蝗也。俗名舂黍，今江北通謂螽蝗之類曰蜇，亦曰簸蜇。蜇音之凶反。（玄應卷十，大乘莊嚴經論第十卷，213頁下）

蜇是江北方言詞，之凶反是它的反切。

3. 江淮以北

（3）【蛇虺】古文虫、虺二形，同。呼鬼反。毒蟲也。《山海經》：即翼之山多蛇虺。郭璞曰：色如綬文，鼻上有針，大者百餘斤。一名反鼻也。《爾雅》揵爲舍人曰：江淮以南曰蝮，江淮以北曰虺。《莊子》：虺二首。《韓非子》曰：虫有虺者，一身兩口，爭食相齕，遂相殺也。又《爾雅》讚曰：蛇之殊狀，其名爲虺，其尾似頭，其頭似尾，虎豹可踐，此難忘履。[①]（玄應卷九，大智度論第四二卷，198頁下）

呼鬼反是江淮以北方言詞虺的反切。

4. 關之東西

（4）【謫詭】又作譎，同。公穴反。下又作恑，同。居毀反。《方言》：

[①] 徐校："從《山海經》至末"高麗藏無，據磧沙藏補。

自關而東西或謂詐爲譎詭。譎詭亦奇怪也。（玄應卷五，超日明三昧經上卷，110頁上）

詭譎是關之東西方言詞，公穴反、居毀反分別是它們的反切。

5. 關東

（5）【椎鍾】直追反。《說文》：椎，擊也。字從木。經文作槌。直淚反。關東謂之槌，關西謂之梓①，又作槌，都回反。槌，摘也。二形並非字義。摘音知革反。（玄應卷六，妙法蓮華經第五卷，138頁下）

槌是關東方言詞，都回反是它的反切。

6. 關西

（6）【刀鞘】《小爾雅》作鞘。諸書作削，同。思誚反。《方言》：削，刀鞞也。《方言》：劍鞘，關東謂之削，關西謂之鞞。音餅。江南音嘯，中國音笑。（玄應卷十四，四分律第五一卷，310頁下）

鞞是關西方言詞，音餅是它的直音。

7. 山之東西

（7）【慙恧】女六反。《方言》：㥾、恧，慙也。荊揚青徐之間曰㥾，梁益秦晉之間曰慙，山之東西自愧曰恧。《三蒼》：恧，慚也。《小爾雅》云：不直失節謂之慙。慙，愧也。《小爾雅》：心慙曰恧。㥾音他典反。（玄應卷十九，佛本行集經第三十九卷，402頁下）

恧是山之東西方言詞，女六反是它的反切。

8. 中國

（8）【狗齩】又作齩同。五狡反。中國音也。又下狡反。江南音也。《說文》：齩，齧也。經文作骹，苦交反。脛膝骨也。骹非此用。（玄應卷一，大威德陀羅尼經第十一卷，23頁上）

齩的五狡反是中國音。

9. 嵩岳以南陳潁之間

（9）【烹肉】普羹反。烹，煮也。《方言》：烹，熟也。嵩岳以南陳潁②之間曰烹。《儀禮》：凡煮於鑊中曰烹，於鼎曰升。（玄應卷九，大智度論第

---

① 徐校："《說文》：關東謂之槌，關西謂之梓。"從《說文》看，槌是關東方言詞。
② 徐校：潁，今傳本《方言》爲穎。

十八卷，193 頁下）

烹是嵩岳以南陳潁之間的方言詞，普羹反是它的反切。

10. 汝南

（10）【憂㛴】奴道反。《說文》：有所恨痛。今汝南人有所恨言大㛴，今皆作惱也。（玄應卷十三，雜阿含經，287 頁下）

大㛴是汝南方言詞，奴道反是㛴的反切。

11. 宋衛之間

（11）【透擲】他豆、式六二反。《方言》：透，驚也。宋衛、南楚凡相驚曰透。《廣雅》：透，嬈也。（玄應卷二十，治禪病秘要經第二卷，420 頁下）

透是宋衛（南楚）方言詞，他豆、式六二反是它的反切。

12. 宋齊之間

（12）【明喆】又作哲，同。知列反。《爾雅》：哲，智也。宋齊間語也。（玄應卷七，正法華經第一卷，145 頁下）

哲是宋齊之間的方言詞，知列反是它的反切。

13. 宋魯之間

（13）【適他】尸亦反。《爾雅》：適，往也。適，事他人也。《方言》：宋魯謂往爲適。適亦歸也。（玄應卷十六，僧祇比丘尼戒本，353 頁下）

適是宋魯方言詞，尸亦反是它的反切。

14. 衛魯之間

（14）【二叟】古文㑅、俊二形，今作叟，同。蘇走反。《方言》：叟，父長老也。東齊魯衛之間凡尊老謂之叟，南楚曰父。字從灾從又。脉之大候在於寸口，老人寸口脉衰，故從又從灾。又音手。灾者，衰惡也。（玄應卷十六，優婆塞五戒相經，351 頁上）

叟是（東齊）魯衛之間方言詞，蘇走反、音手是它的二個讀音。

15. 宋魏之間

（15）【一攕】虛奇反。《方言》：陳楚宋魏之間謂蠢爲攕。郭璞曰：攕、蠢、瓠，匕也。今江東呼匕爲攕。律文作捵，假借也。正音虛衣反。捵，木名，汁可食。稀非此義。（玄應卷十六，善見律第五卷，340 頁下）

攕是宋魏之間方言詞，虛奇反是它的反切。

16. 魏趙之間

（16）【釤鍬】所鑒反。《字書》：釤，大鎌也。下千消反。《方言》：趙魏之間謂臿爲鍬。（玄應卷十五，十誦律第九卷，318頁下）

鍬是趙魏之間方言詞，所鑒反是它的反切。

17. 東齊

（17）【發荄】古來反。《說文》：草根也。下千消反。《方言》：東齊謂根爲荄也。（玄應卷十一，雜阿含經第十卷，237頁上）

荄是東齊方言詞，古來反是它的反切。

18. 齊

（18）【䫠䫱】丘奇、丘倚二反。《蒼頡篇》：齊人謂齞咋爲䫠。䫠，齞也。許慎云：側齞也。下竹皆反。齞挽曰䫱。（玄應卷十三，佛大僧大經，275頁上）

䫠是齊方言詞，丘奇、丘倚反是它的二個反切。

19. 齊魯之間

（19）【勖勉】虛玉反。謂勉勵也。《方言》：齊魯謂勉爲勖也。（玄應卷四，十住斷結經第四卷，89頁下）

勖是齊魯方言詞，虛玉反是它的反切。

20. 兗州

（20）【諛詑】以珠反。不擇是非謂之諛。下大可反。《纂文》云：兗州人以相欺爲詑。又音湯和反。詑，避也。（玄應卷八，佛遺日摩尼寶經，178頁上）

詑是兗州方言詞，以珠反是它的反切。

21. 燕齊之間

（21）【因釭】又作軓，同。古紅反。《說文》：釭，轂口鐵也。《方言》：燕齊海岱之間名釭爲鐹。鐹，古禾反。[①]（玄應卷十一，雜阿含經第二六卷，237頁下）

鐹是燕齊（海岱）之間方言詞，古禾反是它的反切。

22. 海岱之間

（22）【色（市）㕓】治連反。梵言阿練遮羅，此云市㕓。《禮記》：市

[①] 徐校：從《方言》至末的文字據磧沙藏補。

廛而不征。鄭玄曰：廛謂市物邸舍也。廛，居也。《方言》：東齊海岱之間謂居曰廛。舊云欲行，疑誤也。按梵名行爲僧塞迦羅也。（玄應卷二四，阿毗達磨俱舍論第五卷，488 頁下）

廛是（東齊）海岱之間方言詞，治連反是它的反切。

23. 北燕

（23）【蚰蜒】或作蟉蚙二形，同。由延二音。《說文》亦名入耳。北燕曰蚭蚭，音女六、女胝反。（玄應卷十四，四分律第四二卷，308 頁上）

蚭蚭是北燕方言詞，女六、女胝反分別是它們的反切。

24. 燕代之間

（24）【姝大】充朱反。《說文》：姝，好也，色美也。《方言》：趙魏燕代之間謂好爲姝。（玄應卷二，大般涅槃經第十卷，43 頁下）

姝是（趙魏）燕代之間方言詞，充朱反是它的反切。

25. 燕朝鮮之間

（25）【抱不】又作菢，同。蒲報反。《方言》：燕朝鮮之間謂伏雞曰菢，江東呼嫗。經文作䎽，未詳字出。（玄應卷十一，增一阿含經第四九卷，235 頁下）

菢是燕朝鮮之間方言詞，蒲報反是它的反切。

26. 韓魏之間

（26）【灌綆】或作罐，同。古亂反。汲器也。綆，格杏反。《說文》：汲井繩也。《方言》：韓魏間謂之綆。（玄應卷二，大般涅槃經第三二卷，51 頁上）

綆是韓魏間方言詞，格杏反是它的反切。

27. 幽州

（27）【陂池】筆皮反。池也。山東名濼，音匹各反。鄴有鸂鷘濼。今關中亦名濼，幽州名淀，音徒見反。（玄應卷十四，四分律第五五卷，312 頁上）

淀是幽州方言詞，徒見反是它的反切。

28. 幽冀

（28）【廊廡】籀文作㡱，同。音武。客舍也。《說文》：堂下周屋也。

《釋名》云：大屋曰廡。幽冀之人謂之庌。庌，五下反。(玄應卷四，月燈三昧經第八卷，88頁下)

庌是幽冀方言詞的音注，五下反是它的反切。

29. 晉

(29)【船舶】音白。《埤蒼》：舶，大船也。《通俗文》：吳船曰艑，晉船曰舶。大者長二十丈，載六七百人者是也。艑音蒲殄反。(玄應卷一，大方廣佛華嚴經第五一卷，12頁下)

舶是晉方言詞，音白是它的直音。

30. 秦

(30)【蚊蚋】而銳反。《說文》：秦人謂之蚋，楚人謂之蚊。①《通俗文》：蜎化爲蚊。小蚊曰蚋。蜎音渠充反。(玄應卷三，摩訶般若波羅蜜經第三五卷，60頁下)

蚋是秦方言詞，而銳反是它的反切。

31. 隴西

(31)【猶豫】弋又、弋周二反。案《說文》隴西謂犬子爲猶，猶性多豫在人前，故凡不決者謂之猶豫也。又《爾雅》：猶如麂，善登木。郭璞曰：健上樹也。某氏曰：上木如鳥。②(玄應卷九，大智度論第四卷，187頁上—下)

猶是隴西方言詞，弋又、弋周反是它的二個反切。

32. 隴冀

(32)【熰煮】古文魚、稀二形，同。扶逼反。方言：熰，火乾也。關西隴冀以往謂之熰。《說文》：以火乾肉曰稀。(玄應卷九，大智度論第十七卷，192頁下)

熰是（關西）隴冀方言詞，扶逼反是它的反切。

33. 梁益之間

(33)【孅指】古文攕，《字書》作纖，同。思廉反。《說文》：攕，好手皃也。孅，細銳也。《方言》：纖，小也，細也。梁益之間，凡物小謂之

---

① 徐校：《說文》的解說，高麗藏無，據磧沙藏補。

② 徐校：此條高麗藏無，據磧沙藏補。

纖也。①（玄應卷九，大智度論第二四卷，195頁下）

纖是梁益方言詞，思廉反是它的反切。

34. 高昌

(34)【曼王】莫槃反。今高昌人謂聞爲曼。《說文》：聞，知聲也。（玄應卷十八，辟支佛因緣論下卷，390頁下）

莫槃反是明桓合一。聞《廣韻》無分（明文合三）切。高昌人讀文爲桓，音侈一些。

35. 蜀

(35)【鎢錥】於胡、餘六反。《廣雅》：鎢錥謂之銼鑪，亦云鉙鏵也。經文作鑞，非也。銼音才禾反。鑪，力和反。鉙，古我反。鏵，莫朗反。或作鎢鏵，或作鎰鏵，或作鈷鏵。蜀人言坯，皆一也。《字林》：小釜也。鎰音古盍反。鈷音古。坯，七臥反。（玄應卷十三，樹提伽經，273頁下）

坯是蜀方言詞，七臥反是它的反切。

36. 建平

(36)【㹦狸】古文蜼。《字林》：餘繡反，江東名也。又音餘季反，建平名也。似獼猴而大，黑色，江東養之捕鼠，爲物捷健也。（玄應卷八，梵綱經下卷，181頁下）

餘季（秀）反是㹦的建平方音。按：歷史上稱建平郡或縣的行政區劃較多，有三國吴從上饒縣分置的建平縣（《元和郡縣制》）、北宋從廣德州析出的建平縣（《新安志》），唐代的建平縣在今重慶巫山②等。究竟是哪個建平？在漢魏六朝舊注中，僅郭璞有"建平人……"的注文，郭璞是東晉人，東晉的建平郡屬荆州，與唐代屬夔州的建平爲同一地區，所以筆者認爲玄應音義中的建平在今重慶巫山，處於蜀語與楚語的交接地帶上。本書把它附在蜀語之後。

（三）交叉語區

1. 南北

(1)【毒螫】式亦反。《字林》：蟲行毒也。關西行此音。又音呼各反，

---

① 徐校：《方言》的解說，高麗藏無，據磧沙藏補。
② 《劉賓客文集》卷二七：（劉禹錫任夔州刺史，長慶二年）正月余，來建平里中……作《竹枝詞》九篇。可知建平縣屬夔州管轄。

— 35 —

山東行此音。蛆（蜇），①知列反。南北通語。（玄應卷三，摩訶般若波羅蜜經第十五卷，59頁上）

蛆（蜇）是南北通語。

2. 東西

（2）【所螫】書亦反。《說文》：蟲行毒也。關西行此音。又音呼各反，山東行此音。蛆（蜇），②知列反。東西通語。（玄應卷十八，雜阿毗曇心論第五卷，381頁下）

蛆（蜇）是東西通語。

3. 楚鄭以南

（3）【蟻垤】徒結反。《方言》：垤，封，堬（塲）之（也），楚鄭以南蟻土謂之垤。（玄應卷十九，佛本行集經第二十卷，399頁上）

楚鄭以南的方言詞音注僅此1條。

4. 荊揚青徐之間

（4）【慙恧】女六反。《方言》：恧、恧，慙也。荊揚青徐之間曰恧，梁益秦晉之間曰慙，山之東西自愧曰恧。《三蒼》：恧，慚也。《小爾雅》云：不直失節謂之慙。慙，愧也。《小爾雅》：心慙曰恧。恧音他典反。（玄應卷十九，佛本行集經第三十九卷，402頁下）

恧是荊揚青徐之間方言詞，他典反是它的反切。

5. 荊汝之間

（5）【慳吝】古文恡，同。力鎮反。堅著多惜曰吝。《方言》：荊汝江湘之間凡貪而不施謂之吝。（玄應卷二三，對法論第一卷，473頁上）

吝是荊汝（江湘）之間的方言詞，力鎮反是它的反切。

（四）小結

以上筆者以玄應音義爲例，列舉了其中的方言區劃術語。玄應音義中方言區劃基本包括了窺基、慧苑、雲公、慧琳音義中的方言區劃，不同之處是慧琳改關中（音）爲秦（音），其實二者並無實質不同。以下筆者以玄

---

① 徐校爲蛆，筆者認爲是蜇字。
② 徐校認爲據文意應是蛆。

應音義爲例，來作小結。

玄應引用了（秦）李斯、趙高、胡毋敬《蒼頡篇》，（西漢）犍爲舍人《爾雅注》、揚雄《方言》，（東漢）許慎《說文》、樊光《爾雅注》、服虔《通俗文》，（東漢末至三國）高誘《呂氏春秋注》、郭璞（276—324 年）《爾雅注》《方言注》、孫盛（約 302—374）《晉陽秋》、何承天（370—447 年）《纂文》的方言區劃，其中玄應引用《蒼頡篇》的方言區劃有齊 1 類；犍爲舍人的方言區劃有江淮以北 1 類；引用揚雄的方言區劃有北、陳楚、陳楚宋魏之間、楚、楚郢以南、楚鄭以南、東齊、東齊海岱之間、東齊魯衛之間、東越揚州之間、關東、關西、關西隴冀、關之東西、韓魏、江東、江湖之間、江淮陳楚之間、江淮、江南、江湘、荊汝江湘之間、荊揚青徐之間、梁益之間、南楚東海之間、南楚、南楚江湖之間、齊魯之間、齊宋之間、秦晉、山東、宋魯、宋衛南楚、燕朝鮮之間、燕齊海岱之間、趙魏、趙魏燕代、自關而東齊魯之間、自關而西秦晉之間、自關以東五國之都、自關以東五國之郊、關之東西、自山之東江淮陳楚之間、嵩岳以南陳潁之間等 47 類；引用許慎的方言區域有秦、關東、隴西 3 類；引用樊光的方言區劃有揚州 1 類；引用服虔的方言區劃有吳、晉 2 類；引用高誘的方言區劃有關西 1 類；引用郭璞的方言區劃有北方、江東、關西 3 類；引用孫盛的方言區劃有吳 1 類；引用何承天的方言區劃有吳、關西、兗州 3 類。玄應自己"使用"的方言區劃有北、北燕、楚、東西、關西、關中、蜀、建平、江北、江東、江淮之間、江淮以南、江沔之間、江南、南北、南、南陽、青州、汝南、山東、會稽、陝以西、中國、高昌等 28 類。從這些術語和數據，筆者可得出如下結論：

（1）總的來說，從西漢到唐初，漢語大的方言區在減少，漢語的融合步伐在加快，如揚雄的 47 類方言區到玄應已減少到 28 類（還包括暗引的，實際遠少於 28 類）方言區。再具體而言，漢語方言區面貌發生了很大的改變。如宋、衛、鄭等已融入到中國之中；蜀語的地位上升，已成一個大的方言區。

（2）從玄應的方言區劃術語推測，玄應的漢語大方言區有中國、秦晉（關中、陝以西）、江南、吳越（江東、會稽）、蜀、楚等，且這些大的方言區也在逐漸融合，部分方言詞已變成了通語。玄應音義中還有次方言區，如汝南；也有方言點，如建平、南陽、高昌。

第四節　方言音注的認定

　　玄應、慧琳等的《一切經音義》是佛典音義的代表之一。音義書是爲難字、僻字、多音多義字等注音釋義，有着通典明義、釋疑達詁的編纂目的，存在許多共性，都採用隨文注音釋義的訓詁方式；音義的注解大致分爲注音、釋義、正形三部分；注音一般採用反切、直音、四聲標音等方法；釋義往往引經據典，力求言而有據；正形包括明通假、辨異體、正訛字等。早期的音義如《經典釋文》有較多特殊語境下的語用注音，如明假借、辨字形、破讀、協韻等，與漢魏六朝的傳注相似。中期的音義如李善《文選注》等，特殊的語用注音變少，與漢魏六朝的傳注差別擴大，與字書音義、韻書等越來越相似。末期的佛典音義，音已前置，不再附於義後，音義已分開，與字書音義、韻書極其近似。由於音義已分開，對音主的身份認定並非易事。但筆者不認爲每個音注都是玄應、慧琳等所作，佛典音義中部分音注是徵引舊音的可能性大。在大致分清哪些方言音注是舊音、哪些方言音注是玄應、慧琳等所"作"的音注後，再把反映方音的特殊音注和反映讀書音的一般音注分開，然後確定這些特殊音注反映的是玄應、慧琳等的方音還是某地方音，作音注的認定，最後討論認定的相關問題。

一　方言音注的認定

　　筆者以玄應音義爲例來討論方言音注的認定。以下從某地音的認定、某音的認定、玄應"使用"的方言詞音注的認定、玄應徵引的方言詞音注的認定四方面展開。

　　（一）某地音的認定

　　玄應直接給這些音注標記某地音，表明它們就是某地的方音，對它們的認定比較容易。例如：

　　【摶食】徒官反。《通俗文》：手團曰摶。《三蒼》：摶飯也。論文作揣，音初委反。測度前人曰揣。江南行此音。又都果反。《說文》：揣，量。故揣也，關中行此音，並非字義。（玄應卷十八，雜阿毗曇心論第一卷，379頁下）

揣的初委反是唐初的江南音，都果反是唐初的關中音。

（二）某音的認定

某音種類較多，筆者以玄應音義爲例，來分層解讀。具體認定如下：

（1）"方俗語、俗呼、俗音"，如果無特定標記，如江東俗音，大都就是玄應等最熟悉的方音，即京兆一帶的方音。

（2）下里間音、田里間音、間里間音是比方俗音更低一層的土語音。如果不在前加定語限制，如山東田里間音，就可默認是京兆一帶的不識字的郊區農夫、市井販夫的口語音，它們應是方俗音的底層。

（3）古文音、舊音相同，是過去的不規範的讀音，由於六朝時期的舊音基本是南朝人所作，這些舊音可能帶南朝人的方音。

（4）訛音或誤音，與破讀有關，或與字形有關，或與方音有關等。

（5）借音較複雜，有的與音譯詞有關，有的與又音有關，有的與方音有關，有的與時音有關，有的與破讀音有關，有的與義同換讀音有關，有的與本字有關，有的與經籍異文有關，有的與諧聲字的聲符有關等。

（6）通語是全國通行的語音，正音是規範的讀音。

（三）玄應"使用"的方言詞音注認定

玄應"使用"的帶音注的方言詞部分是他暗引的；部分是他使用的，如江南方言詞；部分已不可考。對這幾類方言詞音注認定如下：

（1）暗引的方言詞音注部分是傳承有緒的讀書音，以郭璞《方言注》、郭璞《爾雅注》的爲最多；部分來歷不明，暫爲玄應所"作"的音注；極少部分是方音。

（2）"使用"的方言詞音注部分是傳承有緒的讀書音；部分來歷不明，暫爲玄應所"作"的音注；極少部分是方音。

（四）玄應徵引的方言詞音注認定

玄應徵引的 196 條方言詞的音注中，部分是傳承有緒的讀書音，部分來歷不明，暫爲玄應所"作"的音注，極少部分是方音。

二 對音注認定的補充條款

上述認定並未全部解決音注認定的問題，哪些方言詞的音注反映讀書音或方音？方音中的哪些反映的是某地的方音或玄應等的關中方音？還需討論相關問題來補充說明，如下：

（一）方言詞中的一般音注是傳承有緒的讀書音，部分特殊音注是方音

首先，筆者認爲前置的方言詞的音注一般是玄應徵引的傳承有緒的讀書音[①]，因爲"述而不作"、"托古傳道"的思想影響了秦漢以來的學風；古人引文不規範，暗引而不注明出處、以臆見轉引的情况比比皆是；按"音義"徵引原則，僅徵引"義"而不徵引"音"不合常理，除非他認爲"音"不規範；自作反切十分麻煩，字書、韻書、音義書等上都有，不必自作反切。茲舉2例，1例來自玄應音義，1例來源慧琳音義，予以說明，如下：

（1）【憨惡】女六反。《方言》：恨、惡，憨也。荆揚青徐之間曰恨，梁益秦晉之間曰憨，山之東西自愧曰惡。《三蒼》：惡，慙也。《小爾雅》云：不直失節謂之憨。憨，愧也。《小爾雅》：心憨曰惡。恨音他典反。（玄應卷十九，佛本行集經第三九卷，402頁下）

恨音腆、惡人力反又女六反，憨也。荆揚青徐之閒曰恨，若梁益秦晉之閒言心内憨矣，山之東西自愧曰惡。（郭璞《方言注》卷六，文淵閣四庫本）

玄應的惡的女六反與郭璞的又音同，玄應轉引了郭璞的反切，可證前置的音注是傳承有緒的讀書音。上例是音注用字相同，如果音注用字不同而音值相同，也可作傳承有緒的讀書音，因爲古籍存在大量的版本異文，隋唐宿儒有把直音折合反切的習俗等。

（2）【嶢屼】五骨反。《字指》云：屼，秃山皃也。（慧琳卷九八，廣弘明集第二九卷，2179頁下）

字指曰：屼，秃山也，五骨切。（李善《文選注》，北京：中華書局2008年版，83頁上）

慧琳的反切應來源於《字指》，因爲慧琳音義的注釋體例是先注音，再

[①] 筆者認爲讀書音系指以《切韻》等爲代表的音系。《切韻》中的反切一般是漢魏以來的傳承有緒的讀書音切，它與時音有一定距離，同時兼收少量的古音和方音，方音如"揣王三初委反又丁果反，兼收江南音、關中音"；古音如"胝小韻《廣韻》丁尼切"，舌上歸舌頭。

— 40 —

第一章 方言音注的類別、體式、術語及認定

引文釋義，前面的注音應來自後面的引文，被編纂者置於句首。李善、慧琳的引文基本相同也可證明上述觀點。

其次，前置方言詞音注中的很大一部分的來源已不可考，暫爲玄應所"作"的音注。筆者也認爲它們中的一般音注反映的仍是傳承有緒的讀書音，特殊音注反映了方音等。

另外，以源自揚雄《方言》的音注而言，筆者認爲絶大多數是郭璞（276—342年）以後的注音，最多距玄應350年。一般來說，三百多年來的語音演變並不很大，玄應與他們的注音絶大部分音值相同是可能的。

（二）方言詞中的特殊音注是某地方音或玄應等人的方音要依具體情況而定

特殊音注是與一般音注相對而言，一般不是全國範圍內通行的語音，而是在局部地區通行的方音等。它反映的是某地的方音還是玄應等人的方音要依具體情況而定。

1. 可根據文本內證決定是某地的方音或玄應等人的方音

【拼地】補耕反。今謂彈繩墨爲拼。江南名抨，音普庚反。（玄應卷十四，四分律第三卷，297頁上）

抨王三普耕（滂耕開二）反。抨是江南方言詞，但普庚反非江南方音，而是玄應的關中方音；玄應的方音庚耕混。可從下例看出江南音庚耕不混，如下：

【抨乳】普耕反，江南音也。[①]抨，彈也。經文作軯，音瓶，車名，非此用也。（玄應卷十一，中阿含經第三九卷，229頁下）

2. 可根據玄應方音的特點決定是某地的方音或玄應的方音

一般認爲玄應的方音是京兆一帶的關中方音。關中方音的特點可從《切韻序》、《續高僧傳》、顧齊之《慧琳音義·序》、《封氏聞見記》等文獻記載揭示出來。如果它與這些特點相合，筆者就認爲反映了玄應的方音，例如：

【嘶喝】又作誓，同。先奚反。下又作嗑，同。乙芥反。《方言》：嘶、嗑，嗄也。郭璞曰：謂咽痛也。楚曰嘶，秦晉或曰嘶（嗄）。《埤蒼》：嘶，

[①] 徐校："江南音也"高麗藏無，據磧沙藏補。

聲散也。《廣雅》：聲之幽也。（玄應卷三，勝天般若經第一卷，72頁下）

乙芥反是影怪開二。噶《集韻》烏懈（影卦開二）切。噶是秦晉方言詞。怪、卦二等重韻混，是玄應方音混，還是秦晉方音混？《唐韻》規定佳皆同用，表明當時北方實際語音二者已混同，所以筆者認爲它既是秦晉方音，也是玄應的方音。

3. 可根據某地方音的特點決定它是否爲某地的方音或玄應的方音

某地的方言詞，它的音注反映的特點與某地方音的特點不同，筆者認爲它不是某地的方音。例如：

【所瀹】又作爚、鬻、汋三形，同。臾灼反。《通俗文》：以湯煮物曰瀹。《廣雅》：瀹，湯也。謂湯内出之也。江東呼瀹爲煠。煠音助甲反。（玄應卷二五，阿毗達磨順正理論第三三卷，506頁上）

助甲反是崇銜開二入。煠王三士洽（崇咸開二入）反。據《顏氏家訓》和《切韻序》可知吳音洽狎（入聲）能分，則吳音咸銜（陽聲）也能分。此處的咸銜混是玄應的關中方音特點的流露。

依據這三條原則，基本能分清哪些方言詞的特殊音注是反映玄應方音或某地方音。另外，窺基、慧苑、雲公、慧琳音義中的方言音注的認定與此相同，從略。

第二章 玄應音義的方音研究

玄應，隋唐沙門，生年不詳，大約卒於唐高宗龍朔年間（661—663年）[①]。他曾駐錫醴泉寺[②]、京師大總持寺和大慈恩寺，被道宣稱爲"京城沙門"[③]，大概是京兆人。他曾於貞觀十九年（645）參與玄奘的譯經，在弘福寺譯《大菩薩藏經》二十卷（貞觀十九年五月二日譯成）和《瑜伽師地論》一百卷（貞觀二十二年五月十五日譯成），於顯慶元年（656）七月二十七日在大慈恩寺"正字"《大毗婆沙論》。道宣的《大唐內典錄》卷五著錄了"《大唐衆經音義》一部，十五卷"，他在此下說："右一部，京師大慈恩寺沙門玄應所造。"可知玄應《一切經音義》[④]是在大慈恩寺撰成。玄應《一切經音義》的成書時間說法較多，徐時儀推測在龍朔年間，是一部未完成的書稿[⑤]。據《東域傳燈錄》載，玄應的著述還有《攝

[①] 採用徐時儀的說法。周法高《玄應反切考》推論"大概在龍朔元年夏，至晚龍朔二、三年間示寂"；陳垣《中國佛教史籍概論》認爲麟德元年（664年）卒；周祖謨《校讀玄應一切經音義後記》說"不卒於永徽末，卽卒於顯慶初（656年）"等，轉引自徐時儀《一切經音義三種校本合刊·緒論》，上海古籍出版社2008年版，第14頁。

[②] 《高僧傳合集》（上海古籍出版社1991年版，第392頁）："有敕令京城諸寺大德名業殊衆者同譯，得罽賓三藏般若開釋梵本，翰林待詔光宅寺沙門利言度語，西明寺沙門圓照筆受，資聖寺道液、西明寺良秀、莊嚴寺應真、醴泉寺超悟、道岸、功空並充證義……"可知醴泉寺是京城諸寺之一。

[③] 《續高僧傳·隋東都慧日道場釋智果傳附玄應智驓》（玄應卷三十）："京師沙門玄應者，亦以字學之富，皂素所推。通造經音，其有克據。"（見《大正藏》第50冊，第704頁）

[④] 《大唐內典錄》卷五稱"經音"、"大唐衆經音義"，卷十稱"衆經音"；（唐）釋道世《法苑珠林》卷一百稱"大唐衆經音義"；《貞元新定釋教目錄》卷十一稱"經律音義"；《開元釋教錄》卷八稱"經音義"，卷十七、二十稱"一切經音義"。

[⑤] 徐時儀：《玄應和慧琳〈一切經音義〉研究》，上海世紀出版集團、上海人民出版社2009年版，第33—35頁。

大乘論疏》、《辨中邊論疏》、《因明入證理論疏》等。除《一切經音義》外，其餘都已亡佚。

玄應的交遊狀況整體不清，可考知的有玄奘、道宣、窺基、慧苑、明睿、玄謨、道洪、明琰、慧貴、法祥、文備、道深、神泰[①]等，都是法相宗和華嚴宗等的大德高僧，未見與禪宗等法師交往的記錄。

第一節　方言音注的概況

玄應《一切經音義》的方言音注分三類，即方言詞的音注、某地音、某音。方言詞的音注又分玄應引用和"使用"的方言詞音注。某地音是玄應標記清楚的某地方音，某音中的部分是玄應標記不清的方音。三類音注的具體數據分佈如下：

總表　玄應《一切經音義》的方音種類和數據

種類	方言詞的音注		某地音	某音	總計
	玄應"使用"	玄應引用			
音注（條）	224	196	105	71	596 條

分表一　某地音的區劃和音注數（總 14 類 105 條）

北人音	關西音	關中音/陝以西音	江東俗音	江東音	江東訛音	江南音
6 條	5 條	11 條	1 條	1 條	1 條	44 條
江南俗音	山東音	會稽	吳會間音	中國音	秦音	吳音
1 條	20 條	1 條	6 條	6 條	1 條	1 條

分表二　某音的種類和音注數（總 14 類 71 條）

方俗語	古文音	借音	今誤音	舊音	俗呼	俗音
4 條	1 條	32 條	1 條	8 條	2 條	7 條
通語	下里間音	田里間音	閭里間音	世俗間音	訛（誤）音	正音
8 條	1 條	2 條	1 條	1 條	2 條	1 條

---

① 見許敬宗《因明入正理論》的《後序》，《大正藏》第 32 冊，第 12 頁；《瑜伽師地論》卷一百題記，《大正藏》第 30 冊，第 881 頁。

第二章　玄應音義的方音研究

分表三　玄應自己"使用"的方言詞的區劃(28類)和音注數(224條)

北	北燕	楚	關西	關中	江北	江東	江淮	江淮以南	江河之間	江南	南	南陽	青州
5條	3條	5條	10條	10條	4條	14條	1條	1條	1條	88條	5條	3條	1條
汝南	山東	趙魏	陝以西	蜀	吳楚	吳	吳會	幽冀	幽州	中國	建平	齊宋	高昌
1條	26條	1條	3條	8條	1條	7條	1條	1條	4條	15條	2條	1條	2條

分表四　玄應引用揚雄《方言》的方言詞的區劃和音注數

北	北燕海岱之間	陳楚之間	陳楚宋魏之間	楚	楚郢以南	楚鄭以南	東齊	東齊海岱之間	東齊魯衛之間	東越揚州之間	關東
1條	2條	8條	2條	9條	2條	1條	7條	2條	3條	1條	8條
關西	關西隴冀之間	關之東西	韓魏之間	江東	江湖之間	江淮陳楚之間	江淮	江湘之間	荊汝江湘之間	荊揚青徐之間	梁益之間
14條	1條	5條	1條	2條	2條	1條	1條	1條	1條	1條	1條
南楚東海之間	南楚/南楚之外	南楚江湖之間	南楚江湘之間	齊魯之間	齊宋之間	秦晉之間	山東	山之東西	嵩岳以南陳潁之間	宋魯之間	宋衛南楚之間
1條	8條	2條	1條	11條	9條	8條	2條	1條	2條	3條	2條
燕朝鮮之間	燕齊海岱之間	趙魏燕代之間	自關而東梁楚之間	自關而東齊魯之間	自關而西秦晉之間	自關以東五國之都	自關以東五國之郊	自山之東江淮陳楚之間	趙魏之間	趙	總計47類區劃
1條	3條	3條	2條	6條	1條	1條	1條	7條	2條	1條	157條

分表五　玄應引用其他方言詞的區劃和音注數（36條）

蒼頡篇	三蒼	埤蒼	犍爲舍人	許慎		樊光	服虔	高誘	郭璞		孫盛	何承天	
									爾雅注	方言注			
齊	江東	長沙	江淮以北	秦	關東	隴西	揚州	吳晉	關西	揚州	江東	北	江東	吳	關西	兗州
3	1	1	1	1	1	3	1	1	1	6	2	4	1	4	1	2

第二節　方言音注的輯佚

　　徐時儀校注的玄應《一切經音義》採用韓國海印寺所藏高麗藏本（臺灣新文豐出版公司影印本）爲底本，參校磧沙藏、金藏等刻本和日本奈良正倉院、宮內廳書陵部、東京大學、京都大學、石山寺等藏寫本以及慧琳音義所轉錄的部分。徐時儀說："據我們對玄應所引《方言》的統計，玄應共引《方言》三百多條，其中磧沙藏有而麗藏本無計十四條，麗藏有而磧沙藏本無計三條，磧沙藏有而趙城金藏本無計八條。"[①]但筆者通過比對玄應《一切經音義》和慧琳音義所轉錄的部分，發現今玄應《一切經音義》的方言音注仍有遺漏。筆者比對的底本是徐時儀校注的慧琳《一切經音義》（轉錄玄應音義的部分）整理本。

玄應《衆經音義》共給 442 部佛經注了音義[②]，其中方言音注共 596 條，分佈在 139 部佛經音義中。慧琳轉錄玄應的方言音注 474 條，分佈在 108 部佛經音義中。今逐一比對其中的 108 部佛經音義，輯佚出玄應《一切經音義》遺漏的方言音注，具體如下：

1. 放光般若經

慧琳/玄應的詞條	矛箭/矛箭	牃者/牆者	寶罌/寶甖	寶罌/寶甖
方言詞	矛	牆	罌/甖	罌/甖
慧琳/玄應的方言區域	楚（《方言》）/楚（《方言》）	江南音/江南音	自關而東趙魏之間（《方言》）/（無）	自關而東趙魏之間（《方言》）/（無）
慧琳/玄應的音注	莫侯反/莫侯反	自羊反/才羊反	於耕反/於耕反	於成反/於成反
慧琳/玄應的頁碼[③]	652 上/64 下	652 下/65 上	654 下/66 下	654 下/66 下
放光般若經的卷數	十	十七	三十	三十
音注比較	同	音同	同	同

罌，玄應《一切經音義》沒注明是方言詞，可依慧琳的轉錄輯補自關而東趙魏之間方言詞的音注 2 條。

2. 摩訶般若波羅蜜經

---

① 見徐時儀《一切經音義三種校本合刊緒論·一切經音義的校勘》，上海古籍出版社 2008 年版，第 135 頁。

② 陳王庭《〈玄應音義〉目錄》(《藏外佛教文獻》第二編（總第十五輯），第 315—334 頁）認爲玄應音義收錄佛經 461 部。他的數量較多，原因在於統計方法的不同，例如他把《金剛般若經》的羅什法師譯、菩提流支譯、真諦譯算 3 部，而本書算 1 部。

③ 分別指慧琳《一切經音義》和玄應《一切經音義》在徐校本中的頁碼。後仿此，不出注。

— 46 —

慧琳/玄應的詞條	希望/希望	兩髀/兩髀	兩髀/兩髀	熙怡/熙怡
方言詞	希	髀	髀	怡
慧琳/玄應的方言區域	海岱/海岱	北人音/北人音	江南音/江南音	湘潭（《方言》）/湘潭（《方言》）
慧琳/玄應的音注	虛依反/虛衣反	蒲米反/蒲米反	方尒反/方尒反	與之反/與之反
慧琳/玄應的頁碼	654下/56下	655上/57上	655上/57上	655上/57上
經卷	一	一	一	十五
音注比較	音同	同	同	同
慧琳/玄應的詞條	毒螫/毒螫	毒螫/毒螫	毒螫/毒螫	蚊蚋/蚊蚋
方言詞	螫	螫	蛆（蚩）	蚋
慧琳/玄應的方言區域	關西/關西	山東/山東	南北通語/南北通語	秦（《說文》）/秦（《說文》）
慧琳/玄應的音注	式亦反/式亦反	呼各反/呼各反	知列反/知列反	而稅反/而銳反
慧琳/玄應的頁碼	657下/59上	657下/59上	657下/59上	659上/60下
經卷	十五	十五	十五	三五
音注比較	同	同	同	音同

上述8條方言詞的反切，6條切語用字相同，2條切下字異但音同，可資校勘，無關輯佚。

3. 道行般若經

【若牆】又作牆，同。才羊反。駟柱也。關中曰牆竿是也。（慧琳卷九，道行般若經第五卷，663頁下）

【若牆】又作㸦，同。才羊反。駟柱也。關中曰竿是也。（玄應卷三，道行般若經第五卷，69頁上）

【牆者】又作牆，同。才羊反。《字林》：駟柱也。江南行此音，關中多呼作竿。（玄應卷三，放光般若經第十七卷，65頁上）

通過比對，筆者發現慧琳轉錄的"關中曰牆竿"衍一"牆"字，牆的才羊反是江南音。慧琳轉錄出現訛誤，與輯佚無關。

4. 勝天般若經

慧琳/玄應的詞條	嘶喝/嘶喝	嘶喝/嘶喝	博弈/博弈
方言詞	嘶/嘶	嗑/嗑	弈
慧琳/玄應的方言區域	楚（《方言》）/楚（《方言》）	秦晉（《方言》）/秦晉（《方言》）	齊魯（《方言》）/齊魯（《方言》）
慧琳/玄應的音注	先奚反/先奚反	乙介反/乙芥反	餘石反/餘石反
慧琳/玄應的頁碼	668上/72下	668上/72下	668上/73上
勝天般若經的卷數	一	一	二
音注比較	同	音同	同

二者互爲版本異文，無關輯佚。

5. 無量清淨平等覺經

慧琳/玄應的詞條	方言詞	慧琳/玄應的方言區域	慧琳/玄應的音注	慧琳/玄應的頁碼
尩狂/尩狂	尩	俗音/（無）	烏黃反/烏皇反	777下/173下

烏黃反與烏皇反音同。尩的烏黃反玄應沒注明是俗音，可輯補尩的俗音烏黃反1條反切。

6. 文殊師利佛土嚴淨經

慧琳/玄應的詞條	方言詞	慧琳/玄應的方言區域	慧琳/玄應的音注	慧琳/玄應的頁碼
潭然/（無）	潭	楚/（無）	徒耽反/（無）	782上/112上
交跌/交跌	跌	山東/（無）	府于反/府於反	782上/112上

首先，府于反與府於反是虞魚混。"交跌"是山東方言詞，玄應音義沒注明，可依慧琳的轉錄輯補。其次，玄應的《文殊師利佛土嚴淨經》音義無楚方言詞"潭"的音義，但楚方言詞"潭"的音義在玄應音義已存在，爲避免重複，不作輯佚。如下：

【潭然】徒耽反。潭，深也。楚人名深曰潭也。（玄應卷五，海龍王經第一卷，105頁上）

7. 慧上菩薩問大善權經

慧琳/玄應的詞條	方言詞	慧琳/玄應的方言區域	慧琳/玄應的音注	慧琳/玄應的頁碼
雨霽/雨霽	霽	南陽/南陽	子詣反/子詣反	796下/162上

慧琳的轉錄與玄應音義相同，無關輯佚。

8. 佛遺日摩尼寶經

慧琳/玄應的詞條	方言詞	慧琳/玄應的方言區域	慧琳/玄應的音注	慧琳/玄應的頁碼
詍詑/詍詑	詑	兗州（《纂文》）/兗州（《纂文》）	大可反/大可反	797下/178上
詍詑/詍詑	詑	兗州（《纂文》）/兗州（《纂文》）	湯和反/湯和反	797下/178上

慧琳的轉錄與玄應音義相同，無關輯佚。

9. 大方等大集經

慧琳/玄應的詞條	厭人/厭人	櫨樀/櫨樀	輨轄/輨轄
方言詞	厭	枅	輨
慧琳/玄應的方言區域	山東音/山東音	山東、江南/山東、江南	關之東西（《方言》）/關之東西（《方言》）
慧琳/玄應的音注	於葉反/於葉反	古奚反/古奚反	古緩反/古緩反
慧琳/玄應的頁碼	798 上/13 下	799 上—800 下/15 上	800 上/15 下
大方等大集經的卷數	一	十五	十五
音注比較	同	同	同
慧琳/玄應的詞條	輨轄/輨轄	觜星/觜星	觜星/觜星
方言詞	轄	觜	觜
慧琳/玄應的方言區域	關之東西（《方言》）/關之東西（《方言》）	吳音/（無）	秦音/（無）
慧琳/玄應的音注	胡瞎反/胡瞎反	子移反/子系反	醉唯反/（無）
慧琳/玄應的頁碼	800 上/15 下	800 下/16 上	800 下/16 上
大方等大集經的卷數	十五	二一	二一
音注比較	同	/	/

子移反是精支開三，子系反是精齊開四，二者支齊混。通過比對，可輯佚"觜"的子移反（吳音）和醉唯反（秦音）2 條音注。

10. 大集日藏分經

慧琳/玄應的詞條	方言詞	慧琳/玄應的方言區域	慧琳/玄應的音注	慧琳/玄應的頁碼
葡壟/葡𦺊	壟/𦺊	中國/中國	子奚反/子奚反	803 上/18 下

壟/𦺊爲版本異文，可資校勘，無關輯佚。

11. 大集月藏分經

慧琳/玄應的詞條	矛矟/矛矟	蕃息/蕃息	陂濼/陂濼	陂濼/陂濼	日虹/日虹
方言詞	矟	媰	濼	淀	虹
慧琳/玄應的方言區域	江湘以南/江湘以南	中國/中國	山東/山東	幽州/幽州	江東音/江東俗音
慧琳/玄應的音注	七亂反/千亂反	匹萬反/匹万反	普莫反/匹莫反	音殿/音殿	音絳/音絳
慧琳/玄應的頁碼	804 上/20 上	804 下/20 下	805 上/21 上	805 上/21 上	805 下/21 下
經卷	二	四	六	六	十
音注比較	音同	音同	音同	同	同

江東音/江東俗音、匹萬反/匹万反異文，可資校勘，無關輯佚。

12. 華嚴經

慧琳/玄應的詞條	甲冑/甲冑	甲冑/甲冑	甲冑/甲冑	顧眄/顧眄	妖豔/妖豔
方言詞	冑	鞮	鍪	眄	豔
慧琳/玄應的方言區域	中國音/中國音	江南音/江南音	江南音/江南音	秦晉(《方言》)/秦晉(《方言》)	秦晉(《方言》)/秦晉(《方言》)
慧琳/玄應的音注	除救反/除救反	音低/音低	莫侯反/莫侯反	眠見反/眠見反	余贍反/余贍反
慧琳/玄應的頁碼	848上/9上	848上/9上	848上/9上	848下/9下	848下/10上
經卷	六	六	六	九	十二
音注比較	同	同	同	同	同

上述 5 條方言音注，慧琳的轉錄與原文全同，無關輯佚。

13. 如來興顯經

慧琳/玄應的詞條	方言詞	慧琳/玄應的方言區域	慧琳/玄應的音注	慧琳/玄應的頁碼
丘垤/丘垤	垤	楚郢以南(《方言》)/楚郢以南(《方言》)	徒結反/徒結反	918下/160上

慧琳的轉錄與玄應音義相同，無關輯佚。

14. 正法花經①

慧琳/玄應的詞條	明喆/明喆	榱棟/榱棟	齮齕/齮齕	炙燎/炙燎	喚㗅/喚㗅	胳毱/胳毱
方言詞	喆	榱②	齮	燎	㗅	毱
慧琳/玄應的方言區域	宋齊/宋齊	山東/山東	齊(《蒼頡篇》)/齊(《蒼頡篇》)	江北/江北	江南/江南	關之東西(《方言》)/關之東西(《方言》)
慧琳/玄應的音注	知列反/知列反	於靳反/於靳反	丘奇反/丘奇反	力照反/力照反	仕白反/仕白反	除例反/除例反
慧琳/玄應的頁碼	996上/145下	996下/145下	997上/146上	997下/146下	998上/147上	998下/147下
經卷	一	二	二	二	二	二
音注比較	同	同	同	同	同	同

慧琳的轉錄與玄應音義相同，無關輯佚。

15. 維摩詰經

---

① 玄應音義是"正法華經"，花、華異文。
② 原爲榱，徐校爲榱。

慧琳/玄應的詞條	勗勉/勗勉	牛湩/牛湩	牛湩/牛湩	捉秇/捉秇
方言詞	勗（勖）	湩	湩	秇
慧琳/玄應的方言區域	齊魯（《方言》）/齊魯（《方言》）	汝南/汝南	汝南/汝南	南楚（《方言》）/南楚（《方言》）
慧琳/玄應的音注	吁欲反/吁欲反	竹用反/竹用反	都弄反/都弄反	蒲畢反/蒲畢反
慧琳/玄應的頁碼	1005 上/168 上	1005 上/168 上	1005 上/168 上	1005 上/168 下
經卷	上	上	上	上
音注比較	同	同	同	同

慧琳的轉錄和玄應音義相同，無關輯佚。

16. 寶雲經

【志逞】丑井反。逞，極也，快也，亦疾也。《說文》：逞，通也。《方言》云：自山之東江淮陳楚之間謂快為逞也。（慧琳卷三十，寶雲經第二卷，1034 頁上）

【志逞】丑井反。逞，極也，快也，亦疾也。《說文》：逞，通也。（玄應卷四，寶雲經第二卷，96 頁上）

【逞情】丑井反。《方言》：自山之東江淮陳楚之間謂快曰逞。《說文》：逞，通也。（玄應卷二十，法句經上卷，422 頁下）

玄應音義中的《寶雲經》沒交代逞是自山之東江淮陳楚之間方言詞，但《法句經》交代了。方言詞逞的音義在玄應音義已存在，為避免重複，不作輯佚。

17. 入楞伽經

慧琳/玄應的詞條	方言詞	慧琳/玄應的方言區域	慧琳/玄應的音注	慧琳/玄應的頁碼
因楔/因楔	楔	江南/江南	子林反/子林反	1046 上/152 上

慧琳的轉錄與玄應音義相同，無關輯佚。

18. 大灌頂經

（1）【犀提】梵語。舊音云此應稊字，經別有本。又作觕字。（慧琳卷三一，大灌頂經第一卷，1060 頁下）

【犀提】此應陣字，父支反。（玄應卷四，大灌頂經第一卷，83 頁下）

稊、陣異文，慧琳的轉錄把"改字"作舊音。舊音是慧琳轉錄的術語，

（2）【老㚋】下溲厚反。《方言》云：㚋，老也。《廣雅》云：父。又東齊魯衛之間凡尊老謂之㚋也。《說文》：從又灾聲。字又作俀，俗或作叜也。經文作瘦，非此義。（慧琳卷三一，大灌頂經第十卷，1062 頁下）

【老㚋】又作叜、傁二形，同。蘇走反。《方言》：叜，父長老也。東齊魯衛之間凡尊老者謂之叜。字從灾從又。（玄應卷四，大灌頂經第十卷，85 頁下）

東齊魯衛方言詞㚋、叜異文，反切用字不同（溲厚反/蘇走反）但音同，可資校勘，無關輯佚。

19. 阿闍世王經

慧琳/玄應的詞條	方言詞	慧琳/玄應的方言區域	慧琳/玄應的音注	慧琳/玄應的頁碼
之埵/之埵	埵	吳（《纂文》）/吳（《纂文》）	徒果反/徒果反	1069 上/157 下

慧琳的轉錄與玄應音義相同，無關輯佚。

20. 月燈三昧經

慧琳/玄應的詞條	方言詞	慧琳/玄應的方言區域	慧琳/玄應的音注	慧琳/玄應的頁碼
廊廡/廊廡	廡	幽冀/幽冀	五下反/五下反	1070 下/88 下

慧琳的轉錄與玄應音義相同，無關輯佚。

21. 六度集

慧琳/玄應的詞條	澅流/澅流	簿上/簿上	梓柟/梓柟	螱同/螱同
方言詞	澅	簿	柟	螱
慧琳/玄應的方言區域	江南/江南	南方/南方	揚州（樊光《爾雅注》）/揚州（樊光《爾雅注》）	關東（《方言》）/關東（《方言》）
慧琳/玄應的音注	竹用反/竹用反	敗佳反/蒲佳反	音南/音南	居援反/居援反
慧琳/玄應的頁碼	1087 上/415 上	1087 下/415 下	1087 下/415 下	1088 下/416 下
經卷	二	四	四	六
音注比較	同	音同	同	同

敗佳反/蒲佳反音同，慧琳的轉錄與玄應音義相同，無關輯佚。

22. 梵女首意經

慧琳/玄應的詞條	方言詞	慧琳/玄應的方言區域	慧琳/玄應的音注	慧琳/玄應的頁碼
旡喆/無喆	喆	齊宋（《方言》）/齊宋（《方言》）	知列反/知列反	1110 下/119 下

慧琳的轉錄和玄應音義相同，無關輯佚。

23. 金色王經

慧琳/玄應的詞條	方言詞	慧琳/玄應的方言區域	慧琳/玄應的音注	慧琳/玄應的頁碼
粔籹/粔籹	糫	江南/江南	音還/音還	1111下/118下

慧琳的轉錄和玄應音義相同，無關輯佚。

24. 孝經抄

慧琳/玄應的詞條	方言詞	慧琳/玄應的方言區域	慧琳/玄應的音注	慧琳/玄應的頁碼	音注比較
蚑蜂/蚑蜂	蚑	關西/關西	巨義反/巨儀反	1113下/423下	音同
蚑蜂/蚑蜂	蛷	關西/關西	求俱反/求俱反	1113下/423下	同

巨義反/巨儀反互爲版本異文，可資校勘，無關輯佚。

25. 十住斷結經

慧琳/玄應的詞條	方言詞	慧琳/玄應的方言區域	慧琳/玄應的音注	慧琳/玄應的頁碼	經卷
勖勉/勖勉	勖	齊魯（《方言》）/齊魯（《方言》）	虛玉反/虛玉反	1114上/89下	四

慧琳的轉錄和玄應音義相同，無關輯佚。

26. 超日明三昧經

慧琳/玄應的詞條	方言詞	慧琳/玄應的方言區域	慧琳/玄應的音注	慧琳/玄應的頁碼	經卷
譎詭/譎詭	譎	關之東西（《方言》）/關之東西（《方言》）	公穴反/公穴反	1116下/110上	上
譎詭/譎詭	詭	關之東西（《方言》）/關之東西（《方言》）	居毀反/居毀反	1116下/110上	上

慧琳的轉錄和玄應音義相同，無關輯佚。

27. 大方等無相大雲請雨經

慧琳/玄應的詞條	方言詞	慧琳/玄應的方言區域	慧琳/玄應的音注	慧琳/玄應的頁碼
滋味/滋味	㝅	陳[①]楚（《方言》）/東[②]楚（《方言》）	似思反/似思反	1165下/170下
滋味/滋味	㝅	陳[③]楚（《方言》）/東[④]楚（《方言》）	子思反/子思反	1165下/170下

玄應的東楚應校改爲陳楚，與校勘有關，無關輯佚。

28. 大威德陀羅尼經

[①] 原爲東，徐校爲陳。
[②] 東應爲陳。
[③] 原爲東，徐校爲陳。
[④] 東應爲陳。

慧琳/玄應的詞條	疑莉/疑剌	狗齩/狗齩	狗齩/狗齩
方言詞	莉/剌	齩	齩
慧琳/玄應的方言區域	關西（《方言》）/關西（《方言》）	中國音/中國音	淮南音/江南音
慧琳/玄應的音注	且漬反/且漬反	五狡反/五狡反	下狡反/下狡反
慧琳/玄應的頁碼	1229 上/22 上	1230 上/23 上	1230 上/23 上
經卷	一	十一	十一
音注比較	同	同	同

慧琳轉錄的"淮南音"有誤，應依玄應音義爲"江南音"，可資校勘，無關輯佚。

29. 七佛神咒經

慧琳/玄應的詞條	方言詞	慧琳/玄應的方言區域	慧琳/玄應的音注	慧琳/玄應的頁碼	經卷
鞠育/鞠育	鞠	陳楚（《方言》）/陳楚（《方言》）	居六反/居六反	1242 下/107 下	三

二者的方言音注相同，無關輯佚。

30. 觀佛三昧海經

慧琳/玄應的詞條	方言詞	慧琳/玄應的方言區域	慧琳/玄應的音注	慧琳/玄應的頁碼	經卷
關鍵/關鍵	鍵	關東（《方言》）/關東（《方言》）	奇蹇反/奇蹇反	1258 下/90 下	一

二者的方言音注相同，無關輯佚。

31. 大方便報恩經

慧琳/玄應的詞條	暉豔/暉豔	草蔡/草蔡	草蔡/草蔡
方言詞	豔	蔡	蔡
慧琳/玄應的方言區域	秦晉（《方言》）/秦晉（《方言》）	陝以西/陝以西	山東/山東
慧琳/玄應的音注	餘贍反/餘贍反	音察/音察	七故反/七故反
慧琳/玄應的頁碼	1262 上/93 下	1264 上/95 上	1264 上/95 上
經卷	一	四	四
音注比較	同	同	同

二者的方言音注相同，無關輯佚。

32. 央掘魔羅經

慧琳/玄應的詞條	方言詞	慧琳/玄應的方言區域	慧琳/玄應的音注	慧琳/玄應的頁碼	經卷
烏伏/烏伏	菢	江南音/江南音	央富反/央富反	1271 下/105 下	一

二者的方言音注相同，無關輯佚。

33. 文殊問經

慧琳/玄應的詞條	方言詞	慧琳/玄應的方言區域	慧琳/玄應的音注	慧琳/玄應的頁碼	經卷
舟航/舟航	航	關東（《方言》）/關東（《方言》）	何唐反/何唐反	1274上/116下	下

二者的方言音注相同，無關輯佚。

34. 地持論

慧琳/玄應的詞條	明哲/明哲	巨細/巨細	黍稷/黍稷
方言詞	哲	巨	稷
慧琳/玄應的方言區域	齊宋（《方言》）/齊宋（《方言》）	齊魯（《方言》）/齊魯（《方言》）	江東/江東
慧琳/玄應的音注	知列反/知列反	其呂反/其呂反	姊力反/姊力反
慧琳/玄應的頁碼	1287上/214上	1287上/214上	1287下/214下
經卷	一	二	三
音注比較	同	同	同

二者的方言音注相同，無關輯佚。

35. 大智度論

慧琳/玄應的詞條	掣電/掣電	掣電/掣電	蕃息/蕃息	猶豫/猶豫	猶豫/猶豫	潘澱/潘澱
方言詞	礣	磾	娩	猶	猶	潘
慧琳/玄應的方言區域	吳/吳	吳/吳	中國/中國	隴西（《說文》）/隴西（《說文》）	隴西（《說文》）/隴西（《說文》）	江南/江南
慧琳/玄應的音注	息念反/息念反	大念反/大念反	亡万反/亡万反	弋又反/弋又反	弋周反/弋周反	敷袁反/敷袁反
慧琳/玄應的頁碼	1301上/186上	1301上/186上	1302上/187上	1302上/187上	1302上/187上	1303下/189上
經卷	二	二	三	四	四	九
音注比較	同	同	同	同	同	同
慧琳/玄應的詞條	潘澱/潘澱	艇舟/艇舟	迴眄/迴眄	即厭/即厭	蒕煮/蒕煮	蚊蜂/蚊蜂
方言詞	埕	艇	眄	厭	蒕	蚊
慧琳/玄應的方言區域	江東/江東	南楚（《方言》）/南楚（《方言》）	關西秦晉（《方言》）/關西秦晉（《方言》）	山東音/山東音	關西隴冀（《方言》）/關西隴冀（《方言》）	關西/關西
慧琳/玄應的音注	魚靳反/魚靳反	徒頂反/徒頂反	冥見反/忙見反	伊葉反/於葉反	扶逼反/扶逼反	巨儀反/巨儀反

续表

慧琳/玄應的詞條	掣電/掣電	掣電/掣電	蕃息/蕃息	猶豫/猶豫	猶豫/猶豫	潘澱/潘澱
慧琳/玄應的頁碼	1303下/189上	1305下/189上	1307上/192下	1307上/192下	1307上/192下	1307下/193上
經卷	九	十四	十七	十七	十七	十八
音注比較	同	同	音同	音同	同	同
慧琳/玄應的詞條	蚑蜂/蚑蜂	赭色/赭色	烹肉/烹肉	纖指/纖指	謇吃/謇吃	木楲/木楲
方言詞	蚗	赭	烹	纖	謇	楲
慧琳/玄應的方言區域	關西/關西	南楚東海（《方言》）/南楚東海（《方言》）	嵩嶽以南陳潁（《方言》）/嵩嶽以南陳潁（《方言》）	梁益（《方言》）/梁益（《方言》）	楚（《方言》）/楚（《方言》）	江南/江南
慧琳/玄應的音注	音求/音求	之野反/之野反	普羹反/普羹反	思廉反/思廉反	吾[①]展反/居展反	子林反/子林反
慧琳/玄應的頁碼	1307下/193上	1308下/193下	1308下/193下	1308下/195下	1311上/196上	1313上/198下
經卷	十八	十九	十八	二四	二八	四一
音注比較	同	同	同	同	同	同
慧琳/玄應的詞條	木楲/木楲	木楲/木楲	蚰蜒/蚰蜒	哆字/哆字		
方言詞	楔	届	蜒	哆		
慧琳/玄應的方言區域	通語/通語	中國/中國	江淮以北/江淮以北	借音/借音		
慧琳/玄應的音注	先結反/先結反	側洽反/側洽反	呼鬼反/呼鬼反	都餓反/都餓反		
慧琳/玄應的頁碼	1313上/198下	1313上/198下	1313上/198下	1313下/199上		
經卷	四一	四一	四二	五三		
音注比較	同	同	音同	同		

上述22條音注，慧琳轉錄的部分與玄應音義有版本異文，可資校勘，無關輯佚。

36. 寶髻菩薩經論

---

① 徐校爲居。

慧琳/玄應的詞條	州潭/州潭	陂池/陂池
方言詞	潭	濼
慧琳/玄應的方言區域	江東（郭璞《爾雅注》）/江東（郭璞《爾雅注》）	山東/山東
慧琳/玄應的音注	徒覃反/徒覃反	匹各反/匹各反
慧琳/玄應的頁碼	1323 上/217 下	1323 上/217 下
音注比較	同	同

慧琳轉錄的方言音注與玄應音義相同，無關輯佚。

37. 三具足論

慧琳/玄應的詞條	方言詞	慧琳/玄應的方言區域	慧琳/玄應音注	慧琳/玄應頁碼
船舶/船舶	舶	江南/江南	音白/音白	1326 上/217 上

慧琳轉錄的方言音注與玄應音義相同，無關輯佚。

38. 顯揚聖教論

慧琳/玄應的詞條	方言詞	慧琳/玄應的方言區域	慧琳/玄應的音注	慧琳/玄應的頁碼	經卷
睿遲/睿遲	睿	楚（《方言》）/楚（《方言》）	飢展反/飢展反	1329 下/471 上	十一

慧琳轉錄的方言音注與玄應音義相同，無關輯佚。

39. 對法論

慧琳/玄應的詞條	方言詞	慧琳/玄應的方言區域	慧琳/玄應的音注	慧琳/玄應的頁碼	經卷
慳吝/慳吝	吝	荊汝江湖（《方言》）/荊汝江湘（《方言》）	力鎮反/力鎮反	1333 上/473 上	一
卵縠/卵縠	縠	吳會/吳會	口角反/口角反	1333 下/473 下	十一

"荊汝江湖"、"荊汝江湘"成版本異文，可資校勘或考證，無關輯佚。

40. 般若燈論

慧琳/玄應的詞條	方言詞	慧琳/玄應的方言區域	慧琳/玄應的音注	慧琳/玄應的頁碼	經卷
如箆/如箆	箆	蜀土關中/蜀土關中	音彌/音彌	1337—1338/206 下	一
檀札/檀札	札	關中/關中	莊黠反/莊黠反	1338 上/206 下	一
檀札/檀札	柹	江南/江南	敷廢反/敷廢反	1338 上/206 下	一
蟾蜍/蟾蜍	蚭	山東/山東	方可反/方可反	1338 下/207 下	十二
蟾蜍/蟾蜍	蟾	江南/江南	之鹽反/之鹽反	1338—1339/207 下	十二
蟾蜍/蟾蜍	蜍/蟧	江南/江南	食餘反/食餘反	1339 上/207 下	十二

慧琳轉錄的方言音注與玄應音義基本相同，無關輯佚。

41. 十二門論

慧琳/玄應的詞條	方言詞	慧琳/玄應的方言區域	慧琳/玄應的音注	慧琳/玄應的頁碼
機杼/機杼	筬	俗呼/俗呼	音成/音成	1339上/471上
口爽/口爽	爽	楚/楚	所兩反/所兩反	1339上/471上

慧琳轉錄的方言音注與玄應音義相同，無關輯佚。

42. 瑜伽師地論

慧琳/玄應的詞條	麥果/麥果	秔稻/秔稻	無秅/無秅	顧眄/顧眄	破穀/破穀	繩拼/繩拼	猶豫/猶豫
方言詞	皀	秈	秅	眄	穀	抨	猶
慧琳/玄應的方言區域	方俗語/方俗語	江南/江南	江南/江南	關西秦晉（《方言》）/關西秦晉（《方言》）	吳會音/吳會音	江南/江南	隴西（《說文》）/隴西（《說文》）
慧琳/玄應的音注	音逼/音逼	音仙/音仙	徒革反/徒革反	眠見反/眠見反	口角反/口角反	普庚反/普庚反	翼周反/翼周反
慧琳/玄應的頁碼	1342上/446上	1342下/446上	1343上/447上	1343上/447上	1343上/447上	1344下/448下	1346下/450下
經卷	一	二	二	二	二	四	十一
音注比較	同	同	同	同	同	同	同
慧琳/玄應的詞條	笑睇/笑睇	賢哲/賢哲	謇吃/謇吃	燧之/燧之	卉木/卉木	姝妙/姝妙	及鎔/及鎔
方言詞	睇	哲	謇	燧	卉	姝	鎔
慧琳/玄應的方言區域	陳楚（《方言》）/陳楚（《方言》）	齊宋（《方言》）/齊宋（《方言》）	楚（《方言》）/楚（《方言》）	齊/齊	東越揚州（《方言》）/東越揚州（《方言》）	趙魏燕代（《方言》）/趙魏燕代（《方言》）	江南音/江南音
慧琳/玄應的音注	徒計反/徒計反	知列反/知列反	居展反/居展反	麤詭反/麤詭反	虛謂反/虛謂反	充朱反/充朱反	以終反/以終反
慧琳/玄應的頁碼	1346下/450下	1347下/451下	1347—1348上/452上	1348上/452下	1349下/453下	1349下/453下	1350上/454上
經卷	十一	十五	十五	十六	二二	二二	二三
音注比較	同	同	同	同	同	同	同
慧琳/玄應的詞條	葴鮓/葴鮓	蛆螯/蛆螯	蛆螯/蛆螯	蛆螯/蛆螯	小札/小札	小柹/小柹	迄至/迄至
方言詞	葴	螯	螯	蛆（蚔）	札	柹	迄

第二章　玄應音義的方音研究

续表

慧琳/玄應的方言區域	江南/江南	關西音/關西音	山東音/山東音	東西通語/東西通語	關中/關中	江南/江南	方俗語/方俗語
慧琳/玄應的音注	側於反/側於反	舒亦反/舒亦反	呼各反/呼各反	知列反/知列反	側點反/側點反	敷廢反/敷廢反	虛訖反/虛訖反
慧琳/玄應的頁碼	1350上/454上	1350—1351/455上	1350—1351/455上	1350—1351/455上	1351上下/455下	1351上下/455下	1352下/456下
經卷	二三	二五	二五	二五	二六	二六	三三
音注比較	同	同	同	同	同	同	同
慧琳/玄應的詞條	鸝黃/鸝黃	巨力/巨力	蠋除/蠋除	誡勖/誡勖	厭禱/厭禱	傷悼/傷悼	博弈/博弈
方言詞	鸝	巨	蠋	勖	厭	悼	弈
慧琳/玄應的方言區域	關西（《方言》）/關西（《方言》）	齊宋（《方言》）/齊宋（《方言》）	南楚（《方言》）/南楚（《方言》）	齊魯（《方言》）/齊魯（《方言》）	山東音/山東音	秦晉（《方言》）/秦晉（《方言》）	關東齊魯（《方言》）/關東齊魯（《方言》）
慧琳/玄應的音注	力賞反/力賞反	其呂反/其呂反	古玄反/占①玄反	許玉反/許玉反	於葉反/於葉反	徒到反/徒到反	餘石反/餘石反
慧琳/玄應的頁碼	1353下/457下	1354下/458下	1356上/460上	1356上/460上	1357上/461上	1357上/461上	1357下/461下
經卷	三七	四〇	四九	五〇	五九	六〇	六一
音注比較	同	同	同	同	同	同	同

上述 28 條方言音注，慧琳的轉錄與玄應音義基本相同，無關輯佚。

43. 廣百論釋②

慧琳/玄應的詞條	方言詞	慧琳/玄應的方言區域	慧琳/玄應的音注	慧琳/玄應的頁碼
鎔銅/鎔銅	鎔	江南音/江南音	以終反/以終反	1364下/480下
貪歠/貪歠	歠	中國音/中國音	五狡反/五狡反	1365下/481下
貪歠/貪歠	歠	江南音/江南音	下狡反/下狡反	1365下/481下

上述 3 條方言音注，慧琳的轉錄與玄應音義相同，無關輯佚。

44. 十住毗婆沙論

慧琳/玄應的詞條	方言詞	慧琳/玄應的方言區域	慧琳/玄應的音注	慧琳/玄應的頁碼
嘔血/嘔血	喀	江南/江南	音客/音客	1366—1367/212上

---

① 占應校改爲古。
② 玄應音義是"廣百論"。

慧琳的轉錄與玄應音義相同，無關輯佚。

45. 大莊嚴經論

慧琳/玄應的詞條	方言詞	慧琳/玄應的方言區域	慧琳/玄應的音注	慧琳/玄應的頁碼
鴣鵃/鴣鵃	鵃	江東（郭璞《爾雅注》）/江東（郭璞《爾雅注》）	音格/音挌	1371 下/207—208
菸瘦/菸瘦	菸	關西/關西	一余反/一餘反	1372 下/208 下
菸瘦/菸瘦	蔫	山東/山東	於言反/於言反	1372 下/208 下
菸瘦/菸瘦	殗	江南/江南	於爲反/於爲反	1372 下/208 下
蛆螫/蛆螫	螫	山東音/山東音	呼各反/呼各反	1373 下/209 下
鑱刺[①]/鑱刺	鑱	江南/江南	仕衫反/仕衫反	1374 上/210 上
鑱刾[②]/鑱刺	刺	江南/江南	千亦反/千亦反	1374 上/210 上

音格/音挌、一余反/一餘反是版本異文，可資校勘，無關輯佚。

46. 攝大乘論釋[③]

慧琳/玄應的詞條	方言詞	慧琳/玄應的方言區域	慧琳/玄應的音注	慧琳/玄應的頁碼
成穀/成穀	穀	吳會音/吳會音	口角反/口角反	1379 下/210 下
以楔/以楔	楔	通語/通語	先結反/先結反	1380 下/211 下
以楔/以楔	櫼	江南/（無）	子僉反/子林反	1380 下/211 下
瘵其/瘵其	瘵	江東（《三蒼》）/江東（《三蒼》）	側界反/側界反	1380 下/211 下
蠲除/蠲除	蠲	南楚（《方言》）/南楚（《方言》）	古玄反/古玄反	1386 上/479 上

慧琳轉錄的 5 條方言音注中，4 條與玄應音義僅相同，剩下 1 條 "櫼" 玄應《攝大乘論釋音義》第十一卷注子林反，沒交代是哪兒的方言詞，但玄應音義的他處交代是江南方言詞，且與慧琳的轉錄相同。如下：

【因楔】又作栶，同。先結反。江南言櫼，子林反。楔，通語也。（玄應卷七，入楞伽經第三卷，152 頁上）

慧琳轉錄的是子僉反，玄應音義是子林反，侵鹽混。二者有版本異文，可資校勘。為避免重複，不作輯佚。

47. 攝大乘論[④]

[①] 刾應校改爲刺，從玄應音義。
[②] 同上。
[③] 慧琳轉錄的《攝大乘論釋》，玄應音義是《攝大乘論》（玄應音義卷十）。
[④] 玄應音義有兩個 "攝大乘論"，此處對應的是 "攝大乘論"（玄應音義卷二三）。

慧琳/玄應的詞條	方言詞	慧琳/玄應的方言區域	慧琳/玄應的音注	慧琳/玄應的頁碼
蠲除/蠲除	蠲	南楚（《方言》）/南楚（《方言》）	古玄反/古玄反	1386上/479上

慧琳的轉錄與玄應音義相同，無關輯佚。

48. 長阿含經

慧琳/玄應的詞條	方言詞	慧琳/玄應的方言區域	慧琳/玄應的音注	慧琳/玄應的頁碼
爲箄/爲箄	箄	蜀土關中/蜀土關中	亡支反/亡支反	1411上/243上

慧琳的轉錄與玄應音義相同，無關輯佚。

49. 中阿含經

慧琳/玄應的詞條	方言詞	慧琳/玄應的方言區域	慧琳/玄應的音注	慧琳/玄應的頁碼
鏵鍫/鏵鍫	鏵	趙魏（《方言》）/趙魏（《方言》）	且消反/且消反	1414下/227上
蜱肆/蜱肆	蜱	借音/借音	布迷反/布迷反	1415下/228上
兩輗/兩輗	輗	關西（《方言》）/關西（《方言》）	子孔反/子孔反	1415下/228上
菘菁/菘菁	蔓	舊音（郭璞《方言注》）/舊音（郭璞《方言注》）	音蜂/音蜂	1416上/228上—下
菘菁/菘菁	菘	江東音/江東音	音嵩/音嵩	1416上/228上—下
菘菁/菘菁	蔓	陳楚（《方言》）/陳楚（《方言》）	音豐/音豐	1416上/228上—下
菘菁/菘菁	蕘	齊魯（《方言》）/齊魯（《方言》）	音饒/音饒	1416上/228上—下
抨乳/抨乳	抨	江南音/江南音	普耕反/普耕反	1417下/229下

慧琳的轉錄與玄應音義相同，無關輯佚。

50. 增一中阿含經

慧琳/玄應的詞條	方言詞	慧琳/玄應的方言區域	慧琳/玄應的音注	慧琳/玄應的頁碼
抱不/抱不	抱	燕、朝鮮（《方言》）/燕、朝鮮（《方言》）	蒲報反/蒲報反	1424下/235上

慧琳的轉錄與玄應音義相同，無關輯佚。

51. 雜阿含經

慧琳/玄應的詞條	方言詞	慧琳/玄應的方言區域	慧琳/玄應的音注	慧琳/玄應的頁碼
拔茇/拔芙	茇/芙	東齊（《方言》）/東齊（《方言》）	補達反/補達反	1425下/236下
發荄/發荄	荄	東齊（《方言》）/東齊（《方言》）	古來反/古來反	1426上/237上

续表

慧琳/玄應的詞條	方言詞	慧琳/玄應的方言區域	慧琳/玄應的音注	慧琳/玄應的頁碼
因釭/因釭	鐂	燕齊（《方言》）/ 燕齊（《方言》）	古禾反/古禾反	1427 上/237 下

玄應的"芙"應依慧琳的轉錄校改爲"芖"，可資校勘，無關輯佚。

52. 別譯阿含經

慧琳/玄應的詞條	方言詞	慧琳/玄應的方言區域	慧琳/玄應的音注	慧琳/玄應的頁碼
晞乾/晞乾	晞	北燕海岱（《方言》）/ 北燕海岱（《方言》）	許機反/許機反	1428 下/245 上
布穀/布穀	鵠	關東梁楚（《方言》）/ 關東梁楚（《方言》）	古八反/古八反	1430 上/246 下
布穀/布穀	鵴	關東梁楚（《方言》）/ 關東梁楚（《方言》）	居六反/居六反	1430 上/246 下

慧琳轉錄的 3 條方言音注與玄應音義相同，無關輯佚。

53. 大般涅槃經[①]

慧琳/玄應的詞條	方言詞	慧琳/玄應的方言區域	慧琳/玄應的音注	慧琳/玄應的頁碼
腆美/腆美	腆	東齊（《方言》）/ 東齊（《方言》）	他典反/他典反	1431 上/268 上
勖勉/勖勉	勖	齊魯（《方言》）/ 齊魯（《方言》）	許玉反/許玉反	1431 上/268 上

慧琳轉錄的 2 條方言音注與玄應音義相同，無關輯佚。

54. 寂志果經

慧琳/玄應的詞條	方言詞	慧琳/玄應的方言區域	慧琳/玄應的音注	慧琳/玄應的頁碼
從削/從削	鞞	關西（《方言》）/ 關西（《方言》）	補迷反/補迴反	1432 下/283 上

切下字"迷"、"迴"成版本異文，可資校勘、考證，無關輯佚。

55. 起世經

慧琳/玄應的詞條	方言詞	慧琳/玄應的方言區域	慧琳/玄應的音注	慧琳/玄應的頁碼
陂濼/陂濼	淀	幽州/幽州	音殿/音殿	1435 下/251 上

慧琳的轉錄與玄應音義相同，無關輯佚。

56. 鸚鵡經

[①] 徐校：慧琳轉錄的玄應《大般涅槃經音義》實際是玄應的《般泥洹經音義》。

慧琳/玄應的詞條	方言詞	慧琳/玄應的方言區域	慧琳/玄應的音注	慧琳/玄應的頁碼
吟哦/吟哦	吟	江南/江南	牛金反/牛金反	1454 下/287 上
吟哦/吟哦	哦	江南/江南	吾歌反/吾歌反	1454 下/287 上

上述 2 條方言詞音注，慧琳的轉錄與玄應音義相同，無關輯佚。

57. 雜阿含經

慧琳/玄應的詞條	方言詞	慧琳/玄應的方言區域	慧琳/玄應的音注	慧琳/玄應的頁碼
憂㛋/憂孂	㛋/孂	汝南/汝南	奴道反/奴道反	1461 下/287 下

汝南方言詞"孂"應按慧琳的轉錄校改爲"㛋"。可資校勘，無關輯佚。

58. 治禪病秘要經

慧琳/玄應的詞條	方言詞	慧琳/玄應的方言區域	慧琳/玄應的音注	慧琳/玄應的頁碼
透擻/透擻	擻	宋衛南楚（《方言》）/宋衛南楚（《方言》）	他豆反/他豆反	1462 上/420 下
透擻/透擻	擻	宋衛南楚（《方言》）/宋衛南楚（《方言》）	式六反/式六反	1462 上/420 下
樹荄/樹荄	荄	東齊（《方言》）/東齊（《方言》）	古來反/古來反	1462 上/420 下

上述 3 條音注，慧琳的轉錄與玄應音義相同，無關輯佚。

59. 修行本起經

慧琳/玄應的詞條	方言詞	慧琳/玄應的方言區域	慧琳/玄應的音注	慧琳/玄應的頁碼
曲蟺/曲蟺	蚓	江東/江東	音引/音引	1475 上/279 上

慧琳的轉錄與玄應音義相同，無關輯佚。

60. 太子本起瑞應經

慧琳/玄應的詞條	方言詞	慧琳/玄應的方言區域	慧琳/玄應的音注	慧琳/玄應的頁碼
風霽/風霽	霽	南陽/南陽	子詣反/子詣反	1475 下/278 下

慧琳的轉錄與玄應音義相同，無關輯佚。

61. 過去現在因果經

慧琳/玄應的詞條	方言詞	慧琳/玄應的方言區域	慧琳/玄應的音注	慧琳/玄應的頁碼
旅力/旅力	旅	宋魯（《方言》）/宋魯（《方言》）	力舉反/力舉反	1476 上/278 上

慧琳的轉錄與玄應音義相同，無關輯佚。

62. 四十二章經

慧琳/玄應的詞條	方言詞	慧琳/玄應的方言區域	慧琳/玄應的音注	慧琳/玄應的頁碼
桼篧/桼篧	膸	江南/江南	音瑞/音瑞	1477上/425下
桼篧/桼篧	骯	北/北	音換/音換	1477上/425下

慧琳的轉錄與玄應音義相同，無關輯佚。

63. 生經

慧琳/玄應的詞條	方言詞	慧琳/玄應的方言區域	慧琳/玄應的音注	慧琳/玄應的頁碼
牢舩/牢船	舩/船	關西（《方言》）/關西（《方言》）	示專反/示專反	1480下/257下

舩、船異文，可資校勘，無關輯佚。

64. 正法念經

慧琳/玄應的詞條	方言詞	慧琳/玄應的方言區域	慧琳/玄應的音注	慧琳/玄應的頁碼
洲潭/洲潭	潭	江東（郭璞《爾雅注》）/江東（郭璞《爾雅注》）	徒直反/徒直反	1486上/221下
蜥蜴/蜥蜴	蛣	山東/山東	七賜反/七賜反	1489上/224上
蜥蜴/蜥蜴	蜆	山東/山東	音覓/音覓	1489上/224上
垂挑/垂挑	挑	借音/借音	他弔反/他弔反	1489上/224上

慧琳的轉錄與玄應音義相同，無關輯佚。

65. 佛本行集經

慧琳/玄應的詞條	方言詞	慧琳/玄應的方言區域	慧琳/玄應的音注	慧琳/玄應的頁碼
白鷺/白鷺	纕/纕	江東/江東	蘇雷反/蘇雷反	1491下/394上
色虹/色虹	虹	俗音/俗音	古巷反/古巷反	1492上/394下
不劈/不劈	劈	江南音/江南音	普狄反/普狄反	1493下/395下
不劈/不劈	劈	江南音/江南音	披厄反/披厄反	1493下/395下
不劈/不劈	劈	關中音/關中音	匹狄反/匹狄反	1493下/395下
勩勇/勩勇	勩	中國/中國	姜權反/姜權反	1494下/396上
癰醬/癰醬	癰/壼	中國/中國	子奠反/子奠反	1494下/396上
趁而/趁而	趁	關西（《纂文》）/關西（《纂文》）	丑刃反/丑刃反	1494下/397上
勝阤/勝阤[1]	阤/阺	吳（《纂文》）/吳（《纂文》）	徒果反/徒果反	1494下/397上
心忪/心忪	忪	江湖（《方言》）/江湖（《方言》）	之容反/之容反	1496上/398上
垂頵/垂頵	㤋	江東（郭璞《爾雅注》）/江東（郭璞《爾雅注》）	尺紙反/時紙反[2]	1496上/398上

① 慧琳轉錄的阤應校改爲阺，即阺。

② 尺，昌母；時，禪母。昌禪混。

续表

慧琳/玄應的詞條	方言詞	慧琳/玄應的方言區域	慧琳/玄應的音注	慧琳/玄應的頁碼
髂髀/髂髀	髀	江南音/江南音	必尔反/必尔反	1496 上/398 下
鼾睡/鼾睡	鼾	江南音/江南音	呼干反/呼干反	1496 上/398 下
從削/從削	削	關東(《方言》)/關東(《方言》)	私妙反/私妙反	1496 下/398 下
從削/從削	鞞	關西(《方言》)/關西(《方言》)	補迷反/補迥①反	1496 下/398 下
蟻垤/蟻垤	垤	楚鄭以南(《方言》)/楚鄭以南(《方言》)	徒結反/徒結反	1497 上/399 上
齞髯/齞髯	髯	江南音/江南音	而甘反/而甘反	1497 上/399 上
齞髯/齞髯	髯	關中音/關中音	如廉反/如廉反	1497 上/399 上
皆杜/皆杜	杜	趙(《方言》)/趙(《方言》)	徒古反/徒古反	1497 下/399 下
謇吃/謇吃	謇	楚(《方言》)/楚(《方言》)	居展反/居展反	1497 下/399 下
梟鵐/梟鵐	鵐	山東/山東	奴定反/奴定反	1498 上/400 上
梟鵐/梟鵐	鳩	山東/山東	公穴反/公穴反	1498 上/400 上
麈翿/麈翿	翿	楚(《方言》)/楚(《方言》)	徒到反/徒到反	1498 下/400 下
鯤鱧/鯤鱧	鯤	青州(《廣雅》)/青州(《廣雅》)	達隸反/達隸反	1499 上/401 下
輞釭/輞釭	釭	關西(《方言》)/關西(《方言》)	古紅反/古紅反	1499—1500/402 上
輞釭/輞釭	鐧	燕齊海岱(《方言》)/燕齊海岱(《方言》)	古和反/古和反	1499—1500/402 上
憨悪/憨悪	悪	山之東西(《方言》)/山之東西(《方言》)	女六反/女六反	1500 下/402 下
憨悪/憨悪	悷	荊揚青徐(《方言》)/荊揚青徐(《方言》)	他典反/他典反	1500 下/402 下
得艇/得艇	艇	南楚(《方言》)/南楚(《方言》)	徒頂反/徒頂反	1500 下/402 下
潬上/潬上	潬	江東(郭璞《爾雅注》)/江東(郭璞《爾雅注》)	徒單反/徒旱②反	1501 上/403 上
氣欬/氣欬	欬	江南/江南	苦代反/苦代反	1501 下/403 下
氣欬/氣欬	欬	山東/山東	起志反/起志反	1501 下/403 下
甑瓾/甑瓾	甓	江南/江南	蒲歷反/蒲歷反	1501 下/403 下

上述 33 條方言音注中，被注字 30 條相同，2 條慧琳的轉錄有誤，1 條互爲版本異文；30 條反切用字相同，1 條切上字不同音也不同(尺紙反/時紙反)，2 條切下字不同音也不同(補迷反/補迥反、徒單反/徒旱反)，可

---

① 徐校：切下字磧沙藏是迷字。
② 徐校：切下字磧沙藏是亶。

能是慧琳的改動，也可能是後代傳抄的臆斷，誰對？已不可考。總之，慧琳轉錄的 33 條方言音注對玄應音義的校勘有價值，但與玄應的方言音注的輯佚無關。

66. 四自侵經

慧琳/玄應的詞條	方言詞	慧琳/玄應的方言區域	慧琳/玄應的音注	慧琳/玄應的頁碼
征伀/征伀	征	江湖(《方言》)/江湖(《方言》)	之盈反/之盈反	1518 上/270 下
征伀/征伀	伀	江湖(《方言》)/江湖(《方言》)	之容反/之容反	1518 上/270 下

慧琳的轉錄與玄應音義相同，無關輯佚。

67. 摩訶迦葉度貧女經

慧琳/玄應的詞條	方言詞	慧琳/玄應的方言區域	慧琳/玄應的音注	慧琳/玄應的頁碼
米潘/米潘	潘	江南/江南	敷袁反/敷袁反	1520 下/272 下

慧琳的轉錄與玄應音義相同，無關輯佚。

68. 佛大僧大經

慧琳/玄應的詞條	方言詞	慧琳/玄應的方言區域	慧琳/玄應的音注	慧琳/玄應的頁碼
不滋/不滋	孳	東[①]楚(《方言》)/陳楚(《方言》)	子思反/子思反	1520 下/275 上
齮齬/齮齬	齮	齊(《蒼頡篇》)/齊(《蒼頡篇》)	丘依反/丘奇反	1521 上/275 上
齮齬/齮齬	齬	齊(《蒼頡篇》)/齊(《蒼頡篇》)	丘倚反/丘倚反	1521 上/275 上

上述 3 條方言音注中，慧琳轉錄的 1 條音注的方言區域有誤，1 條切下字與玄應音義不同，音也不同，二者是版本異文，無關輯佚。

69. 栴檀樹經

慧琳/玄應的詞條	方言詞	慧琳/玄應的方言區域	慧琳/玄應的音注	慧琳/玄應的頁碼
跢地/跢地	跢	江南俗音/江南俗音	音帶/音帶	1524 上/275 下

慧琳的轉錄與玄應音義相同，無關輯佚。

70. 五王經

慧琳/玄應的詞條	方言詞	慧琳/玄應的方言區域	慧琳/玄應的音注	慧琳/玄應的頁碼
了丄/了丄	丄	趙魏(《方言》)/趙魏(《方言》)	丁皎反/丁皎反	1524 下/274 下

慧琳的轉錄與玄應音義相同，無關輯佚。

71. 僧祇律

[①] 慧琳轉錄的"東楚"應按玄應音義是"陳楚"。

续表

慧琳/玄應的詞條	方言詞	慧琳/玄應的方言區域	慧琳/玄應的音注	慧琳/玄應的頁碼
竹筥/竹筥	筲	南楚（《方言》）/南楚（《方言》）	所交反/所交反	1528下/325上
竹筥/竹筥	篋	趙魏（《方言》）/趙魏	力與反/力與反	1528下/325上
竹筥/竹筥	篋	趙魏（《方言》）/趙魏（《方言》）	紀與反/紀呂反	1528下/325上
水瀆/水瀆	瀆	江南/江南	子旦反/子旦反	1529下/326下
水瀆/水瀆	洞	山東/山東	子見反/子見反	1529下/326下
挾先/挾先	挾	江東（郭璞《爾雅注》）/江東（郭璞《爾雅注》）	胡煩反/胡煩反	1531上/327下
米潘/米潘	潘	江南/江南	敷煩反/敷煩反	1531上/327下
欯癖/欯癖	欯	齊郡（《蒼頡篇》）/齊郡（《蒼頡篇》）	苦戴反/苦戴反	1531上/328上
藍澱/藍澱	涇	江東（郭璞《爾雅注》）/江東（郭璞《爾雅注》）	魚靳反/魚靳反	1532上/328下
水湔/水湔	湔	江南/江南	子旦反/子旦反	1533下/330下
水湔/水湔	洞	山東/山東	子見反/子見反	1533下/330下
絣卷/絣卷	絣	江沔/江沔	側耕反/側耕反	1534下/331上
妖豔/妖豔	豔	秦晉（《方言》）/秦晉（《方言》）	餘贍反/餘贍反	1535上/331下
竹箅/竹箅	箅	中國蜀土/中國蜀土	亡卑反/亡卑反	1535下/332上

上述14條方言詞音注中，13條慧琳的轉錄和玄應音義相同，1條切下字（紀與反/紀呂反）不同但音同，二者成版本異文，無關輯佚。

72. 十誦律

慧琳/玄應的詞條	方言詞	慧琳/玄應的方言區域	慧琳/玄應的音注	慧琳/玄應的頁碼
戶鼎/戶鼎	鍵	關東（《方言》）/關東（《方言》）	巨展反/巨展反	1535下/317上
蛭蟲/蛭蟲	蟣	江東/江東	巨機反/巨攲反	1536上/317下
鼾睡/鼾睡	鼾	江南音/江南音	呼干反/呼干反	1536上/317下
鏊鑺/鏊鑺	鏊	趙魏（《方言》）/趙魏（《方言》）	且消反/且消反	1536上/318上
釤鏺/釤鏺	鏺	趙魏（《方言》）/趙魏（《方言》）	千消反/千消反	1537上/318下
陂澤/陂澤	瀁	山東/山東	匹莫反/匹莫反	1540下/321上
陂澤/陂澤	淀	幽州/幽州	音殿/音殿	1540下/321下
作繒/作繒	繒	江東（郭璞《爾雅注》）/江東（郭璞《爾雅注》）	亡巾反/亡巾反	1541—1542/323上
土陦/土陦	陦	吳/吳	徒果反/徒果反	1542上/323上
穄米/穄米	糜/穈	關西/關西	美皮反/亡皮反	1542下/323下

续表

慧琳/玄應的詞條	方言詞	慧琳/玄應的方言區域	慧琳/玄應的音注	慧琳/玄應的頁碼
簰筏/簰筏	簰	南方/南方	蒲佳①反/蒲佳反	1542下/324上

上述11條方言音注中，有1條被注字（糜/麋）異，1條切下字慧琳的轉錄有誤（隹/佳），1條切下字玄應音義有誤（機/幾），1條切上字不同但音同（美/亡），這些可資校勘，無關輯佚。

73. 五分律

慧琳/玄應的詞條	方言詞	慧琳/玄應的方言區域	慧琳/玄應的音注	慧琳/玄應的頁碼
泅戲/泅戲	泅	江南/江南	似由反/似由反	1545上/333下
用麴/用麴	䴷	江淮陳楚（《方言》）/江淮陳楚（《蒼頡篇》）	音曲/音曲	1546下/335上
勖勉/勖勉	勖	齊魯（《方言》）/齊魯（《方言》）	許玉反/許玉反	1547下/336下

上述3條方言音注，慧琳的轉錄與玄應音義相同，無關輯佚。

74. 四分律

慧琳/玄應的詞條	方言詞	慧琳/玄應的方言區域	慧琳/玄應的音注	慧琳/玄應的頁碼
陶師/陶師	陶	借音/借音	音姚/音姚	1551下/294下
筏船/筏船	簰	南土/南土	蒲佳反/蒲佳反	1552上/295下
筏船/筏船	筏	北/北	扶月反/扶月反	1552上/295下
蛇蟄/蛇蟄	蟄	關西音/關西音	或②亦反/式亦反	1552下/296上
蛇蟄/蛇蟄	蟄	關西音/關西音	呼各反/呼各反	1552下/296上
蛇蟄/蛇蟄	蟄③/蚖	南北通語/南北通語	知列反/知列反	1552下/296上
捺髀/捺髀	髀	北人音/北人音	蒲米反/蒲米反	1552下/296上
捺髀/捺髀	髀	江南音/江南音	方尒反/方尒反	1552下/296上
唄匿/唄匿	婆	借音/借音	蒲賀反/蒲賀反	1553上/296上
搏食/搏食	揣	北人音/北人音	都果反/都果反	1553上/296下
搏食/搏食	揣	江南音/江南音	初委反/初委反	1553上/296下
拼地/拼地	拼/抨	江南/江南	普庚反/普庚反	1553下/297上
疼痛/疼痛	疼	俗音/下里間音	音騰/音騰	1554上/297下
中㬥/中㬥	㬥	北土音/北土音	霜智反/霜智反	1554下/298上
中㬥/中㬥	㬥	江南音/江南音	所陰反/所陰反	1554下/298上

① 佳應按玄應音義校改爲佳。
② 徐校：獅作式。
③ 蟄應校改爲蚖。

第二章　玄應音義的方音研究

续表

慧琳/玄應的詞條	方言詞	慧琳/玄應的方言區域	慧琳/玄應的音注	慧琳/玄應的頁碼
什物/什物	什	江南/江南	時立反/時立反	1556 上/299 下
竿蔗/竿蔗	竿	蜀/蜀	音干/音干	1556 下/300 上
竿蔗/竿蔗	蔗	蜀/蜀	諸夜反/諸夜反	1556 下/300 上
跟劈/跟劈	劈	關中、江南音/關中、江南音	匹狄反/匹狄反	1557 上/301 上
跟劈/跟劈	劈	江南音/江南音	披厄反/披厄反	1557 上/301 上
湞銚/湞銚	銚	山東音/山東音	余招反/余招反	1557 下/301 下
湞銚/湞銚	銚	江南音/江南音	徒弔反/徒吊反	1557 下/301 下
澆濆/澆濆	濆	江南/江南	子旦反/子旦反	1558 上/301 下
澆濆/澆濆	湔	山東/山東	子見反/子見反	1558 上/301 下
若簿/若簿	簿	江南/江南	步佳反/父佳反	1558 上/301 下
櫨棟①/櫨棟	櫾	山東/山東	一斳反/一斳反	1558 上—下/302 上
鏢鑽/鏢鑽	鐏	江南/江南	存悶反/存悶反	1558 下/302 下
鏢鑽/鏢鑽	鑽	關中/關中	子亂反/子亂反	1558 下/302 下
舂磨/舂磨	磨	北土/北土	亡佐反/亡佐反	1560 上/304 上
厭禱/厭禱	厭	江南音/江南音	於葉反/於葉反	1560 下/304 上
顧盼/顧盼	盼	關西秦晉（《方言》）/關西秦晉（《方言》）	亡見反/亡見反	1560 下/304 下
鼾睡/鼾睡	鼾	江南音/江南音	呼干反/呼干反	1561 下/305 上
抖擻/抖擻	擻	江南/江南	蘇走反/蘇走反	1561 下/305 下
抖擻/抖擻	觳	北/北	都穀反/都穀反	1561 下/305 下
抖擻/抖擻	觳	北/北	蘇穀反/蘇穀反	1561 下/305 下
菴鞭/菴鞭	鞭	江南/江南	素合反/素合反	1562 下/306 下
床米/床米	床	關西（高誘《呂氏春秋注》）/關西（高誘《呂氏春秋注》）	亡皮反/亡皮反	1563 下/307—308
蚰蜒/蚰蜒	蚭	北燕/北燕	女六反/女六反	1564 上/308 上
蚰蜒/蚰蜒	蜺	北燕/北燕	女飢反/女飢反	1564 上/308 上
泔汁/泔汁	泔	江北/江北	音甘/音甘	1564 上/308 上
泔汁/泔汁	潘	江南/江南	音翻/音翻	1564 上/308 上
刀鞘/刀鞘	削	關東（《方言》）/關東（《方言》）	思誚反/思誚反	1566 上/310 下

① 徐校：棟玄應音義爲棟。

— 69 —

续表

慧琳/玄應的詞條	方言詞	慧琳/玄應的方言區域	慧琳/玄應的音注	慧琳/玄應的頁碼
刀鞘/刀鞘	鞞	關西（《方言》）/關西（《方言》）	音餅/音餅	1566上/310下
刀鞘/刀鞘	削	江南音/江南音	音嘯/音嘯	1566上/310下
刀鞘/刀鞘	削	中國音/中國音	音笑/音笑	1566上/310下
若㭹/若㭹	㭹/㭹	借音/借音	力導反/力導反	1567上/311上
䬼食/䬼食	䬼	陝西/陝西	音詩/音詩	1567上/311上
陂池/陂池	濼	關中/關中	普各反/匹各反	1567下/312上
陂池/陂池	淀	幽州/幽州	徒見反/徒見反	1567下/312上

上述49條方言音注中，其中被注字有3條相異，2條為慧琳的轉錄有誤（䗈、㭹），1條（拼/抨）為版本異文；切上字1條相異（普各反/匹各反）但音同，切下字1條相異（徒弔反/徒吊反）但音同。總之，慧琳的轉錄與玄應音義在音注校勘上有價值，無關輯佚。

75. 僧祇比丘尼戒本

慧琳/玄應的詞條	方言詞	慧琳/玄應的方言區域	慧琳/玄應的音注	慧琳/玄應的頁碼
適他/適他	適	宋魯（《方言》）/宋魯（《方言》）	尸赤反/尸亦[①]反	1640上/353下

尸赤反/尸亦反音同，赤、亦異文，有校勘價值，無關輯佚。

76. 沙彌威儀經

慧琳/玄應的詞條	方言詞	慧琳/玄應的方言區域	慧琳/玄應的音注	慧琳/玄應的頁碼
汙渳/汙渳	渳	山東音/山東音	子見反/子見反	1643下/353下
汙渳/汙渳	瀳	江南/江南	子旦反/子旦反	1643下/353下
汙渳/汙渳	瀳	江南/江南	子千反/子千反	1643下/353下
潘中/潘中	潘	江南/江南	敷袁反/敷袁反	1644上/353下
澆瀳/澆瀳	瀳	江南/江南	子旦反/子旦反	1644上/353下

慧琳的轉錄與玄應音義相同，無關輯佚。

77. 優婆塞五戒經[②]

慧琳/玄應的詞條	方言詞	慧琳/玄應的方言區域	慧琳/玄應的音注	慧琳/玄應的頁碼
二叟/二叟	叟	東齊魯衛（《方言》）/東齊魯衛（《方言》）	蘇走反/蘇走反	1645上/351上

慧琳的轉錄與玄應音義相同，無關輯佚。

---

① 徐校：切下字磧沙藏為迹。
② 玄應音義是優婆塞五戒相經。

78. 大比丘三千威儀經

慧琳/玄應的詞條	方言詞	慧琳/玄應的方言區域	慧琳/玄應的音注	慧琳/玄應的頁碼
汙渝/汙渝	渝	山東/山東	子見反/子見反	1649 上/351 上
汙渝/汙渝	潰	江南/江南	祖旦反/祖旦反	1649 上/351 上

慧琳的轉錄與玄應音義相同，無關輯佚。

79. 大愛道比丘尼經

慧琳/玄應的詞條	方言詞	慧琳/玄應的方言區域	慧琳/玄應的音注	慧琳/玄應的頁碼
哈笑/哈笑	哈	楚/楚	呼來反/呼來反	1654 下/349 上

慧琳的轉錄與玄應音義相同，無關輯佚。

80. 鼻奈耶律

慧琳/玄應的詞條	方言詞	慧琳/玄應的方言區域	慧琳/玄應的音注	慧琳/玄應的頁碼
令[①]碩/全碩	碩	齊宋（《方言》）/齊宋（《方言》）	市亦反/市亦反	1658 下/344 下
淰水/淰水	淰	江南/江南	乃點反/乃點反	1659 下/346 上
淰水/淰水	淰	關中/關中	乃斬反/乃斬反	1659 下/346 上
虵薑/蛇薑	薑	關西/關西	勒芥反/勒芥反	1660 上/346 上
虵薑/蛇薑	犁	關西/關西	力曷反/力曷反	1660 上/346 上

慧琳的轉錄與玄應音義相同，無關輯佚。

81. 善見律

慧琳/玄應的詞條	方言詞	慧琳/玄應的方言區域	慧琳/玄應的音注	慧琳/玄應的頁碼
一撤/一撤	撤	陳楚宋魏（《方言》）/陳楚宋魏（《方言》）	虛奇反/虛奇反	1661 上一下/340 下
一撤/一撤	撤	陳楚宋魏（《方言》）/陳楚宋魏（《方言》）	虛衣反/虛衣反	1661 上一下/340 下
虫蛀/蟲蛀	蛀	俗音/俗音	乃斬反/乃斬反	1662 上/341 下
大瓿/大瓿	瓿	江東（《方言》）/江東（《方言》）	古郎反/古郎反	1662 下/342 上
傖吳/傖吳	傖	吳（《晉陽秋》）、江淮/吳（《晉陽秋》）、江淮	仕衡反/仕衡反	1664 下/343—344

慧琳的轉錄與玄應音義相同，無關輯佚。

82. 佛阿毗曇論[②]

---

① 徐校：令，獅作全。
② 玄應音義是佛阿毗曇。

慧琳/玄應的詞條	方言詞	慧琳/玄應的方言區域	慧琳/玄應的音注	慧琳/玄應的頁碼
氣唉/氣唉	欸	江南音/江南音	苦代反/苦代反	1665上/216下
氣唉/氣唉	欸	山東音/山東音	丘既反/丘吏反	1665上/216下

丘既反/丘吏反異文，可資校勘，無關輯佚。

83. 薩婆多毗尼婆沙

慧琳/玄應的詞條	方言詞	慧琳/玄應的方言區域	慧琳/玄應的音注	慧琳/玄應的頁碼
胡荾/胡荾	葫	江南/江南	音胡/音胡	1667上/348下
胡荾/胡荾	荾	江南/江南	音析/音祈	1667上/348下
胡荾/胡荾	葫	閻里間音/閻里間音	火孤反/火孤反	1667上/348下

上述3條方言音注，其中1條互為異文（音析/音祈），可資校勘，無關輯佚。

84. 阿毗曇八揵度論[①]

慧琳/玄應的詞條	方言詞	慧琳/玄應的方言區域	慧琳/玄應的音注	慧琳/玄應的頁碼
戶鬮/戶鬮	鬮	關東（《方言》）/關東（《方言》）	余酋反/余酋反	1670下/361上

慧琳的轉錄與玄應音義相同，無關輯佚。

85. 阿毗曇毗婆沙論

慧琳/玄應的詞條	方言詞	慧琳/玄應的方言區域	慧琳/玄應的音注	慧琳/玄應的頁碼
刀鞘/刀鞘	鞘	關西（《方言》）/關西（《方言》）	音餅/音餅	1691上/356下
刀鞘/刀鞘	削	江南音/江南音	音嘯/音嘯	1691上/356下
刀鞘/刀鞘	削	關中音/關中音	音笑/音笑	1691上/356下
陊穀/陊穀	陊	吳/吳	徒果反/徒果反	1691下/357上
博弈/博弈	弈	關東齊魯（《方言》）/關東齊魯（《方言》）	餘石反/餘石反	1692下/358上
印憾/抑憾	憾	舊音/舊音	音識/音識	1693下/359上
船滓/船滓	滓	南土/南土	蒲佳反/蒲佳反	1693下/359上
竹篾/竹篾	篾	中國、蜀土/中國、蜀土	音彌/音彌	1695下/360上

慧琳的轉錄與玄應音義相同，無關輯佚。

86. 俱舍論

---

① 玄應音義是迦旃延阿毗曇。

慧琳/玄應的詞條	方言詞	慧琳/玄應的方言區域	慧琳/玄應的音注	慧琳/玄應的頁碼
鉤䲫/鉤䲫	䲫	江東（郭璞《爾雅注》）/江東（郭璞《爾雅注》）	音格/音格	1729 上/364 上
相磕/相磕	磕	江南/江南	苦盍反/苦盍反	1729 下/364 上
鼓顙/鼓顙	顙	東齊（《方言》）/東齊（《方言》）	桑朗反/桑朗反	1729 下/364 上—下
舩人/舩人	舩	關西（《方言》）/關西（《方言》）	述專反/述專反	1730 下/365 上
萎燥/萎燥	殓	江南/江南	於危反/於危反	1731 上/365 下
竹筁/竹筁	篊	江東（郭璞《方言注》）/江東（郭璞《方言注》）	音廢/音癈	1731 下/366 上
爲隤/爲隤	隤	長沙（《埤蒼》）/長沙（《埤蒼》）	徒當反/徒當反	1732 上/366 下
揣觸/揣觸	揣	江南音/江南音	初委反/初委反	1732 上/366 下
揣觸/揣觸	揣	北人音/北人音	都果反/都果反	1732 上/366 下
弋論/弋論	撒/橵	關中/關中	徒得反/徒得反	1733 上/367 上
弋論/弋論	杙	江南/江南	余職反/余職反	1733 上/367 下

撒/橵爲版本異文，可資校勘，無關輯佚。

87. 阿毗達磨俱舍論

慧琳/玄應的詞條	方言詞	慧琳/玄應的方言區域	慧琳/玄應的音注	慧琳/玄應的頁碼
鶌鵾/鶌鵾	鵾	江東（郭璞《爾雅注》）/江東（郭璞《爾雅注》）	音格/音挌	1735 上/487 上
香荄/香荄	葫	江南/江南	音胡/音胡	1735 下/487 下
香荄/香荄	荄/薐	江南/江南	音析/音析	1735 下/487 下
鼓顙/鼓顙	顙/顙	江南/江南	桑朗反/桑朗反	1735 下/487 下
色廛/色廛	廛	東齊海岱（《方言》）/東齊海岱（《方言》）	治連反/治連反	1736 下/488 下
卵縠/卵縠	縠	吳會間音/吳會間音	音哭/音哭	1738 上/489 下
如札/如札	柿	江南/江南	敷廢反/敷廢反	1738 上/490 上
如札/如札	札	關中/關中	莊點反/莊點反	1738 上/490 上
如箏/如箏	箏	江南音/江南音	市緣反/市緣反	1739 下/491 上
如箏/如箏	箏	中國音/中國音	上仙反/上仙反	1739 下/491 下
喬荅摩/喬荅摩	喬	借音/借音	渠高反/渠高反	1741 下/493 下
或趡/或趡	趡	江南/江南	求累反/求累反	1742 下/494 上
或趡/或趡	胡	中國/中國	音護/音護	1742 下/494 上

— 73 —

续表

陶家/陶家	陶	借音/借音	音遙/音遙	1743上/494下
果稈/果稈	稈	江南/江南	盧葛反/盧葛反	1744上/495下
一睫/一睫	睫	山東田里間音/山東田里間音	子及反/子及反	1745上/496下
髖髀/髖髀	髀	北人音/北人音	蒲米反/蒲米反	1745上/496下
髖髀/髖髀	髀	江南音/江南音	方爾反/方爾反	1745上/496下
嗢底迦/嗢底迦	底	借音/借音	丁履反/丁履反	1747上/498下

上述19條方言音注中，2條被注字（茇/蔢、鏺/鏺）互爲異文，直音1條（音格/音挌）互爲異文，可資校勘，無關輯佚。

88. 阿毗達磨順正理論

慧琳/玄應的詞條	方言詞	慧琳/玄應的方言區域	慧琳/玄應的音注	慧琳/玄應的頁碼
逗己/逗己	逗	關東（《方言》）/關東（《方言》）	丑井反/丑井反	1754上/501上
加趺/加趺	趺	江南/江南	平患反/平患反	1755上/502上
加趺/加趺	跨	江南/江南	口瓜反/口瓜反	1755上/502上
虹蜺/虹蜺	虹	俗音/俗音	音絳/音絳	1757上/503下
蚚蠖/蚚蠖	閣	吳/吳	古合反/古合反	1757上/504上
拼量/拼量	抨	江南/江南	普庚反/普庚反	1758下/505上
齞足/齞足	齞	江南音/江南音	下狡反/下狡反	1758下/505下
齞足/齞足	齞	關中音/關中音	五狡反/五狡反	1758下/505下
掐心/掐心	掐	中國/中國	他勞反/他勞反	1758—1759/505下
掐心/掐心	挑	江南/江南	土彫反/土彫反	1758—1759/505下
毒胨/毒胨	胨	江南/江南	火靳反/火靳反	1759上/506上
所淪/所淪	煤	江東/江東	助甲反/助甲反	1759下/506上

上述12條方言音注，慧琳的轉錄與玄應音義相同，無關輯佚。

89. 阿毗達磨順正理論

慧琳/玄應的詞條	方言詞	慧琳/玄應的方言區域	慧琳/玄應的音注	慧琳/玄應的頁碼
熙怡/熙怡	熙	湘潭（《方言》）/湘潭（《方言》）	虛之反/虛之反	1762下/509上
熙怡/熙怡	怡	湘潭（《方言》）/湘潭（《方言》）	與之反/與之反	1762下/509上
巨富/巨富	巨	齊魯（《方言》）/齊魯（《方言》）	其呂反/其呂反	1764下/510下

续表

慧琳/玄應的詞條	方言詞	慧琳/玄應的方言區域	慧琳/玄應的音注	慧琳/玄應的頁碼
孼產/孼產	孼	東[①]楚(《方言》)/東[②]楚(《方言》)	子思反/子思反	1765 上/511 上
火蛋/火蛋	蛋	江北/江北	之容反/之容反	1765 上/511 上

上述 5 條音注，慧琳的轉錄和玄應音義相同，無關輯佚。

90. 雜阿毗曇心論

慧琳/玄應的詞條	方言詞	慧琳/玄應的方言區域	慧琳/玄應的音注	慧琳/玄應的頁碼
搏食/搏食	揣	江南音/江南音	初委反/初委反	1779 下/379 下
搏食/搏食	揣	關中音/關中音	都果反/都果反	1779 下/379 下
猶豫/猶豫	猶	隴西(《說文》)/隴西(《說文》)	弋周反/弋周反	1780 上/380 上
興葉/興渠	興	借音/借音	嫣蠅反/嫣蠅反	1781 下/381 上
所螫/所螫	螫	關西音/關西音	書亦反/書亦反	1781 下/381 上
所螫/所螫	螫	山東音/山東音	呼各反/呼各反	1781 下/381 上
所螫/所螫	蜇/蛆	東西通語/東西通語	知列反/知列反	1781 下/381 上
脛骨/脛骨	胻	江南/江南	下孟反/下孟反	1782 上/382 上
脛骨/脛骨	斷	山東/山東	丈孟反/丈孟反	1782 上/382 上

上述 9 條方言詞音注，其中 1 條被注字有異(蜇/蛆)，可資校勘，無關輯佚。

91. 隨相論

慧琳/玄應的詞條	方言詞	慧琳/玄應的方言區域	慧琳/玄應的音注	慧琳/玄應的頁碼
漱糗/漱糗	糗	江南/江南	丘久反/丘久反	1786 下/391 下
三幹/三幹	幹	江南/江南	盧葛反/盧葛反	1786—1787/391 下

慧琳的轉錄和玄應音義相同，無關輯佚。

92. 成實論

慧琳/玄應的詞條	方言詞	慧琳/玄應的方言區域	慧琳/玄應的音注	慧琳/玄應的頁碼
惛帽等	惛/帽	借音/借音	音貌/音貌	1789 上/374 下
瓢杓/瓢杓	搣	蜀/蜀	音義/音義	1789 上—下/374—375
瓢杓/瓢杓	蠡	蜀/蜀	郎底反/郎牴反	1789 上—下/374—375
如睫/如睫	睫	山東田里間音/山東田里間音	子及反/子及反	1789 下/375 上

[①] 徐校：東應爲陳。

[②] 徐校無校語，東應爲陳。

续表

慧琳/玄應的詞條	方言詞	慧琳/玄應的方言區域	慧琳/玄應的音注	慧琳/玄應的頁碼
狗齩/狗齩	齩	關中音/關中音	五狡反/五狡反	1790 上/375 下
則睎/則睎	睎	北燕海岱(《方言》)/北燕海岱(《方言》)	虛衣反/虛衣反	1790 下/376 上
抱卵/抱卵	菢	北燕/北燕	蒲冒反/蒲冒反	1791 上/376 上
抱卵/抱卵	蓲	江東/江東	央富反/央富反	1791 上/376 上
穀出/穀出	穀	吳會間音/吳會間音	音哭/音哭	1791 上/376 上

上述 9 條方言音注中，1 條音注的被注字異（㤪/帽），1 條音注的切下字異（郎底反/郎牴反）但音同。這些可資校勘，無關輯佚。

93. 立世阿毗曇論

慧琳/玄應的詞條	方言詞	慧琳/玄應的方言區域	慧琳/玄應的音注	慧琳/玄應的頁碼
蜂薑/蜂薑	薑	陝以西/陝以西	土曷反/土曷反	1792 上/384 上
蜂薑/蜂薑	蝥	陝以西/陝以西	力曷反/力曷反	1792 上/384 上
鸊鷉/鸊鷉	鸊	南楚之外(《方言》)/南楚之外(《方言》)	薛覓反/蒲覓反	1792 上/384 上
鸊鷉/鸊鷉	鷉	南楚之外(《方言》)/南楚之外(《方言》)	他奚反/他奚反	1792 上/384 上
水渻/水渻	渻	江南音/江南音	子旦反/子旦反	1792 上/384 上
市㕓/市厘	㕓/厘	東齊海岱(《方言》)/東齊海岱(《方言》)	值連反/值連反	1792 上/384 上
櫼者/櫼者	櫼	江南/江南	許宜反/許宜反	1793 上/385 上
山磕/山磕	磕	江南/江南	苦盍反/苦盍反	1793 上—下/385 上
烹煞/烹煞	烹	嵩岳以南陳潁之間(《方言》)/嵩嶽以南陳潁之間(《方言》)	普羹反/普羹反	1793 下/385 下
春腸/春腸	腸	江南/江南	徒朗反/徒朗反	1793 下/385 下
春腸/春腸	䑗	中國/中國	音伐/音伐	1793 下/385 下
酪瓿/酪瓿	瓿	江東(《方言》)/江東(《方言》)	古郎反/古郎反	1794 上/385 下
腦潰/腦潰	潰	江南/江南	子旦反/子旦反	1794 上/385 下
水渻/水渻	渻	山東/山東	子見反/子見反	1794 上/385 下
頸鴨/頸鴨	鴨	江東(郭璞《爾雅注》)/江東(郭璞《爾雅注》)	音匹/音匹	1794 上/386 上
木柹/木柹	柹	江南/江南	數廢反/數癈反	1794 上/386 上
木柹/木柹	朴	山東/山東	孚豆反/乎豆反	1794 上/386 上
相攢/相攢	攢	南/南	扶味反/扶味反	1794 下/386 下

上述 18 條方言音注中，被注字相異 1 條（㕓/厘），切上字相異 2 條（薛

— 76 —

覓反/蒲覓反、孚豆反/平豆反），切下字相異 1 條（麩廢反/麩癈反），可資校勘，無關輯佚。

94. 解脫道論

慧琳/玄應的詞條	方言詞	慧琳/玄應的方言區域	慧琳/玄應的音注	慧琳/玄應的頁碼
裝揀/裝揀	揀	中國/中國	音成/音成	1794—1795/378 上
裝揀/裝揀	縛	中國/中國	音附/音附	1794—1795/378 上
噫噫/噫噫	噫	借音/借音	於矜反/於矜反	1795 上/378 上
骹節/骹節	垸	中國/中國	胡灌反/胡灌反	1795 上/378 下
骹節/骹節	膸	江南/江南	音瑞/音瑞	1795 上/378 下
狡獪/狡獪	刮	關中/關中	音獪/音獪	1795 下/378 下

上述 6 條方言音注，慧琳的轉錄與玄應音義相同，無關輯佚。

95. 舍利弗阿毗曇論

慧琳/玄應的詞條	方言詞	慧琳/玄應的方言區域	慧琳/玄應的音注	慧琳/玄應的頁碼
瘥下/瘥下	瘥	關中音/關中音	多滯反/多滯反	1797 上/363 上
蜮蝨/蜮蝨	蝨	山東會稽/山東會稽	音色/音色	1797 上/363 上

慧琳的轉錄與玄應音義相同，無關輯佚。

96. 鞞婆沙阿毗曇論

慧琳/玄應的詞條	方言詞	慧琳/玄應的方言區域	慧琳/玄應的音注	慧琳/玄應的頁碼
潭水/潭水	潭	楚/楚	徒南反/徒南反	1798 下/377 上
鐵杷/鐵杷	杷/把	江南/江南	平加反/平加反	1799 上/377 下
蚖蠪/蚖蠪	闇	吳（《纂文》）/吳（《纂文》）	古合反/古合反	1799 下/377 下

上述 3 條方言詞音注中，被注字 1 條異文（杷/把），可資校勘，無關輯佚。

97. 分別功德論

慧琳/玄應的詞條	方言詞	慧琳/玄應的方言區域	慧琳/玄應的音注	慧琳/玄應的頁碼
柞哉/柞哉	欁	江南/江南	了各反/子各反	1800 下/389 上

慧琳的轉錄與玄應音義相同，無關輯佚。

98. 四諦論

慧琳/玄應的詞條	方言詞	慧琳/玄應的方言區域	慧琳/玄應的音注	慧琳/玄應的頁碼
泗水/泗水	泗	江南/江南	似由反/似由反	1801 上/388 上
欬瘶/欬瘶	欬	江南音/江南音	苦代反/苦代反	1801 上/388 上—下

慧琳的轉錄與玄應音義相同，無關輯佚。

99. 辟支佛因緣論

慧琳/玄應的詞條	方言詞	慧琳/玄應的方言區域	慧琳/玄應的音注	慧琳/玄應的頁碼
曼王/曼王	聞	高昌/高昌	音曼/音曼	1802上/390下

慧琳的轉錄與玄應音義相同，無關輯佚。

100. 佛所行讚經傳①

慧琳/玄應的詞條	方言詞	慧琳/玄應的方言區域	慧琳/玄應的音注	慧琳/玄應的頁碼
勖勉/勖勉	勖	齊魯（《方言》）/齊魯（《方言》）	虛玉反/虛玉反	1806下/388上
風霽/風霽	霽	南陽（《爾雅注》）/南陽	子詣反/子詣反	1807上/420上

從慧琳的轉錄可知，南陽方言詞"霽"出自《爾雅注》，可資考證，無關輯佚。

101. 出曜經②

慧琳/玄應的詞條	方言詞	慧琳/玄應的方言區域	慧琳/玄應的音注	慧琳/玄應的頁碼
陶河/陶河	掏	中國/中國	徒刀反/徒刀反	1813上/368下
前房/前房	房	幽冀/幽冀	五加反/五下反	1813下/369上
如檠/如檠	檠	江南音/江南音	古代反/古代反	1814下/370上
如檠/如檠	檠	關中音/關中音	工內反/工內反	1814下/370上
牛㹎/牛㹎	㹎	江南/江南	竹用反/竹用反	1815上/370下
牛㹎/牛㹎	㹎	江南/江南	都洞反/都洞反	1815上/370下
八篅/八篅	篅	江南音/江南音	示緣反/市緣反	1815上/370下
八篅/八篅	篅	中國音/中國音	上仙反/上仙反	1815上/370下
穄粟/穄粟	麋/穈	關西/關西	亡皮反/亡皮反	1815下/371上
骬聲/骬聲	骬	江南音/江南音	呼干反/呼干反	1815下/371上
頷車/頷車	頷	吳會/吳會	苦姑反/苦姑反	1816上/371下

上述 11 條方言音注中，1 條被注字相異（麋/穈），1 條切下字不同但音同（示緣反/市緣反），1 條切下字不同音也不同（五加反/五下反）。這些可資校勘、考證，無關輯佚。

102. 賢愚經

---

① 玄應音義是佛所行讚。
② 玄應音義是出曜論。

慧琳/玄應的詞條	方言詞	慧琳/玄應的方言區域	慧琳/玄應的音注	慧琳/玄應的頁碼
斂然/斂然	斂	關東王國之都（《方言》）/關東五國之都（《方言》）	此廉反/此廉反	1817上/247上
橋宕/橋蕩	宕	高昌/高昌	音上/音上	1818上/248上

"關東王國之都/關東五國之都"異文，可資校勘，無關輯佚。

103. 修行道地經

慧琳/玄應的詞條	方言詞	慧琳/玄應的方言區域	慧琳/玄應的音注	慧琳/玄應的頁碼
渾現/渾現	渾	江南/江南	竹用反/竹用反	1829上/255上
渾現/渾現	渾	江南/江南	都洞反/都洞反	1829上/255上
稱錘/稱錘	錘	宋魯（《方言》）/宋魯（《方言》）	直危反/直危反	1830上/256上
餬口/餬口	餬	江淮（《方言》）/江淮（《方言》）	戶姑反/戶姑反	1830下/256上

慧琳的轉錄與玄應音義相同，無關輯佚。

104. 菩薩本緣集

慧琳/玄應的詞條	方言詞	慧琳/玄應的方言區域	慧琳/玄應的音注	慧琳/玄應的頁碼
嘿蟲/螺蟲	螺	北、蜀中（《方言》）/北（《方言》）	茫北反/茫北反	1834上/421下

慧琳轉錄的北、蜀中方言詞螺，玄應音義僅為北方言詞，這可資校勘、考證，無關輯佚。

105. 達磨多羅禪經

慧琳/玄應的詞條	方言詞	慧琳/玄應的方言區域	慧琳/玄應的音注	慧琳/玄應的頁碼
髀骨/髀骨	髀	江南音/江南音	必爾反/必爾反	1838下/260上

慧琳的轉錄與玄應音義相同，無關輯佚。

106. 那先比丘經

慧琳/玄應的詞條	方言詞	慧琳/玄應的方言區域	慧琳/玄應的音注	慧琳/玄應的頁碼
淅米/淅米	淅	江南/江南	思歷反/思歷反	1843上/261下
乳渾/（無）	渾	江南/（無）	竹用反/（無）	1843下/（無）
乳渾/（無）	渾	江南/（無）	都洞反/（無）	1843下/（無）

慧琳轉錄的3條方言詞音注，1條被注字相異（淅/淅），另2條玄應音義無，如下：

【乳渾】竹用、都洞二反。《通俗文》：乳汁曰渾。江南名也。（慧琳卷

---

① 從玄應音義看，"王"應為"五"。

七五，那先比丘經下卷，1843 頁下）

但江南方言詞渾，玄應音義在他處出現多次，也注竹用、都洞二反。爲避免重複，不作輯佚。可依慧琳的轉錄爲玄應音義的那先比丘經下卷補足詞條"乳渾"。

107. 法句經

慧琳/玄應的詞條	方言詞	慧琳/玄應的方言區域	慧琳/玄應的音注	慧琳/玄應的頁碼
逞情/逞情	逞	山東江淮陳楚（《方言》）/ 山東江淮陳楚（《方言》）	丑井反/丑井反	1852 上/422 下

慧琳的轉錄與玄應音義相同，無關輯佚。

108. 分別業報略集

慧琳/玄應的詞條	方言詞	慧琳/玄應的方言區域	慧琳/玄應的音注	慧琳/玄應的頁碼
悛法/悛法	悛	山東（《方言》）/ 山東（《方言》）	且泉反/且泉反	1863 上/424 下

慧琳的轉錄與玄應音義相同，無關輯佚。

總之，通過逐一比對慧琳轉錄的 108 部佛經音義中的 474 條方言音注，從中可輯佚玄應《衆經音義》的方言音注 10 條，除去和玄應音義的他處重複以及轉錄的訛誤外，實際 6 條，如下：

（1）【甖罌】於耕、於成二反。《方言》：瓴甋、瓺，罌也。自關而東趙魏之間或謂之罌，亦通語也。瓴音部，甋勒口反，瓺音剛也。（慧琳卷九，放光般若經第三十卷，654 頁下）

【甖罌】於耕、於成二反。盛物器也。（玄應卷三，放光般若經第三十卷，66 頁下）

（2）【尪狂】枉王反。正體本作尢，象形，今俗用加王作尪，形聲字也。《韻銓》：尪，弱也。《通俗文》云：短小曰尪。《說文》：跛，曲脛也。俗音烏黄反，聲轉訛。（慧琳卷十六，無量清净平等覺經下卷，777 頁下）

【尪狂】今作尪，同。烏皇反。尪，弱也。《通俗文》：短小曰尪。尪亦羸黑也。（玄應卷八，無量清净平等覺經下卷，173 頁下）

（3）【交跌】又作趺，同。府于反。《三蒼》：趺，足上也。謂交足而坐也。經中多作加趺。山東名甲跌。經文從足作跤，非也。（慧琳卷十六，文殊師利佛土嚴净經下卷，782 頁上）

【交跌】又作趺，同。府于反。《三蒼》：趺，足上也。謂交足而坐也。

經文從足作跂，非也。（玄應卷五，文殊師利佛土嚴淨經下卷，112頁上）

（4）【觜星】子移反，吳音。醉唯反，秦音也。參星，頭上三小星也。（慧琳卷十七，大方等大集經第二一卷，800頁下）

【觜星】子系反。（玄應卷一，大方等大集經第二一卷，16頁上）

另外，慧琳的轉錄和玄應音義在佛經的名稱、被注字、切上字、切下字、直音用字存在一定數量的版本異文，列表如下：

總表　慧琳轉錄的方言音注與玄應音義同異的總表

	佛經名稱	被注字	切上字	切下字	直音
慧琳/玄應相同的數量	98部	450個	387個	382個	65個
慧琳/玄應不同的數量	10部	24個	18個	23個	4個
總計	108部	474個	405個	405個	69個

分表一　帶方言音注的十部佛經的不同稱謂對照表

慧琳轉錄的佛經名稱	玄應《衆經音義》的佛經名稱
正法花經	正法華經
廣百論釋	廣百論
攝大乘論釋	攝大乘論（玄應音義卷十）
攝大乘論	攝大乘論（玄應音義卷二三）①
大般涅槃經	般泥洹經
優婆塞五戒經	優婆塞五戒相經
佛阿毗曇論	佛阿毗曇
阿毗曇八揵度論	迦游延阿毗曇
佛所行讚經傳	佛所行讚
出曜經	出曜論

分表二　被注字的異文表

廝/嘶②	嗑/嗑	壅/罋	橃/橃	莿/剌	蛤/蟒	茇/芙	螓/螓
舩/船	纕/緀	罋/壅	陎/陎	糜/糜	螯/蚄	拼/抨	榜/撈
芝/菝	蠡/蠡	蚕/蛆	悁/悁	壓/厴	杷/把	麋/麋	淅/淅

---

① 此處慧琳轉錄的佛經名稱與玄應《衆經音義》相同，爲與上條區别，附録在此。
② 前爲慧琳轉錄的被注字，後爲玄應音義的被注字。

分表三　切上字異文表

自羊反/才羊反①	七亂反/千亂反	普莫反/匹莫反	溲厚反/蘇走反	敗佳反/蒲佳反
冥見反/忙見反	伊葉反/於葉反	吾②展反/居展反	吁鬼反/呼鬼反	古玄反/占③玄反
蒲報反/亡支反	尺紙反/時紙反	或④亦反/式亦反	步佳反/父佳反	普各反/匹各反
薛覓反/蒲覓反	示緣反/市緣反	孚豆反/平豆反		

分表四　切下字異文表

虛依反/虛衣反⑤	而稅反/而銳反	乙介反/乙芥反	府于反/府於反	子移反/子系反
匹萬反/匹万反	溲厚反/蘇走反	巨義反/巨儀反	一余反/一餘反	子僉反/子林反
補迷反/補迴反	補迷反/補迴⑥反	徒單反/徒旱⑦反	丘依反/丘奇反	紀與反/紀呂反
巨機反/巨擽反	蒲佳⑧反/蒲佳反	徒弔反/徒吊反	尸赤反/尸亦⑨反	丘既反/丘吏反
郎底反/郎牴反	蘇廢反/蘇癈反	五加反/五下反		

分表五　直音用字異文表

音格/音挌⑩	音廢/音癈	音格/音挌	音析/音祈

第三節　方言音注的校勘

　　玄應《眾經音義》的方言音注總共 602 條（包括輯佚的 6 條），總數相對較少，再加之是在前人校勘的基礎上來校勘，因而需要校勘的音注並不多。筆者校勘的方法是比較異文、音系參證、諧聲推演、方言互證等方法。具體措施是比較高麗藏、磧沙藏、趙城金藏等異文，參考王仁昫《刊謬補缺切韻》、《經典釋文》、《篆隸萬象名義》、《博雅音》等音系，參證顏元孫《干祿字書》、張參《五經文字》、釋行均《龍龕手鑑》、李文仲《字鑑》、

---

① 前爲慧琳轉錄的被注字，後爲玄應音義的被注字。
② 徐校爲居。
③ 占應校改爲古。
④ 徐校：獅作式。
⑤ 前爲慧琳轉錄的被注字，後爲玄應音義的被注字。
⑥ 徐校：切下字磧沙藏是迷字。
⑦ 徐校：切下字磧沙藏是亶。
⑧ 佳應按玄應音義校改爲佳。
⑨ 徐校：切下字磧沙藏爲迹。
⑩ 前爲慧琳轉錄的被注字，後爲玄應音義的被注字。

焦竑《俗書刊誤》、《康熙字典·辨似》等字樣等。校勘的順序：按音注在徐校本頁碼的先後次序編排。校記形式：逐條辨析、補正及闕疑。

（1）【疑𠛱】且漬反。《方言》：凡草木刺人關西謂之𠛱，燕、朝鮮、洌①水之間謂之茦（莱）②。（玄應卷一，大威德陀羅尼經第一卷，22頁上）

𠛱是俗字，應校改爲正字莿。二級諧聲束，中古寘韻，上古錫部；二級諧聲夾，中古洽韻，上古葉部。上古錫部字無來源於中古洽韻的字。且漬反可證莿對𠛱非。今傳本揚雄《方言》卷三："……自關而西謂之刺，江湘之閒謂之棘。"也可證莿對。另外，王三"此豉反"小韻有刺字，無𠛱字；但《廣韻》的"七賜切"小韻下有刺𠛱二字，表明二字早已混同，可推測𠛱莿也已混同。

（2）【粟㡰】字體作糜、䊌二形，同。亡皮反。禾穄也。關西謂之㡰，冀州謂之穄。（玄應卷二，大般涅槃經第三三卷，51頁下）

【㡰米】字體作糜，亡皮反。《呂氏春秋》曰：飯之美者有陽山之穄。高誘曰：關西謂之㡰，冀州謂之穄。律文有作秣字，音述。（玄應卷十四，四分律第四二卷，307—308頁）

陽山之穄，南海之秬。山南曰陽，崑崙之南故曰陽山，在南海南方之海。穄，關西謂之糜，冀州謂之𥢶。秬，黑黍也。（高誘《呂氏春秋注》卷十四，文淵閣四庫本）

㡰應校改爲𪗱，𪗱是糜是省形字，糜、䊌異文，所以高誘注作糜。亡皮反是明母支開三，可證諧聲"米"對"禾"非。另外，䊌應校改爲糜，見下文。

（3）【毒螫】式亦反。《字林》：蟲行毒也。關西行此音。又音呼各反，山東行此音。蛆（蜇），知列反。南北通語。（玄應卷三，摩訶般若波羅蜜經第十五卷，59頁上）

【蛇螫】式亦反。《字林》：蟲行毒也。關西行此音。又呼各反，山東行此音。蛆（蜇），知列反。南北通語也。（玄應卷十四，四分律第二卷，296頁上）

【所螫】書亦反。《說文》：蟲行毒也。關西行此音。又呼各反，山東

---

① 徐校：切上字作列。
② 徐校：邵瑞彭《一切經音義校勘記》"荣當作莱"。

行此音。蛆（蜇），知列反。東西通語也。（玄應卷十八，雜阿毗曇心論第五卷，381頁下）

蛆，王三子魚（精魚開三）反，《廣韻》又讀七余（清魚開三）切，與知列反讀音差別大。徐時儀校改爲蜇。蜇，王三音奴曷反（泥寒開一入），義"螫"。知母薛開三的對應字是蜇。蜇，王三陟列反，與知列反音同。《康熙字典》："蛆，《唐韻》奴曷切，音捺。螫螫也。《博雅》：痛也。又《集韻》陟列切，與蜇同。《春秋疏》：蠆長尾謂之蠍，毒傷人曰蛆。"蛆、蜇的"螫"義相同，音換讀，《集韻》就收錄了蛆的"陟列切"的換讀音，但並非蛆有陟列切讀，所以應校改爲蜇。

另外，對比3條注文看，南北通語與東西通語無別。

（4）【守宫】此在壁者也。江南名蝘蜓，山東謂之蝾蜥，陝以西名爲壁宫。在草者曰蝎蜥。東方朔言"非守宫即蝎蜥"是也。蝘音烏殄反。蜓音殄。蝾，此亦反。（玄應卷六，妙法蓮華經第二卷，133頁上—下）

蝾王三先擊（心青開四入）反。蝾應校改爲蜥。從諧聲看，束是-k韻尾的字，中古是燭韻字，上古是屋部字；朿也是-k韻尾的字，中古是寘韻字，上古是錫部字。上古錫部字無來源於中古燭韻字，所以此亦反是蜥的反切，非蝾的反切。蜥是蜥的俗字，蝾字各種字書韻書不收，大概是俗字取代正字的緣故。

（5）【熸爐】子廉反，下似進反。熸，吳楚之間謂火滅爲熸。爐，火餘也。經文作燼。（玄應卷七，大方等大集菩薩念佛三昧經第二卷，150頁下）

俗字熸應校改爲正字熸。諧聲替，中古齊韻去聲，上古質韻，帶-t韻尾；諧聲晉，中古鹽或覃韻上聲，上古侵韻，帶-m韻尾。子廉反可證熸對熸非。熸、熸形近可訛。

（6）【狖狸】古文蜼。《字林》：餘繡反，江東名也。又音餘季反，建平名也。似獼猴而大，黑色。江東養之捕鼠，爲物捷健也。（玄應卷八，梵網經下卷，181頁下）

狖的切下字"季"應校改爲"秀"。季，脂開三去。狖無脂去讀。切下字爲秀有内證，例如，"(狖)又音余秀反，建平名也。"（玄應卷六，妙法蓮華經第二卷，133頁下）季、秀形近可訛。另外，從《切韻》看，餘繡反與餘季（秀）反都是以尤開三去，江東音與建平音相同；但江東音（吳語）

存在尤侯與豪宵混①的現象，所以筆者認爲切下字"繡"應取《經典釋文》卷十二"音消"或《集韻》先彫切的宵或蕭韻，並非江東音與建平音同。

(7)【如蔑②】眠結反。《埤蒼》：析竹膚也。《聲類》：蔑，篾也。今蜀土及關中皆謂竹蔑爲篾，音彌。析，音思歷反，字從斤分木爲析，今俗作枂，皆從片。（玄應卷十，般若燈論第一卷，206頁下）

篾應校改爲箆。篾的諧聲學，中古仙韻，上古是元部；直音彌，中古支韻。上古元部的字無來源於中古支韻的字，所以讀"音彌"的篾，應校改爲箆。篾、箆形近可訛。

(8)【陂池】筆皮反。山東名爲濼。濼音匹各反。亦名汫。汫音公朗反。（玄應卷十，寶髻菩薩經論，217頁下）

濼應校改爲泊。濼的諧聲樂，上古來母藥部；泊的諧聲白，上古並母鐸部。匹各（鐸韻）反可證泊更好。今山東方言表"陂池"義爲泊，如梁山泊。另外，《說文》："樂，五聲八音總名，像鼓鞞。"樂是象形字，非以白爲聲。

(9)【拔芙】補達反。《說文》：草根也。《方言》：東齊曰芙，或曰杜也。（玄應卷十一，雜阿含經第五卷，236頁下）

芙應校改爲茇。芙《廣韻》於兆、烏晧反，與補達反音不同。茇王三博末（幫桓合一入）反，與補達反音同③。慧琳的轉錄也是茇，如下：

【拔茇】補達反。《說文》：草根也。《方言》：東齊曰茇，或曰杜也。（慧琳卷五二，雜阿含經第五卷，1425頁下）

揚雄《方言》的白文也是茇，如下：

茇，杜根也，東齊曰杜，或曰茇。音撥。（郭璞《方言注》卷三，文淵閣四庫本）

另外，芙、茇形近可訛。

(10)【坐頭】藏果反。《說文》：坐，止也。經文作屋，於人反，塞也。屋非此義，舊烏見反者，非也。（玄應卷十二，雜寶藏經卷七，252頁下）

---

① raudrī 留（吳音）持利(453c)，不空譯作"嘮捺哩"（429b），義淨譯作"曷嘍姪唎"（469b）（轉引自儲泰松《中古佛典翻譯中的"吳音"》，《古漢語研究》2008年第2期）。留，尤韻字，吳音對 au。

② 徐校：磧沙藏作篦。

③ 末，桓合一入。達，寒開一入。鑒於切上字是唇音，唇音不分開合口，可作音同。

屋，小篆是上䧹下土，䧹是西字，此字楷化後應爲垔字。玄應認爲它是近似的小篆屋，應統一體例，作通行的楷體垔。

（11）【鎢錥】於胡、餘六反。《廣雅》：鎢錥謂之䤹鑼，亦云鈳鏌也。經文作鎤鐴，非也。䤹，音才禾反。鑼，力和反。鈳，古我反。鏌，莫朗反。或作鎢鏌，或作鎰鏌，或作鈷鏌。蜀人言埵，皆一也。《字林》：小釜也。鎰音古盍反。鈷音古。埵，七臥反。（玄應卷十三，樹提伽經，273頁下）

蜀方言詞埵應校改爲䤹。鎢錥、鈳鏌、鎢鏌、鎰鏌、鈷鏌與金屬有關，應從金。《廣雅》䤹鑼的䤹也從金。慧琳的同條音義中的被注字是䤹，如下：

【鎢錥】鄔胡反，下融宿反。《埤蒼》：鎢錥，小釜也。又玉鎢謂之䤹鑼也。二字並從金，烏、育皆聲。經文作鎤，非也。䤹音才戈反。鑼音力戈反。軍行所用。此皆方言差別。蜀人名䤹，倉臥反。（慧琳卷七九，經律異相第三六卷，1904頁上）

另外，埵、䤹形近可訛。

（12）【從削】又作鞞、䪊二形，同。《方言》：劍鞘，關西曰鞞。所以藏刀之刃者。鞞音補迴反。①（玄應卷十三，寂志果經，283頁上）

切下字迴應校改爲迵。迵，灰合一。鞞，王三補鼎（幫迵開四）、府移（幫支開三）、卑婢（幫紙開三）三反，《廣韻》部迷（並齊開四）切，無灰合一讀。玄應音義也有内證，即"鞞音補迵反"（398頁下）。迵迴異體。迵迴形近可訛。

（13）【憂㛪】奴道反。《說文》：有所恨痛。今汝南人有所恨言大㛪，今皆作惱也。（玄應卷十三，雜阿含經，287頁下）

㛪、惱是俗訛字，正字是㛪、惱。㛪、惱，王三奴浩反，與奴道反音同；㛪、惱，《廣韻》奴晧切，也與奴道反音同。玄應、王三是俗字，《廣韻》是正字，應從《廣韻》改作正字。

（14）【土埵】徒果反。《字林》：小堆也。吳人謂積土爲埵，字體從自。（玄應卷十五，十誦律第四七卷，323頁上）

【埵穀】徒果反。《字林》：埵，小堆也。吳人謂積土爲埵，今取其義。朶，菓子也。緂，潔綵也。埵，土也。（玄應卷十七，阿毗曇毗婆沙論第七

---

① 徐校：此條無，據磧沙藏補。

— 86 —

卷，357頁上）

䅧是俗字，䅣是通行字，應採用通行字體。另外，朶正朵俗。

（15）【穄米】子裔反。《說文》：穄，糜也。似黍而不粘者。關西謂之䨷。䨷音亡皮反。（玄應卷十五，十誦律第五二卷，323頁下）

䨷應校改爲䵖（糜）。䵖，王三無，《廣韻》居筠切（見真合三），與亡皮反音不同。䵖，"王三靡爲反，注與糜同"，靡爲反與亡皮反音同。䵖是糜的俗訛字，（元）李文仲《字鑑》卷一："糜。忙皮切。《說文》：糁也，从米①，麻聲。俗下从禾，誤。"

（16）【蛇蛪】勅芥反。《字林》：皆行毒蟲也。關西謂蠍爲蛪蛪，音他達、力曷反。（玄應卷十六，鼻奈耶律第九卷，346頁上）

蝲，王三盧達（來曷開一）反，與力曷反音同。諧聲剌，-t韻尾字，王三盧達切，上古是月部；刺，中古錫韻或寘韻，上古是錫部字，-k韻尾字。錫部字無來源於中古曷韻的字。所以，蛪應校改爲蝲②。蝲、蛪形近可訛。

（17）【竹笪】都達反。《說文》：笪，箬也。音若。箬，竹皮名也。郭璞注《方言》云：江東謂籧篨，直文而粗者爲笪，斜文爲簽，音癈。一名符箞。宋魏之間謂篿粗者爲籧篨也。《說文》：籧篨，粗竹席也。或用蘆織也。（玄應卷十七，俱舍論第九卷，366頁上）

"音癈"的癈，應校改爲廢。癈是俗訛字。

（18）【市㕓（廛）】③值連反。《禮記》：市㕓（廛）而不征。鄭玄曰：㕓（廛），市物邸舍也。㕓（廛），居也。《方言》：東齊海岱之間謂居曰㕓（廛）。（玄應卷十八，立世阿毗曇論第二卷，384頁上）

廛本是正字，㕓是俗字；後㕓成正字，而廛成俗字。李文仲《字鑑》卷二："㕓，呈延切，市中空地。《說文》从广、里、八、土。广音儼。凡纏躔之類从丨（廛）。《五經文字》云：作㕓譌。"桂馥《說文義證》："趙宧光曰：當是因厂爲屋。"徐灝《段注箋》："因厂爲屋，猶言傍巖架屋。"但大徐本從厂的字都變成從广，正俗字轉化，需辨析。

（19）【木柿】敷癈反。《蒼頡篇》：柿，札也。《說文》：削木朴也。江

---

① 米亦聲。
② 它的或體是上爲剌下爲虫的一個上下結構的字。
③ 徐校：磧沙藏是廛。

南名柿，中國曰札，山東名朴。豆札。朴音平豆反。（玄應卷十八，立世阿毗曇論第八卷，386頁上）

江南方言詞"柿"的切下字"癈"是俗訛字，應校改爲廢。

（20）【吹隸】借音虛履反。（玄應卷二一，大乘十輪經第一卷，438頁下）

《集韻》（中華書局2005年版，14頁上）："听吹訵腺屎欼欧：'《說文》：唸，听呻也'。或作吹訵腺屎欼欧。"即吹是听的或體，本字是听，從口從欠表義同。大徐本："听：唸听，呻也。從口尸聲。馨伊切。"馨伊切與虛履反音同。另外，王三不收吹字；吹的異體戻被《廣韻》收錄，如《廣韻》："戻，呻吟聲。"

（21）【蠲除】占玄反。《方言》：南楚疾愈謂之蠲。郭璞曰：蠲，除也。方俗語異耳。（玄應卷二二，瑜伽師地論第四九卷，460頁上）

占應校改爲古。蠲，王三古玄（見先合四）反。磧沙藏蠲的切上字是古。蠲無章母讀。校改應從磧沙藏。

（22）【香荾】又作荾，《字苑》作薓，同。私佳反。《韻略》云：胡荾，香菜也。《博物志》云"張騫使西域得胡綏"是也。今江南謂胡蒝，亦爲葫蔱，音胡析。近後改亦爲香荾。（玄應卷二四，阿毗達磨俱舍論第二卷，487頁下）

【胡荾】又作荾，《字苑》作薓，同。私佳反。《韻略》云：胡荾，香菜也。《博物志》云：張騫使西域得胡綏，①今江南謂胡蒝，亦爲葫蔱，音胡祈。閭里間音火胡反。（玄應卷十六，薩婆多毗尼毗婆沙第六卷，348頁下）

487頁的"音胡析"的析應校改爲祈。蒝，王三居希（見微開三）反。析，王三先擊（心青開四入）反。蒝、析的聲韻調都不同，讀音差別大。校改的理由是祈王三求希（群微開三）反，蒝、祈音近；其次，348頁的近似內容可證祈對；再次，析、祈形近可訛。

（23）【掐心】他勞反。《說文》：掐，掐也。掐，一活反。中國言掐，江南言挑。音土彫反。（玄應卷二五，阿毗達磨順正理論第三一卷，505

---

① 此處的逗號，應校改爲句號。

頁下）

掐應校改爲搯。《說文解字》卷廿三："搢，搖搢也。從手，官聲。一曰：援也。"可證搯形對。掐，王三苦洽反，溪咸開二入；搯，王三吐高反，透豪開一。吐高反與土彫反音近，可證搯音對。

玄應《衆經音義》的方言音注的訛誤情況大致有如下幾種：正俗字造成的訛誤，如例（1）、（2）、（4）、（5）、（13）、（14）、（15）、（16）、（17）、（19）；字形相近而訛，如例（6）、（7）、（9）、（11）、（12）、（21）、（22）、（23）；亂用讀音近似的記音字而造成的訛誤如例（8）；小篆和楷體不統一造成的訛誤，如例（10）。另外，正俗字的轉化，需辨析，如例（18）；或體成了死字，需指出本字，如例（20）；義同換讀音，需找出本音，如例（3）；這些需要用校勘來析異體、求本字本音，筆者就附於此。

上述訛誤，有些是後代傳抄造成的，如形近而誤；有些是由於玄應大量使用俗字造成的訛誤；有些是由於玄應缺乏古音知識，如亂用讀音近似的記音字造成的訛誤等。

玄應是唐初的一位"正字"大師[①]，但他有亂用俗字、文字使用不太規範等的情況，他的佛典音義不如韻書、字書、儒典音義、史書音義等用字嚴謹；他和隋末唐初的小學大師如曹憲、陸德明、李善等忠實地轉述了或客觀地記錄了那些生僻字、多音字等的讀音，但他們對古今音變的情況不太清楚，出現了一些注音上的訛誤，所以不能誇大他們古音學的水平。

第四節　方言音注的考證

玄應的某地音一般就是某地的方音，如"江南行此音"是唐初江南的方音，標記清楚，無須考證。某音種類較多，是否都是方音？玄應"使用"的帶音注的方言詞，是暗引還是己作？玄應引用的帶音注的方言詞，如源自揚雄（公元前53—公元18年）的《方言》，距玄應時代約600年，玄應給這些方言詞注的反切等，是轉引前人的注音，還是"自作"的反切？

[①] 慧立《大慈恩寺三藏法師傳》稱他爲"字學大德"。

這些注音中有方音的成份嗎？所以後三類音注需考證，以分清方言音注的性質。

一 某音

玄應的某音共 63 條，其中方俗語、俗呼、俗音、下里間音、田里間音、閭里間音爲一類，古文音、舊音爲一類，誤音、訛音爲一類，借音爲一類，通語、正音爲一類。以下分類逐條考述：

（一）方俗語、俗呼、俗音、下里間音、田里間音、閭里間音

又分兩小類，即"方俗語、俗呼、俗音"和"下里間音、田里間音、閭里間音"。方俗語、俗呼、俗音是玄應沒標記地點的方音，大概是他最熟悉的方音。鑒於玄應後期的大部分時間在京城長安的佛寺譯經、弘法等，他最熟悉的方音應是京兆一帶的方音。下里間音、田里間音、閭里間音是比方俗音更低一層的土語音，可能是京兆一帶的不識字的郊野農夫、市井販夫的口語音，它們應是方俗音的底層。由於沒標注具體的地點，它們的來歷祇能猜想，無法實證，從略。

（二）世俗間語

（1）【𪉟語】是鹽反。又音壚，世俗間語耳。（玄應卷十九，佛本行集經第十六卷，398 頁下）

《經典釋文》卷十二《禮記音義之二》："毋𪉟音鴿，舊又音鹽，注同。"

壚鹽異文。從《釋文》看，𪉟的又音鹽是舊音。又音一般是不規範的讀音，所以玄應認爲它是世俗間語。

（三）古文音、舊音

古文音 1 條，舊音 8 條，共 9 條。徐時儀認爲玄應的"舊音"是"道惠"或"智騫"等所撰的佛經音義[1]；于亭認爲它是"與'正音'對舉，以見其非"的不規範音[2]。一般來說，不規範讀音大多是方俗音。究竟是玄應引用前代高僧的舊音，還是方俗音？筆者考述如下：

1. 古文音、舊音

---

[1] 徐時儀校注：《一切經音義三種校本合刊·緒論》，上海古籍出版社 2008 年版，第 11 頁。
[2] 于亭：《玄應〈一切經音義〉研究》，中國社會科學出版社 2009 年版，第 115 頁。

（1）【童齔】初忍反。古文音差貴反。毀齒曰齔。《說文》：男八月生齒，八歲而爲之齔；女七月生齒，七歲而毀齒。字從齒從匕聲。《釋名》云：齔，洗也。毀洗故齒更生新也。（玄應卷四，大方便報恩經第七卷，95頁下）

【童齔】初忍反，舊音差貴反。毀齒曰齔。《說文》：男八月生齒，八歲而齔；女七月生齒，七歲而毀齒。字從匕。（玄應卷十，菩薩善戒經第三卷，216頁上）

從古文音差貴（初微合三去）反、舊音差貴反可看出二者無別。齔王三初謹（初臻開三上）反，《廣韻》又讀初覲（初臻開三去）切。首音初忍反與初謹切音同。筆者檢索《經典釋文》、《博雅音》、顏師古《漢書注》、李賢《後漢書注》等，發現它無注差貴反的，也未有與差貴反音同的反切；從《韻鏡》看，微韻（三等）不與舌齒音相拼。所以，筆者認爲古文音或舊音差貴反應是不規範的讀音。微韻、臻韻的主元音是 ə，差別在韻尾-i 或-n，-i 或n 都是舌尾，易混淆。方言中陰陽對轉的情況較普遍，所以筆者也認爲這裡的古文音或舊音是六朝某位經師的方音。

2. 舊音

（2）【須瘈】音帝。經中或作須帶，音同帝。又徒計反。《中陰經》作須滯，《樓炭經》作須𤸪，音帝，皆梵言輕重也。正言須達梨舍那，此云善觀天，又言善見天。定障漸微，見極明徹，故名善觀也。經文從無從足作蹊，舊音武，非也。（玄應卷八，兜沙經，180頁下）

蹊字各種字書韻書等漏收，玄應認爲舊音武是不正確的讀音。蹊從足；舞從舛，也是足。舞是蹊的形增字，但舞僅有音武一讀，可能玄應認爲二者有區別。

（3）【菘菁】思雄反。《方言》：蘴、蕘，蕪菁也。郭璞注：舊音蜂，今江東音嵩，字作菘。陳楚間曰蘴，音豐。齊魯之間謂之蕘，關之東西謂之蕪菁。蕘音饒。（玄應卷十一，中阿含經卷二十，228頁上—下）

郭璞《方言注》卷三（文淵閣四庫本）："蘴，舊音蜂，今江東音嵩，字作菘也。"玄應引用的與它基本一致。從郭璞《方言注》看，舊音蜂爲郭璞引用，即郭璞以前的舊音。另外，蘴《廣韻》敷空（滂東合三）切，蜂《廣韻》敷容（滂鍾合三）切，二者東鍾混；嵩、菘《廣韻》息弓（心東

— 91 —

合三）切，音同。

（4）【坐㢈】藏果反。《說文》：坐，止也。經文作㢈，於人反，塞也。㢈非此義，舊烏見反者，非也。（玄應卷十二，雜寶藏經卷七，252頁下）

㢈已被校改爲蛭。蛭王三於鄰（影真開三）反，舊音烏見反是影先開四去，平去混。平聲是通行的讀音，所以玄應認爲去聲是訛音。另外，"梁益則平聲似去"（《切韻序》），這裡的舊音與梁益一帶的方音特點相同。

（5）【哂哂】失忍反。《論語》：夫子哂之。案哂，小笑也。經文作哩，舊烏雞、呼雞二反，非也。（玄應卷十二，雜寶藏經卷七，253頁上）

《類篇》卷四："哩，伊真切，敬也；又於閑切，哩然，語聲；又因連切，《說文》嗌也。"舊烏雞（影齊開四）、呼雞（曉齊開四）二反與伊真（影真開三）切、於閑（影山開二）切、因連（影仙開三）切是陰陽對轉，今方言中-n 丟失變開音節的例子比比皆是，如練 liɛn²，蘇州讀 liɪ²，溫州讀 li² 或 ²li。①玄應認爲舊烏雞、呼雞二反是不規範的讀音，實際上陰陽對轉造成的。陰陽對轉在唐代方音中也很普遍，如羅常培《唐五代西北方音》（第87頁）："單從《千字文》的藏音來看，唐、陽可以混入模，庚、清、青可以混入齊——由有鼻收聲-ṅ（ŋ）的韻混入沒有收聲的韻……"所以，筆者認爲這裡的舊音就是某位六朝經師的方音。

（6）【幖幟】昌志反。私記爲幟。舊音皆與知、識同，更無別音也。（玄應卷十五，十誦律第三九卷，322頁下）

【抯幟】於吝反。《三蒼》：印，信也。撿也。字從爪卪也。卪音節。下又作忮，同。昌志反。《通俗文》：私記爲幟。舊音皆與知、識同，更無別音。（玄應卷十七，阿毗曇毗婆沙論第二十卷，359頁上）

【幖幟】比遙反，下尺志反。舊音識，與知識同。幖，頭上幟也，所以相別也。《通俗文》：徽號曰幖，私記曰幟。徽音吁歸反。謂以絳帛等書著背上曰徽。《廣雅》：幖、幟，幡也。《墨子》云：長丈五廣半幅曰幟。字皆從巾。（玄應卷二三，攝大乘論無性菩薩釋第一卷，476頁下）

---

① 王福堂：《漢語方言字彙》，語文出版社 2008 年版，第 250 頁。

幟，王三尺志（昌之開三去）、式吏（書之開三去）反。識，王三商職（書蒸開三入）反，《廣韻》又讀職吏（章之開三去）切。知，王三陟移（知支開三）切，《經典釋文·尚書音義上》卷三："如字。徐音智。"如字是本音，即知支開三；徐邈音智，即知支開三去。在音義反切比較上，筆者選取讀音最近的反切比較，幟、識是章昌混，幟、知是昌知混、之支混。它們的讀音與規範的讀音有差別，所以玄應認爲是舊音。另外，玄應認爲幟有知、識二個讀音，實際上它還有一讀，即申志反或式吏切（書之開三去）。如《經典釋文·春秋公羊音義》卷二一："軍幟。音志，又申志反，又尺志反。本又作織，同。"

3. 小結

通過考述，筆者發現玄應的古文音與舊音相同，無實質區別；玄應的舊音是過去不規範的讀音，說它們是"道惠"或"智騫"等所撰的佛經音義無考，于亭的說法基本正確；至於它們的讀音爲何不規範，可能與作音者的方音有關；從《隋書·經籍志》和《經典釋文》的引音看，由於六朝時期的舊音基本是南朝人所作，那麼這些舊音可能帶南朝人的方音。也不排除其他可能性。

（三）誤音、訛音

誤音、訛音無區別，實際一類，共 2 條音注，如下

（1）【心行】下庚反。謂遊履也。《放光經》云：意所趣向。《光讚經》云：所趣所行。《大論》云：問：云何悉知衆生心行？答：菩薩知衆生心種種法中處處行。即《維摩經》云：善知衆生往來所趣及心所行。其義一也。今有讀爲下孟反，誤也。（玄應卷三，摩訶般若波羅蜜經第一卷，56頁下）

行，王三胡孟（匣庚開二去）反，《廣韻》下更切（注：景迹。又事也，言也），二条反切都與下孟反音同，但此音在現代漢語里已消失。《廣韻》："行，行步也，適也，往也，去也……戶庚切。"戶庚切與行的首音下庚反音同。大概行的動詞義如心所行是平聲，名詞義如德行破讀去聲。玄應辨析了音變構詞，認爲心行讀平聲，不能讀去聲。

（2）【滭飯】碑密反。《通俗文》：去汁曰滭。江南言逼，訛耳。今言取義同也。經文作匕，俗語也。（玄應卷五，心明經，120頁上）

逼《廣韻》彼側（幫蒸開三入）切。滭王三鄙密（幫真開三入）反，

與碑密反音同。江南音職、質混，卽-k 與-t 混併，大概入聲韻尾已弱化成喉塞尾-ʔ了。而玄應能辨析入聲，就認爲江南音訛。

總之，上述2條訛音，1條與破讀有關；1條與方音有關，可資研究，不能捨弃。

（四）借音

借音共32條，除去重複，實際26條。借音，顧名思義是借某人、地、時或字等的音，如果借某地的音，應與方音有關。具體情況如何，今逐條考述如下：

（1）【陶家】又作匋。《字林》：大牢反。案西域無窯，但露燒之耳。《史記》：陶，瓦器也。《蒼頡篇》：陶，作瓦家也。舜始爲陶，諸書亦借音爲姚。（玄應卷二，大般涅槃經第四卷，40頁上）

【陶師】又作匋，同。大勞反。《史記》：陶，瓦器也。《蒼頡篇》：陶，作瓦家也。"舜始爲陶於河濱"是也。案西域地多卑濕，不得爲窯，但累坯器露燒之耳。亦借音爲姚。（玄應卷十四，四分律第一卷，294頁下）

【如陶】又作匋，同。大勞反。《三蒼》：陶，作瓦家也。舜始爲陶。《世本》云：夏臣昌吾更增加也。《史記》：陶，瓦器也。案西域地多卑濕，不可爲窯。但累坯器露燒之耳。案此陶音爲得諸書，亦借音遙，字體作窯，燒瓦灶也。《通俗文》"陶竈曰窯"是也。（玄應卷十八，雜阿毗曇心論第三卷，380頁下）

【陶家】又作匋，同。大勞反。或借音遙。《史記》：陶，瓦器也。《蒼頡篇》"陶，作瓦家也；舜始爲陶于河濱"是也。案西域地多卑濕，不得穿窯，但壘坯器露燒之耳。窯音姚。（玄應卷二四，阿毗達磨俱舍論第十五卷，494頁下）

玄應認爲陶的大牢反或大勞反是規範的讀音，音姚是借音。其實，音姚是人名"皋陶"的特殊讀音。諸書一般收錄上述2個讀音，如《經典釋文》。實際上，陶是從窯里燒出的器皿，陶就沾染了窯的音，音遙或姚。二字相關，音相沾染。這是換讀音，本字是窯。皋陶大概是一個窯工叫皋的人在唐虞時期做了理（李）官。借音與換讀有關。

（2）【螺王】古文蠃，同。力戈反。螺，蚌也。經文作蠡。力西、力底二反，借音耳。（玄應卷二，大般涅槃經第十二卷，45頁下）

力西反是來母齊開四。力底反是來母齊開四上。蠡、蠡異體。蠡王三盧啓（來齊開四上）反，蠡《廣韻》又音呂支（來支開三）、落戈（來戈合一）切。其中落戈切注的是螺的音，盧啓反與力底反音同，力西反與呂支切是支齊混。玄應認爲力戈反是螺的注音，力西、力底二反是蠡的注音。此處的借音與經籍異文有關。

（3）【綱縵】借音莫盤反。謂內縵其指間也。（玄應卷二，大般涅槃經第二九卷，50頁上）

莫盤反是明桓合一。縵王三莫半（明桓合一去）、莫晏（明刪開二去）反，《經典釋文》等也無平聲讀，到《集韻》才收錄謨官（明桓合一）切的平聲。《說文》：縵，繒無文也。名詞義是默認的去聲，動詞義（內縵其指間）就破讀平聲。大概玄應認爲破讀音是借音。

（4）【頗有】借音普我反，謂語辭也。（玄應卷三，金剛般若經第二九卷經羅什法師譯，75頁下）

【頗有】借音普我反，諸書語辭也。本音普多反。（玄應卷六，妙法蓮華經第五卷，138頁下）

普我反是滂母歌開一上，普多反是滂母歌開一，二者有平上之別。

頗，王三滂何（滂歌開一）反、普可（滂歌開一上）反、普臥（滂戈合一去）反，滂何（滂歌開一）反下注"語"、普臥（滂戈合一去）反下也注"語"。普我反與普可反音同。

大概玄應認爲作實詞的"頗"默認平聲，作語辭的"頗"破讀上聲。但從王三看，作語辭的"頗"可讀平聲，王仁昫與玄應的觀點不同。

此處的借音與破讀有關。

（5）【興渠】此言少訛也。借音嫣蠅反。出烏茶娑他那國。彼土人常所食者也。此方相傳以爲芸薹者，非也。嫣音虛延反。（玄應卷五，央掘魔羅經第二卷，106頁上）

【興渠】此言訛也，應言興舊。興宜借音嫣蠅反。出閹烏茶娑他那國。彼土人常所食者也。此方相傳以爲蕓薹，非也。嫣音虛延反。（玄應卷十八，雜阿毗曇心論第四卷，381頁上—下）

嫣注虛延反表明它是曉母①。與王三許膺（曉蒸開三去）、虛陵（曉蒸開三）二反。借音嫣蠅反（曉蒸開三）與虛陵反相同，都是平聲。興渠是烏荼娑他那國出產的一種香料，又名阿魏、芸薹等，中國叫芫荽，梵語是hingu，h 對曉母不對影母，iṅ對蒸韻。音譯詞一般對應漢語的平聲。此處的借音與對音有關。

（6）【相棠】借音丈庚反。字宜作撐、㲉、㭇、敵（敵）四形，同。丈衡反。謂相觸也。（玄應卷五，文殊師利佛土嚴淨經上卷，111 頁下）

丈庚反與丈衡反音同。棠王三徒郎（定唐開一）反。玄應認為棠的本字是撐、㲉、㭇、敵（敵），就注丈庚反。借音是本字的音。

（7）【瞿嚧】借音犖俱反。（玄應卷五，百佛名經，122 頁上）

犖俱反是來虞合三。嚧王三落胡（來模合一）反。嚧，《說文》、《玉篇》、《切韻》、《經典釋文》、《博雅音》、顏師古《漢書注》、李賢《後漢書注》等玄應以前的字書、韻書、音義書無收錄，王三也沒收錄，大概它是為梵漢對音生造的字。尼瞿嚧陀，巴利語是 nigryodha，梵語是 nyagrodha，即榕樹。一般來說，lo 對盧，ro 的對譯字加口旁的嚧。漢語無 r 聲母，經師譯經就用音近的來母字對譯，為顯示區別，就在來母對譯字加口旁表轉聲讀。杜行顗譯本文末云："羅利盧栗黎藍等字旁加口者，轉聲讀。"總之，"嚧"字是為對音而生造的漢字。此處的借音與對音有關。

（8）【梨黮】案《方言》面色似凍梨也。經文有作黧，力兮反。《字林》：黑黃也。《通俗文》：斑黑曰黧黮。《說文》：杜感反。一音勅感反。桑葚之黑也。今用於斬反者，借音耳。葚音甚。（玄應卷六，妙法蓮華經第三卷，134 頁下）

黮，王三徒感（定覃開一上）、他感（透覃開一上）二反。杜感反與勅感反是定徹混。於斬反是黵的讀音。黮與黵義同，都有"黑"義，黮就沾染了黵的讀音。借音是義同換讀音。

（9）【唯然】弋誰反。《說文》：唯，諾也。《廣雅》：唯、然，應也。《禮記》：父召無諾，先生召無諾，唯而起。鄭玄曰：唯者，應之敬辭也。唯恭於諾也。又借音弋水反。亦語辭也。（玄應卷六，妙法蓮華經第四卷，137

---

① 嫣有曉母和影母二讀，玄應給嫣注虛延反，表明此處的嫣是曉母。

頁下）

唯，王三以隹（以脂合三）、以水（以脂合三上）反。以佳反與弋誰反音同。唯有二讀，玄應認爲平聲默認，上聲需標記。借音與又音有關。

（10）【洪炎】借音以贍反。正字作焰，又作燄，光焰也。《說文》：火微燄燄然也。（玄應卷八，申日經，171頁下）

炎，王三于廉（于鹽開三）反又以贍（以鹽開三去）反。其實，以贍反是焰的讀音。玄應認爲本字是焰，就注去聲。這裡借音與本字有關。

（11）【除剔】又作𠠎，同。他歷反。《通俗文》：去骨曰剔。今借音他計反。（玄應卷八，法鏡經上卷，172頁上）

剔，王三他歷（透青開四入）反。他歷切與他計反是霽錫混。大概剔的實際讀音已變成去聲，所以玄應就注借音。此處的借音與時音有關。另外異體𠠎也是入聲字。

（12）【哆字】借音都餓反。依字，《說文》：殆可反。張口也。《字林》丑亞、丑加二反。（玄應卷九，大智度論第五三卷，199頁上）

哆，梵語是 ta 或 tā，對端母歌開一。梵語是無聲調的語言，對音的漢字取什麼聲調，還得依情況而定。都餓反（端母歌開一去）是去聲，殆可反（定母歌開一上）是上聲。大概借音是濁上變去引起的，可能玄應能分濁上與清去，就給清去注借音。因此此處的借音與對音、時音有關。另外，哆，王三丁佐（端歌開一去）反，沒收錄上聲，到《廣韻》才在"觰"（丁可切：端歌開一上）小韻下增加哆字。

（13）【垂挑】借音他吊反。謂天衣迥出也。（玄應卷十一，正法念經第四八卷，224頁上）

他吊反是透蕭開四去。挑王三吐彫（透蕭開四）反，《廣韻》土刀（透豪開一）、徒了（定蕭開四上）、吐彫（透蕭開四）、土了（透蕭開四上）切，《經典釋文》、《博雅音》等也無注去聲。借音他吊反（去聲）大概是由徒了切的濁上變去引起的。

（14）【蜱肆】借音布迷反。此譯云遣使也。（玄應卷十一，中阿含經第十六卷，228頁上）

蜱肆義爲遣使，巴利文是 payāsi，pā 蜱，p 對幫母，a 一般對歌、戈、麻、佳等韻，偶爾也對齊、支韻。借音布迷反是幫齊開四。蜱，王三符支

（並支開三）、無遙（明宵開三）二反。布迷反與符支反是幫並混、齊支混。齊支時音基本不混。借音可能與對音、方音有關。

（15）【殷皮】於斤反。《詩》云：殷其盈矣。《傳》曰：殷，衆也。殷，大也。又於艱反。赤黑色爲殷，此借音耳。（玄應卷十三，五百弟子自說本起經，268 頁下）

於斤反是影母欣開三。於艱反是影母山開二。二者是欣山混。時音欣山基本不混。借音於艱反大概是方音引起的。另外，殷王三於斤（影欣開三）、烏閑（影山開二）反，王三收錄二讀。

（16）【飼此】因恣反。《說文》：飼，糧也。《廣雅》：餧，飼也。謂以食供設人曰飼。經文作飴，借音耳。（玄應卷十一，辯意長者子所問經，270 頁上）

飼是飤的俗訛字。飤《廣韻》祥吏切。飴《廣韻》與之切。二者音不同。玄應認爲本字是飴，就注借音。

（17）【踔擲】今宜借音他吊反，字體作趒。趒，擲也。《韻集》：趒，越也。（玄應卷十三，遺教經，271 頁上）

踔《廣韻》丑教（徹肴開二去）、敕角（徹江開二入）二切；趒《廣韻》吐彫（透蕭開四）、徒聊（定蕭開四）、他弔（透蕭開四去）切。二字不同音。玄應認爲本字是趒，就注借音。踔、趒義同，音換讀。借音是義同換讀音。

（18）【唄匿】蒲芥反。梵言婆師，此言讚嘆。言唄匿者，疑訛也。婆借音蒲賀反。（玄應卷十四，四分律第三卷，296 頁上）

唄匿的梵語是 pāthaka，義爲"歌唱"。婆師的梵語是 bhāsā，義爲"以音樂曲調讚歎、歌頌佛德"。bhās 對婆，s 表明去聲。蒲賀反是並歌開一去。婆王三薄何（並戈合一）反，無去聲讀，《經典釋文》、《博雅音》等也無去聲讀。本字婆無去聲，玄應就按梵音生造了歌韻去聲的讀音。此處的借音與對音有關。

（19）【若撈】借音力導反。關中名磨，山東名撈，編棘爲之以平塊也。（玄應卷十四，四分律第五二卷，311 頁上）

力導反是來豪開一去。撈王三魯刀（來豪開一）反，無去聲讀，《經典釋文》、顏師古《漢書注》等無撈字，《博雅音》也無去聲。大概撈的動詞

— 98 —

義是平聲，名詞義就破讀去聲。

（20）【帽䫉】借音䫉。䫉，悶也。謂狀貌若死，因以名也。（玄應卷十八，成實論第四卷，374頁下）

帽，王三莫報（明豪開一去）反。䫉，王三莫教（明肴開二去）反。玄應能分清豪肴，但時音已不分，此處的借音大概是時音造成的。

（21）【噫噫】借音。於矜反。相答應聲也。（玄應卷十八，解脫道論第三卷，378頁上）

於矜反是影蒸開三。噫，王三於其（影之開三）反。大概玄應認爲相答應聲的"噫噫"的本字是"譍譍的平聲字"。之蒸混大概是方音造成的。

（22）【喬荅摩】借音渠憍反。舊言瞿曇，聲之轉也。此有三義：一名日種，二名牛糞種，三名泥土種也。（玄應卷二一，大菩薩藏經第一卷，432頁上）

【喬荅摩】借音渠高反。姓也。喬猶瞿之轉也。此有三義：一云日種，二云牛糞種，三泥種也。舊云瞿曇，略也。（玄應卷二四，阿毗達磨俱舍論第十一卷，493頁下）

渠憍反是群母宵開三。渠高反是群母豪開一。喬，王三奇喬（群宵開三）反，《經典釋文・尚書音義》（40頁上）："其（群）驕（宵）反，徐音驕（見宵）。"喬荅摩的梵語是 gautama, gau 對喬，g 對群母，au 對豪、宵等韻。另外，從玄應的 2 處借音看，時音豪宵已混。

（23）【狻猊】蘇桓反，下五奚反。《爾雅》：狻猊如虦貓，食虎豹。郭璞等注皆云則師子也。出西域。《穆天子傳》云"狻猊走五百里"是也。梵言僧訶。僧借音私蠅反。虦音仕板反。（玄應卷二一，大菩薩藏經第一卷，432頁上）

獅子的梵語是 siṃha，對音僧訶，siṃ 對僧。漢語 ŋ 尾的對音較亂，可對梵文的-n、-ṅ和-ṃ。[①] 僧借音私蠅反是心蒸開三。僧，王三蘇曾（心登開一）反。二者蒸登混。借音大概是時音造成的。

（24）【帝昵】借音尼吉反。（玄應卷二一，大乘十輪經第一卷，438頁下）

[①] 點加在上、下無別，一般 n 加在上，m 加在下。

帝昵是音譯詞，但昵的借音尼吉反是規範的讀音。尼吉反是泥真開三入。昵王三尼質（泥真開三入）反。但昵《經典釋文》卷三有乃禮（泥齊開四上）反的又讀，可能玄應認爲它是通行的讀音，就給尼吉反注借音。此處的借音與又讀有關。

（25）【欣隸】借音虛履反。（玄應卷二一，大乘十輪經第一卷，438頁下）

虛履反是曉脂開三上。欣、戻異體。戻《廣韻》喜夷（曉脂開三）切。二者平上混。一般來說，時音平上不混，此處的借音應與方音有關。

（26）【嗢底迦】烏沒反，下借音丁履反。人名也。（玄應卷二四，阿毗達磨俱舍論第二九卷，498頁下）

嗢底迦是人名，梵語 uktika，ti 對底。丁履反是端脂開三上。底王三都礼（端齊開四上）反。從對音看，脂齊已混。一般來說，唐代的通語脂齊不混。此處的借音反映了當時的方音有脂齊混的現象。

總之，玄應的借音較複雜，與又音有關的有例（9）、（24）；與破讀音有關的有例（3）、（4）、（19）；與義同換讀音有關的有例（1）、（8）、（17）；與本字有關的有例（6）、（10）、（16）；與經籍異文有關的有例（2）；與梵漢對音有關的有（5）、（7）、（12）、（14）、（18）、（22）、（23）、（26）；與方音有關的有例（15）、（21）、（25）；與時音有關的有例（11）、（12）、（13）、（20）。其中音譯詞也反映了當時有濁上變去、濁音清化、齊支混、豪宵混、蒸登混、脂齊混等時音或方音的現象。玄應的借音與方音相關的例子較多。這些借音究竟反映哪一帶的方音？筆者認爲它應是玄應熟知的方音，玄應譯經在京城長安，可能是長安一帶的方音，但也不排除其他可能性。

（五）通語、正音

通語指當時通行的語音，它有 7 條音注，除去重複，實際 4 條；正音指規範的讀音，它有 1 條音注。二者與方音相對，考析它們，可反證方音。具體如下：

（1）【毒螫】式亦反。《字林》：蟲行毒也。關西行此音。又音呼各反，山東行此音。蛆（蛆），[①]知列反。南北通語。（玄應卷三，摩訶般若波羅蜜

[①] 徐校爲蛆，筆者認爲是蜇字。

經第十五卷，59頁上）

【蛇螫】式亦反。《字林》：蟲行毒也。關西行此音。又呼各反，山東行此音。蛆（蜇），知列反。南北通語也。（玄應卷十四，四分律第二卷，296頁上）

【所螫】書亦反。《說文》：蟲行毒也。關西行此音。又音呼各反，山東行此音。蛆（蜇），知列反。東西通語。（玄應卷十八，雜阿毗曇心論第五卷，381頁下）

蛆已被校改爲蜇，見上。知列反是知母仙開三入。蜇王三陟列（知母仙開三入）反，《經典釋文》、《博雅音》、顏師古《漢書注》、李賢《後漢書注》等未收錄，《集韻》、《類篇》等也僅注陟列切一音。據此推測蜇是全國通行的方言詞，它的知列反是東西南北通行的語音；螫是關西、山東方言詞，關西、山東讀音各不相同。

（2）**【商估】**……下賈客，公戶反。《說文》：柯戶反。坐賣也。《周禮》：司市掌以商賈。鄭玄曰：通物曰商，坐賣曰賈。《白虎通》曰：商之言商也，商其遠近，通四方之物以聚之也。賈者固也，言固物以待民來求其利也。案賈亦通語也。故《左傳》：荀罃之在楚也，鄭賈人褚中以出。《史記》"陽翟賈人往來販賤賣貴"是也。（玄應卷六，妙法蓮華經第二卷，135頁下）

公戶反、柯戶反是見母模合一上。賈是多音字，如王三古雅（麻開二上）反，《廣韻》公戶、古訝（麻開二去）切。古訝切注的本字是價，賈作姓氏讀古雅反。玄應認爲賈的公戶反是通行的語音。

（3）**【木楔】**又作揳，同。先結反。《說文》：楔，櫼也。子林反。今江南言櫼，中國言屟。楔，通語也。屟音側洽反。①（玄應卷九，大智度論第四一卷，198頁下）

【以楔】又作揳，同。先結反。《說文》：楔，攕（櫼）也。音子林反。今江南言楔，通語也。（玄應卷十，攝大乘論第十一卷，211頁下）

先結反是心先開四入。楔，王三古黠（見刪開二入）反又先結反。楔是通語詞，玄應認爲先結反是通行的語音。

（4）**【謇吃】**居展反。《通俗文》：言不通利謂之謇吃。《周易》：謇，

---

① 徐校：此條高麗藏無，據磧沙藏補。

難也。《方言》：謇，吃也。楚語也。郭璞曰：亦北方通語也。（玄應卷二六，佛本行集第二六卷，399頁下）

居展反是見母仙開三上。謇，王三居輦（見母仙開三上）反，《集韻》又音紀偃（見母元開三上）切。謇是揚雄時代的楚方言詞，郭璞時代它又成了北方通語詞，居展反是北方和楚地通行的語音。

（5）【一攡（攇）①】虛奇反。《方言》：陳楚宋魏之間謂虌爲攡。郭璞曰：攡、虌、瓟，勺也。今江東呼勺爲攡。律文作㯰，假借也。正音虛衣反。㯰，木名，汁可食。㯰非此義。（玄應卷十六，善見律第五卷，340頁下）

虛奇反是曉支開三，虛衣反是曉微開三，二者支微混。攡（㯰），王三許羈（曉支開三）、虛機（曉微開三）反，兼收二音。玄應認爲曉微開三是規範的讀音，可推測虛奇反是不規範的讀音。玄應能分支微，大概方音已不分，至於是哪裡的方音，已不可考。

上述4條通語，除1條僅1個讀音外，其餘是多音字。大概玄應對通語的認定標準有二，即與局部地區流行的詞語相對來說，它是全國通行的詞語；與局部地區流行的讀音相對來說，它是全國通行的語音。至於正音，它是規範的讀音，是與方音的比較得出的。由於正音與方音是相對的概念，可互相轉化，所以研究方音需考證。

（六）小結

通過考證五類某音，可以發現某些就是方音，某些透露了作音者的方音，即它們都與方音相關。由於沒標注方言區劃，對研究方音而言，它們的研究價值略低。

二 玄應"使用"的方言詞音注

玄應"使用"的帶音注的方言詞詞條155個音注224條（除去重複和音值同，實際139條）。這些帶音注的方言詞涉及三個層次的方言區劃，即秦漢、六朝、唐初。確定方言區劃的時間層次，對研究方音來說，是個核心問題。玄應"使用"的方言詞中的方言區劃，是玄應時代的，還是秦漢、

---

① 徐校：磧沙藏作攇。

六朝？因爲古人引用文獻不規範，有時不注明出處，有時刪改文字等，所以需對這些方言詞逐一考證。

（1）【櫨㭰】來都反，下蒲麥反。《三蒼》：柱上方木也。山東江南皆曰枅，自陝以西曰楷。枅音古奚反。（玄應卷一，大方等大集經第十五卷，15頁上）

㭰櫨，柱上之枅也。自陝以西呼之爲楷，枅，工奚反；楷音沓。……（史游撰、顔師古注《急就篇》卷三，文淵閣四庫本）

按：玄應的枅音古奚反與顔師古的工奚反音同。"自陝以西曰楷"源自史游《急就篇》，"山東江南皆曰枅"大概是《急就篇》的佚文，枅大概是史游時代的山東、江南的方言詞。

（2）【葅齏】又作虀，同。子奚反。醬屬也。《通俗文》：奄韭曰齏。① 醯醬所和，細切曰齏，全物爲葅。今中國皆言齏，江南悉言葅。（玄應卷一，大集日藏分經第六卷，18頁下）

按：（宋）趙德麟《侯鯖錄》卷四輯錄了"醯醬所和，細切曰齏，全物爲葅。今中國皆言齏，江南悉言葅"這條佚文。它與《通俗文》相關，惜《通俗文》已亡佚，不可考。

（3）【他㜷】音是，又時移反。依字，《爾雅》：㜷、姑，恃也。注云：今江南呼母爲㜷。②（玄應卷一，大集日藏分經第九卷，19頁上）

【垂頯】丁可反。《廣雅》：頯，醜兒也。經文作㜷，時紙反。《爾雅》：㜷、恃、姑也。郭璞曰：江東謂母爲㜷。㜷非字義。（玄應卷十九，佛本行集經第十六卷，398頁上）

㜷、姑，恃也。注：今江東呼母爲㜷。音義：㜷音是，姑音户，恃音市。（《爾雅注疏》卷二，文淵閣四庫本）

按：從玄應音義的内證和郭注看，玄應（19頁上）把江東改爲江南，㜷是郭璞時代的江東方言詞；另外玄應的直音（"音是"）與陸德明③同。

（4）【陂澤】筆皮反，下匹莫反。大池也。山東名澤，幽州名淀。淀音殿，今亦通名也。經文從水作泊，借音，非體也。（玄應卷一，大集月藏

---

① 徐校：《通俗文》的内容據磧沙藏補。
② 徐校：《爾雅》的注文據磧沙藏補。
③ 《爾雅注疏》（文淵閣四庫本）中的音義採用了陸德明的《經典釋文·爾雅音義》的注音。

分經第六卷，21頁上）

【陂池】筆皮反。山東名爲濼。濼音匹各反。亦名汸。汸音公朗反。（玄應卷十，寶髻菩薩經論，217頁下）

【陂濼】筆皮反，下匹博反。陂，池也。下山東名濼，鄴東有鸕鶿濼是也。幽州呼爲淀，音殿也。（玄應卷十二，起世經第九卷，251頁上）

【陂池】筆皮反。池也。山東名濼，音匹各反。鄴東有鸕鶿濼。今關中亦名濼，幽州呼爲淀，音殿也。（玄應卷十四，四分律第五五卷，312頁上）

【陂澤】筆皮反。大池也。山東名濼，音匹莫反。幽州名淀，音殿也。下直格反。水聚曰澤。《釋名》云：兗州人謂澤爲掌，言水亭處如掌中也。澤，潤也。（玄應卷十五，十誦律第三六卷，321頁下）

按："山東名濼，幽州名淀"、"今關中亦名濼"被《康熙字典》、《古今韻會舉要》收錄，疑爲玄應所"作"，或最初出處已不可考。

(5)【什物】時立反。《三蒼》：什，十也。什，聚也，雜也，亦會數之名也。又謂資生之物也。今人言家產器物猶云什物，物即器也。江南名什物，此（北）土名五行。《史記》"舜作什器於壽丘"、《漢書》"貧民賜田宅什器"並是也。（玄應卷二，大般涅槃經第六卷，41頁上）

【什物】時立反。什會數之名也，亦聚也，雜也，資生之物也。今人言家產器物猶云什物，物即器也。江南名什物，此（北）土名五行。《史記》"舜作什器於壽丘"、《漢書》"貧民賜田宅什物"是也。（玄應卷十四，四分律第九卷，299頁下）

【什物】時立反。什，聚也，雜也，謂資生之物也。今人言家產器物猶云什物，物即器也。江南名什物，此土名五行。《史記》"舜作什器於壽丘"、《漢書》"貧民賜田宅什物"並是也。（玄應卷二三，顯揚聖教論第六卷，469頁下）

按："江南名什物"已不可考，什物疑爲玄應時代的江南方言詞。

(6)【口爽】所兩反。爽，敗也。楚人名美（羹）敗曰爽。（玄應卷二，大般涅槃經第十卷，43頁下）

厲而不爽些。厲，烈也。爽，敗也。楚人名羹敗曰爽。（王逸《楚辭章句·招魂》卷九，文淵閣四庫本）

— 104 —

按：爽是王逸時代的楚方言詞。

（7）【船筏】扶月反。桴，編竹木也。大者曰筏，小者曰桴，音匹于反。江南名簰，音父佳反。經文從木作栰，非體也。（玄應卷二，大般涅槃經第二二卷，49頁上）

【筏喻】扶月反。《方言》：簰謂之筏。編竹木浮河以運物是也。南土名簰，北土名筏。經文從木作栰，非也。簰音父佳反。（玄應卷三，金剛般若經，羅什法師譯，75頁下）

【筏船】《通俗文》作䒀，《韻集》作橃。扶月反。《方言》：簰謂之筏。編竹木浮河，以運物者。南土名簰，北土名筏。簰音蒲佳反。（玄應卷十四，四分律第二卷，295頁下）

【簰筏】又作𥴩，同。《方言》：𥴩謂之筏。南方名簰，北人名筏。（玄應卷十五，十誦律第五三卷，324頁上）

【船簰】蒲佳反。《方言》：𥴩謂之筏。南土名簰，北人名筏。論文作椑，非體也。（玄應卷十七，阿毗曇毗婆沙論第二一卷，359頁上）

【簰上】蒲佳反。《方言》：𥴩謂之筏。南方名簰，北人名筏。（玄應卷二十，六度集第四卷，415頁下）

筏。……《方言》：𥴩謂之筏，編竹木浮河以運物，南土名簰，北土名筏。（《古今韻會舉要》卷二六）

按：簰、𥴩異體，江南、南土異文，從《韻會》的引文看，"南土名簰"是揚雄《方言》的白文，但今傳本《方言》無。

（8）【粟𪎊】字體作𪎊、𪎅二形，同。亡皮反。禾稔也。關西謂之𪎊，冀州謂之㮈。（玄應卷二，大般涅槃經第三三卷，51頁下）

【𪎊米】字體作𪎊，亡皮反。《呂氏春秋》曰：飯之美者有陽山之穄。高誘曰：關西謂之𪎊，冀州謂之㮈。律文有作秾字，音述。（玄應卷十四，四分律第四二卷，307—308頁）

陽山之穄，南海之秬。山南曰陽，崑崙之南故曰陽山，在南海，南方之海。穄，關西謂之𪎊，冀州謂之㮈。秬，黑黍也。（高誘《呂氏春秋注》卷十四，文淵閣四庫本）

按：𪎊已校改爲𪎊，𪎊、𪎅異文；從玄應音義的内證和《呂氏春秋注》看，它是高誘時代的關西方言詞。

（9）【希望】《說文》作睎，同。虛衣反。睎，望也。海岱之間謂睎。《廣

— 105 —

雅》：睎，視也。……（玄應卷三，摩訶般若波羅蜜經第一卷，56 頁下）

東齊青徐之間曰睎……海岱之間曰睎。（郭璞《方言注》卷二，文淵閣四庫本）

按：睎是郭璞時代的海岱方言詞。

（10）【牛桊】居院反。《字書》：桊，牛拘也。今江淮以北皆呼牛拘，以南皆曰桊。（玄應卷四，大灌頂經第七卷，85 頁上）

按：《字書》已亡佚，相關註釋已不可考。

（11）【前庌】五下反。《廣雅》：庌，舍也。《說文》：堂下周屋曰廡。幽冀之人謂之庌。今言廳庌是也。（玄應卷十七，出曜論第二卷，369 頁上）

【廊廡】籀文作廃，同。音武。客舍也。《說文》：堂下周屋也。《釋名》云：大屋曰廡。幽冀之人謂之庌。庌，五下反。（玄應卷四，月燈三昧經第八卷，88 頁下）

【南庌】顏假反。《廣雅》：庌，舍也。謂廊屋也。《說文》：堂下周屋曰廡。《釋名》云：大屋曰廡。幽冀人謂之庌。經文作雅，非體也。（玄應卷二十，陀羅尼雜集經第五卷，411 頁下）

大屋曰廡。廡，幠也。幠，覆也。并冀人謂之庌。庌，正也，屋之正大者也。（劉熙《釋名》卷五，文淵閣四庫本）

按：今《說文》無"堂下周屋曰廡"，庌是劉熙時代的方言詞，幽冀、并冀異文。

（12）【草藜】音察。草蘆也，亦芥也。經文作漈，非也。蘆音千古反，枯草也。今陝以西言草藜，江南山東言草蘆。虞音七故反。（玄應卷四，大方便報恩經第四卷，95 頁上）

按："今陝以西言草藜，江南山東言草蘆"已不可考，大概草藜是玄應時代的陝西方言詞，草蘆是玄應時代的江南、山東方言詞。

（13）【淳湩】上音純，下竹用、都洞二反。乳汁曰湩。今江南亦呼乳為湩也。（玄應卷四，密迹金剛力士經第三卷，98 頁上）

【牛湩】竹用、都洞二反。《通俗文》：乳汁曰湩。今江南亦呼乳為湩也。（玄應卷八，維摩詰經上卷，168 頁上）

【湩現】竹用、都洞二反。《通俗文》：乳汁曰湩。今江南亦呼乳為湩。經文作㲉，奴罪反，非也。（玄應卷十二，修行道地經第一卷，255 頁上）

【牛湩】竹用、都洞二反。《通俗文》：乳汁曰湩。今江南人亦呼乳爲湩。（玄應卷十七，出曜論第八卷，370頁下）

【湩流】竹用反。《通俗文》：乳汁曰湩。今江南亦呼乳爲湩。（玄應卷二十，六度集第二卷，415頁上）

【其湩】冢用反。《穆天子傳》云：湩，乳汁也。郭璞云：今江南亦呼乳爲湩。湩亦聲。（慧琳卷五七，旃陀越國王經，1521頁下）

因具牛羊之湩。湩，乳也。今江南人亦呼乳爲湩，音寒①凍反。（郭璞注《穆天子傳》，文淵閣四庫本）

從慧琳音義和郭注看，湩是郭注《穆天子傳》的江南方言詞，玄應暗引，沒注明出處。

（14）【潭然】徒耽反。潭，深也。楚人名深曰潭也。（玄應卷五，海龍王經第一卷，105頁上）

【潭水】徒南反。亭水也。楚人名深曰潭。論文作澹，徒濫反，安也。澹非此義。（玄應卷十八，鞞婆沙阿毗曇論第五卷，377頁上）

亂曰：長瀨湍流泝江潭兮……潭，淵也。楚人名淵曰潭。（王逸《楚辭章句》卷四，文淵閣四庫本）

按：潭是王逸時代的楚方言詞，玄應暗引，沒注明出處。

（15）【烏伏】又作勽，同。扶富反。謂蓲伏其卵及伏雞等亦作此字。今江北通謂伏卵爲菢，江南曰蓲，音央富反。（玄應卷五，央掘魔羅經第一卷，105頁下）

【抱卵】字體作菢，又作勽，同。蒲冒反。《通俗文》：雞伏卵。北燕謂之菢，江東呼蓲。蓲音央富反。（玄應卷十八，成實論第十七卷，376頁上）

【抱不】又作菢，同。蒲報反。《方言》：燕朝鮮之間謂伏雞曰菢，江東呼㝃。經文作㧵，未詳字出。（玄應卷十一，增一阿含經第四九卷，235頁下）

北燕朝鮮洌水之間謂伏雞曰抱，房與反，江東呼蓲，央富反。……（郭璞《方言注》卷八，文淵閣四庫本）

---

① 寒疑爲寨。

按：從玄應音義的内證和郭注看，藘是郭璞時代的江東方言詞；另外，玄應改江東爲江南，藘嫗異文，玄應的引音與郭璞音同。

（16）【血臀】又作膫，同。力彫反。《字書》：臀，脂膏也。謂腸間脂也。今中國言脂，江南言臀。（玄應卷五，孔雀王神咒經下卷，113頁下）

血臀。力彫反。（《經典釋文·禮記音義》卷十二）

按：《字書》已亡佚，"江南言臀"不可考；玄應的反切與陸德明同。

（17）【腹骼】又作䏶、骰二形，同。口亞反。《埤蒼》：腰骨也。江南呼髀，骨上接腰者曰骼。（玄應卷五，孔雀王神咒經下卷，114頁上）

按：《埤蒼》已亡佚，"江南呼髀，骨上接腰者曰骼"不可考。

（18）【鎖頭】牛感反。《說文》：低頭也。《廣雅》：鎖，搖也。謂搖其頭也。今江南謂領納搖頭爲鎖傪，亦謂笑人爲鎖酌。傪音蘇感反。（玄應卷五，太子慕魄經，118頁上）

按："今江南謂領納搖頭爲鎖傪"不可考，鎖傪疑爲玄應時代的江南方言詞。

（19）【粔籹】渠煮反，下匿呂反。《蒼頡篇》：粔籹，餅餌者也。江南呼爲膏糫，音還。《字苑》：粔籹，膏糫果也。（玄應卷五，金色王經，118頁下）

糫。胡關切。餌也，粔籹，吳人謂之膏糫。文一。（《類篇》卷二十）

按：《蒼頡篇》、《字苑》已亡佚，"江南呼爲膏糫，音還"不可考，但類似文字被《集韻》、《類篇》等所引，它們改江南爲吳。

（20）【加跌】古遐反。《爾雅》：加，重也。今取其義則交足坐也。《除災橫經》、《毗婆沙》等云"結交跌坐"是也。經文作跏，文字所無。按俗典江南謂開膝坐爲跘跨，山東謂之甲跌坐也。跘音平患反，跨音口瓜反。（玄應卷六，妙法蓮華經第一卷，128—129頁）

【加跌】古遐反。《爾雅》：加，重也。今取其義，謂交足坐也。經中或作"結交跌坐"是也。山東言甲跌，江南言跘跨。跘音平患反，跨，口瓜反。有從足作跏，文字所無也。（玄應卷二五，阿毗達磨順正理論第十二卷，502頁上）

按："山東言甲跌，江南言跘跨"與"俗典"有關；"俗典"來源不清，不可考。

第二章 玄應音義的方音研究

（21）【守宮】此在壁者也。江南名蝘蜓，山東謂之蛃蝘，陝以西名爲壁宮。在草者曰蝎蜥。東方朔言"非守宮即蝎蜥"是也。蝘音烏殄反。蜓音殄。蛃，此亦反。（玄應卷六，妙法蓮華經第二卷，133頁上—下）

【蜥蝎】斯歷反。下音亦。山東名蛃蝘，陝以西名辟宮，在草者曰蝎蜥也。經文作蜥，非體也。蛃音七賜反。蝘音覓。（玄應卷十一，正法念經第四七卷，224頁上）

守宮。秦晉西夏謂之守宮，或謂之蠦蠪 蘆纏兩音，或謂之蜥易 南陽人又呼蝘蜓，其在澤中者謂之易蝎 音析……東齊海岱謂之螈蚖。（郭璞《方言注》卷八，文淵閣四庫本）

按：玄應是"江南名蝘蜓"，"山東謂之蛃蝘"；揚雄是"東齊海岱謂之螈蚖"，郭璞是"南陽人又呼蝘蜓"。此段文字與郭璞《方言注》有出入。

（22）【狖狸】古文蜼。《字林》：余繡反，江東名也。又音余秀反，建平名也。《山海經》：禺山多蜼。郭璞曰：似獼猴而大，蒼黑色，尾長四五尺，似獺，尾頭有兩歧，天雨即自倒懸於樹，以尾塞鼻。江東養之捕鼠，爲物捷健。《爾雅》"蜼仰鼻而長尾"是也。（玄應卷六，妙法蓮華經第二卷，133頁下）

【狖狸】古文蜼。《字林》：餘繡反，江東名也。又音餘季（秀）反，建平名也。似獼猴而大，黑色。江東養之捕鼠，爲物捷健也。（玄應卷八，梵綱經下卷，181頁下）

按：郭璞在《方言注》、《爾雅注》、《山海經注》中有12條"今建平人……的"注文，建平是郭璞的方言區劃，疑玄應音義中的"建平"方言詞是郭璞時代的，爲玄應暗引。

（23）【匾虒】《韻集》：方殄、他奚反。《纂文》云：匾匜，薄也。今俗呼廣薄爲匾匜，關中呼㼒匜。㼒，補迷反。經文作腷脾，近字也。（玄應卷六，妙法蓮華經第六卷，140頁上）

按：《纂文》已亡佚，"關中呼㼒匜"已不可考。

（24）【掣電】昌制反。陰陽激耀也。關中名規電。今吳人名礦礤，音先念反、大念反。《釋名》云：掣，引也。電，殄也。謂乍見即殄滅也。（玄應卷六，妙法蓮華經第八卷，140頁下）

【掣電】充世反。掣電，陰陽激耀也。《釋名》云：電，殄也。謂乍見

— 109 —

即玲滅也。《十洲記》云：猛獸兩目如礦磚之光。今吳名電爲礦磚，音息念、大念反。《三輔》名䚅電。①（玄應卷九，大智度論第二卷，186 頁上）

又兩目如礦磚之交光，光朗衝天……（東方朔撰《海內十洲記》，文淵閣四庫本）

按：《海內十洲記》無"今吳人名礦磚，音先念反、大念反"。

（25）【明喆】又作哲，同。知列反。《爾雅》：哲，智也。宋齊間語也。（玄應卷七，正法華經第一卷，145 頁下）

黨、曉、哲，知也。楚謂之黨，黨，朗也，解寤貌。或曰曉；齊宋之間謂之哲。（郭璞《方言注》卷一，文淵閣四庫本）

按：哲是揚雄時代的齊宋方言詞。

（26）【榱棟】所龜反，下都弄反。《爾雅》：桷謂之榱。榱即椽也。棟，屋極也。山東呼棟爲橪，音于靳反。（玄應卷七，正法華經第二卷，145 頁下）

按："山東呼棟爲橪，音于靳反"已不可考。

（27）【炙爒】又作爎，同。力照反。今江北謂炙手足爲炙爒。經文作燎，非體也。（玄應卷七，正法華經第二卷，146 頁下）

按："今江北謂炙手足爲炙爒"已不可考，炙爒大概是玄應時代的江北方言詞。

（28）【喚哳】陟黠反。《楚辭》：嘲哳，鳥鳴也。案字義宜作吷，烏交反。江南以多聲爲吷咋。咋音仕白反。（玄應卷七，正法華經第二卷，147 頁上）

按："江南以多聲爲吷咋"已不可考。

（29）【燂爐】子廉反，下似進反。燂，吳楚之間謂火滅爲燂。爐，火餘也。經文作爓。（玄應卷七，大方等大集菩薩念佛三昧經第二卷，150 頁下）

晉人從之，楚師大敗，王夷師燂。注：夷，傷也；吳楚之間謂火滅爲燂。（《春秋左傳注疏》卷三七，文淵閣四庫本）

按：燂已校改爲燂，燂是杜預時代的吳楚方言詞。

---

① 徐校：《釋名》以後的文字據磧沙藏補。

（30）【因楔】又作楔，同。先結反。江南言櫼，子林反。楔，通語也。（玄應卷七，入楞伽經第三卷，152頁上）

【木楔】又作楔，同。先結反。《說文》：楔，櫼也。子林反。今江南言櫼，中國言屧。楔，通語也。屧音側洽反。①（玄應卷九，大智度論第四一卷，198頁下）

【以楔】又作楔，同。先結反。《說文》：楔，攕（櫼）也。音子林反。今江南言楔，通語也。（玄應卷十，攝大乘論第十一卷，211頁下）

按："江南言櫼（楔），中國言屧"、"今江南言楔，通語也"已不可考。

（31）【雨霽】子詣反。《通俗文》：雨止曰霽。今南陽人呼雨止曰霽。（玄應卷七，慧上菩薩問大善權經上卷，162頁上）

【風霽】子詣反。《說文》：霽，止也。今南陽人呼雨止曰霽。（玄應卷十三，太子本起瑞應經上卷，278頁下）

【風霽】子詣反。《說文》：雨止也。南陽人呼雨止爲霽也。（玄應卷二十，佛所行讚第三卷，420頁上）

濟謂之霽。注：今南陽人呼雨止爲霽。（《爾雅注疏》卷五，文淵閣四庫本）

按：霽是郭璞時代的南陽方言詞。

（32）【餬口】又作飵，同。戶姑反，言寄食也。江淮之間謂寓食爲餬。《爾雅》：餬，饘也。注云：即糜也。（玄應卷八，前世三轉經，179頁上）

餬音胡、飥、庇庇蔭、寓、縷音孕，寄也。齊衛宋魯陳晉汝潁荊州江淮之間曰庇，或曰寓，寄食爲餬。傳曰：餬其口於四方是也。（郭璞《方言注》卷二）

按：餬是揚雄《方言》的江淮之間的方言詞。

（33）【蕃息】輔袁反。蕃，滋也，謂滋多也。《釋名》：息，塞也。言萬物滋息塞滿也。今中國謂蕃息爲媥息。媥音亡丏反。周成《雜字》曰：媥，息也。同時一媥，亦作此字。②（玄應卷九，大智度論第三卷，187頁上）

按："今中國謂蕃息爲媥息"已不可考，媥息大概是玄應時代的中國方言詞。

---

① 徐校：此條高麗藏無，據磧沙藏補。
② 徐校："今中國"以後的文字據磧沙藏補。

— 111 —

(34)【潘澱】《蒼頡篇》作瀋，同。敷袁反。江北名泔，江南名潘。澱，古文䲔，同。徒見反。澱，滓也。江東呼爲坴。論文作淀，水在新陽。又如淵而淺，亦曰淀。淀非此義。坴音魚靳反。淀音殿。（玄應卷九，大智度論第九卷，188—189頁）

【米潘】敷袁反。《蒼頡篇》：泔汁也。《說文》：潘，淅米汁也。江北名泔，江南名潘。經文作糟，非也。（玄應卷十三，摩訶迦葉度貧女經，272頁下）

【泔汁】音甘。《說文》：泔，潘也。謂淅米汁也。江北名泔，江南名潘。（玄應卷十四，四分律第四二卷，308頁上）

【米潘】敷袁反。《字林》：淅米汁也。江南名潘，關中名泔也。①律文作糟、飯，二形，非也。（玄應卷十五，僧祇律第十五卷，327頁下）

【藍澱】徒見反。《爾雅》：澱謂之坴。郭璞曰：澱，滓也。江東呼爲坴，音魚靳反。（玄應卷十五，僧祇律第十八卷，328頁下）

澱謂之坴。注：滓，澱也。今江東呼坴。（《爾雅注疏》卷四）

按："江北（或關中）名泔，江南名潘"已不可考；坴是郭璞時代的江東方言詞。

(35)【蚑蜂】巨儀反。《通俗文》：矜求謂之蚑蛑也。關西呼蚕溲爲蚑蛑音求。溲，所誅反。《聲類》云：多足蟲也。（玄應卷九，大智度論第十八卷，193頁上）

【蚑蜂】巨儀反。《聲類》云：多足蟲也。關西呼蚕溲爲蚑蛑音求俱反，下所誅反。（玄應卷二十，字經抄，423頁下）

按："關西呼蚕溲爲蚑蛑"已不可考。

(36)【如篾②】眠結反。《埤蒼》：析竹膚也。《聲類》：篾，篅也。今蜀土及關中皆謂竹篾爲篅，音彌。析音思歷反，字從斤分木爲析，今俗作枊，皆從片。（玄應卷十，般若燈論第一卷，206頁下）

【爲篅】亡支反。《字林》：竹篾也。經文或作篾，義同。今蜀土關中皆謂竹篾爲篅。經文作篊，誤也。（玄應卷十二，長阿含經第七卷，243

---

① 徐校："江南名潘，關中名泔也"據磧沙藏補。
② 徐校：磧沙藏作篾。

第二章　玄應音義的方音研究

頁上）

【竹篾】亡卑反。《字林》：折（析）竹筬也。筬音亡忍反。①竹膚也。《聲類》：篾，筬也。今中國蜀土人謂竹筬爲篾也。（玄應卷十五，僧祇律第四十卷，332頁上）

【竹篾】莫結反。《埤蒼》：析竹皮也。中國謂竹筬爲篾，篾音彌。蜀土亦然。（玄應卷十七，阿毗曇毗婆沙論第三八卷，360頁上）

按：篾已校改爲篾；"中國、蜀土、關中謂竹蔑爲篾"已不可考。

（37）【檀札】莊點反。《三蒼》：柿，札也。今江南謂斫削木片爲柿，關中謂之札，或曰柿札。柿音敷廢反。（玄應卷十，般若燈論第一卷，206頁下）

【木柿】敷癈反。《蒼頡篇》：柿，札也。《說文》：削木朴也。江南名柿，中國曰札，山東名朴。豆札。朴音平豆反。（玄應卷十八，立世阿毗曇論第八卷，386頁上）

【小札】側點反。《三蒼》：柿，札也。今江南謂斫削木片爲柿，關中謂之札，或曰柿札。柿音敷廢反。（玄應卷二二，瑜伽師地論第二六卷，455頁下）

【如札】莊點反。今江南謂斫削木片爲柿，關中謂之札，或曰柿札。柿音敷廢反。（玄應卷二四，阿毗達磨俱舍論第八卷，490頁上）

按：柿是柿的正體；"今江南謂斫削木片爲柿，關中謂之札，或曰柿札"、"江南名柿，中國曰札，山東名朴"等已不可考。

（38）【蟾蜍】之鹽反，下以諸反。《爾雅》：蟾蠩。郭璞曰：似蝦蟇，居陸地。淮南謂之去父，此（山）②東謂之去蚥。蚥音方可反。江南俗呼蟾蠩。蠩音食餘反。（玄應卷十，般若燈論第十二卷，207頁下）

蟾諸。注：似蝦蟆，居陸地，淮南謂之去父。（《爾雅注疏》卷十，文淵閣四庫本）

按：去蚥是郭璞時代的淮南方言詞，而玄應音義是山東方言詞；"江南俗呼蟾蠩"已不可考。

（39）【妖孃】又作姨，同。於驕反。壯少之兒也。《說文》：妖，巧也。

---

① 徐校："《字林》：折竹筬也。筬音亡忍反"據磧沙藏補。
② 徐校："此"磧沙藏作"山"。

下於縛反。今江南謂作姿名嬬伊，山東名作嬬也。（玄應卷十，大莊嚴經論第三卷，208頁下）

按："江南謂作姿名嬬伊，山東名作嬬"已不可考。

（40）【菸瘦】《韻集》：一餘反。今關西言菸，山東言蔫。蔫音於言反。江南亦言殗，殗又作萎，於爲反。菸邑，無色也。今取其義。論文（作）𣢾，未詳字出。（玄應卷十，大莊嚴經論第三卷，208—209頁）

【萎燥】又作殗，同。於危反。《聲類》：萎，草木菸也。關西言菸，山東云蔫，江南亦言殗。方言也。下桑道反。燥，乾也。（玄應卷十七，俱舍論第八卷，365頁下）

按："關西言菸，山東言蔫"、"江南亦言殗"已不可考。

（41）【鑱刺】仕衫反，下千亦反。《說文》：鑱，銳也。今江南猶言鑱刺也。論文作攙，非體也。（玄應卷十，大莊嚴經論第十三卷，210頁上）

按："今江南猶言鑱刺"已不可考，鑱刺大概是玄應時代的江南方言詞。

（42）【螽蜇】古文蠡，同。止戎反，下徙移反。《詩》云：螽蜇羽。《傳》曰：螽蜇，蚣蝑也。亦即蝗也。俗名舂黍，今江北通謂螽蝗之類曰蝩，亦曰簸蝩。蝩音之凶反。（玄應卷十，大乘莊嚴經論第十卷，213頁下）

【火蝩】之容反。今江北通謂螽蝗之類曰蝩，亦曰簸蝩，一名螽蜇，一名蚣蝑，俗名舂黍。蚣音思容（反）①、蝑音思與反。（玄應卷二五，阿毗達磨順正理論第七六卷，511頁上—下）

按："今江北通謂螽蝗之類曰蝩"已不可考，蝩大概是玄應時代的江北方言詞。

（43）【黍稷】古文穄，同。姊力反。五穀之長也。《說文》：稷，粢也。《爾雅》：粢，稷也。注云：粢，一名稷。稷，粟也。今江東呼粟爲稷也。（玄應卷十，地持論第三卷，214頁下）

粢稷。注：今江東人呼粟爲粢。（《爾雅注疏》卷八，文淵閣四庫本）

按：稷（粢）是郭璞時代的江東方言詞。

（44）【兩膞】又作膞，同。時夾反。《說文》：膞，腓腸也。腓音肥。

---

① 按：徐校本漏掉"反"字。

江南言腓膓，中國言膞膓，或言脚膞。（玄應卷十，地持論第十卷，215頁下）

按："江南言腓膓，中國言膞膓"已不可考。

（45）【船舶】音白。《字林》：大船也。今江南凡汎海船謂之舶，昆侖及高驪皆乘之。大者受万斛。（玄應卷十，三具足論，217頁上）

按："今江南凡汎海船謂之舶"已不可考。

（46）【作蛭】之逸反。謂入人皮中食血者也。江東名蟣，音巨幾反。經文作蛬，音知栗反。螻蛄也。非此義也。（玄應卷十一，正法念經第十一卷，221—222頁）

【蛭蟲】之逸反。《爾雅》：蛭，蟣。江東名蟣，音巨攲反。謂入人皮中食血者也。律文作蟦。（玄應卷十五，十誦律第一卷，317頁下）

蛭蟣。注：今江東呼水中蛭蟲入人肉者爲蟣。（《爾雅注疏》卷十，文淵閣四庫本）

按：蟣是郭璞時代的江東方言詞。

（47）【淅米】思歷反。江南言淅，中國言洮。經文作錫，非體也。（玄應卷十二，那先比丘經上卷，261頁下）

按："江南言淅，中國言洮"不可考。

（48）【鎢錥】於胡、餘六反。《廣雅》：鎢錥謂之銼鑪，亦云銅鏵也。經文作鎑鬱，非也。銼，音才禾反。鑪，力和反。銅，古我反。鏵，莫朗反。或作鎢鏵，或作鎕鏵，或作鉆鏵。蜀人言垈，皆一也。《字林》：小釜也。鎕音古盍反。鉆音古。垈，七臥反。（玄應卷十三，樹提伽經，273頁下）

按："蜀人言垈"不可考。

（49）【了孓】又作𠫓，同。丁皎反。言孓懸也。趙魏之間曰孓。郭璞曰：了孓，懸皃也。（玄應卷十三，五王經，274頁下）

按："趙魏之間曰孓"不可考。

（50）【曲蟺】音善。即丘蚓也。亦名蜜蟺。江東呼爲寒蚓。《爾雅》云"螼蚓蜸蚕"是也。螼音羌引反。蚓音引。蜸音苦顯反。蚕音他典反。（玄應卷十三，修行本起經下卷，279頁上）

螼蚓，蜸蚕。注：即螼蟺也，江東呼寒蚓。（《爾雅注疏》卷九，文淵閣四庫本）

按：寒蚓是郭璞時代的江東方言詞。

(51)【憂𡛔】奴道反。《說文》：有所恨痛也。今汝南人有所恨言大𡛔，今皆作惚也。（玄應卷十三，雜阿含經，287頁下）

𡛔："有所恨也。从女，囟聲。今汝南人有所恨曰𡛔。奴皓切。"（《說文解字》卷十二下）

按：𡛔𡛔異文，它是許慎時代的汝南方言詞。

(52)【拼地】補耕反。今謂彈繩墨爲拼。江南名抨，音普庚反。（玄應卷十四，四分律第三卷，297頁上）

【繩拼】補莖反。彈繩墨曰拼。江南名抨，音普庚反。（玄應卷二二，瑜伽師地論第四卷，448頁下）

【拼量】補莖反。謂彈繩墨曰拼。江南名抨，音普庚反。（玄應卷二五，阿毗達磨順正理論第三一卷，505頁上）

按："江南名抨，音普庚反"已不可考。

(53)【澆瀇】子旦反。《說文》：汙灑也。江南言瀇，山東言湔。音子見反。《通俗文》：傍沾曰湔也。（玄應卷十四，四分律第十六卷，301頁下）

【水瀇】子旦反。《說文》：汙灑也。江南言瀇，山東言湔，音子見反[①]。《通俗文》：傍沾曰湔也。（玄應卷十四，四分律第十六卷，326頁上）

【水湔】又作㵣，同。子見反。《通俗文》：傍沾曰湔。山東名也。江南言瀇，音子但反。（玄應卷十五，僧祇律第二九卷，330頁下）

【汙湔】子見反。《通俗文》：傍沾曰湔。山東名也。江南言瀇，音祖旦反。（玄應卷十六，大比丘三千威儀經下卷，351頁上）

【汙湔】子見反，山東音也。江南曰瀇，音子旦反，又音子千反。（玄應卷十六，沙彌威儀經，353頁下）

【澆瀇】又作濺，同。子旦反。《說文》：瀇，汙灑也。江南言瀇，山東言湔，音子見反。（玄應卷十六，沙彌威儀經，354頁上）

【腦濺】又作瀇，同。子旦反。《三蒼》：瀇，污灑也。江南言瀇，山東言湔。音子見反。（玄應卷十八，立世阿毗曇論第八卷，385頁下）

註：湔也。江南言瀇，子旦切；山東言湔，子見反。《通俗文》：旁沾曰湔。《說文》：汙灑也。（明·陸粲《左傳附注》卷五，文淵閣四庫本）

---

① 徐校："音子見反"據磧沙藏補。

按：陸粲的附注與玄應同，可能出自玄應音義；但玄應的"江南言瀢，山東言洲"已不可考。

（54）【櫨棟】祿都反。《說文》：樽櫨，柱上枅也。《三蒼》：柱上方木曰枅，一名㭼。山東、江南皆曰枅，自陝以西曰㭼（楷）。《釋名》云：櫨在屋端，都盧負屋之重也。下都弄反。《說文》：棟，屋極也。《周易》"上棟下宇"是也。今山東呼棟爲檼，音一靳反。《釋名》云：棟，中也。居屋之中也。樽音蒲麥反。（玄應卷十四，四分律第十六卷，302頁上）

按："今山東呼棟爲檼，音一靳反"已不可考。

（55）【鏢鑽】匹燒反。《說文》：刀削末銅也。《釋名》云：矛下頭曰鐏。音在困反，江南名也。關中謂之鑽，音子亂反。律文作鐷鏄，非體也。（玄應卷十四，四分律第十九卷，302頁下）

【樓鐏】子管反。錫杖下頭鐵也。字應作鑽，子亂反。關中名鑽，江南名鐏。鐏音在困反。《釋名》：矛下頭曰鐏也。（玄應卷十六，優婆塞五戒威儀經，351頁上—下）

按："（鐏）音在困反，江南名也。關中謂之鑽，音子亂反"已不可考。

（56）【舂磨】《字林》作䃺，同。亡佐反。郭璞注《方言》云：䃺即磨也。《世本》：輸斑作䃺。北土名也，江南呼磨也。（玄應卷十四，四分律第二七卷，304頁上）

按："（䃺）北土名也，江南呼磨也"已不可考。

（57）【十（抖）擻】又作籔，同。蘇走反。郭璞注《方言》曰：斗擻，舉也。《難字》曰：斗擻，穀䅵也。江南言斗擻，北人言穀䅵，音都谷反，下蘇谷反。律文作抖揀二形。抖與拯字同。下揀，音戌，縛揀也。又作抖，之庚反，抖也。揀，山厄反。揀，木名也。並非字義。（玄應卷十四，四分律第三三卷，305頁下）

按："江南言斗擻，北人言穀䅵，音都谷反，下蘇谷反"已不可考。

（58）【庵鞮】疑爲靸鞮。《字苑》：素合、都奚反。今江南謂靴無頸者爲靸。《廣雅》：鞮，履也。鞮，革履也。（玄應卷十四，四分律第三九卷，306頁下）

按："今江南謂靴無頸者爲靸"已不可考，但今湘語、贛語、江淮官話、西南官話等仍說靸 sa。

（59）【蚰蜒】或作蝣蚚二形，同。由延二音。《說文》亦名入耳。北燕曰蚭蚭，音女六、女胝反。（玄應卷十四，四分律第四二卷，308頁上）

蚰蜒。由、延二音……北燕謂之蚭蚭。蚭，奴六反；蚭音尼。江東又呼蛩音鞏。（郭璞《方言注》卷十一，文淵閣四庫本）

按：蚭蚭是揚雄時代的北燕方言詞。

（60）【茗撈】借音力導反。關中名磨，山東名撈，編棘爲之以平塊也。（玄應卷十四，四分律第五二卷，311頁上）

按："山東名撈"已不可考。

（61）【土塜】徒果反。《字林》：小堆也。吳人積土爲塜，字體從𦤶。（玄應卷十五，十誦律第四七卷，323頁上）

【塜穀】徒果反。《字林》：塜，小堆也。吳人積土爲塜，今取其義。朵，菓子也。綷，潔綵也。塜，土也。（玄應卷十七，阿毗曇毗婆沙論第七卷，357頁上）

【之垜】徒果反。謂土榻也。《篹文》云：吳人以積土爲垜也。（玄應卷七，阿闍世王經下卷，157頁下）

按：塜、垜異體，從玄應音義的內證看，它是何承天時代的吳方言詞。

（62）【穄米】子裔反。《說文》：穄，糜也。似黍而不粘者。關西謂之糜。糜音亡皮反。（玄應卷十五，十誦律第五二卷，323頁下）

【穄粟】子裔反。《說文》：穄，糜也。似黍而不粘者。關西謂之糜。糜音亡皮反。（玄應卷十七，出曜論第十卷，371頁上）

稷……齊楚謂之稷，關中謂之糜。（徐鍇《說文解字繫傳》卷十三）

按：糜已校改爲糜（糜），徐鍇的注文與玄應同；但"關西謂之糜"已不可考。

（63）【挾先】胡頰反。《爾雅》：挾，藏也。注云：今江東通言也。謂懷意也。律文作協和之協，非也。（玄應卷十五，僧祇律第十五卷，327頁下）

挾，藏也。注：今江東通言挾。（郭璞《爾雅注疏》卷二，文淵閣四庫本）

按：挾是郭璞時代的江東方言詞。

（64）【綆卷】側耕反。《說文》：綆，縈繩也。江沔之間謂縈收繩爲綆，綆亦屈也。沔音彌善反。（玄應卷十五，僧祇律第三五卷，331頁上）

陳襲事于房中，西領南上不綪。注：襲事謂衣服也。綪讀爲縩屈也。襲事少上陳而下不屈。江沔之間謂縈收繩索爲綪，古文綪皆爲糈。（鄭玄注、賈公彥疏《儀禮注疏》卷十二，文淵閣四庫本）

按：綪是鄭玄時代江沔之間的方言詞，側耕反非鄭玄的音注。

（65）【汜戲】又作泭，同。似由反。《說文》：水上浮也。今江南呼拍浮爲汜也。（玄應卷十五，五分律第八卷，333 頁下）

【汜水】古文作泭，同。似由反。《說文》：汜謂水上浮也。今江南呼柏（拍）浮爲汜。（玄應卷十八，四諦論第一卷，388 頁上）

按："今江南呼拍浮爲汜"已不可考，汜大概是玄應時代的江南方言詞。

（66）【淰水】江南謂水不流爲淰，音乃點反。關中乃斬反。《說文》：淰，濁也。《埤蒼》：淰，水無波也。律文作澹，非也。（玄應卷十六，鼻奈耶律第八卷，346 頁上）

按："江南謂水不流爲淰，音乃點反。關中乃斬反"已不可考。

（67）【蛇蠆】勑芥反。《字林》：皆行毒蟲也。關西謂蠍爲蠆蛪，音他達、力曷反。（玄應卷十六，鼻奈耶律第九卷，346 頁上）

按：《字林》已亡佚，"關西謂蠍爲蠆蛪，音他達、力曷反"已不可考。

（68）【胡荾】又作荽，《字苑》作薉，同。私佳反。《韻略》云：胡荾，香菜也。《博物志》云：張騫使西域得胡綏。今江南謂胡荽，亦爲葫蒾，音胡祈。閭裏間音火孤反。（玄應卷十六，薩婆多毗尼毗婆沙第六卷，348 頁下）

【香荾】又作荽，《字苑》作薉，同。私佳反。《韻略》云：胡荾，香菜也。《博物志》云"張騫使西域得胡綏"是也。今江南謂胡荽，亦爲葫蒾，音胡祈。近後改爲香荾。（玄應卷二四，阿毗達磨俱舍論第二卷，487 頁下）

按："張騫使西域得胡綏"，今《博物志》無；"今江南謂胡荽，亦爲葫蒾，音胡祈"已不可考。

（69）【哈笑】呼來反。《字書》：蚩笑也。楚人謂相調笑爲哈。經文作唉，於來反，膺聲也。唉非此義。（玄應卷十六，大愛道比丘尼經上卷，349 頁上）

按："楚人謂相調笑爲哈"已不可考。

（70）【相磕】苦盍反。《說文》：磕，石聲也。今江南凡言打物破碎爲磕破，亦大聲也。（玄應卷十七，俱舍論第二卷，364 頁上）

【山磕】苦盍反。《說文》：石聲也。亦大聲也。今江南凡言打物破碎爲磕破。（玄應卷十八，立世阿毗曇論第八卷，385頁上）

按："今江南凡言打物破碎爲磕破"已不可考，但今贛語、湘語、西南官話等也說磕破。

（71）【弋輪】又作杙，同。余職反。《爾雅》：樴謂之杙。注云：杙，橛也。樴音徒得反。關中言阿樴，江南言梀杙也。（玄應卷十七，俱舍論第十九卷，367頁下）

按："關中言阿樴，江南言梀杙"已不可考。

（72）【頷車】又作顄，同。胡感反。頤下也。《釋名》：頷，含也。口含物之車也。或曰輔車，其骨強所以輔持口也。或曰牙車，牙所載也。或言頰車，亦所載頰也。凡繫於車者皆取在下載上物也。俗名䪼車。音公盍反。吳會曰頷頜。頜，苦姑反。論文或作頓。（玄應卷十七，出曜論第十四卷，371頁下）

按："吳會曰頷頜"已不可考。

（73）【瓢杓】又作瓠，同。毗遙反。《三蒼》：瓢、瓠，勺也。江南曰瓢攕，蜀人言攕蠡。攕音義，蠡音郎牴反。（玄應卷十八，成實論第四卷，374—375頁）

【攕（樴）者】又作㭒（㭒）、甀二形。同。許宜反。《方言》：蠡或謂之攕（樴）。今江南呼勺爲樴。《三蒼》：䣛，勺也。《廣雅》：甀，瓢也。論文作犧，非體也。（玄應卷十八，立世阿毗曇論第五卷，385頁上）

䰙，瓠勺也，音麗。陳楚宋魏之閒或謂之簞，或謂之樴，今江東通呼勺爲樴。或謂之瓢。（郭璞《方言注》卷五）

按：攕、樴異體，從玄應音義的內證和郭注看，樴是郭璞時代的江東方言詞，玄應轉引爲江南方言詞；另外，"蜀人言攕（樴）蠡"已不可考。

（74）【鐵杷】又作㞎（把），同。平加反。《方言》：把（杷）謂之渠挐。郭璞曰：有齒曰把（杷），無齒曰朳。朳音八。今江南有齒者爲把（杷）。挐字從木，①挐音女於反。（玄應卷十八，鞞婆沙阿毗曇論第十三卷，377頁下）

---

① 按：挐字不從木，有誤。

第二章　玄應音義的方音研究

杷，無齒爲朳。宋魏之閒謂之渠挐，今江東名亦然，諸豬反。或謂之渠疏。（郭璞《方言注》卷五）

按：玄應的引文與郭注有差別，"今江南有齒者爲把（杷）"已不可考。

（75）【裝捒】阻良、側亮二反，下師句反。今中國人謂撩理行具爲縛捒。縛音附，捒音戍。《說文》：裝，束也。裹也。（玄應卷十八，解脫道論第一卷，378頁上）

按："今中國人謂撩理行具爲縛捒"已不可考，縛捒大概是玄應時代的中國方言詞。

（76）【骯節】又作垸，同。胡灌反。《通俗文》：燒骨以桼曰垸。《蒼頡訓詁》：垸，以桼和之。今中國人言垸，江南言髄，音瑞。桼，古漆字。（玄應卷十八，解脫道論第四卷，378頁下）

【桼篅】又作漆，同。音七。下又作體（髄）。同。音瑞。江南名髄，北人名骯，音換。髄，常貴反。①（玄應卷十八，四十二章經，425頁下）

按："今中國人言垸，江南言髄，音瑞"已不可考。

（77）【蜂蠆】丑芥反。毒蟲也。山東呼爲蠍，陝以西呼爲蠚蜇。音土（士）曷、力曷反。（玄應卷十八，立世阿毗曇論第二卷，384頁上）

按："陝以西呼爲蠚蜇"已不可考。

（78）【舂䑀】尸容反，下徒朗反。《世本》：雍文作舂杵。黃帝臣也。《廣雅》：䑀，舂也。《韻集》云：䑱，䑀米也。今中國言䑱，江南言䑀。論文作蕩，非體也。䑱音伐。（玄應卷十八，立世阿毗曇論第八卷，385頁下）

按："今中國言䑱，江南言䑀"已不可考。

（79）【頸鴉】於牙反。白頭烏也。關中名阿雅。《爾雅》：鸒、鷏、鵯、居（鶋）。郭璞曰：雅②，烏也。小而群飛腹下白者。江東呼爲鵯鳥。鵯音匹。（玄應卷十八，立世阿毗曇論第八卷，386頁上）

鸒、斯、鵯、鶋。注：鴉烏也。小而多羣，腹下白。江東亦呼爲鵯鳥。……（《爾雅注疏》第十卷，文淵閣四庫本）

按：鵯是郭璞時代的江東方言詞，郭注無它的直音。

---

① 徐校："髄，常貴反"據磧沙藏補。
② 這裏的逗號應刪去。

（80）【相攒】扶味反。南人謂相撲爲相攒也。（玄應卷十八，立世阿毗曇論第十卷，386頁下）

按："南人謂相撲爲相攒"已不可考。

（81）【粣哉】字宜作䉺、䉺二形。同。子各反。《說文》：糒一斛舂取九斗曰䉺。《三蒼》注云：䉺，精米也。今江南謂䬸米爲䉺。糒音賴。論文作粣，非體也。（玄應卷十八，分別功德論第二卷，389頁上）

按："今江南謂䬸米爲䉺"已不可考。

（82）【漱糗】所雷反，下丘久反。今江南言林檎柰熟而粉碎謂之糗。（玄應卷十八，隨相論，391頁下）

按："今江南言林檎柰熟而粉碎謂之糗"已不可考。

（83）【三𨐌】《字苑》作𦬊，同。盧葛反。《通俗文》：辛甚曰𨐌。江南言𨐌，中國言辛。論文作剌，乖戾也。剌非字體也。（玄應卷十八，隨相論，391頁下）

【果𨐌】《字苑》作𦬊，同。盧葛反。《通俗文》：辛甚曰𨐌。江南言𨐌，中國言辛。（玄應卷二四，阿毗達磨俱舍論第十七卷，495頁下）

按：由於《通俗文》已亡佚，"江南言𨐌"已不可考。

（84）【白鷺】《字書》作鸕，同。來素反。白鳥也。頭翅背上皆有長翰毛。江東取爲睫䍦，曰白鷺縗。音蘇雷反。（玄應卷十九，佛本行集經第五卷，394頁上）

鷺舂鉏。注：白鷺也。頭、翅、背上皆有長翰毛。今江東人取以爲睫䍂，名之曰白鷺縗。（《爾雅注疏》卷十，文淵閣四庫本）

按：白鷺縗是郭璞時代的江東方言詞。

（85）【剿勇】《說文》作勦，同。助交反。捷健也。謂勁速剿健也。中國多言勸。勸音姜權反。（玄應卷十九，佛本行集經第十一卷，396頁上）

按："中國多言勸"已不可考。

（86）【虀醬】又作韲同。子奚反。醬屬也。《通俗文》：淹韭曰韲。凡醯醬所和細切爲韲，全物爲菹。江南悉爲菹，中國悉爲虀。（玄應卷十九，佛本行集經第十二卷，396頁下）

按："江南悉爲菹，中國悉爲虀"已不可考。

（87）【梟鴞】古堯反。土梟也。下爲驕反。《字林》：鵋鵙也。形似鳩而青，出白於山，即惡聲鳥也。楚人謂之服鳥，亦鴟類也。山東名鶝鳩，俗名巧婦。鶝音奴定反。下公穴反，字從夬，音古邁反。（玄應卷十九，佛本行集經第二七卷，400頁上—下）

桑飛，即鷦鷯也，又名鷦䳌。自關而東謂之工爵，或謂之過蠃，音螺。或謂之女匠；今亦名爲巧婦，江東呼布母。自關而東謂之鶝鳩……（郭璞《方言注》卷八，文淵閣四庫本）

按：鶝鳩是揚雄時代的關東方言詞，玄應改關東爲山東。

（88）【鯷鱧】達隸反。下音禮。《字林》：鯷，鮎也。鱧，鯇也。《廣雅》：鯷、鯇，鮎也。青州名鮎爲鯷。鯇音胡凡反。鯷音徒奚反。（玄應卷十九，佛本行集經第三十卷，401頁下）

鮎。注：別名鯷，江東通呼鮎爲鯷。音義：鮎，郭奴謙反，舍人本無此字。鯷音提。《字林》云：青州人呼爲鮎鯷。鯇，大兮反。（《爾雅注疏》卷十，文淵閣四庫本）

按：從陸德明《爾雅音義》的引文看，鯷是呂忱（《字林》）時代的青州方言詞。

（89）【甂瓯】力穀反。下又作塼，同。脂緣反。《通俗文》：狹長者謂之甂瓯。江南言甓，蒲歷反。（玄應卷十九，佛本行集經第四四卷，403頁下）

瓴甋謂之甓。注：甂瓯也，今江東呼瓴甓。（《爾雅注疏》卷四，文淵閣四庫本）

按：甓是郭璞時代的江東方言詞，玄應改江東爲江南。

（90）【兩脛】又作踁，同。賢定反。《說文》：脛，脚胻也。胻音下孟反。江南呼脛爲胻，山東曰胻𣪠（𣪠）。𣪠音丈孟反。（玄應卷二一，大乘十輪經第四卷，440頁上）

按："江南呼脛爲胻，山東曰胻𣪠（𣪠）"已不可考。

（91）【秔稻】俗作粳，同。加衡反。不黏稻也。江南呼粳爲秈，音仙。（玄應卷二二，瑜伽師地論第一卷，446頁上）

按："江南呼粳爲秈，音仙"已不可考。

（92）【無籺】又作麧，同。痕入聲，一音胡結反。堅米也。謂米之堅鞕，舂擣不破者也。今關中謂麥屑堅者爲麧頭亦此也。江南呼爲糲子，音徒革反。（玄應卷二二，瑜伽師地論第一卷，446—447頁）

按："江南呼爲糲子"已不可考。

（93）【鼓䶍】桑朗反。《埤蒼》：鼓枏也。《字書》：鼓材也。今江南名鼓匡爲䶍。枏音五寡反。（玄應卷二四，阿毗達磨俱舍論第二卷，487頁下）

按："今江南名鼓匡爲䶍"已不可考。

（94）【或䟗】求累反。今江南謂屈膝立爲跂䟗，中國人言胡跽。音其止反。胡音護。跂音文（丈）羊反。《禮記》"授立不䟗"作跪，借字耳。（玄應卷二四，阿毗達磨俱舍論第十四卷，494頁上）

跂、䟗、音務。隑、企、欺豉反。立也。東齊海岱北燕之郊跪謂之跂䟗。今東郡人亦呼長跽爲跂䟗。（郭璞《方言注》卷七，文淵閣四庫本）

按：玄應音義與郭注差別大，"今江南謂屈膝立爲跂䟗，中國人言胡跽。音其止反"已不可考。

（95）【尺蠖】烏郭反。《說文》：申屈蟲也。《爾雅》：蠖，尺蠖。一名步屈。宋地曰尋乘，吳人名桑閶。閶音古合反。即乘蟲也。（玄應卷二五，阿毗達磨順正理論第二四卷，504頁上）

蠖屈固小往，龍翔迺太來。《周易》曰：尺蠖之屈，以求伸也；龍蛇之蟄，以存身也。又曰：泰，小往大來，吉。郭璞《方言注》曰：尺蠖，又呼爲步屈也，於縛切。（李善《文選注》卷二四，胡刻本，中華書局2008年版，352頁上）

按：從李善注看，"尺蠖"與郭璞《方言注》相關，但"吳人名桑閶"已不可考。

（96）【掐心】他勞反。《說文》：掐，捁也。捁，一活反。中國言掐，江南言挑。音土彫反。（玄應卷二五，阿毗達磨順正理論第三一卷，505頁下）

按：掐應校改爲搯，"中國言掐（搯），江南言挑"已不可考。

（97）【毒胅】又作疼、疠二形，同。火靳反。江南言胅腫。《說文》：肉反出也。（玄應卷二五，阿毗達磨順正理論第三一卷，506頁上）

按："江南言胅腫"已不可考。

（98）【所瀹】又作爚、鸑、汋三形，同。羊灼反。《通俗文》：以湯煮物曰瀹。《廣雅》：瀹，湯也。謂湯內出之也。江東呼瀹爲煠。煠音助甲反。（玄應卷二五，阿毗達磨順正理論第三三卷，506頁上）

按："江東呼瀹爲煠"已不可考。

在上述139條（不包括重複和音值同）方言詞音注中，筆者通過和現有文獻比對，考證出了49條方言詞音注的時代和區劃，剩下90條已不可考。在考證出的49條方言詞音注中，筆者發現玄應暗引了史游《急就篇》、揚雄《方言》、許慎《說文解字》、王逸《楚辭章句》、鄭玄《儀禮注》、劉熙《釋名》、高誘《呂氏春秋注》、杜預《春秋左傳注》、呂忱《字林》、郭璞《穆天子傳注》、郭璞《方言注》、郭璞《爾雅注》的方言詞，其中以郭璞《方言注》、郭璞《爾雅注》爲最多；它們涉及的方言區劃是史游/陝以西，揚雄/北燕、齊宋，許慎/汝南，王逸/楚，鄭玄/江沔之間，劉熙/并冀，高誘/關西，杜預/吳楚，呂忱/青州、郭璞《穆天子傳注》/江南、郭璞《爾雅注》/江東、淮南，郭璞《方言注》/江淮、南陽、海岱之間、關東。玄應暗引這些方言詞，並非忠實原著，除版本異文、文字參差外，他還有對歷史上的方言區劃加以"改造"，如把"并冀"改"幽冀"、"江東"改"江南"、"關東"改"山東"。

另外，帶音注的建平方言詞也應是玄應暗引郭璞的方言詞，因爲漢魏六朝舊注中，僅郭璞有"建平人……"的注文。

三　玄應引用的方言詞音注

玄應引用前人的帶音注的方言詞，分別來自《蒼頡篇》、揚雄《方言》、犍爲舍人《爾雅注》、許慎《說文》、樊光《爾雅注》、服虔《通俗文》、高誘《呂氏春秋注》、郭璞《方言注》《爾雅注》、孫盛《晉陽秋》、何承天《纂文》。這些音注共193條，它是傳承有緒的讀書音，還是玄應"自作"的音注等？因爲音注斷代對研究方音來說是個至關重要的問題。

（一）《蒼頡篇》的方言音注

源自《蒼頡篇》帶音注的方言詞共3條，如下：

（1）【齮齬】丘奇反。《漢書》韋昭音齧。《蒼頡篇》云：齊人謂齬咋爲齮，側齬也。（玄應卷七，正法華經第二卷，146頁上）

（2）【齮齬】丘奇、丘倚二反。《蒼頡篇》：齊人謂齬咋爲齮。齮，齬也。許慎云：側齬也。下竹皆反。齬挽曰齮。（玄應卷十三，佛大僧大經，275頁上）

齮是齊方言詞。丘奇、丘倚反爲《蒼頡篇》的反切或玄應自"作"？已不可考。《蒼頡篇》是秦漢時期的識字讀本，從阜陽出土的漢初《蒼頡篇》

— 125 —

殘鈔本和尼雅出土的漢代《蒼頡篇》木簡等看,既無說解,也無音注。《蒼頡篇》的音義何時加上?孫星衍認爲"唐人引蒼頡、三蒼,多襍反語,實出郭璞爲多,或亦名張揖"①。孫氏的觀點據《隋志》推測而來,筆者認爲《蒼頡篇》的注解很早就有,如西漢末的揚雄、杜林已有訓纂(解說),反語是魏晉以後的經師層疊地加上去的,如《蒼頡解詁》。《廣倉》是續補《蒼頡》的,其音義什麼時候有的?已不可考,但肯定是魏晉以後的事了;《埤蒼》的音義是張揖所作;《三蒼》的音義來源於郭璞的《三蒼解詁》,也有佚名的《三蒼詁訓》。

(二)《三蒼》的方言音注

源自《三蒼》帶音注的方言詞 1 條,如下:

(1)【瘵其】側界反。《爾雅》:瘵,病也。《三蒼》云:今江東呼病皆曰瘵,東齊曰瘼。(玄應卷十,大莊嚴經論第十四卷,211 頁下)

瘵、瘼、瘠,病也。注:……今江東呼病曰瘵,東齊曰瘼。(《爾雅注疏》卷一,文淵閣四庫本)

從《爾雅注疏》看,"今江東呼病曰瘵,東齊曰瘼"是郭璞的註釋,疑這裡的《三蒼》是郭璞的《三蒼解詁》的省稱,郭璞《爾雅注》徵引了己作的《三蒼解詁》,大概《爾雅注》完成在《三蒼解詁》後。瘵是江東方言詞,側界反是否爲《三蒼》的反切?已不可考。

(三)揚雄《方言》的方言音注

源自揚雄《方言》的反切音注很多,這些反切不可能是揚雄所作,因爲揚雄不具備作反切的條件。是否爲郭璞?考唐以前注續《方言》有兩家:郭璞注《方言》十三卷;另一家是隋朝的騫師,騫師注已亡佚,慧琳《一切經音義》有零星的佚文②。今查慧琳《一切經音義》騫師的注文僅 1 條,無音注,即"風黃淡熱。《文字集略》曰:淡爲胸中液也。騫師注《方言》曰:淡字又作痰也"③。所以,考證玄應《眾經音義》中《方言》的音注,比對的文獻是郭璞《方言注》(文淵閣四庫本),參證華學誠《揚雄方言校

---

① 今有孫星衍輯本《蒼頡篇》(乾隆年間大梁刊本)三卷,見李學勤主編《中華漢語工具書庫·字典部·蒼頡篇》(安徽教育出版社 2002 年版)。

② 華學誠:《揚雄方言校釋匯證·前言》,中華書局 2006 年版,第 7 頁。

③ 經卷第六十六,入法界品之七。

釋匯證》（中華書局 2006 年版）。具體如下：

（1）【顧眄】眠見反。《說文》：邪視也。《蒼頡篇》：旁視也。《方言》：自關而西秦晉之間謂視爲眄也。（玄應卷一，大方廣佛華嚴經第九卷，9頁下）

【顧眄】亡見反。《說文》：邪視也。《方言》：自關而西，秦晉之間謂視曰眄。（玄應卷二，大般涅槃經第十四卷，46頁下）

【迴眄】忙見反。《說文》：邪視也。《方言》：自關而西秦晉之間謂視曰眄。（玄應卷九，大智度論第十七卷，192頁下）

【顧眄】眠見反。《說文》：眄，邪視也。《方言》：自關而西秦晉之間曰眄。（玄應卷二二，瑜伽師地論第一卷，447頁上）

……自關而西秦晉之間謂視爲眄也。（郭璞《方言注》卷二）

按：眄是西漢的關西秦晉方言詞，郭注無音注。

（2）【妖豔】又作媄，同。於驕反。《三蒼》：妖，妍也。謂少壯妍好之皃也。下又作豔，同。余贍反。《說文》：好而長曰豔美也。《方言》：秦晉之間謂美色爲豔。豔，美也。字從豐音匹弓反盍聲。（玄應卷一，大方廣佛華嚴經第十二卷，10頁上）

【暉豔】又作艷，同。餘贍反。《方言》：秦晉之間謂美色爲豔。（玄應卷四，大方便報恩經第一卷，93頁下）

【妖豔】於驕反。《說文》：妖，巧也。又女子壯（狀）皃淑好也。下又作艷，同。《方言》：秦晉之間謂美色爲豔。豔，光也。（玄應卷十五，僧祇律第三六卷，331頁下）

【豔色】又作艷，同。餘贍反。《方言》：秦晉之間謂美爲豔。豔亦光也。（玄應卷二一，大乘十輪經第三卷，439頁下）

……秦晉之間美貌謂之娥，美狀爲窕，美色爲豔，美心爲窈。（郭璞《方言注》卷二）

按：豔是秦晉方言詞，郭璞無音注。

（3）【輨轄】古緩反。下又作䩆、轄二形，同。胡瞎反。《方言》：關之東西曰輨，亦曰轄，謂軸頭鐵也。轄，鍵也。經文從竹作管，非體也。（玄應卷一，大方等大集經第十五卷，15頁下）

輨音管，軑音大……，關之東西曰輨，南楚曰軑。（郭璞《方言注》卷九）

按：古緩反與音管的管音同，大概是玄應據郭璞的直音折合而成；辖，郭璞無音注。

（4）【疑莿[①]】且漬反。《方言》：凡草木刺人關西謂之莿，燕、朝鮮、洌[②]水之間謂之茦（策）[③]。（玄應卷一，大威德陀羅尼經第一卷，22頁上）

凡草木刺人北燕朝鮮之間謂之茦……自關而西謂之刺，江湘之間謂之棘。（郭璞《方言注》卷三）

按：莉、茦異體，郭璞無音注。

（5）【蠲除】古玄反。《方言》：南楚疾愈謂之蠲。郭璞曰：蠲，除也。（玄應卷二，大般涅槃經第二卷，38頁上）

【蠲除】占[④]玄反。《方言》：南楚疾愈謂之蠲。郭璞曰：蠲，除也。方俗語異耳。（玄應卷二二，瑜伽師地論第四九卷，460頁上）

【蠲除】古玄反。《方言》：南楚疾愈謂之蠲。蠲亦除也。（玄應卷二三，攝大乘論第六卷，479頁上）

南楚病愈者謂之差，……或謂之蠲，蠲，亦除也，音涓，又一圭反。或謂之除。（郭璞《方言注》卷三）

按：古玄反與音涓的涓音同，反切大概是玄應按郭璞的直音折合而成。

（6）【博弈】古文簙。《方言》：博或謂之棋。弈，餘石反。《方言》：自關而東齊魯之間皆謂圍棋爲弈。（玄應卷二，大般涅槃經第八卷，42頁上）

【博弈】古文簙，同。補莫反。《方言》：博或謂之棋。下餘石反。齊魯謂圍棋爲弈。（玄應卷三，勝天般若經第二卷，73頁上）

【博弈】古文簙，同。補莫反，下餘石反。《方言》：博或謂之棊。弈，圍棋也。《方言》：自關而東齊魯之間皆謂圍棊爲弈。《小爾雅》云：棊局謂之弈。（玄應卷十七，阿毗曇毗婆沙論第十二卷，358頁上）

【博弈】古文簙。下餘石反。《方言》：博或謂之棊，自關而東齊魯之間皆謂圍棊爲弈。（玄應卷二二，瑜伽師地論第六一卷，461頁下）

---

① 已校改爲莉。
② 徐校：磧沙藏作列。
③ 徐校：邵瑞彭《一切經音義校勘記》"荣當作茦"。
④ 已校改爲古。

或謂之曲道，圍棊謂之弈，自關而東齊魯之閒皆謂之弈。（郭璞《方言注》卷五）

按：弈，郭璞無音注。

（7）【鵝雁】五諫反。《爾雅》：舒雁，鵝。孫炎曰：鵝一名舒雁。《方言》云：江東呼爲䲦鵝也。䲦音加。（玄應卷二，大般涅槃經第八卷，42頁上）

鴈自關而東謂之䲦䴈䲦音加。（郭璞《方言注》卷八）

按：䲦音加，玄應、郭璞相同。

（8）【姝大】充朱反。《字林》：姝，好也，色美也。《方言》：趙、魏、燕、代之間謂好爲姝。（玄應卷二，大涅槃經經第十卷，43頁下）

【姝好】古文娛，同。充朱反。《字林》：姝，好皃也。《方言》：趙魏燕代之間謂好爲姝。《詩》云：靜女其姝。《傳》曰：姝，色美也。（玄應卷六，妙法蓮華經第二卷，132頁下）

【姝妙】充朱反。《說文》：姝，好也。《方言》：趙魏燕代之間謂好爲姝。（玄應卷二二，瑜伽師地論第二二卷，453頁下）

趙魏燕代之閒曰姝昌朱反，又音株，亦四方通語。（郭璞《方言注》卷三）

按：充朱反與昌朱反音同。

（9）【鄙悼】補美反。鄙，恥也，陋也。悼，徒到反。悼，傷也。《方言》：秦晉謂傷爲悼。悼亦哀也。（玄應卷二，大般涅槃經第十九卷，48頁上）

【傷悼】徒到反。《方言》：秦晉謂傷爲悼。悼亦哀也。（玄應卷二二，瑜伽師地論第六〇卷，461頁上）

秦晉之閒或曰矜或曰悼。（郭璞《方言注》卷一）

按：悼，郭璞無音注。

（10）【灌綆】或作罐，同。古亂反。汲器也。綆，格杏反。《說文》：汲井繩也。《方言》：韓魏閒謂之綆。（玄應卷二，大般涅槃經第三二卷，51頁上）

自關而東周洛韓魏之閒謂之綆，或謂之絡音洛，關西謂之繘。（郭璞《方言注》卷五）

按：綆，郭璞無音注。

— 129 —

（11）【戶鑰】古文鑰，同。余酌反。《方言》：關東謂之鍵，關西謂之鑰。《說文》作籥。《字林》：書僮笘也。《纂文》云：關西以書篇爲籥。籥非此義。笘，赤占反。（玄應卷二，大般涅槃經第四〇卷，52頁下）

【關鑰】古文鑰，同。余酌反。《說文》：鑰，關下牡也。《方言》：關東謂之鍵，關西謂之鑰。經文作籥。《字林》：書僮笘也。何承天《纂文》云：關西以書篇爲書籥。籥非此義。笘，赤占反。（玄應卷六，妙法蓮華經第四卷，138頁上）

【戶鑰】古文鑰，同。余酌反。《方言》：關東謂之鍵，關西謂之鑰。（玄應卷十七，迦㫋延阿毗曇第三卷，361頁下）

自關而東陳楚之間謂之鍵巨蹇反，自關而西謂之鑰。（郭璞《方言注》卷五）

按：鑰（鑰），郭璞無音注。

（12）【矛箭】古文戟、鉾、鈒三形，同。莫侯反。《方言》：楚謂戟爲矛。《說文》：矛長二丈，建于兵車也。（玄應卷三，放光般若經第十卷，64頁下）

戟，楚謂之鈒取名於鉤鈒也。（郭璞《方言注》卷九）

按：鈒鉾版本異文，從莫侯反的注音看，鈒正鉾非；鈒，郭璞無音注。

（13）【僉然】七廉反。《小爾雅》：僉，同也。《爾雅》：僉、咸、胥，皆也。《方言》：自關而東五國之郊謂皆曰僉，東齊曰胥。（玄應卷三，仁王般若經上卷，74頁下）

【僉然】此廉反。《爾雅》：僉、咸，皆也。《方言》：自關而東五國之都謂皆爲僉也。①（玄應卷十二，賢愚經第一卷，247頁上）

自山而東五國之郊曰僉六國惟秦在山西，東齊曰胥。（郭璞《方言注》卷七）

按：僉，郭璞無音注。

（14）【巨海】其呂反。《方言》：齊宋之間謂大爲巨。（玄應卷三，仁王般若經下卷，75頁上）

【巨身】其呂反。《字林》：巨，大也。《方言》：齊宋之間謂大爲巨。《說文》：巨，又作鉅。（玄應卷六，妙法蓮華經第五卷，139頁上）

---

① 徐校：此條無，據磧沙藏補。

【巨力】其呂反。《字林》：巨，大也。《方言》：齊宋之間謂大曰巨。《說文》：巨①又作鉅。（玄應卷二二，瑜伽師地論第四〇卷，458頁下）

【巨富】其呂反。《小爾雅》：巨，大也。《方言》：齊魯之間謂大曰巨。（玄應卷二五，阿毗達磨順正理論第六九卷，510頁下）

齊宋之間曰巨，曰碩。（郭璞《方言注》卷一）

按：巨，郭璞無音注。

（15）【嘶喝】又作嘶，同。先奚反。下又作嗑，同。乙芥反。《方言》：嘶、嗑，喑也。郭璞曰：謂咽痛也。楚曰嘶，秦晉或曰嘶（嗑）。《埤蒼》：嘶，聲散也。《廣雅》：聲之幽也。（玄應卷三，勝天般若經第一卷，72頁下）

嘶音斯、嗌惡介反，喑也皆謂咽痛也，音翳。楚曰嘶，秦晉或曰嗌，又曰喑。（郭璞《方言注》卷六）

按：嘶嘶異體，先奚反與音斯的斯是齊支混；嗑、嗌異文，乙芥反與惡介反音同。另外，嗌王三伊昔反（影清開三入）；嗑《集韻》乙界反，與乙芥反音同，可證嗑對嗌非。

（16）【老叟】又作傁、傻二形，同。蘇走反。《方言》：傁，父長老也。東齊魯衛之間凡尊老者謂之傁。字從宀從又。（玄應卷四，大灌頂經第十卷，85頁下）

【二叟】古文宀、傁二形，今作傁，同。蘇走反。《方言》：傁，父長老也。東齊魯衛之間凡尊老謂之傁，南楚曰父。字從宀從又。脉之大候在於寸口，老人寸口脉衰，故從又從宀。又音手。宀者，衰惡也。（玄應卷十六，優婆塞五戒相經，351頁上）

東齊魯衛之間凡尊老謂之傁，或謂之艾。（郭璞《方言注》卷六）

按：叟，郭璞無音注。

（17）【勖勉】虛玉反。謂勉勵也。《方言》：齊魯謂勉爲勖也。（玄應卷四，十住斷結經第四卷，89頁下）

【勖勉】呼欲反，下摩辯反。勖，勉勵也。《方言》：齊魯謂勉爲勖勉。猶自勸強也。《說文》：勉，強也。謂力所不及而強行事也。（玄應卷五，須

---

① 徐校本衍一大字。

摩提經，119頁上）

【勖勉】許玉、摩辯反。勖，勉勵也。《方言》：齊魯謂勉爲勖勉也。勉，勸強也。（玄應卷十三，般泥洹經，268頁上）

【勖勉】許玉反。《尚書》：勖哉。孔安國：勖，勉厲也。《方言》：齊魯謂勉爲勖滋。勉強之也。[①]（玄應卷十三，阿蘭若習禪法經上卷，279頁下）

【勖勵】虛玉反。勖謂勉勵也。《方言》：齊魯謂勉爲勖滋。[②]勵，相勸勵也。（玄應卷二十，佛所行讚第一卷，419頁下）

【誡勖】古薤反，下許玉反。誡，警勅也，亦備也。《方言》：齊魯謂勉爲勖勵也。（玄應卷二二，瑜伽師地論第五〇卷，460頁上）

齊魯曰勖茲勖勔，亦訓勉也。（郭璞《方言注》卷一）

按：勖，郭璞無音注。

（18）【關鍵】又作閞捷二形，同。奇謇反。《方言》：關東謂之鍵，關西謂之鑰。（玄應卷四，觀佛三昧海經第一卷，90頁下）

【關鍵】古文閞、捷二形，同。奇謇反。《方言》：關東謂之鍵，關西謂之鑰。鑰，牡也。（玄應卷二一，大菩薩藏經第七卷，434頁下）

【關鍵】又作閞、捷二形，同。奇謇反。鑰，牡。管鑰，牡也。《方言》：陳楚曰鍵，關中曰鑰。（玄應卷二二，瑜伽師地論第三四卷，457頁上）

自關而東陳楚之間謂之鍵巨蹇反，自關而西謂之鑰。（郭璞《方言注》卷五）

按：奇謇反與巨謇反音同。

（19）【車釭】又作𨊗，同。古紅反。《說文》：車轂頭鐵也。《方言》：自關之西曰釭，燕齊海岱之間謂之鍋。鍋音古和反。（玄應卷四，密迹金剛力士經第三卷，98頁上）

【因釭】又作𨊗，同。古紅反。《說文》：釭，轂口鐵也。《方言》：燕齊海岱之間名釭爲鍋。鍋音古和反。[③]（玄應卷十一，雜阿含經第二六卷，237頁下）

---

① 徐校：此條無，據磧沙藏補。
② 徐校：《方言》的內容據磧沙藏補。
③ 同上。

【䡓釭】又作軠，同。古紅反。《說文》：釭，轂口鐵也。《方言》：自關之西曰釭，燕齊海岱之間曰鐹。鐹音古和反。（玄應卷十九，佛本行集經第三四卷，402頁上）

齊燕海岱之閒謂之鍋音戈，或謂之錕衣袞，自關而西謂之釭，盛膏者乃謂之鍋。（郭璞《方言注》卷九）

按：釭，郭璞無音注；鐹鍋異體，古和反與音戈的戈音同。

（20）【鞠育】又作掬，同。居六反。《說文》：掬，撮也。鞠，養也。《方言》：陳楚之間謂養爲鞠也。（玄應卷五，七佛神咒經第三卷，107頁下）

【鞠育】《詩》云：母兮鞠我。《傳》曰：鞠，養也。《方言》：陳楚之間謂養爲鞠。又作掬，同。居六反。《說文》：掬，撮也。（玄應卷二十，陀羅尼雜集經第三卷，409頁上—下）

陳楚韓鄭之閒曰鞠，秦或曰陶，汝潁梁宋之閒曰胎，或曰艾。（郭璞《方言注》卷一）

按：鞠，郭璞無音注。

（21）【譎詭】又作噊，同。公穴反。下又作佹，同。居毀反。《方言》：自關而東西或謂詐爲譎佹。譎佹亦奇怪也。（玄應卷五，超日明三昧經上卷，110頁上）

自關而東西或曰譎。（郭璞《方言注》卷三）

按：玄應衍一"佹"字；譎，郭璞無音注。

（22）【舟航】又作杭，同。何唐反。《方言》：自關而東或謂舟爲航。航，渡也，濟渡之舟也。（玄應卷五，文殊問經下卷，116頁下）

自關而西謂之船，自關而東或謂之舟，或謂之航行伍。（郭璞《方言注》卷九）

按：何唐反與"行伍"的"行"音同，反切大概是玄應按郭璞的直音折合的。

（23）【無喆】又作哲、悊二形，同。知列反。《爾雅》：哲，智也。《方言》：齊宋之間謂知爲哲。哲，明了也。（玄應卷五，梵女首意經，119頁下）

【明哲】又作喆、悊二形，同。知列反。《爾雅》：哲，智也。《方言》：

齊宋之間謂智爲哲。哲，明了也。（玄應卷十，地持論第一卷，214頁上）

【聰喆】又作哲、恝二形，同。知列反。《爾雅》：哲，智也。《方言》：齊宋之間謂知爲哲。哲，明了也。（玄應卷十六，毗尼母律第四卷，347頁上）

【勇喆】古文嚞。字書作喆，今作哲，同。知列反。《爾雅》：哲，智也。《方言》：齊宋之間謂知爲哲。哲，明了也。（玄應卷二十，陀羅尼雜集經第三卷，409頁下）

【聰喆】又作哲、恝二形，同。知列反。《爾雅》：哲，智也。《方言》：齊宋之間謂智爲哲。哲，明了也。（玄應卷二一，大乘十輪經第二卷，439頁上）

【賢哲】胡堅反。士之美稱也。又多才也。賢士堅（賢）明，故從貝。又賢者，國之寶，用與貝同，故從貝字意也。下又作喆，同。知列反。《爾雅》：哲，知也。《方言》：齊宋之間謂知爲哲。哲謂照了也。（玄應卷二二，瑜伽師地論第十五卷，451頁下）

齊宋之間謂之哲。（郭璞《方言注》卷一）

按：哲，郭璞無音注。

（24）【逮得】徒戴反。《爾雅》云：逮，及也。《方言》：自關之東西謂及曰逮。經文多作遝。《說文》：力足反。行謹遝也。亦人姓也。遝非經音。（玄應卷六，妙法蓮華經第一卷，128頁上）

迨、遝，及也。東齊曰迨音殆，關之東西曰遝，或曰及。（郭璞《方言注》卷三）

按：逮、遝異體，郭璞無音注。

（25）【闚看】又作窺，同。丘規反。《字林》：小視也。《方言》：凡相竊視南楚謂之窺也。（玄應卷六，妙法蓮華經第二卷，134頁上）

凡相竊視南楚謂之闚。（郭璞《方言注》卷十）

按：窺闚異體；闚，郭璞無音注。

（26）【猪彘】又作豬，同。陟驢反，下除例反。《方言》：關之東西謂豬爲彘。（玄應卷七，正法華經第三卷，147頁下）

關東西或謂之彘。（郭璞《方言注》卷八）

按：彘，郭璞無音注。

第二章 玄應音義的方音研究

（27）【無謇】居展反。《方言》：謇，吃也。楚語也。言不通利謂之謇吃。（玄應卷七，大方等大集菩薩念佛三昧經第二卷，150頁下）

【謇吃】古文讓、謇二形，今作蹇。《聲類》作譾，又作刃，同。居展反。《方言》：謇，吃也。楚人語也。論文作蹇，跛蹇也。蹇非此義。吃，古文欼，同。居乞反。氣重言也。《通俗文》：言不通利謂之刃吃。（玄應卷九，大智度論第二八卷，196頁上）

【謇吃】居展反。《通俗文》：言不通利謂之謇吃。《周易》：謇，難也。《方言》：謇，吃也。楚語也。郭璞曰：亦北方通語也。（玄應卷十九，佛本行集第二六卷，399頁下）

【謇吃】古文讓、謇二形，今作蹇，又作刃，同。居展反。《方言》：謇亦吃也。楚人語也。下古文欼，同。居乞反。氣重言也。《通俗文》：言不通利謂之謇吃。（玄應卷二一，大菩薩藏經第六卷，434頁上—下）

【謇吃】古文讓、謇二形，今作蹇，同。居展反。下居乞反。《方言》：謇吃，楚語也。謇，難也。吃，重言也。（玄應卷二二，瑜伽師地論第十五卷，452頁上）

【謇躃】古文讓、謇二形，今作蹇，同。飢展反。《方言》：謇，吃也。楚人語也。謇，難也。下所立反。《說文》：躃，不滑也。字從兩止（刃）、四止，止則不通字意也。（玄應卷二二，顯揚聖教論第十一卷，471頁上）

讓、極，吃也，楚語也亦北方通語也。（郭璞《方言注》卷十）

按：謇、讓異體，郭璞無音注。

（28）【丘垤】徒結反。《方言》：楚郢以南蟻土謂之垤。郢，以井反。（玄應卷七，如來興顯經，160頁上）

【蟻垤】徒結反。垤，蟻塚也。《方言》：垤、封，場也。楚郢以南蟻土謂之垤。（玄應卷十三，阿蘭若習禪法經上卷，279頁下）

【蟻垤】徒結反。垤，蟻塚也。《方言》：垤、封，塯（場）之（也）。楚鄭以南蟻土謂之垤。（玄應卷十九，佛本行集經第二十卷，399頁上）

垤，封，場也。楚郢以南蟻土謂之垤。垤，中齊語也。（郭璞《方言注》卷十）

按："楚鄭以南"應爲"楚郢以南"；垤，郭璞無音注。

（29）【艇舟】徒頂反。《方言》：南楚江湖小舩謂之艇。郭璞：艇，舠

— 135 —

也。① 《釋名》云：二百斛已（以）上曰艇。（玄應卷七，大智度論第十四卷，191頁上）

【得艇】徒頂反。《釋名》云：二百斛以下曰艇。《方言》：南楚江湖小舫曰艇。郭璞：即舠也。舫音思六反。舠音同。（玄應卷十九，佛本行集經第四十卷，402頁下）

南楚江湘……小胴舫謂之艇。（郭璞《方言注》卷九）

按：艇，郭璞無音注；南楚江湖與南楚江湘異文；玄應省"胴"字。

（30）【煏煮】古文𤈷、䊸二形，同。扶逼反。《方言》：煏，火乾也。關西隴冀以往謂之煏。（玄應卷九，大智度論第十七卷，192頁下）

熬、聚、煎、㷷皮力反、鞏，火乾也……關西隴冀以往謂之㷷。（郭璞《方言注》卷七）

按：㷷、煏異體，扶逼反與皮力反音同。

（31）【赭色】之野反。《三蒼》：赭，赤土也。《方言》：南楚東海之間或謂卒為赭。郭璞言：衣赤也。（玄應卷九，大智度論第十八卷，193頁下）

楚東海之間亭父謂之亭公，卒謂之弩父，或謂之褚言衣赤也。褚音赭。（郭璞《方言注》卷三）

按：之野反與音赭的赭音同。另外，褚與赭音不同，疑郭璞用音赭來改褚為赭。

（32）【烹肉】普羹反。烹，煮也。《方言》：烹，熟也。嵩岳以南陳穎（潁）之間曰烹。《儀禮》：凡煮於鑊中曰烹，於鼎曰升。（玄應卷九，大智度論第十八卷，193頁下）

【烹煞】普羹反。烹，煮也。《方言》：烹，熟也。嵩嶽以南陳穎之間曰烹。《儀禮》：凡煮於鑊中曰烹也。（玄應卷十八，立世阿毗曇論第八卷，385頁下）

嵩嶽以南陳穎之閒曰亨。（郭璞《方言注》卷七）

按：烹、亨異體，郭璞無音注。

（33）【纖指】古文攕，《字書》作纖，同。思廉反。《說文》：攕，好手兒也。孅，細銳也。《方言》：纖，小也，細也。梁益之間，凡物小謂之

---

① 徐校："《方言》……舠也"的內容據磧沙藏補。

纖也。①（玄應卷九，大智度論第二四卷，195頁下）

自關而西秦晉之郊梁益之間，凡物小者謂之私；小或曰纖……（郭璞《方言注》卷二）

按：纖，郭璞無音注。

（34）【兩輘】又作䡞，同。子孔反。《方言》：關西謂輪爲輘。《釋名》云：輘言輻總入轂中也。（玄應卷十一，中阿含經第十六卷，228頁上）

輪車輅也，韓楚之間謂之軑音大，或謂之軝《詩》曰：約軝錯衡。音祇，關西謂之䡞音總。（郭璞《方言注》卷九）

按：子孔反與音總的總音同，反切大概是玄應按郭璞的直音折合的。

（35）【菘菁】思雄反。《方言》：蘴、蕘，蕪菁也。郭璞注：舊音蜂，今江東音嵩，字作菘。陳楚間曰蘴，音豐。齊魯之間謂之蕘，關之東西謂之蕪菁。蕘音饒。（玄應卷十一，中阿含經第二十卷，228頁上—下）

蘴舊音蜂。今江東音嵩，字作菘也，蕘鈐饒，蕪菁也。陳楚之郊謂之蘴，魯齊之郊謂之蕘，關之東西謂之蕪菁。（郭璞《方言注》卷三）

按：舊音蜂，玄應、郭璞相同；蘴音豐、蕘音饒，郭注無。

（36）【抱不】又作菢，同。蒲報反。《方言》：燕朝鮮之間謂伏雞曰菢，江東呼嫗。經文作皉，未詳字出。（玄應卷十一，增一阿含經第四九卷，235頁下）

北燕朝鮮洌水之間謂伏雞曰抱房與反，江東呼蓲，央富反。（郭璞《方言注》卷八）

按：蒲報反與房與反是豪魚混，它與豪宵入魚模有關。

（37）【發荄】古來反。《方言》：東齊謂根爲荄也。（玄應卷十一，雜阿含經第十卷，237頁上）

【樹荄】古來反。《說文》：草根也。《方言》：東齊謂蓶根爲荄也。（玄應卷十三，胞胎經，269頁下）

【荄枯】古來反。《方言》：東齊謂根曰荄。《說文》：草根也。（玄應卷十三，琉璃王經，285頁上）

【樹荄】古來反。《說文》：草根也。《方言》：東齊謂蓶根爲荄。（玄應

---

① 徐校："《方言》……也"的内容據磧沙藏補。

卷二十，治禪病秘要經第三卷，420頁下）

荄，杜根也今俗名韭根爲荄，音陔。東齊曰杜《詩》曰：徹彼桑杜，是也，或曰荄音撥。（郭璞《方言注》卷三）

按：古來反與音陔的陔音同，反切大概是玄應按郭璞的直音折合的。

（38）【晞乾】許機反。《方言》：晞，燥也。北燕海岱之間謂暴乾爲晞。（玄應卷十二，別譯阿含經第一卷，245頁上）

【則晞】又作烯，同。虛衣反。《字林》：晞，乾也。《方言》：晞也，暴也。北燕海岱之間謂暴乾爲晞。（玄應卷十八，成實論第十七卷，376頁上）

東齊北燕海岱之郊謂之晞。（郭璞《方言注》卷七）

按：晞，郭璞無音注。另外，許機反與虛衣反音同。

（39）【稱錘】直危反。《廣雅》：錘謂之權。即稱錘。《方言》：錘，重也。宋魯曰錘。①（玄應卷十二，修行道地經第五卷，256頁上）

鈕吐本反、錘直腫反，重也。東齊之閒曰鈕，宋魯曰錘。（郭璞《方言注》卷六）

按：直腫反與直危反音同。

（40）【餬口】又作鈷，同。戶姑反。《方言》：寄食也。江淮之間謂寓食爲餬。《爾雅》：餬，饘也。郭璞曰：即糜也。饘音之然反。（玄應卷十二，修行道地經第五卷，256頁上）

餬音胡、託、庇庇蔭、寓、媵音孕，寄也。齊衛宋魯陳晉汝潁荊州江淮之閒曰庇，或曰寓，寄食爲餬傳曰：餬其口於四方是也。（郭璞《方言注》卷二）

按：戶姑反與音胡的胡音同。

（41）【舡船】示專反。《世本》：共鼓、貨狄作舟船。黃帝二臣名也。《方言》：自關而西謂舟爲船。經文作舡，音胡江反。䑸，船也。䑸音扶江反。②（玄應卷十二，生經第四卷，257頁下）

【舩人】述專反。《世本》：共鼓貨狄作舟舩。宋忠曰：黃帝臣也。《方言》：自關而西謂舟爲舩。《釋名》：舩，循也。謂循水而行也。論文作舡，

---

① 徐校：《方言》的內容據磧沙藏補。
② 徐校：此條據磧沙藏、慧琳音義補。

— 138 —

呼江反。非此義也。（玄應卷十七，俱舍論第六卷，365頁上）

舟，自關而西謂之船。（郭璞《方言注》卷九）

按：船（舩），郭璞無音注。另外，示專反與述專反音同；胡江反與呼江反是曉匣混，玄應有濁音清化的現象。

（42）【腆美】古文作䩄，同。他典反。《方言》：腆，重也。東齊之間謂之腆。《廣雅》：腆，至也。腆，厚也，善也。（玄應卷十三，般泥洹經，268頁上）

錪吐本反、錘直腄反，重也。東齊之間曰錪，宋魯曰錘。（郭璞《方言注》卷六）

按：腆錪異體，他典反與吐本反是先魂混。

（43）【爊疼】又作焣、炒、䊆三形，同。初狡反。《方言》：焣，火乾也。秦晉之間或謂之焣。經文作敊，非也。（玄應卷十三，僧護因緣經，268頁下）

秦晉之間或謂之焣。（郭璞《方言注》卷七）

按：焣，郭璞無音注。

（44）【征忪】之盈反。古文伀，同。之容反。《方言》：征忪，惶遽也。江湖之間凡窘卒怖遽皆謂之征忪。（玄應卷十三，四自侵經，270頁下）

【心忪】又作伀，同。之容反。《方言》：征忪，惶遽也。江湖之間凡倉卒怖遽皆謂之征忪。（玄應卷十九，佛本行集經第十六卷，398頁上）

征忪，遑遽也。江湘之間凡窘猝怖遽謂之澗沭喘喏貌也，或謂之征忪。（郭璞《方言注》卷十）

按：征忪，郭璞無音注。

（45）【旅力】力舉反。《方言》：宋魯謂力曰旅。旅，田力也。郭璞曰：謂耕墾也。《詩》云"旅力方強①"是也。（玄應卷十三，過去現在因果經第二卷，278頁上）

宋魯曰䝗。䝗，田力也。（郭璞《方言注》卷六）

按：旅、䝗異體，郭璞無音注。

（46）【帞頭】莫格反。《方言》：南楚江湘之間曰帞頭，自關西秦晉之

---

① "強"應爲"剛"。《詩·小雅·北山》是"旅力方剛"。

間曰絡頭。《字書》：帕，額巾也。字從巾，經文從自作陌，非字體也。（玄應卷十三，樓炭經第二卷，281 頁上）

絡頭，帕頭也音貊……自關而西秦晉之郊曰絡頭，南楚江湘之閒曰帕頭。（郭璞《方言注》卷四）

按：莫格反與音貊的貊音同，反切大概是玄應按郭璞的直音折合的。

（47）【從削】又作鞘、鞘二形，同。私誚反。《方言》：劍鞘，關西曰鞞。所以藏刀之刃者。鞞音補迴反。①（玄應卷十三，寂志果經，283 頁上）

【從削】又作鞘，私妙反。《方言》：劍削，關東曰削，關西曰鞞，所以貯刀劍之刃也。鞞音補迴反。②（玄應卷十九，佛本行集經第十八卷，398 頁下）

【刀鞘】《小爾雅》作鞘。諸書作削，同。思誚反。《方言》：削，刀鞞也。《方言》：劍鞘，關東謂之削，關西謂之鞞。音餅。江南音嘯，中國音笑。（玄應卷十四，四分律第五一卷，310 頁下）

【刀鞘】《小爾雅》作鞘。諸書作削，同。思誚反。《方言》：劍削，關東謂之削，關西謂之鞞。音餅。《說文》：削，刀鞞也。江南音嘯，中國音笑。（玄應卷十七，阿毗曇毗婆沙論第四卷，356 頁下）

自關而東或謂之廓，或謂之削，自關而西謂之鞞方婢反。（郭璞《方言注》卷九）

按：補迴反與方婢反是支灰混、平上混；削鞘異體，郭璞無音注。

（48）【鏊钁】又作鍒，同。且消反。《方言》：趙魏間謂臿為鏊。臿音楚洽反。（玄應卷十五，十誦律第三卷，318 頁上）

【釤鍬】所鑒反。《字書》：釤，大鎌也。下千消反。《方言》：趙魏間謂臿為鏊。（玄應卷十五，十誦律第九卷，318 頁下）

臿……趙魏之間謂之喿字亦作鏊也。（郭璞《方言注》卷五）

按：鏊，郭璞無音注。

（49）【竹筥】又作籚，同。力與、紀呂二反。《字林》：筥，籚也。飯器，受五升。秦謂筥。《方言》：南楚謂之筥，趙魏謂之籚。郭璞曰：盛飯

---

① 徐校：此條無，據磧沙藏補。
② 徐校：磧沙藏是補迷反。

筥也。《聲類》：筥，箱也。亦盛杯器籠曰筥。筥音所交反。（玄應卷十五，僧祇律第三卷，325 頁上）

籅盛餅筥也，南楚謂之筥今建平人呼筥音鞭鞘。（郭璞《方言注》卷十三）

按："所交反"與"音鞭鞘的鞘（《廣韻》：所交切）"音同，大概是玄應按郭璞的直音折合的；籅，郭璞無音注。

（50）【用麴】去六反。《方言》：江淮陳楚之間謂之䴷。音曲。注云：楚語轉耳。（玄應卷十五，僧祇律第二二卷，335 頁上）

䴷，宋魏陳楚江淮之閒謂之䴷，或謂之麴此直語，楚聲轉耳。（郭璞《方言注》卷五）

按：䴷，郭璞無音注。

（51）【一攦】虛奇反。《方言》：陳楚宋魏之間謂蠡爲攦。郭璞曰：攦、蠡、瓠，勺也。今江東呼勺爲攦。律文作㩉，假借也。正音虛衣反。㩉，木名，汁可食。㮆非此義。（玄應卷十六，善見律第五卷，340 頁下）

陳楚宋魏之閒或謂之簞，或謂之櫼今江東通呼勺爲櫼，音羲，或謂之瓢。（郭璞《方言注》卷五）

按：虛奇反與音羲的羲音同。

（52）【大瓨】又作𤬪，同。古郎反。《方言》：瓨，甖也。注云：今江東通言大甕爲瓨。（玄應卷十六，善見律第九卷，342 頁上）

瓨音岡……甖也於庚反。靈①桂之郊謂之瓨今江東通呼大甕爲瓨。（郭璞《方言注》卷五）

按：古郎反與音岡的岡音同，反切大概是玄應按郭璞的直音折合的。

（53）【全碩】市赤反。《方言》：齊宋之間謂大曰碩。亦曰美也。（玄應卷十六，鼻奈耶律第三卷，344 頁下）

齊宋之閒曰巨曰碩。（郭璞《方言注》卷一）

按：碩，郭璞無音注。

（54）【適他】尸亦反。《爾雅》：適，往也。適，事他人也。《方言》：宋魯謂往爲適。適亦歸也。（玄應卷十六，僧祇比丘尼戒本，353 頁下）

嫁、逝、徂、適，往也。……適，宋魯語也。往，凡語也。（郭璞《方

---

① 按：靈應爲零。

言注》卷一）

按：適，郭璞無音注。

（55）【市厘（廛）】[①] 值連反。《禮記》：市厘（廛）而不征。鄭玄曰：厘（廛），市物邸舍也。厘（廛），居也。《方言》：東齊海岱之間謂居曰厘（廛）。（玄應卷十八，立世阿毗曇論第二卷，384 頁上）

【色（市）廛】治連反。梵言阿練遮羅，此云市廛。《禮記》：市廛而不征。鄭玄曰：廛謂市物邸舍也。廛，居也。《方言》：東齊海岱之間謂居曰廛。舊云欲行，疑誤也。按梵名行爲僧塞迦羅也。（玄應卷二四，阿毗達磨俱舍論第五卷，488 頁下）

東齊海岱之間或曰度，或曰廛，或曰踐。（郭璞《方言注》卷三）

按：厘（廛），郭璞無音注。

（56）【麾纛】徒到反。《詩》云：左執翿。《傳》曰：翿，纛翳也。《箋》云：舞者所持，所以羽舞者也。《方言》：楚謂翳爲翿。翿音徒到反。（玄應卷十九，佛本行集經第二八卷，400 頁下）

翿音濤、幢徒江反，翳也，舞者所以自蔽翳也。楚曰翿，關西關東皆曰幢。（郭璞《方言注》卷二）

按：徒到反與音濤的濤是平去混。

（57）【慙恧】女六反。《方言》：悴、恧，慙也。荊揚青徐之間曰悴，梁益秦晉之間曰慙，山之東西自愧曰恧。《三蒼》：恧，慚也。《小爾雅》云：不直失節謂之慙，慙，愧也。《小爾雅》：心慙曰恧。悴音他典反。（玄應卷十九，佛本行集經第三九卷，402 頁下）

悴音腆、恧人力反又女六反，慙也。荊揚青徐之間曰悴，若梁益秦晉之間言心內慙矣，山之東西自愧曰恧。（郭璞《方言注》卷六）

按：悴的他典反與音腆的腆音同；恧的反切玄應、郭璞相同。

（58）【蚓同】又作蚔（蚳）、蠐（螬）、螣三形，同。徒得反。《爾雅》：食葉曰蚓。經文作蚕，居援反。《方言》：蠐螬自關而東或謂之蚕蠋。蚕非此用。（玄應卷二十，六度集第六卷，416 頁下）

蠐螬謂之蟥翡翠。自關而東謂之蝤蠐酋睿兩音，或謂之蚕蠋書卷。（郭璞《方言注》

[①] 徐校：磧沙藏是廛。

言注》卷十一）

按：螒的居援反與"書卷"的"卷"音同。

（59）【火煬】翼尚反。煬，炙也。《方言》：江東呼火熾猛爲煬。《說文》：炙，燥也。《廣雅》：煬，熱也。（玄應卷二十，佛本行讚經第二卷，417頁下）

煬音恙、翕，炙也今江東呼火熾猛爲煬。煬，烈暴也。（郭璞《方言注》卷十三）

按：翼尚反與音恙的恙音同。另外，玄應引用的《方言》非揚雄的白文，而是郭璞的注文。

（60）【透擲】他豆、式六二反。《方言》：透，驚也。宋衛、南楚凡相驚曰透。《廣雅》：透，嬈也。（玄應卷二十，治禪病秘要經第二卷，420頁下）

逴勑略反、獡音鑠、透式六反，驚也。……宋衛南楚凡相驚曰獡，或曰透皆驚貌也。（郭璞《方言注》卷二）

按：透的一音式六反玄應、郭璞相同，另一音他豆反郭璞無。

（61）【蝙蟲】茫北反。《方言》：北謂蝙蝠爲蟙䘃，自關而東名服翼，關西名蝙蝠。（玄應卷二十，菩薩本緣集第二卷，421頁下）

蝙蝠邊福兩音。自關而東謂之服翼，或謂之飛鼠，或謂之老鼠，或謂之儠鼠；自關而西秦隴之閒謂之蝙蝠，北燕謂之蟙䘃職墨兩音。（郭璞《方言注》卷八）

按：茫北反與音墨的墨音同。

（62）【逞情】丑井反。《方言》：自山之東江淮陳楚之閒謂快曰逞。《說文》：逞，通也。（玄應卷二十，法句經上卷，422頁下）

【逞已】丑井反。《說文》：逞，通也。《小爾雅》：逞，快也。《方言》：自關而東曰逞，江淮陳楚之閒曰好也。（玄應卷二五，阿毗達磨順正理論第七卷，501頁上）

自關而東或曰曉，或曰逞；江淮陳楚之閒曰逞。（郭璞《方言注》卷三）

按：逞，郭璞無音注。

（63）【悛法】且泉反。悛，改也。《方言》：自山東而謂改曰悛。《廣雅》：悛，更也。（玄應卷二十，分別業報略集，424頁下）

— 143 —

悛音銓、懌音奕，改也。自山而東或曰悛，或曰懌。（郭璞《方言注》卷六）

按：且泉反與音銓的銓音同。

（64）【灰燼】似刃反。《說文》：謂火之餘木也。《方言》：自關而西秦晉之間炊薪不盡曰燼。（玄應卷二一，大菩薩藏經第四卷，434頁上）

㞬、蓋昨各反，餘也謂遺餘。周鄭之間曰蓋，或曰㞬；青徐楚之間曰㞬；自關而西秦晉之間炊薪不盡曰蓋。（郭璞《方言注》卷二）

按：燼、蓋異文，似刃反與昨各反是從邪混。

（65）【黃鸝】又作鴷，同。力斯反。《(方)[1]言》：倉庚。自關而西謂之鸝黃，或謂之黃鳥，或謂之楚雀。《廣志》作黃離留，廣異名也。（玄應卷二一，大菩薩藏經第六卷，434頁下）

【黃鸝】又作鴷（鴷），同。力貲反。《方言》：倉庚。自關而西謂之鸝黃，或謂之黃鳥，或謂之楚雀。異名也。（玄應卷二二，瑜伽師地論第三七卷，457頁下）

鸝黃，自關而東謂之鵹鶄又名商庚，自關而西謂之鸝黃其色鶩黑而黃因名之，或謂之黃鳥或謂之楚雀。（郭璞《方言注》卷八）

按：鸝，郭璞無音注。另外，力斯反與力貲反音同。

（66）【笑睇】徒計反。《禮記》：不能睇視。鄭玄曰：睇，傾視也。《方言》：陳楚之間謂眄曰睇。《篡文》云：顧視曰睇。（玄應卷二二，瑜伽師地論第十一卷，450頁下）

䁯音閑、睇音悌、睎、略音略，眄也。陳楚之間南楚之外曰睇。（郭璞《方言注》卷二）

按：徒計反與音悌的悌（《廣韻》：徒禮切）是濁上、濁去混。

（67）【卉木】虛謂反。百草之總名也。《方言》：東越揚州之間名草曰卉。（玄應卷二二，瑜伽師地論第二二卷，453頁下）

芔凶位反、莽嫫母反，草也。東越揚州之間曰芔，南楚曰莽。（郭璞《方言注》卷十）

按：卉是楷書，芔是小篆，虛謂反與凶位反是脂微混。

---

[1] 徐校：方字據磧沙藏補。

（68）【慳悋】古文㱁，同。力鎮反。堅著多惜曰㱁。《方言》：荆汝江湘之間凡貪而不施謂之㱁。（玄應卷二三，對法論第一卷，473頁上）

荆汝江湘之郊凡貪而不施謂之凱亦中國之通語，或謂之嗇，或謂之悋。悋，恨也慳者多惜恨也。（郭璞《方言注》卷十）

按：㱁，郭璞無音注。

（69）【甖罌】於耕、於成二反。《方言》：瓵甄、瓿，罌也。自關而東趙魏之間或謂之罌，亦通語也。瓵音部，甄勒口反，瓿音剛也。（慧琳卷九，放光般若經第三十卷，654頁下）

瓿、音岡。……甖也。於庚反。……自關而東趙魏之郊謂之瓮，或謂之甖；東齊海岱之閒謂之甓。甖，其通語也。（郭璞《方言注》卷五）

按：郭璞的於庚反與玄應的於耕、於成反是庚耕清混。

總之，源自揚雄《方言》帶音注的詞條 127 條音注 141 條，除去重複和音值同的音注，實際 84 條音注。在 84 條音注中，有 33 條音注郭璞玄應可以比較，其中音注用字相同的有 3 條，即駒音加、𧐢舊音蜂、透式六反，占 9.7%；音注用字不同而音值相同的有 20 條，即輨的古緩反/音管、蠋的古玄反/音涓、姝的充朱反/昌朱反、𪗶的乙芥反/惡介反、鍵的奇騫反/巨騫反、鯉的古和反/音戈、航的何唐反/音行、㵄的扶逼反/皮力反、緵的子孔反/音總、荄的古來反/音陔、錘的直腄反/直危反、䤦的戶姑反/音胡、㹈的莫格反/音貊、筲的所交反/音鞘、攗的虛奇反/音義，惗的他典反/音腆、䖷的居援反/音卷、煬的翼尚反/音羕、㘪的茫北反/音墨、悛的且泉反/音銓，占 64.5%；音注用字不同音值也不同的有 8 條，即嘶的先奚反與音斯的斯是齊支混、抱的蒲報反/房與反是豪魚混、腆（錪）的他典反/吐本反是先魂混、韠的補迴反/方婢反是支灰混平上混、翿的徒到反/音濤是平去混、爐（蓋）的似刃反/昨㱁反是從邪混、睇的徒計反/音悌的悌（《廣韻》：徒禮切）是上去混、卉的虛謂反/凶位反是脂微混，占 25.8%。從以上的數據可得知：玄應、郭璞相同的音注僅 3 條，其餘 136 條音注來自哪兒，是玄應所作，或是玄應按舊注的直音折合，或玄應所引，已不可考；玄應注音以反切爲主，郭璞注音以直音爲主；玄應有濁上變去的現象，郭璞有從邪混的情況。

另外，玄應引用的《方言》與今傳本揚雄的《方言》基本一樣，但存

— 145 —

在少許的版本異文。

（四）犍爲舍人《爾雅注》的方言音注

《經典釋文·敘錄》：犍爲文學注三卷（一云犍爲郡文學卒史臣舍人，漢武帝時待詔。關中卷）。玄應引用犍爲舍人《爾雅注》的音注1條，具體考述如下：

【蛇虺】古文虫、虺二形，同。呼鬼反。毒蟲也。《山海經》：即翼之山多蛇虺。郭璞曰：色如綬文，鼻上有針，大者百餘斤。一名反鼻也。《爾雅》揵[①]爲舍人曰：江淮以南曰蝮，江淮以北曰虺。《莊子》：虺二首。《韓非子》曰：虫有虺者，一身兩口，爭食相齕，遂相殺也。又《爾雅》讚曰：蛇之殊狀，其名爲虺，其尾似頭，其頭似尾，虎豹可踐，此難忘履。[②]（玄應卷九，大智度論第四二卷，198頁下）

按：虺是江淮以北的方言詞，它的呼鬼反不可能是犍爲舍人所作，因爲他不具備作反切的條件；虺《經典釋文·爾雅音義》注虎回反、呼懷反、虛鬼反、郭音龜、《字林》音潰、施音愧6次，其中呼鬼反與虛鬼反音同。至於呼鬼反是玄應所作或引，已不可考。

（五）許慎《說文》的方言音注

許慎（58—147年）[③]作過反切嗎？[日]大矢透以《後漢書·和帝紀》李賢注引許慎的反切[④]，證明此反切非後人所能依託，確鑿可信；趙蔭棠也認爲許氏之反切散見他書者，俱爲可信[⑤]。但許慎不可能作反切，他不具備作反切的條件，《說文》本無反切注音，它的反切注音是六朝經師依義翻出。

玄應引用許慎《說文》的方言詞共5條，前置的音注有6條，除去音值相同，實際4條，今逐條考述如下：

---

① 揵、犍形近易訛。
② 徐校："從《山海經》至末"高麗藏無，據磧沙藏補。
③ 嚴可均、陶方琦、周祖謨等認爲許慎生卒年58—147年，（唐）張懷瓘、（宋）洪適、（清）錢大昕有30—124年的說法，周式一認爲它是40—121年，見周式一《許慎生卒年補議》（《昭通高等專科學校學報》2001年第2期）。
④ 李賢注《後漢書》（中華書局1965年版，第165頁）："孝和皇帝諱肇……（以下是李賢注文）《諡法》曰：'不剛不柔曰和。'伏侯《古今注》曰：'肇之字曰始。肇音兆。'臣賢案：許慎《說文》'肇音大可反，上諱也。'但伏侯、許慎並漢時人，而帝諱不同，蓋應別有所據。"按：肇的切下字"可"疑有誤，例如大徐直小切，段注大小反，見《說文解字注》（上海古籍出版社1988年版，第629頁）。
⑤ 見趙蔭棠《等韻源流》，商務印書館1957年版，第8頁。

（1）【蚊蚋】而銳反。《說文》：秦人謂之蚋，楚人謂之蚊。①《通俗文》：蜎化爲蚊。小蚊曰蚋。蜎音渠兖反。（玄應卷三，摩訶般若波羅蜜經第三五卷，60頁下）

蚋蜹異體。大徐本卷十三上："蜹：秦晉謂之蜹，楚謂之蚊。从虫，芮聲，而銳切。"《篆隸萬象名義》："蜹，汝說反。"簡啓賢《字林音注研究·音注索引》（巴蜀書社2003年版，335頁）："蜹，人劣反。"而銳反、汝說反音同，與人劣反是祭薛混。

（2）【椎鍾】直追反。《說文》：椎，擊也。字從木。經文作槌。直淚反。關東謂之槌，關西謂之㭘，又作槌，都回反。摘，摘也。二形並非字義。摘音知革反。（玄應卷六，妙法蓮華經第五卷，138頁下）

大徐本卷六上："槌：關東謂之槌，關西謂之㭘。从木，追聲。直類切。"《篆隸萬象名義》："槌，紂媿反。"直淚反、直類切、紂媿反音同。

（3）【猶豫】弋又、弋周二反。案《說文》隴西謂犬子爲猶，猶性多豫在人前，故凡不決者謂之猶豫也。又《爾雅》：猶如麂，善登木。郭璞曰：健上樹也。某氏曰：上木如鳥。②（玄應卷九，大智度論第四卷，187頁上—下）

【猶豫】弋周反，下古文與，同。《說文》：隴西謂犬子爲猶。猶性多疑，在人前，故凡不決者謂之猶豫。又《爾雅》云：猶如麂，善登木。郭璞曰：健上樹也。（玄應卷十八，雜阿毗曇心論第二卷，380頁上）

【猶豫】翼周反，下以庶反。《說文》：隴西謂犬子爲猶。猶性多豫在人前，故凡不決者皆謂之猶豫。又《爾雅》云：猶如麂，善登木。郭璞曰：健上樹也。（玄應卷二二，瑜伽師地論第十一卷，450頁下）

大徐本卷十上："猶：玃屬，从犬，酋聲，一曰隴西謂犬子爲㺤，以周切。"《篆隸萬象名義》："猶，餘周反。"弋周反、翼周反、以周切、餘周反音同。簡啓賢《字林音注研究·音注索引》（巴蜀書社2003年版，332頁）："猶，弋又反。"大概玄應的弋又、弋周二反兼取《說文》、《字林》的反切。

附：【跟劈】古文鈲、㕔二形。《字林》：匹狄反，破也。關中行此音。

---

① 徐校：《說文》的解說，高麗藏無，據磧沙藏補。
② 徐校：據慧琳音義、磧沙藏補。

《說文音隱》：披厄反。江南通行二音。（玄應卷十四，四分律第十四卷，301頁上）

大徐本卷四下："劈：破也，从刀，辟聲，普擊切。"《篆隸萬象名義》："劈，叵責反。"《字林》的匹狄反與大徐本的普擊切音同；《說文音隱》的披厄反與《篆隸萬象名義》的叵責反音同。

上述4條音注與大徐本的反切用字相同1條，切上字相同1條，切下字相同1條；與《字林》的反切用字相同1條；與《篆隸萬象名義》的反切用字完全不同。周祖謨認爲《經典釋文》、玄應《音義》所引的《說文》音爲一系，與《字林》音相近；李善《文選注》、《初學記》、李賢《後漢書注》所引的又爲一系，與顧氏原本《玉篇》音相合①。他的觀點基本正確，筆者認爲玄應音義所引的《說文》音可能被大徐本所繼承。另外，《說文音隱》可能與《玉篇》音接近，與《字林》音相差較遠。

（六）樊光《爾雅注》的方言音注

《經典釋文·敘錄》："樊光《爾雅注》六卷。京兆人，後漢中散大夫。"玄應引用樊光的帶音注的方言詞1條，考述如下：

【梓柟】音南。《爾雅》：柟，梅。樊光注云：荆州曰梅，揚州曰柟，益州曰赤梗，葉似豫章，無子。（玄應卷二十，六度集第四卷，415—416頁）

《經典釋文·爾雅音義》（卷三十，中華書局1983年版，第428頁下）："柟，而占反，又音南。"玄應的注音與陸德明的又音相同，是否源自樊光的直音，已不可考。

（七）服虔《通俗文》的方言音注

《通俗文》是解說俗語俚言、冷僻俗字的第一部字典，《隋志》載"一卷，服虔撰"。《顏氏家訓·書證篇》認爲非服虔所作；（清）洪亮吉、姚振宗、馬國翰等對顏之推的說法有駁議；近人段叔偉《通俗文輯校》認爲"服虔《春秋左傳解誼》、《漢書音訓》的佚文與《通俗文》的釋詞相同，意義一致，可斷定系服虔所作"。今玄應音義中有2條《通俗文》的音注，考述如下：

---

① 周祖謨：《唐本說文與說文舊音》，《問學集》，中華書局1966年版，第736—759頁。

【船舶】音白。《埤蒼》：舶，大船也。《通俗文》：吳船曰艑，晉船曰舶。大者長二十丈，載六七百人者是也。艑音蒲殄反。（玄應卷一，大方廣佛華嚴經第五一卷，12頁下）

艑（蒲殄反）是吳方言詞，舶（音白）是晉方言詞。《通俗文》有無音注，從李善《文選注》（中華書局2008年版）引《通俗文》的例子看，它有注音，如：

（1）通俗文曰：罰罪曰譎，丈厄切。（胡刻本，709頁下）

（2）服虔通俗文曰：髮垂而髟，方料切。（胡刻本，193頁上）

由於《通俗文》已亡佚，上述2條音注已不可考。

（八）高誘《呂氏春秋》的方言音注

張舜徽說："漢末鄭玄之注經，高誘之注子，皆有功於典籍者。"[1]高誘與鄭玄被並提，足見高誘注子的成績。范曄《後漢書》未提及高誘，但從《淮南鴻烈解序》等相關文獻，可考證大致生平。他約生於160年左右（東漢桓帝時），少時（約熹平五年，176年）師從同縣（涿郡涿縣）盧植，建安十年（205）辟司空掾，任東郡濮陽令，建安十七年（212）升遷河東郡監官，約卒於三國魏文帝時，著有《淮南鴻烈解》、《淮南鴻烈音》、《呂氏春秋注》、《戰國策注》等。玄應引用高誘的帶音注的方言詞1條，如下：

【牀米】字體作糜，亡皮反。《呂氏春秋》曰：飯之美者有陽山之穄。高誘曰：關西謂之牀，冀州謂之穄。律文有作秫字，音述。（玄應卷十四，四分律第四二卷，307—308頁）

陽山之穄，南海之秬。山南曰陽，崑崙之南故曰陽山，在南海，南方之海。穄，關西謂之糜，冀州謂之堅。秬，黑黍也。（高誘《呂氏春秋注》卷十四，文淵閣四庫本）

牀、糜是版本異文；糜，高誘無音注。牀的亡皮反已不可考。

（九）郭璞《方言注》、《爾雅注》的方言音注

郭璞（276—342年），字景純，東晉聞喜（今山西聞喜縣）人。晉元帝時，官尚書郎。《晉書·列傳》第四二："璞撰前後筮驗六十餘事，名爲《洞林》。又抄京、費諸家要最，更撰《新林》十篇、《卜韻》一篇。注釋《爾雅》，別爲《音義》、《圖譜》。又注《三蒼》、《方言》、《穆天子傳》、《山

---

[1] 見《漢書藝文志通釋》，湖北教育出版社1990年版，第186頁。

海經》及《楚辭》、《子虛》、《上林賦》數十萬言。"

玄應引用郭璞的帶音注的方言詞 13 條，其中《爾雅注》9 條，《方言注》4 條，具體如下：

(1)【熊羆】胡弓反。《說文》：熊如豕，山居冬蟄。其掌似人掌，名曰蹯。羆，彼宜反。《爾雅》：羆如熊，黃白文。郭璞曰：似熊而長，頭似馬有甗，高腳，猛憨多力，能拔木。關西名猳羆。蹯音扶袁反，憨呼藍反，猳音加。（玄應卷二，大般涅槃經第十六卷，47 頁上—下）

羆如熊，黃白文。注：似熊而長頭，高腳猛憨多力，能拔樹木。關西呼曰猳羆。音義：羆音碑，憨呼濫反，猳音加。（《爾雅注疏》卷十一，文淵閣四庫本）

猳加。（《爾雅音釋》卷十九，周祖謨《爾雅校箋》，雲南人民出版社 2004 年版，176 頁）

按：郭注內容二者基本相同；猳貑異體，玄應、陸德明都注"音加"。

(2)【鴟鵂】尺脂反，下許牛反。《爾雅》：鵂，忌欺。郭璞曰：今江東呼鴟鵂為鉤鵅音挌，怪鳥也。晝盲夜視，關西名訓侯，山東名訓狐也。（玄應卷十，大莊嚴經論第一卷，207—208 頁）

【鉤鵅】古侯反，下加額反。《爾雅》：鵅，忌欺。郭璞曰：今江東呼鵂鶹為（忌欺，亦謂之）①鉤鵅，音格。《廣雅》：鵂鶹，鳩鴟也。亦怪鳥也，晝盲夜視，關西呼訓侯，山東謂之訓狐。論文作鴝，字與鵰同。音具揄反。鴝鵒鳥也。鴝非此義。（玄應卷十七，俱舍論第一卷，364 頁上）

【鵂鶹】許牛反，下力周反。《爾雅》：鵂，忌欺。郭璞曰：今江東呼鵂鶹鉤鵅。鵅音挌。《廣雅》鵂鶹為鵋鵂也。鵋音逸講反。亦云怪鳥，晝盲夜視，鳴為怪也。關西名訓侯，山東名訓狐。《纂文》云：夜則拾人瓜也。（玄應卷二四，阿毗達磨俱舍論第二卷，487 頁上）

鵅，鵋鵙。注：今江東呼鵂鶹為鵋鵙，亦謂之鴝。音義：鵅，古客反……（《爾雅注疏》卷十，文淵閣四庫本）

鵅格。（《爾雅音釋》卷十七，周祖謨《爾雅校箋》，174 頁）

按：挌格異體，音挌的挌（格）與古客反音同。

(3)【洲潭】徒亶反。《爾雅》：潭沙出。郭璞曰：今江東呼水內沙堆

---

① 徐校：()的內容據磧沙藏補。

為潭，洛陽北河中有中潬城是也。論文作埏，音延，八埏之地也。亦埏，道也。埏非此用。(玄應卷十，寶髻菩薩經論，217頁下)

【洲潬】徒亶反。《爾雅》：潬沙出。郭璞曰：今江東呼水內沙堆爲潬。謂水中央地也，論文作埏，音延，非字體也。(玄應卷十一，正法念經第十卷，221頁下)

【潬上】徒旱反。《爾雅》：潬，沙出。郭璞曰：今江東呼水中沙堆爲潬。謂水中央地也。(玄應卷十九，佛本行集經第四二卷，403頁上)

潬沙出。注：今河中呼水中沙堆爲潬。音義：潬，徒坦反……(《爾雅注疏》卷七，文淵閣四庫本)

潬但。(《爾雅音釋》卷十二，周祖謨《爾雅校箋》，111頁)

按：徒亶反、徒坦反與音但的但(《廣韻》：徒案切)是濁上、濁去混。

(4)【菘菁】思雄反。《方言》：蘴、蕘，蕪菁也。郭璞注：舊音蜂，今江東音嵩，字作菘。陳楚間曰蘴，音豐。齊魯之間謂之蕘，關之東西謂之蕪菁。蕘音饒。(玄應卷十一，中阿含經第二十卷，228頁上—下)

蘴舊音蜂。今江東音嵩，字作菘也，蕘鈴鐃，蕪菁也。陳楚之郊謂之蘴，魯齊之郊謂之蕘，關之東西謂之蕪菁。(郭璞《方言注》卷三，文淵閣四庫本)

按："舊音蜂，今江東音嵩"二者相同。

(5)【中曬】又作㫺。《方言》：曬，暴也，乾物也。郭璞音霜智反，北土行此音。又所隘反，江南行此音。(玄應卷十四，四分律第六卷，298頁上)

膊音膞脯、曬霜智反、晞，暴也。(郭璞《方言注》卷七，文淵閣四庫本)

按：玄應徵引的曬"郭璞音霜智反"與今傳本郭注的反切相同。

(6)【作緡】亡巾反。《說文》：釣魚繳也。《爾雅》：緡，綸也。郭璞曰：江東謂之綸。繳音之若反。(玄應卷十五，十誦律第四六卷，323頁上)

緡，綸也。注：《詩》曰：維絲伊緡。緡，繩也，江東謂之綸。音義：緡，亡巾反。綸音倫。繩音乘。(郭璞《爾雅注》卷二，文淵閣四庫本)

按："江東謂之緡"、"江東謂之綸"是版本異文，緡的反切玄應與陸德明同。

(7)【竹笪】都達反。《說文》：笪，箬也。音若。箬，竹皮名也。郭璞注《方言》云：江東謂籧篨，直文而粗者爲笪，斜文爲簸，音癈。一名

符箐。宋魏之間謂簟粗者爲籧篨也。《說文》：籧篨，粗竹席也。或用蘆織也。（玄應卷十七，俱舍論第九卷，366頁上）

其麤者謂之籧篨，自關而東或謂之笪，_{挾音剌，江東呼籧篨爲簧，音廢。}（郭璞《方言注》卷五，文淵閣四庫本）

按：簽音癈與簧音廢是版本異文。

（8）【垂頯】丁可反。《廣雅》：頯，醜兒也。經文作恀，時紙反。《爾雅》：恀、恃，怙也。郭璞曰：江東謂母爲恀。恀非字義。（玄應卷十九，佛本行集經第十六卷，398頁上）

恀、怙，恃也。_{注：今江東呼母爲恀。}（《爾雅注疏》卷二，文淵閣四庫本）

按：恀是郭璞時代的江東方言詞，但郭璞未給它注音。

（9）【謇吃】居展反。《通俗文》：言不通利謂之謇吃。《周易》：謇，難也。《方言》：謇，吃也。楚語也。郭璞曰：亦北方通語也。（玄應卷十九，佛本行集第二六卷，399頁下）

讙、極，吃也。_{楚語也，亦北方通語也。}（郭璞《方言注》卷五，文淵閣四庫本）

按：謇是郭璞時代的楚語及北方通語，但郭璞未給它注音。

總之，上述13條音義，其中"義"與郭注基本相同；"音"與郭璞相同4條（包括版本異文），與陸德明相同2條，可以看出玄應引用了郭璞、陸德明等的音注，玄應的方言詞音注是傳承有緒的讀書音。

（十）孫盛《晉陽秋》的方言音注

孫盛（約302—374年），字安國，太原中都人，據《隋志》，孫盛撰《魏氏春秋》二十卷。今玄應引用孫盛的帶音注的方言詞1條，如下：

【傖吳】仕衡反。《晉陽秋》曰：吳人謂中國人爲傖人。俗又總謂江淮間雜楚爲傖。（玄應卷十六，善見律第十六卷，343—344頁）

按：孫盛《晉陽秋》已亡佚，傖的仕衡反已不可考。

（十一）何承天《纂文》的方言音注

何承天（370—447年），東海郯人，據《舊唐志》載，《纂文》三卷。《舊唐志》把它與《三蒼》、《說文解字》等並列，可見爲文字類著作。今玄應引用何承天的帶音注的方言詞6條，如下：

（1）【步屈】《纂文》云：吳人以步屈名桑蠋。《方言》"尺蠖又名步屈"是也。蠖，古合反。（玄應卷二，大般涅槃經第七卷，42頁上）

【蚇蠖】齒亦反,下烏郭、於獲二反。《爾雅》:蠖,尺蠖。《方言》:尺蠖又名步屈,一名尋桑。《纂文》云:吳人以步屈名桑蟨。音古合反。一名蛂蟓。蟓音子六反。(玄應卷十八,鞞婆沙阿毗曇論第十四卷,377頁下)

按:蟨,王三胡臘(匣盍開一)反,與古合反是見匣混、合盍混。

(2)【之垜】徒果反。謂土楊也。《纂文》云:吳人以積土爲垜也。(玄應卷七,阿闍世王經下卷,157頁下)

垜,吳方言詞。《篆隸萬象名義》:垜,徒果反。

(3)【諛訑】以珠反。不擇是非謂之諛。下大可反。《纂文》云:兗州人以相欺爲訑。又音湯和反。訑,避也。(玄應卷八,佛遺日摩尼寶經,178頁上)

按:訑詑異體,《廣韻》徒河(定歌開一)、弋支(以支開三)、香支(曉支開三)、土禾(透戈合一)、徒可(定歌開一上)切,其中弋支、香支切注的是訑的音,徒河、土禾、徒可切注的是詑的音。大可切與徒可反音同,土禾切與湯和反音同。

(4)【趁而】丑刃反。謂相趁逐也。《纂文》云:關西以逐物爲趁也。(玄應卷十九,佛本行集經第十二卷,397頁上)

按:趁,關西方言詞。《康熙字典》:"趁,《廣韻》《集韻》《韻會》《正韻》並丑刃切。"

上述 6 條音注,1 條與《玉篇》的反切相同,由於《纂文》已亡佚,其餘 5 條音注已不可考。

總之,通過比對上述六類音注,筆者發現少數是方音,部分是傳承有緒的讀書音。由於六朝隋唐的舊音亡佚很多,玄應引用的方言詞音注中一些已不可考,它們是六朝舊音,還是玄應自作的反切?但從玄應引用的郭璞方言詞的音注看,這些音注基本上是傳承有緒的讀書音,可能那些不可考的方言詞音注中大部分是傳承有緒的讀書音(包括音注用字不同音值相同的注音),因爲按"音義"徵引原則,僅徵引"義"而不徵引"音"不合常理,除非他認爲"音"不規範;唐人注音一般採用反切,唐代的經師宿儒有把六朝的直音折合成反切的習慣,因而這些反切與直音基本同音。以揚雄《方言》的音注而言,筆者認爲其中的絕大多數是郭璞(276—342 年)

以後的注音，最多距玄應在 350 年。一般來說，三百多年來的語音演變並不是很大，這些音注對研究玄應時代的方音還是有價值的。

另外，筆者以服虔爲界，他以前的宿儒不大可能作反切注音，這些反切注音應是後人依義翻出，至於是誰依託，已不可考。

四　小結

總之，通過考證上述三種方言音注材料，從中得出以下結論：

（一）某音與方音相關。由於沒標注方言區劃，相對某地音而言，它們的研究價值略低。

（二）玄應"使用"的帶音注的方言詞中，有些是他暗引的，不能作唐初的方言詞。玄應暗引這些方言詞，並非忠實原著，除版本異文、文字參差外，他還有對歷史上的方言區劃加以"改造"，如把"并冀"改"幽冀"、"江東"改"江南"、"關東"改"山東"。

（三）玄應引用的方言詞音注中的極少數是方音，絕大部分是傳承有緒的讀書音。由於六朝的舊音亡佚很多，玄應引用的方言詞音注一些已不可考，它們是六朝舊音，還是玄應自作？但從玄應引用的郭璞方言詞的音注看，這些音注基本上是傳承有緒的讀書音，可能那些不可考的方言詞音注中絕大部分也是傳承有緒的讀書音。

（四）玄應標注的"某地音"應是某地的方音。由於標記清楚，不再考證，也無須考證，從略。

第五節　方言音注反映的方音特點

玄應的方言音注材料涉及秦漢、六朝、唐初三個時期，但方言詞"出現"的時間和給它注音的時間並非在同一層面上，例如，一般認爲東漢末以前無反切注音，但玄應音義中的秦漢方言詞幾乎都注反切，一般認爲這些反切注音是六朝的經師依義翻出，爲六朝時期的音注。其次，玄應的方言音注數量相對較少，音節空位較多，可據此揭示方音的特點，而描寫唐初的方言音系還需結合其他方言材料。

另外，方音如果和通語相同，表明這些方音已進入通語，成爲通語的一部分，對描寫方音特點的價值不大。筆者僅用那些與通語有差別的方言材料來揭示方音特點。

一 秦（隴）晉方音的特點

（一）方言材料

玄應《衆經音義》中可用來描寫秦晉方音特點的材料有如下幾種：

（1）"某地音"：關西5條，關中10條。

（2）"某音"66條。鑒於玄應一生主要在京兆一帶譯經、傳教等，筆者認爲部分"某音"是關中一帶的方音。

（3）玄應"使用"的方言詞音注：關西方言詞音注9條，關中8條，陝以西3條。

（4）玄應引用的方言詞音注：揚雄的關西10條，梁益之間1條，自關而西秦晉之間5條；許慎的隴西3條；高誘的關西1條；何承天的關西1條。

（5）玄應給其他方言區域的方言詞"作"的音注，絕大多數是以當時的規範語音標準來注的規範讀音，並非是某地的方音，這個規範的語音的基礎方言之一是秦晉方言，所以這些方言音注也是描寫秦晉方音特點的材料之一。

（二）方音特點

1. 聲母

1.1 舌根擦音讀舌根塞音

【色虹】胡公反。郭璞《爾雅音義》云：虹雙出鮮盛者爲雄，雄曰虹。暗者爲雌，雌曰蜺。蜺或作霓。霓音五奚反。俗音古巷反。青虹也。（玄應卷十九，佛本行集經第七卷，394頁下）

一般認爲玄應音義中的無標記的俗音是關中一帶的俗音。胡公反是匣母東合一。古巷反是見母江開二去。見、匣是舌根音，變讀匣母是同部位的塞音軟化造成的，也伴隨着濁音清化。從格里姆定律可知先有塞音，后有擦音。塞音比擦音古，玄應的俗音還有没被擦化的塞音的殘留。舌根擦音讀舌根塞音的現象在方音中較普遍，李匡乂《資暇集》的"俗譚"條：

— 155 —

"俗之誤譚，不可以證者何限。今人……以'鸎'爲'詬'人，……"鸎《廣韻》胡遘切，匣母字；詬《廣韻》古厚切，見母字。李匡乂是京兆長安人，它反映的是京兆一帶的俗音特點，可與玄應的俗音互證。

1.2 船禪不混

【牢船】示專反。……《方言》：自關而西謂舟爲船。……（玄應卷十二，生經第四卷，257頁下）

【舩人】述專反。……《方言》：自關而西謂舟爲舩。……（玄應卷十七，俱舍論第六卷，365頁上）

船舩異體，本是船母字；玄應的切上字示、述都是船母，表明玄應船禪不混，反映當時的秦晉方言能分船禪。

1.3 滂明混

【蕃息】輔袁反。蕃，滋也，謂滋多也。《釋名》：息，塞也。言萬物滋息塞滿也。今中國謂蕃息爲孄息。孄音亡万反。周成《雜字》曰：孄，息也。同時爲一孄，亦作此字。[①]（玄應卷九，大智度論第三卷，187頁上）

亡万反是明元合三去。孄王三芳万（滂元合三去）反。雙唇塞音、鼻音混的情況在對音中也有反映，不空（705—774年）用鼻音尾的鼻聲母漢字對梵文的鼻輔音，用無鼻音尾的鼻聲母漢字對梵文的濁不送氣塞音，如囊麼的對音是 naba[②]；于闐文字轉寫《金剛經》用 byerä 對"滅"，用 daṃmä 對"南"等[③]。廈門話的 *mb>b 也與此類似，如門讀 bun。今侗台語、苗瑤語、東部彝語有鼻冠音 mb-等聲母；吳語、潮汕閩語、海南話有雙唇內爆音 ɓ-聲母[④]。可以說鼻冠濁聲母或先喉塞音或內爆音聲母早已在唐代西北方音中存在，也可類推唐代的吳語、閩語等也存在鼻冠濁聲母或先喉塞

---

① 徐校："今中國"以後的文字據磧沙藏補。
② 梵漢對音中密咒的例子較多，除不空外，還有無名氏的 P.T.396 等。李建強《P.T.396 的版本來源及其反映的漢語語音現象》（《語言研究》2013 年第 2 期）："P.T.396 是漢文咒語的藏文拼寫本，而且反映出明顯的（唐代）西北音特點：漢語次濁聲母念鼻音和同部位的濁塞音……"
③ 見高田時雄《于闐文書中的漢語語彙》，《敦煌・民族・語言》，中華書局 2005 年版，第 236—242 頁。
④ 雙唇ɓ-是發聲最早的內爆音，也是世界上最爲普通常見的內爆音，在東南亞地區的各種語言中廣泛存在，發音時，聲門向下拉減少在聲道裏的空氣，然後釋放，發聲所需要的氣流降低了口腔的真空度，由於口腔真空度較少，就與雙唇鼻音 m-類似，聽感上發生混淆。

音或內爆音聲母，祇是唐代缺乏吳語、閩語的材料來揭示它。一般認爲鼻冠濁聲母或先喉塞音或內爆音聲母來自侗台語等的底層，但從唐代西北方言的材料看，唐代西北方音受侗台等東南亞語影響的可能性較少，筆者同意朱曉農的觀點，認爲它是自然音變形成的①。

媕是中國方言詞，筆者不認爲它的注音反映中國方音的特點，而認爲它反映了注音者玄應的方音特點，即秦晉方音的特點。鼻冠濁聲母在今晉語還有遺跡，例如，今晉方言的并州片、呂梁片、五臺片米脂、志延片安塞等幾十個方言點的鼻音聲母均帶有同部位的塞音成份，即古鼻音聲母明母讀 mb，泥母讀 nd，疑母讀 ŋg②。

1.4 知三與章組合併

【螽蜦】古文蠹，同。止戎反，下徙移反。《詩》云：螽蜦羽。《傳》曰：螽蜦，蚣蝑也。亦即蝗也。俗名春黍，今江北通謂螽蝗之類曰蝩，亦曰簸蝩。蝩音之凶反。（玄應卷十，大乘莊嚴經論第十卷，213 頁下）

蝩是江北方言詞，但玄應給它"作"的音注應是當時的規範讀音，這個規範語音的基礎方言之一是秦晉方言，所以它的之凶反是描寫秦晉方音特點的材料之一。之凶反是章鍾合三。蝩，王三直容（澄鍾合三）反。照三澄三混，與《開蒙要訓》③、《中原音韻》④相同。在現代方言中，它的知三與章組合流與今贛語、客家話⑤相同。另外，它還伴隨有濁音不論平仄一律演變爲全清音的現象。

1.5 禪以混

【調語】是鹽反。又音壚，世俗間語耳。（玄應卷十九，佛本行集經第

---

① 見朱曉農《語音學》，商務印書館 2010 年版，第 222—223 頁。
② 喬全生：《晉方言語音史研究》，中華書局 2008 年版，第 56 頁。
③ 羅常培《唐五代西北方音》："漢藏對音中知、章兩組不分，《開蒙要訓》也有許多互注的例子，都和這裡（按：指別字異文）的情況相合。"在羅常培羅列了《開蒙要訓》知組、照組互注的 9 個字例中，7 例是知三、章組互注，可能知三和章組已合流。
④ 《中原音韻》具體是知二與莊組合流、知三與章組合流。周德清，江西高安人，他的《中原音韻》體現出了贛語的特點。古屋昭弘（1992）在整理《正字通》的反切系統時，發現中古精組的"子祖"、"七才"類可作莊組字的反切上字，中古知三、章母可以互切，也表明知二與莊組合流、知三與章組合流。張自烈，江西宜春人，他的《正字通》也體現出贛語的特點。
⑤ 今贛語、客家話的絕大多數次方言片的特點是知二與莊組合流、知三與章組合流，形成兩分的局面。

十六卷，398頁下）

　　是鹽反是禪鹽開三。壒（鹽）《廣韻》余廉切（以鹽開三）。世俗間語讀禪入以。以母是喻四，喻四歸定；禪母是照三，照三歸端。它們都是濁音，濁塞音軟化後就變成濁擦音。禪以混，反映的語音層次較古。另外，禪 z 是舌面前擦音，以 j 是舌面中擦音，二者都是擦音，且發音部位靠近，方言相混是正常現象。

1.6 保留濁音，存古

【瘀下】又作㿃，《字林》同。竹世反。瘀，赤利也。關中多音滯。《三蒼》：瘀下病也。……（玄應卷二，大般涅槃經第九卷，43頁下）

　　竹世反是知母祭開三。滯王三直例（澄母祭開三）反。關中音是濁音，存古。另外，玄應注的首音竹世反已經按平送仄不送的規則清化。

1.7 舌上歸舌頭，存古

【蛇蠆】勑芥反。《字林》：皆行毒蟲也。關西謂蠍爲蠆蛆，音他達、力曷反。（玄應卷十六，鼻奈耶律第九卷，346頁上）

　　他達反是透母曷開一。蠆王三丑芥（徹母夬開二）反，與勑芥反音同。玄應的首音、王三的反切都是舌上音，而關西音是舌頭音。舌上歸舌頭，關西音存古。

1.8 尤韻的唇音字由細變洪

【甲冑】古文䩨，同。除救反。《廣雅》：冑，兜鍪也。中國行此音；亦言鞮鍪，江南行此音。鞮音低，鍪莫侯反。（玄應卷一，大方廣佛華嚴經第六卷，9頁上）

　　鍪王三莫浮（明尤開三）反。玄應給尤韻的字注侯韻（鍪莫侯反），表明他的底層方音已混。尤韻的唇音字不變輕唇[①]，卻變一等侯韻。尤韻明母字變入一等是在輕唇音變化之前發生的，基本完成尤和東三明母字這一變化的最早音系是陸德明的《經典釋文》反切音系[②]，《集韻》把尤三的明母字都併入侯韻就是徹底完成的標識。陸德明比玄應稍早，玄應的注音

---

① 重紐的三等唇音字也不變輕唇，與此類似，因此有學者認爲尤韻也有重紐，例如李新魁《中古音》（商務印書館 2000 年版，第 94 頁）、孫玉文《中古尤韻舌根音有重紐試證》，臺灣《清華學報》1994 年第 24 卷第 1 期）等。

② 見邵榮芬《集韻音系簡論》，商務印書館 2011 年版，第 115 頁。

第二章　玄應音義的方音研究

可與《經典釋文》互證，表明尤韻的脣音字由細變洪是在輕脣音變化之前發生的。

2. 韻母

2.1 支脂混

【訾星】子移反，吳音。醉唯反，秦音也。參星，頭上三小星也。（慧琳卷十七，大方等大集經第二一卷，800 頁下）

這是慧琳轉錄玄應音義的部分。子移反是精支開三。醉唯反是精脂合三。訾《廣韻》即移（精支開三）切，取吳音，不取秦音。從唐初的吳音看，一般支脂不混，所以筆者認爲是秦音支脂混。

2.2 尤韻的牙音字入虞韻

【蚑蜂】巨儀反。《聲類》云：多足蟲也。關西呼蛬蛷爲蚑蛷音求俱反，下所誅反。（玄應卷二十，字經抄，423 頁下）

求俱反是群母虞合三。蛷王三巨鳩（群母尤開三）反。儲泰松認爲尤侯韻脣音字讀入虞模是北方方音的一個普遍現象，非關中地區獨有①。關西方言不僅尤侯韻脣音字讀入虞模②，它的喉牙音字也讀入虞模韻的情況。河北一帶的尤侯韻舌齒音字也有讀入虞模的現象③。另外，尤侯部的脣音字不入魚模是中古吳、楚語的特點，吳語中尤侯部不入魚模的例子在慧琳音義中較多，唐宋荆湘一帶的詩人等用韻也可反映楚語尤侯部的脣音字不入魚模的語音特點。

2.3 佳皆混

【嘶喝】又作誓，同。先奚反。下又作嗑，同。乙芥反。《方言》：嘶、嗑，噎也。郭璞曰：謂咽痛也。楚曰嘶，秦晉或曰嘶（嗑）。《埤蒼》：嘶，聲散也。《廣雅》：聲之幽也。（玄應卷三，勝天般若經第一卷，72 頁下）

乙芥反是影怪開二。嗑《集韻》烏懈（影卦開二）切。怪、卦二等重韻，秦晉方音混，與《唐韻》規定的同用一樣。

2.4 冬韻讀入登韻

---

① 儲泰松：《唐五代關中方音研究》，安徽大學出版社 2005 年版，第 22 頁。
② 關西方言的尤韻脣音字讀入魚模，在慧琳音義中例子較多。
③ 封演《封氏聞見記》："古謂'州'爲'朱'。"州，章尤開三，朱，章虞合三。封氏自西晉、北魏以來，世爲渤海蓨人，封演記載的尤韻字讀虞韻大概是中唐以前的河北一帶的方音。

【疼痛】又作痋、胨二形，同。徒冬反。《聲類》作癑。《說文》：痋，動痛也。《釋名》：疼，痹也。下里間音騰。（玄應卷十四，四分律第四卷，297頁下）

疼《廣韻》徒冬切，冬韻字。騰《廣韻》徒登切，登韻字。這裡的下里間音應是京兆一帶的俗音。唐代西北方音中也有東冬鍾與登同韻的現象，釋定惠的《俗流悉曇章》（任半塘《敦煌歌辭總編》卷三，上海古籍出版社1987年版）："無爲法性妙開通，愚迷衆生隔壁聾，容龍洪春，普勸同燃智燈。"韻腳字：通（東）聾（東）春（鍾）燈（登）。冬韻入登韻，在今漢語方言還有遺跡。今溫州方言讀"儂"亦爲"能"，蘇州市郊及吳江、昆山一些鄉村東（冬）韻讀如登韻：東=登，懂=等，凍=凳，同=騰，農=能，棕=增，從=層，聾=楞，韻母都是 əŋ[①]。

2.5 洪細不分

【尣狂】枉王反。正體本作九，象形，今俗用加王作尣，形聲字也。《韻銓》：尣，弱也。《通俗文》云：短小曰尣。《說文》：跛曲脛也。俗音烏黃反，聲轉訛。（慧琳卷十六，無量清净平等覺經下卷，777頁下）

這是慧琳轉錄玄應音義的部分。尣的切下字王是陽合三，黃是唐合一。陽唐混，洪細不分。其實，尣王三烏光（影唐合一）反，與俗音烏黃反音同。慧琳與王仁昫矛盾。俗音是否爲訛音，已不可考。但俗音中喉音、舌音、唇音字的洪細不分的現象普遍存在。另外，按照慧琳的音義，王三收錄了訛誤的方俗音。

2.6 陰聲韻帶後鼻-ŋ

【刀鞘】《小爾雅》作鞘。諸書作削，同。思誚反。《方言》：削，刀鞞也。《方言》：劍鞘，關東謂之削，關西謂之鞞。音餅。江南音嘯，中國音笑。（玄應卷十四，四分律第五一卷，310頁下）

鞞，王三卑婢（幫紙開三）反。餅，王三必郢（幫清開三上）反。關西讀鞞爲餅，表明函谷關以西的部分方音有陰聲韻帶後鼻韻尾-ŋ 的現象，符合秦晉方音的特點，即"秦壤雍梁，音詞雄遠"（《續高僧傳》卷三〇《雜科聲德篇·論》）。

---

① 見徐時儀《一切經音義三種校本合刊緒論》，上海古籍出版社2008年版，第95頁。

2.7 開合混

【如槩】古代反。《蒼頡篇》：槩，平斗斛木也。江南行此音，關中工內反。（玄應卷十七，出曜論卷五，370 頁上）

古代反是見母代開一。工內反是見母隊合一。槩，王三是古礙（見母代開一）反，與江南音同。玄應標注江南音是首音，表明它是規範的讀音；相較而言，關中音是不規範的讀音。關中讀工內反是增加了合口介音。

3. 聲調

3.1 去聲似上

秦人去聲似上並非與全濁上聲變去聲有關，筆者認爲它應與去聲的調值與上聲的調值近似有關。具體如下：

【顧盷】眠見反。《說文》：邪視也。《蒼頡篇》：旁視也。《方言》：自關而西秦晉之間謂視爲盷也。（玄應卷一，大方廣佛華嚴經第九卷，9 頁下）

眠見反是明母先開四去。《莊子音義中》："盷，舊莫顯（明母先開四上）反。"①從陸德明的釋文看，上聲是舊音，而玄應注去聲，可能從調值看，"秦人去聲似上"（顧齊之《慧琳音義·序》）。另外，明母非全濁聲母，不存在濁上變去的嫌疑。

3.2 去聲爲入

周秦至六朝，聲調是最活躍的音段成份，聲調中活躍的是去聲，可能與去聲正在形成有關。由於古無去聲，大量的入聲字派入去聲，方言中也存在着去聲爲入的現象。需要指出的是它與後來的入派三聲不在一個時間平面上。秦隴"去聲爲入"（《切韻序》）也可能與去、入的調值近似有關。去聲爲入包含上述兩種情況，較複雜，需視具體情況而定。

【狡獪】……古快反。《通俗文》：小兒戲謂之狡獪。今關中言狡刮，訛也。（玄應卷十八，《解脫道論》第四卷，378 頁下）

獪的古快反是見夬合二。刮是見山合二入。夬點混，關中讀去爲入。如果按北方"入派三聲"的原則，清聲母應派入上聲，這裡派入去聲。獪是上古月部字，上古月部可析出中古的點、夬韻。此處相混表明它與入聲

---

① 陸德明：《經典釋文》，中華書局 1983 年版，第 387 頁上。

韻尾-t消失無關，與去、入的調值近似有關。

【蚊蚋】而銳反。《說文》：秦人謂之蚋，楚人謂之蚊。① 《通俗文》：蜎化爲蚊。小蚊曰蚋。蜎音渠兖反。（玄應卷三，摩訶般若波羅蜜經第三五卷，60頁下）

而銳反是日母祭合三。蜹（蚋）王三如雪（日薛合三）反。去入混。蚋上古緝部字，緝部與中古的祭、薛韻關係不大；日母是次濁聲母，它的入聲派入去聲，符合北方方言"入派三聲"的原則，此處可能與入聲韻尾-t消失有關等。

【蛇蠆】勑芥反。《字林》：皆行毒蟲也。關西謂蠍爲蠆蛪，音他達、力曷反。（玄應卷十六，鼻奈耶律第九卷，346頁上）

他達反是透母曷開一。蠆王三丑芥（徹母夬開二）反。曷夬相混，也是去聲爲入。蠆上古月部字，它可分化出中古的曷韻、夬韻；透、徹非次濁聲母，它的入聲在北方方言中不可能派入去聲。此處相混表明它與入聲韻尾-t消失無關，可能與去、入的調值近似有關。

3.3 平聲爲入

【如蔑②】眠結反。《埤蒼》：析竹膚也。《聲類》：蔑，籆也。今蜀土及關中皆謂竹蔑爲籆，音彌。析，音思歷反，字從斤分木爲析，今俗作枂，皆從片。（玄應卷十，般若燈論第一卷，206頁下）

蔑王三莫結（明母屑開四）反。弥（彌）王三武移（明母支開三）反。蔑上古月部，月部與中古的支韻關係不大。關中讀蔑爲彌，與後來北方方言入派三聲的"次濁聲母讀去聲"的規則不同，大概平、入的調值近似。另外，唐代其他方言區，如中國方言區的新鄭、鞏縣等地也有平讀入的現象③。

---

① 徐校：《說文》的解說，高麗藏無，據磧沙藏補。
② 徐校：磧沙藏作蔑。
③ 陸游《老學庵筆記》卷十："世多言白樂天用相字多從俗語作思必切，如'爲問長安月，如何不相離'是也。然北人大抵以相字作入聲，至今猶然，不獨樂天。老杜云：'恰似春風相欺得，夜來吹折數枝花'，亦從入聲讀，仍不失律。"切下字必是質韻字。白居易是新鄭人，杜甫是鞏縣人，二人都在中國方言區。因此，中國方言區有把平聲讀入聲的現象。

二　中國（中原）方音的特點

（一）方言材料

玄應《衆經音義》中可用來描寫中國方音特點的材料有如下幾種：

（1）"某地音"：中國音 6 條，北人音 6 條，山東音 20 條。

（2）玄應"使用"的方言詞的音注：中國 14 條，北 5 條、江北 4 條、汝南 1 條、趙魏 1 條，齊宋 1 條。

（3）玄應引用的方言詞的音注：揚雄的北 1 條，陳楚之間 5 條，陳楚宋魏之間 2 條，東齊魯衛之間 3 條，關東 7 條，嵩岳以南陳穎之間 2 條，宋魯之間 3 條，宋衛南楚之間 2 條，韓魏之間 1 條，自關而東齊魯之間 4 條，自關以東五國之都 1 條，自關以東五國之郊 1 條，趙魏之間 5 條，楚鄭以南 1 條，江淮陳楚之間 1 條；犍爲舍人的江淮以北 1 條；許慎的關東 1 條；郭璞的北 1 條。

玄應"使用"、引用的方言詞一般注規範的讀音，並非是某地的方音，這個規範的語音的基礎方言有中國方言的因子，所以這些方言中的特殊音注也是描寫中國方音特點的材料之一。

（二）方音特點

1. 聲母

1.1　照二照三合流

【裝挾】阻良、側亮二反，下師句反。今中國人謂撩理行具爲縛挾。縛音附，挾音戌。《說文》：裝，束也，裹也。（玄應卷十八，解脫道論第一卷，378 頁上）

挾王三色句（生虞合三去）反。戌王三傷遇（書遇合三）反。生，照二；書，照三。莊組與章組合併，與守溫字母[①]、《皇極經世書聲音圖》[②]相同。在知、莊、章的合流問題上，唐代的中國音、守溫字母的照二照三合流與今閩語[③]相同。

[①] 它的正齒音衹有"照穿禪審"一組，表明莊、章已合流。

[②] 周祖謨《宋代汴洛語音考·二皇極經世書聲音圖解》："照穿二母兩等同列，當讀同一音。此自唐五代已然。"見《問學集》，中華書局 1983 年版，第 595 頁。

[③] 今閩語中的絕大多數方言是莊章組的字爲一類，知組字不論二三等都讀塞音 t 類，卽知組與莊章組形成二分的局面。

1.2 書曉混

【蛇螫】式亦反。《字林》：蟲行毒也。關西行此音。又呼各反，山東行此音。蛆（蜇），知列反。南北通語也。（玄應卷十四，四分律第二卷，296頁上）

關西音式亦反是書母昔開三，山東音呼各反是曉母鐸開一。螫王三施隻（書母昔開三）反，與關西式亦反音同。書、曉都是擦音，書是舌面前擦音，曉是舌根擦音，二者混是由韻母的洪細引起的，昔韻帶韻頭-i，它是舌面前元音，使聲母的發音部位向前挪動；鐸韻的韻腹是-ɑ，它是舌面後（舌根）低元音，使聲母的發音部位向後挪動。此處方音與同化音變有關。

另外，螫《毛詩音義》何呼洛反[①]，《周禮音義》劉呼洛反。呼洛反與呼各反音同。《隋書‧經籍志》（第916頁）：劉芳《毛詩箋音證》十卷、魯世達《毛詩並注音》八卷、徐邈等撰《毛詩音》十六卷、徐邈《毛詩音》二卷、干氏《毛詩音隱》一卷。《經典釋文‧敘錄》（第10頁）稱為《詩》音者9人，有鄭玄、徐邈、蔡氏、孔氏、阮侃、王肅、江惇、干寶、李軌；俗間2人，有徐爰《詩音》、沈重《詩音義》[②]。從《隋志》、《經典釋文‧敘錄》來看，不知"何"是誰。據《經典釋文‧敘錄》可知《周禮音義》的呼洛反是劉宗昌的反切。劉宗昌是東晉人，生平籍貫不清。大概"何"與劉宗昌的反切都是崤山以東的方音，不被《切韻》、《玉篇》[③]收錄。

1.3 保留濁音，存古

【柱髀】古文踔同。蒲米反，北人行此音。又必爾反，江南行此音。《釋名》：髀，卑也。在下稱也。經文作跰胜二形，此並俗字，非其體也。（玄

---

① 陸德明：《經典釋文》，中華書局1983年版，第59頁上。

② 《經典釋文‧敘錄》（第10頁）："前漢魯、齊、韓三家《詩》列于學官。平帝世，《毛詩》始立，齊《詩》久亡，魯《詩》不過江東，韓《詩》雖在，人無傳者。唯毛《詩》、鄭《箋》獨立國學，今所遵用。"為《詩》音者11人，都是東漢末或以後學者，所以他們不可能給齊《詩》作音；無人給韓《詩》作注，所以排除他們給韓《詩》作音；魯《詩》不過江東，所以排除東晉及南朝學者（東晉李軌、宋徐爰）給魯《詩》作音。此外，從陸德明《釋文‧毛詩音義》引毛詩音的經師有鄭、王、徐（邈）、沈、阮、江。據《隋志》干氏《毛詩音隱》來看，干寶應是作《毛詩》音。蔡氏、孔氏不詳，但從陸德明行文的邏輯推測，也應給《毛詩》作音，非三家《詩》。

③ 螫，《篆隸萬象名義》舒亦反。

應卷二，大般涅槃經第十二卷，45頁上）

蒲米反是並母齊開四上。髀王三卑婢（幫母支開三上）反，與江南音必尔反音同。北人音是濁音，江南音變清音，北人音存古。

1.4 端知混

【甲胄】古文軸，同。除救反。《廣雅》：胄，兜鍪也。中國行此音；亦言鞮鍪，江南行此音。鞮音低，鍪莫侯反。（玄應卷一，大方廣佛華嚴經第六卷，9頁上）

除救反是澄尤開三去。兜鍪是胄的合音，兜《廣韻》當侯切，表明它是端母字。端澄混，舌頭歸舌上，中國方音有存古的現象。

2. 韻母

2.1 支齊混

【柱髀】古文𨉭同。蒲米反，北人行此音。又必尔反，江南行此音。《釋名》：髀，卑也。在下稱也。經文作跰胜二形，此並俗字，非其體也。（玄應卷二，大般涅槃經第十二卷，45頁上）

蒲米反是並母齊開四上。髀王三卑婢（幫母支開三上）反，與江南音必尔反音同。另外，髀上古支部字，方言可證上古的支部能分化出支、齊韻來。

2.2 之咍混

【氣欬】蘇豆反。《說文》：欬欶，逆氣也。欬音苦代反，江南行此音。起志反，山東行此音。（玄應卷十九，佛本行集經第四四卷，403頁下）

起志反是溪志開三。欬王三苦愛（溪代開一）反，與苦代反音同。欬上古是之部字，上古之部字唐代江南音讀蟹攝一等，而山東音讀止攝三等，唐代的北方方言有三等介音 i 增生的現象。另外，方言可證上古的之部能分化出之、咍韻來。

2.3 昔鐸混

【蛇螫】式亦反。《字林》：蟲行毒也。關西行此音。又呼各反，山東行此音。蛆（蜇），知列反。南北通語也。（玄應卷十四，四分律第二卷，296頁上）

式亦反是書母昔開三，呼各反是曉母鐸開一。螫王三施隻（書母昔開三）反。昔鐸混，可能與聲母的發音部位有關。此處方音是由同化音變引起的。

2.4 先仙混

【澆潛】子旦反。《說文》：汙灑也。江南言潛，山東言渱。音子見反。《通俗文》：傍沾曰渱也。（玄應卷十四，四分律第十六卷，301頁下）

子見反是精先開一去。煎（渱）王三子賤（精仙開三去）反。崤山以東先仙混，與《唐韻》規定的同用一樣。

2.5 侵鹽混

【如睫】《說文》作睞，《釋名》作䀹，同。子葉反。目旁毛也。山東田里間音子及反。論文作氅、眨二形，非也。（玄應卷十八，成實論第六卷，375頁上）

睫的子葉反是精鹽開三入，子及反是精侵開三入。緝葉混，但二者的韻尾都是 p，筆者不認爲它與入聲韻尾的消失有關，而是與侵鹽的主元音相混有關。

2.6 丟失合口介音

【八篅】市緣反。江南行此音。又上仙反，中國行此音。《說文》：判竹圓以成（盛）穀也。論文作箄，音丹，笥也。一曰小筐也。箄非此用。（玄應卷十七，出曜論第八卷，370頁下）

上仙反是禪仙開三。篅《廣韻》市緣（禪仙合三）切，與江南音同。玄應把市緣反置之於首，表明江南音是規範的讀音。中國音丟失合口介音。

2.7 仙虞混

【牛桊】居院反。《字書》：桊，牛拘也。今江淮以北皆呼牛拘，以南皆曰桊。（玄應卷四，大灌頂經第七卷，85頁上）

桊的居院反是見仙韻合口[①]。拘《廣韻》見虞韻合口。桊、拘都是合口三等，江淮以北讀桊爲拘，丟失了韻腹和韻尾，這是一種特殊的省音現象。省音現象在方音中較普遍，不再舉例加以說明。

3. 聲調

3.1 平去混

[①] 切下字院，《廣韻》桓合一平又仙合三去。在與"拘"的語音比較上，筆者選擇同等來比較，就取仙合三。

【或趣】求累反。今江南謂屈膝立爲跟趣，中國人言胡踞。音其止反。胡音護。跟音文（丈）羊反。《禮記》"授立不跪"作跪，借字耳。（玄應卷二四，阿毗達磨俱舍論第十四卷，494頁上）

胡王三戶吳（匣模合一）反，護王三胡故（匣暮合一）反，平去混。

3.2 去入混

【刀鞘】《小爾雅》作鞘。諸書作削，同。思誚反。《方言》：削，刀鞞也。《方言》：劍鞘，關東謂之削，關西謂之鞞。音餅。江南音嘯，中國音笑。（玄應卷十四，四分律第五一卷，310頁下）

笑王三私妙（心母宵開三去）反，削王三息略（心母藥開三）反。去入相混，宵藥對轉。中國音可能與去聲形成有關，與北方方言的"入派三聲"（清聲母變上聲）不在同一時間層面上。

3.3 平入混

【魘人】於冉反。鬼名也。梵言烏蘇慢，此譯言魘。《字苑》云：魘，眠內不祥也。《蒼頡篇》云：伏合人心曰魘。字從厂厂音呼早反猒聲。山東音於葉反。（玄應卷一，大方等大集經第一卷，13頁下）

於冉反是影母鹽開三。山東音於葉反是影母鹽開三入。魘，王三於葉反，王三收錄山東音。崤山以東的方音讀平爲入。

3.4 -t/-k 混

【螕蝨】補奚反。《說文》：螕，齧牛蟲也。今牛馬雞狗皆有螕也。下所乙反。齧人蟲也。山東及會稽皆音色。（玄應卷十七，舍利弗阿毗曇論第十四卷，363頁上）

所乙（乙）反是生質開三。色王三所力（生職開三）入。崤山以東-t/-k混，入聲韻尾已混併爲喉塞尾-ʔ了，是入聲消失的前奏。

三 江南方音的特點

（一）方言材料

玄應《眾經音義》中可用來描寫江南方音特點的材料有如下幾種：

（1）某地音：江南音43條，江南俗音1條。

（2）玄應"使用"的方言詞的音注：江南86條，江淮以南1條、南5條。這些方言音注絕大多數注的是規範的語音，並不反映江南方音，但其中的特殊音注透露了江南方音的特點，所以附於此。

(二) 方音特點

1. 聲母

1.1 匣疑混

【狗齩】又作齝同。五狡反。中國音也。又下狡反。江南音也。《說文》：齩，齧也。經文作骹，苦交反。胻，膝骨也。骹非此用。（玄應卷一，大威德陀羅尼經第十一卷，23 頁上）

下狡反是匣母肴開三上。齩王三五巧（疑母肴開三上）反，與中國音五狡反音同，中國音被王三收錄。舌根鼻音 ŋ-和舌根擦音 ɣ-混，大概上古漢語存在一個和水語類似的清舌根鼻音 ŋ̊-。

1.2 保留濁音，存古

【胡荾】又作荽，《字苑》作葰，同。私佳反。《韻略》云：胡荾，香菜也。《博物志》云：張騫使西域得胡綏[①]，今江南謂胡荾，亦為葫荾，音胡祈。閭里間音火胡反。（玄應卷十六，薩婆多毗尼毗婆沙第六卷，348 頁下）

荾王三居希（見微開三）反，祈王三求希（群微開三）反。見群混，江南的濁音，存古。另外，濁音不按平送仄不送的規則清化，而是一律清化為不送氣的全清音，與今湘語、南部吳語、南部閩語的濁音清化後多讀不送氣清音[②]類似。

【蟾蜍】之鹽反，下以諸反。《爾雅》：蟾蜍。郭璞曰：似蝦蟇，居陸地。淮南謂之去父，此東謂之去蚑。蚑音方可反。江南俗呼蟾蠩。蠩音食餘反。（玄應卷十，般若燈論第十二卷，207 頁下）

食餘反是船母魚開三。蠩《廣韻》章魚切。章船混，江南的濁音，存古。

1.3 舌音入齒

【摶食】徒丸反。《說文》：摶，圜也。《通俗文》"手團曰摶"是也。律文作揣。《說文》：揣，量也。音都果反。北人行此音。又初委反，江南

[①] 此處的逗號，應校改為句號。
[②] 見曹志耘《南部吳語語音研究》，商務印書館 2002 年版，第 24 頁。

行此音。揣非字義。（玄應卷十四，四分律第三卷，296頁下）

都果反是端母戈合一上，初委反是初母支合三上。揣王三初委反又丁果反，兼收二音。端初混，即舌齒混。舌音入齒的現象在今漢語方言較普遍，如贛語陽新（國和）方言裏的端透定母的細音字無一例外都讀 ts、ts'[①]，"在郿縣、扶風、岐山、汧陽、麟游、長武、瓜坡等七處有舌尖塞音在 i 前變為塞擦音的現象"[②]。這種現象的產生與 i 介音有關，由於 i 具有前高特性，容易滋生出摩擦成份，使 t、t'變成 ts、ts'。

端，不送氣；初，送氣。方言中送氣與不送氣混的現象較常見，原因也較複雜。

1.4 端知混

【甲胄】 古文軸，同。除救反。《廣雅》：胄，兜鍪也。中國行此音；亦言鞮鍪，江南行此音。鞮音低，鍪莫侯反。（玄應卷一，大方廣佛華嚴經第六卷，9頁上）

除救反是澄尤開三去。鞮鍪是胄的合音，"鞮注低"表明它是端母字。端澄混，舌頭歸舌上，江南方音有存古的現象。另外，中國方音是疊韻合音（前字的聲、韻與被合字相同），而江南方音是介音合音（前字的聲、介音與被合字相同）。

2. 韻母

2.1 尤虞混

【䕃伏】 又作菢，同。扶富反。謂䕃伏其卵及伏雞等亦作此字。今江北通謂伏卵為菢，江南曰䕃，音央富反。（玄應卷五，央掘魔羅經第一卷，105頁下）

央富反是影尤開三去[③]。䕃《廣韻》衣遇（影虞合三去）切。江南音尤虞混。顏師古《匡謬正俗》卷三："今江淮田野之人，猶謂'丘'為'區'。"丘，尤韻字；區，虞韻字。江淮田野之人讀尤為虞，與玄應江南音的特點相同。江南的尤侯部唇音、喉牙音字與虞模混，與中國音類似，與吳語、楚語不同。

[①] 見萬波《贛語聲母的歷史層次研究》，商務印書館 2009 年版，第 134—135 頁。
[②] 見白滌洲、喻世長《關中方音調查報告》，中國科學院 1954 年版，第 102 頁。
[③] 《廣韻》富作切下字時是尤開三去，所以筆者認為富是尤韻字。

2.2 東鍾混

【及鎔】以終反。江南行此音。謂鎔鑄銷洋也。（玄應卷二二，瑜伽師地論第二三卷，454頁上）

以終反是以東合三。鎔《切韻》殘葉（伯3798）餘封（以鍾合三）反。江南音東鍾混。

2.3 庚二青四混，四等韻讀洪音

【跟劈】古文𪓐、䟓二形。《字林》：匹狄反，破也。關中行此音。《說文音隱》：披厄反。江南通行二音。（玄應卷十四，四分律第十四卷，301頁上）

披厄反是滂母陌開二。劈王三普激（滂母錫開四）反，與關中音匹狄反音同。

【無籺】又作麧，同。痕入聲，一音胡結反。堅米也。謂米之堅鞕，舂擣不破者也。今關中謂麥屑堅者爲籺頭亦此也。江南呼爲䵳子，音徒革反。（玄應卷二二，瑜伽師地論第一卷，446—447頁）

徒革反是定麥開二。䵳《廣韻》徒歷（定錫開四）切。

以上二例都是陌錫混。由於陌錫都是k韻尾，韻尾相同，就不作入聲韻尾消失的前兆，而認爲它是主元音相混造成的，即庚二青四混，江南音把四等韻讀洪音。四等韻讀洪音的現象在今南方方言中廣泛存在，如李如龍（1984）發現在一些保留較多古音特點的方言如閩語中，有不少四等字仍讀洪音；廣東連州豐陽土話除蕭韻外，其他的四等韻有今讀洪音的現象[①]；湘西鄉話也有"純四等韻讀洪音"的早期語言現象[②]。類似的情況在侗台、苗瑤語中大量存在，如雞（見齊開四）侗台語如布依語等讀kai；底（端齊開四）苗瑤語如畬語讀tai。所以筆者認爲它可能與侗台、苗瑤語的接觸有關，可能這些南方方言的底層中有侗台、苗瑤語的成份。

2.4 庚耕不混

【拼地】補耕反。今謂彈繩墨爲拼。江南名抨，音普庚反。（玄應卷十四，四分律第三卷，297頁上）

[①] 見莊初升《連州市豐陽土話的音韻特點》，《語文研究》2001年第3期。
[②] 見楊蔚《湘西鄉話音韻研究》，暨南大學博士學位論文，2004年。

抨王三普耕（滂耕開二）反。從玄應給江南方言詞的注音看，玄應庚耕混。但從下例可看出江南音庚耕不混，如下：

【抨乳】普耕反，江南音也。①抨，彈也。經文作軯，音瓶，車名，非此用也。（玄應卷十一，中阿含經第三九卷，229 頁下）

3. 聲調

3.1 質職混

【渒飯】碑密反。《通俗文》：去汁曰渒。江南言逼，訛耳。今言取義同也。經文作匕，俗語也。（玄應卷五，心明經，120 頁上）

碑密反是幫真開三入。逼，裴務齊正字本《刊謬補缺切韻》彼力（幫蒸開三入）反。江南訛音質-t 職-k 混，大概入聲韻尾已變成-ʔ 了，是入聲韻尾消失的前兆。

3.2 平去混

【加趺】古遐反。《爾雅》：加，重也。今取其義則交足坐也。《除災橫經》、《毗婆沙》等云"結交趺坐"是也。經文作跏，文字所無。按俗典江南謂開膝坐爲跘跨，山東謂之甲趺坐也。跘音平患反，跨音口瓜反。（玄應卷六，妙法蓮華經第一卷，128—129 頁）

平患反是並刪合二去。跘《切韻》《經典釋文》等無，《大廣益會玉篇》步殷（並刪開二）切。江南方言詞讀平爲去。

3.3 去入混

【刀鞘】《小爾雅》作鞱。諸書作削，同。思誚反。《方言》：削，刀鞞也。《方言》：劍鞘，關東謂之削，關西謂之鞞。音餅。江南音嘯，中國音笑。（玄應卷十四，四分律第五一卷，310 頁下）

嘯王三蘇弔（心母蕭開四去）反，削王三息略（心母藥開三）反。去入相混。蕭藥對轉，江南音可能與去聲形成有關，與"入派三聲"（清聲母變上聲）不在同一時間層面上。

四　吳越方音的特點

（一）方言材料

---

① 徐校：江南音也，高麗藏無，據磧沙藏補。

玄應《衆經音義》中可用來描寫吳越方音特點的材料有如下幾種：

（1）某地音：江東俗音 1 條，江東音 1 條，江東訛音 1 條，會稽 1 條，吳會間音 6 條。

（2）玄應引用的方言詞的音注：揚雄的東越揚州之間 1 條，江東 2 條，荆揚青徐之間 1 條，南楚東海之間 1 條；《三蒼》的江東 1 條，樊光的揚州 1 條，服虔的吳 1 條，郭璞的江東 10 條，孫盛江東 1 條，何承天的吳 1 條。

（3）玄應"使用"的方言詞的音注：江東 15 條，吳楚 1 條、吳 7 條、吳會 1 條。

玄應引用和"使用"的方言詞一般注的是規範的讀音，不反映吳越方音的特點，但在其中特殊的方言詞透露了吳越方音的特點，所以附於此。

（二）方音特點

1. 聲母

【日虹】胡公反。江東俗音絳。《爾雅音義》云：雙出鮮盛者爲雄，雄曰虹。暗者爲雌，雌曰蜺。蜺或作霓。霓音五奚反。（玄應卷一，大集月藏分經第十卷，21 頁下）

虹，匣母。絳王三古（見母）巷反。似乎見匣混，筆者認爲它更早是群母，按平送仄不送的規則清化爲見母。江東俗音還有没被擦化的塞音的殘留，筆者認爲它是上古音的遺跡。中古佛經對音也有例子，如 gandhāra 寒吳音那里（450a）①，gan 對寒。大概匣讀群在吳越方音中較普遍。另外，今南方漢語絕大多數方言仍讀虹爲 kaŋ˲，即古巷反。

2. 韻母

2.1 尤侯與宵豪混

【狖貍】古文蚰。《字林》：余繡反，江東名也。又音余秀反，建平名也。……（玄應卷六，妙法蓮華經第二卷，133 頁下）

從《切韻》看，餘繡反與余秀反都是以尤開三去，江東音與建平音相同。首音與又音音同不符合注例，但首音的切下字繡，《經典釋文》卷十二"音消"，《集韻》先彫切，是宵或蕭韻，所以筆者認爲江東音尤與"蕭或

---

① 轉引自儲泰松《中古佛典翻譯中的"吳音"》，《古漢語研究》2008 年第 2 期。

宵"混。另外，從對音看，初唐時期的吳語存在尤侯與豪宵混的現象[①]；從詩韻看，陳隋時期的江東也存在尤侯與豪宵同韻的情況，中唐時期的濟陽、孟津一帶也存在此情況[②]。

2.2 開合混

【觜星】子移反，吳音。醉唯反，秦音也。參星，頭上三小星也。（慧琳卷十七，大方等大集經第二一卷，800頁下）

這是慧琳轉錄玄應音義的部分。子移反是精支開三。觜王三姊規反（精支合三）。開合混。

以下四種情況筆者認爲它不反映吳越方音的特點，而是透露了玄應關中方音的特點，如下：

（1）真欣混

【藍澱】徒見反。《爾雅》：澱謂之垽。郭璞曰：澱，滓也。江東呼爲垽，音魚靳反。（玄應卷十五，僧祇律第十八卷，328頁下）

魚靳反是疑母欣開三去。垽《廣韻》魚覲（疑母真開三去）切。焮震混。

【作緡】亡巾反。《說文》：釣魚繳也。《爾雅》：緡，綸也。郭璞曰：江東謂之緡。繳音之若反。（玄應卷十五，十誦律第四六卷，323頁上）

亡巾反是明真開三。緡避唐諱。緡《廣韻》武斤（明欣開三）切。

[①] raudrī 留（吳音）持利(453c)，不空譯作"嘮捺哩"(429b)，義淨譯作"曷嘍姪唎"(469b)（轉引自儲泰松《中古佛典翻譯中的"吳音"》，《古漢語研究》2008年第2期）。留，尤韻字，吳音對au。

[②] 李榮《隋韻譜》（《音韻存稿》，商務印書館1982年版，第160頁）：江總《秋日新寵美人應令》的韻腳字是"調（蕭去）要（宵去）笑（宵去）奏（侯去）"，這是效流兩攝通押的惟一例子。江總（519—594年），祖籍濟陽，但自幼生活在南京，他的尤侯與宵豪同韻，反映陳隋的江東方音有效攝與流攝混同的現象。據鮑明煒《初唐詩文韻系》，初唐無效攝與流攝通押的情況。據劉根輝、尉遲治平《中唐詩韻系略說》《語言研究》1999年第1期），尤侯部與蕭豪部通押4例。盧仝《感古四首之四》的韻腳字：少守婦肘久醜。韓愈的《元和聖德詩》是魚模、麻邪、歌戈、尤侯混押。盧仝（約795—835年），祖籍范陽，生於河南濟源（今屬晉語區），少隱居少室山，後遷居洛陽；韓愈（768—824年），鄧州南陽人，後遷居孟津（今焦作）；他們的尤侯與蕭豪同韻反映唐代濟源、孟津一帶的方音也有效攝與流攝混同的現象。羅常培《唐五代西北方音》（商務印書館2012年版，第61、73頁）：豪、肴、宵、蕭跟侯、尤、幽……在《千字文》的藏音里卻牽混得很厲害；豪、肴、宵、蕭跟侯、尤、幽在《千字文》的藏音所代表的方音韻母都是a'u或e'u（'表示音節的延長）。從《千字文》的藏音看，晚唐時期的西北方音也有效攝與流攝混同的現象。另外，據趙蓉、尉遲治平《晚唐詩韻系略說》（《語言研究》1999年第2期），晚唐的詩韻中無效攝與流攝通押的情況。

從《切韻》帶吳音的特點可知，吳越方音真欣不混，此處真欣混是玄應關中方音特點的反映。

（2）覃談混

【尺蠖】烏郭反。《說文》：申屈蟲也。《爾雅》：蠖，尺蠖。一名步屈。宋地曰尋桑，吳人名乘闔①。闔音古合反。即桑蟲也。（玄應卷二五，阿毗達磨順正理論第二四卷，504 頁上）

古合反是見覃開一入。闔王三胡臘（匣談開一入）反。《唐韻》規定覃談同用是北人語音的實際情況反映，而吳越方音不混，此處覃談混是玄應的關中方音特點的反映。

（3）咸銜混

【所瀹】又作爚、鬻、汋三形，同。奭忕反。《通俗文》：以湯煮物曰瀹。《廣雅》：瀹，湯也。謂湯內出之也。江東呼瀹爲煠。煠音助甲反。（玄應卷二五，阿毗達磨順正理論第三三卷，506 頁上）

助甲反是崇銜開二入。煠王三士洽（崇咸開二入）反。據《顏氏家訓》和《切韻序》可知吳音洽狎（入聲）能分，則陽聲韻咸銜（平聲）吳音也分。此處的咸銜混是玄應的關中方音特點的反映。

（4）歌開一麻開二混

【鵝雁】五諫反。《爾雅》：舒雁，鵝。孫炎曰：鵝一名舒雁。《方言》云：江東呼爲䳘鵝也。䳘音加。（玄應卷二，大般涅槃經第八卷，42 頁上）

䳘《廣韻》古俄（見歌開一）切。加王三古牙（見麻開二）反。玄應給䳘注音加，表明他歌麻已混，並非江東方音混。另外，䳘上古歌部字，方言可證歌部能分化出歌韻、麻韻來。

3. 聲調

3.1 上去混

【園圃】補五反_{江東音}、布二音。《蒼頡解詁》云"種樹曰園，種菜曰圃"也。《詩》云：無踰我園。《傳》曰：有樹也。又云：折柳樊圃。《傳》曰：菜圃也。皆其義也。（玄應卷一，大方廣華嚴經第六卷，9 頁上）

補五反是幫模合一上。圃王三博故（幫模合一去）反。幫母非全濁聲

---

① 徐校：磧沙藏是闔，《廣韻》闔俗作闔。

母，不存在濁上變去的可能。江東音"上聲似去"（顧齊之《慧琳音義·序》）與上、去的調值近似有關，與濁上變去無關。

【土陊】徒果反。《字林》：小堆也。吳人謂積土爲陊，字體從自。（玄應卷十五，十誦律第四七卷，323 頁上）

徒果反是定戈合一上。陊王三丁果（端戈合一上）反。吳方言詞定母，全濁聲母，王三清化，吳方言濁音存古。濁上與清上混，可能是濁上先變清去，再與清上混。吳語的"上聲似去，去聲似上"（李涪《刊誤》卷下"切韻"條）大概與上、去的調值近似有關。

3.2 -t/-k 混

【蠅蝨】補奚反。《說文》：蠅，營牛蟲也。今牛馬雞狗皆有蠅也。下所乙反。蝨人蟲也。山東及會稽皆音色。（玄應卷十七，舍利弗阿毗曇論第十四卷，363 頁上）

所乙（乙）反是生質開三。色王三所力（生職開三）入。會稽-t/-k 混，入聲韻尾已混併爲-ʔ 了，是入聲消失的前奏。

五　楚語的特點

（一）方言材料

玄應《衆經音義》中可用來描寫楚語特點的材料有如下幾種：

（1）玄應"使用"的方言詞的音注：楚 4 條，江沔之間 1 條，吳楚 1 條。

（2）玄應引用的方言詞的音注：揚雄的楚 9 條，楚郢以南 2 條，楚鄭以南 1 條，陳楚之間 5 條，陳楚宋魏之間 2 條，荆汝江湘之間 1 條，江湖之間 2 條，江淮陳楚之間 1 條，江湘 1 條，宋衛南楚之間 2 條，南楚 5 條，南楚江湖之間 2 條，南楚江湘之間 1 條等。

（二）方音特點

上述材料不能揭示楚方言的語音特點，略。

另外，以下楚方言詞三種情況筆者不認爲它反映了楚語特點，而是認爲它透露了玄應關中方音的特點，如下：

（1）支微混

【一攍】虛奇反。《方言》：陳楚宋魏之間謂蚤爲攍。郭璞曰：攍、蚤、瓡，勺也。今江東呼勺爲攦。律文作揓，假借也。正音虛衣反。揓，木名，汁可食。桸非此義。（玄應卷十六，善見律第五卷，340 頁下）

虛奇反是曉微開三。橃（攦）王三許羈（曉支開三）反。

（2）元仙混

【關鍵】又作䦘、揵二形，同。奇䭲反。闟，牡。管闟，牡也。《方言》：陳楚曰鍵，關中曰闟。（玄應卷二二，瑜伽師地論第三四卷，457 頁上）

奇䭲反是群仙開三上。楗（鍵）王三其偃（群元開三上）反[①]。

（3）尤韻的唇音字入侯韻

【矛箭】古文𢦭、鉾、鈘三形，同。莫侯反。《方言》：楚謂戟爲矛。《說文》：矛長二丈，建于兵車也。（玄應卷三，放光般若經第十卷，64 頁下）

莫侯反是明母侯開一。矛王三莫浮（明母尤開三）反。明母三等字變侯韻，不變輕唇，與重紐的性質類似。

（三）小結

玄應的"某地音"中無"楚地音"之類的標記語，可能他對楚語不熟悉，也可能唐初楚語特點亦不鮮明。由於缺乏材料，筆者對楚語的特點不甚清楚。

六　蜀語的特點

（一）方言材料

玄應《眾經音義》中可用來描寫蜀語特點的材料：玄應"使用"的蜀方言詞的音注 6 條，建平 2 條。

（二）方音特點

1. 聲母

上述材料不能揭示聲母的特點，略。

2. 韻母

【𤡗貍】古文雖。《字林》：余繡反，江東名也。又音余秀反，建平名也。……（玄應卷六，妙法蓮華經第二卷，133 頁下）

[①] 王三在"楗"字下注："關楗。亦作鍵。"

從以上分析可知江東方音尤侯與宵豪混，而建平方音尤侯與宵豪不混，與吳語不同。

3. 聲調

【如篾①】眠結反。《埤蒼》：析竹膚也。《聲類》：篾，篁也。今蜀土及關中皆謂竹篾爲篁，音彌。析，音思歷反，字從斤分木爲析，今俗作枿，皆從片。（玄應卷十，般若燈論第一卷，206 頁下）

篾（蔑）王三莫結（明先開四入）反。弥（彌）王三武移（明支開三）反。蜀土呼篾爲彌與入聲-t 尾消失無關。明母是次濁聲母，按北方入派三聲的規則，應演變爲去聲，而蜀語讀平聲，大概與平、入的調值近似有關。

（三）小結

蜀語與關中方言、楚語接觸較多，1 例反映與關中方言具有相同的聲調特點，1 例反映與楚語具有相同的韻母特點②。揚雄的《方言》一般蜀漢並提，蜀是益州，漢中古屬梁州，蜀漢卽梁益，大概東漢以前蜀語與關中方言是一個大方言區。三國時期，大量的荆襄等地移民湧入蜀地，蜀語和楚語等接觸增多，與關中方言距離擴大，形成一個獨立的方言區。

七　齊魯方音的特點

（一）方言材料

玄應《衆經音義》中可用來描寫齊魯方音特點的材料：

（1）玄應"使用"的方言詞的音注：青州 1 條，齊宋 1 條。

（2）玄應引用的方言詞的音注：《蒼頡篇》的齊方言詞 3 條；揚雄《方言》的北燕海岱之間 2 條，東齊 5 條，東齊海岱之間 2 條，東齊魯衛之間

---

① 徐校：磧沙藏作篾。

② 唐代吳語、楚語的相同點是尤侯部唇音、喉牙音字與虞模不混，它們的不同點是宵豪與尤侯是否相混。楚語的宵豪與尤侯基本不混，從楚地襄陽籍詩人孟浩然、皮日休的押韻可以看出，孟浩然的詩韻無一相混；而皮日休的宵豪部與尤侯部大類清楚，通押僅《悼賈》1 例（見張敏《皮日休、陸龜蒙詩文用韻比較研究》，山東師範大學碩士學位論文，2006 年）。所以，筆者認爲唐代的楚語基本能分宵豪與尤侯，與吳語不同。今西南官話武天片宵豪與尤侯的唇音字混，如茂（中古侯開一去）讀 mau²，矛（中古尤開三）讀 mau。但今操西南官話的武天片區人，絕大多數並非土著，以筆者所在家鄉漢川市爲例，《漢川縣誌》卷22《雜記》："（元末）川沔一帶，煙火寂懸，至明初仍是土曠賦懸，聽客戶插草立界。""江西填湖廣"，川沔一帶的現居民（客戶）70%以上都是明初以來從江西遷移來的，武天片宵豪與尤侯的唇音字混可能保留贛語的底層，與唐代的楚語不在一個時間平面上。

3 條，荆揚青徐之間 1 條，齊魯之間 8 條，齊宋之間 9 條，宋魯之間 3 條，燕齊海岱之間 3 條，自關而東齊魯之間 4 條；何承天《纂文》的兖州 2 條。

（二）方音特點

上述材料不能揭示齊魯的方音特點，略。

另外，以下齊魯方言詞的音注筆者不認爲反映齊魯方音的特點，筆者認爲其中一條是認字認半邊造成的誤讀音，一條可能透露了玄應的關中方音。

（1）溪疑混

【齮齮】丘奇、丘倚二反。《蒼頡篇》：齊人謂齧咋爲齮。齮，齧也。許慎云：側齧也。下竹皆反。齧挽曰齮。（玄應卷十三，佛大僧大經，275 頁上）

丘奇反是溪母支開三。丘倚反是溪母支開三上。齮王三魚倚（疑母支開三上）反。從反切看，齊方言詞溪疑混。但筆者認爲玄應注溪母是按齮的聲符奇注的誤讀音。

（2）平去混

【鯷鱧】達隸反。下音禮。《字林》：鯷，鮎也。鱧，鯇也。《廣雅》：鯑、鯷，鮎也。青州名鮎爲鯷。鯇音胡凡反。鯑音徒奚反。（玄應卷十九，佛本行集經第三十卷，401 頁下）

達隸反是定齊開四去。鯷王三徒奚（定齊開四）反。平去混是玄應的關中方音特點的反映。

（三）小結

玄應的"某地音"無齊魯音，可能他對齊魯方音不熟悉，也可能當時齊魯方音的特點也不鮮明。筆者認爲後者可能性更大，因爲唐是一個大一統的時代，方言融合的步伐加快，齊魯方言特點已不如戰國時期那樣鮮明。由於材料的缺乏，齊魯方音的特點不清楚。

八 燕趙方音的特點

（一）方言材料

玄應《衆經音義》中可用來描寫燕趙方音特點的材料：

（1）玄應"使用"的方言詞的音注：北燕 3 條，幽冀 1 條，趙魏 1

條，幽州1條。

（2）玄應引用的方言詞的音注：揚雄《方言》的北燕海岱之間2條，燕朝鮮之間1條，燕齊海岱之間3條，韓魏1條，趙魏燕代之間3條，趙魏之間5條，關西隴冀之間1條。

玄應引用和"使用"的方言詞一般注的是規範的讀音，不反映燕趙方音的特點，但在其中特殊的方言詞透露了燕趙方音的特點，所以附於此。

（二）方音特點

從《切韻序》看，燕趙"多（涉）重濁"，特點明顯。但玄應的燕趙方言詞與王三讀音都相同，特點不明顯，僅有1處與秦方言見來混，如下：

【竹筥】又作籚，同。力與、紀呂二反。《字林》：筥，籫也。飯器，受五升。秦謂筥。《方言》：南楚謂之筲，趙魏謂之籚。郭璞曰：盛飯筥也。《聲類》：筥，箱也。亦盛杯器籠曰筥。筲音所交反。（玄應卷十五，僧祇律第三卷，325頁上）

籚王三力舉（來魚開三上）反，與力與音同。筥王三居許（見魚開三上）反，與紀呂反音同。秦謂筥，趙魏謂之籚，反映趙魏與秦方言詞見來混。來母l的響度遠高於見母k[①]，趙魏讀筥爲籚，聲音比秦方言重濁一些。

九 小結

從玄應的"某地音"來看，玄應熟悉秦晉、中國、江南、吳越四地的方音，這四地的方言材料較多，方言特點明顯。從玄應徵引舊音來看，也有楚、蜀、齊魯、燕趙四地的方言。與前四地相較，它們的方音特點不明顯，或玄應沒揭示出來。另外，筆者認爲唐初還存在南楚、東甌方言區。

一般來說，漢語方言有通用詞和僅在某個或某幾個方言區流行的方言詞，通用詞可揭示漢語語音的共同特點，方言詞可揭示某一個或幾個方言區的獨有特點。由於筆者是從方言詞來揭示方音特點，因而它反映方言有

[①] 王洪君《漢語非綫性音系學》（北京大學出版社1999年版，第114頁）："流音l的響度是7，清塞音k的響度爲1。"

超前或滯後的語音變化，也有特有的方音變化。超前的變化如韻部合併、濁音清化、入聲消失等，滯後的如匣歸群、照二歸精、照三歸端、去入混等，特有的方音變化如送氣不送氣混、開合混、尤侯與豪宵混、平去混、上去混等。

第三章 窺基音義的方音研究

　　窺基，俗姓尉遲，字洪道，別名三車法師，唯識宗的實際創立者。他是京兆長安人，祖籍鄯陽（今山西朔州），鮮卑族，名臣尉遲恭之侄，祖父尉遲羅迦爲隋代州西鎮將，父親尉遲宗是唐左金吾將軍，任松州（今四川松潘）都督，封江油（今屬四川）開國公。他生於貞觀六年（632），永淳元年（682）卒於慈恩寺，終年 51 歲，葬於樊村北渠，祔三藏玄奘師塋隴。又稱靈基、乘基、大乘基、基法師，或單稱基，俗稱慈恩大師、慈恩法師，其宗派則稱慈恩宗。窺基貌魁偉，稟性聰慧，17 歲出家，奉敕爲玄奘弟子，從玄奘習梵文及佛教經論，入廣福寺，後移住大慈恩寺；25 歲應詔譯經，據《開元釋教錄》記載，玄奘譯籍中標明窺基筆受的有《成唯識論》十卷、《辨中邊論頌》一卷、《辨中邊論》三卷、《唯識二十論》一卷、《異部宗輪論》一卷、《阿毗達磨界身足論》三卷。窺基譯經注疏很多，又稱"百部疏主"，湯用彤考證出能知其名的著作 48 部，現存 28 部，其中佛經注疏有《無垢稱經說》、《法華經略記》等，論典注疏有《攝大乘論鈔》、《辯中邊論述記》等，個人著述有《大乘法苑義林章》、《二十七賢聖章》等。

第一節 方言音注的概況

　　慧琳《一切經音義》第二七卷《妙法蓮花經》八卷題"翻經沙門大乘基撰，翻經沙門慧琳再詳定"，可知《妙法蓮花經音義》是窺基所撰，慧琳

— 181 —

審定。慧琳《一切經音義》第二八卷《添品妙法蓮花經》第三卷（1002頁下）："從此後終《普賢勸發品》以下及《囑累品》，並依基法師所造音，更不重述。"可知《妙法蓮花經》的藥草喻品、授記品、化城喻品、五百弟子受記品、授學無學人記品、法師品、見寶塔品、提婆達多品、勸持品、安樂行品、從地涌出品、如來壽量品、分別功德品、隨喜功德品、法師功德品、常不輕品、神力品、囑累品、藥王品、妙音品、觀音品、陀羅尼品、妙莊嚴王品、普賢品中的音注是窺基的，慧琳無刪改；序品、方便品、譬喻品、信解品中的音注慧琳是否修訂，不得而知。即《妙法蓮花經》的第三至八卷中的音注是窺基所"造"，慧琳無刪改，也就是說慧琳音義基本保持了窺基音注的原貌。窺基音義中的方言音注共27條，具體分佈如下：

（1）某地音

有秦音2條、吳音2條，共4條。

（2）某音

有借音2條、相傳音1條，共3條。

（3）窺基"使用"的方言詞音注

有江南方言詞音注4條、山東方言詞音注3條、吳方言詞音注2條、建平方言詞音注1條，共10條。

（4）窺基引用的方言詞音注

有《方言》的方言詞音注7條、《說文》的1條、《釋名》的1條、孫炎《爾雅注》的1條，共10條。

第二節　方言音注的考證

某地音標記清楚，無須考證；窺基的方言詞音注需要考證有另三類，即某音、窺基"使用"的方言詞音注和引用的方言詞音注。某音是不規範的讀音，與正音相對，是否與方音相關？窺基"使用"的方言詞是暗引還是自己使用？窺基引用的方言詞音注是舊音還是己作？以上問題均需考證來解答。另外，窺基的《法花音訓序》："製《玄贊》十卷，《音訓》一卷。……音以《說文》爲正，微訓採於餘籍。"即窺基的《法花經音訓》以《說文》

第三章　窺基音義的方音研究

音爲正音。窺基使用、"引用"的方言詞音注是否與《說文》音爲正,也需考證。具體如下:

一　某音

(1)【棃黮】上力脂反。《方言》:面色似凍棃。《切韻》:棃,斑駮色。有作䅶,《字林》:力奚反。黑黃也。《通俗文》:班黑曰䅶。《玉篇》:老也。有作棃。下《說文》:杜感反。與潭同。《切韻》:黔黮色,又脫感反。桑葚之色。葚,食朕反。有作於斬反,青黑色,借音耳,彼作黬也。(慧琳卷二七,妙法蓮花經,譬喻品,981頁上)

【棃黮】案《方言》面色似凍棃也。經文有作䅶,力兮反。《字林》:黑黃也。《通俗文》:斑黑曰䅶黮。《說文》:杜感反。一音勅感反。桑葚之黑也。今用於斬反者,借音耳。葚音甚。(玄應卷六,妙法蓮華經第三卷,134頁下)

於斬反是黬的讀音。黮與黬義同,都有"黑"義,黮就沾染了黬的讀音。借音是義同換讀音。按:窺基、玄應的音義基本相同,差別在於窺基的訓釋比玄應略詳,可推測窺基是在玄應音義的基礎上再作的;"黮"的借音於斬反二人相同,表明窺基的借音源自玄應。另外,黬,大徐於檻切,小徐歐減反;黮,大徐他感切,小徐徒坎反。大、小徐的音注用字與玄應的及玄應引用《說文》的都不相同。

(2)【頗有】普多反。借音普我反,諸書語辭也。(慧琳卷二七,妙法蓮花經,提婆達多品,986頁下)

【頗有】借音普我反,諸書語辭也。本音普多反。(玄應卷六,妙法蓮華經第五卷,138頁下)

大概玄應認爲作實詞的"頗"默認爲平聲,作語辭的"頗"破讀爲上聲。此處的借音與破讀有關。按:窺基、玄應的借音相同,表明窺基的借音源自玄應。另外,頗,大徐滂禾切,小徐滂阿反,大、小徐與玄應的音注用字不同。

(3)【陀羅尼中云帝隸阿惰僧伽兜略】其阿惰 音從[①]臥反,梵云怛唎,云

---

① 徐校:從,據文意似當作"徒"。

— 183 —

三。阿特嚩二合云世。僧伽云衆。咄略略音力蛇反，同一種也。有作阿悑，相傳音於六反。音既不然，亦無此字。梵云阿特嚩，今訛云阿悑，傳寫誤錯，變惰爲悑，誤之甚矣。（慧琳卷二七，妙法蓮花經，普賢品，992 頁下）

悑字無。悑、栭異文，從忄從木常混。栭王三於六反。惰的徒臥反是定戈合一去。窺基認爲悑是惰的訛字，悑的於六反就是相互傳送的訛音。另外，悑、栭今傳本《說文》無。

總之，上述 3 條某音都與方音無關，從略。

二 窺基"使用"的方言詞音注

窺基"使用"的帶音注的方言詞中，哪些是他暗引或使用？具體考證如下：

（一）江南方言詞 4 條

詞條	加趺	加趺	守宮	守宮
方言詞	踝	跨	蝘	蜓
窺基的音注	拔患反	口化反	烏殄反	音殄
慧琳音義的頁碼	970 頁下	970 頁下	978 頁下	978 頁下
玄應的音注	平患反	口瓜反	烏殄反	音殄
玄應音義的頁碼	129 頁上	129 頁上	133 頁下	133 頁下
經卷	妙法蓮花經序品/妙法蓮華經第一卷[①]	妙法蓮花經序品/妙法蓮華經第一卷	妙法蓮花經譬喻品/妙法蓮華經第二卷	妙法蓮花經譬喻品/妙法蓮華經第二卷
大/小徐的反切	（無）	苦化切/苦夜反	於殄切/於殄切[②]	徒典切/徒典切[③]

從上表可看出，上述四條方言詞窺基、玄應基本相同，表明窺基的江南方言詞源自玄應。至於音注，1 條直音用字相同，1 條反切用字相同，另 2 條反切音值相同，表明窺基基本承襲了玄應的注音，僅在音注形式上略加改動而已。

（二）山東方言詞 2 條

---

① /前是窺基的，後是玄應的。後仿此，不出注。另外，慧琳轉錄的是花，玄應音義是華。

② 見徐鍇《說文解字繫傳》，中華書局 1987 年版，第 256 頁下。小徐的反切一般用某某反，而此處用某某切是"特例"。

③ 這裡是某某切，見徐鍇《說文解字繫傳》，中華書局 1987 年版，第 256 頁下。

第三章 窺基音義的方音研究

詞條	守宮	守宮
窺基的方言詞	蜓	蜆
窺基的音注	此亦反	音覓
慧琳音義的頁碼	978 頁下	978 頁下
玄應的方言詞	蜓	蜆
玄應的音注	此亦反	（無）
玄應音義的頁碼	133 頁下	133 頁下
經卷	妙法蓮花經譬喻品/妙法蓮華經第二卷	妙法蓮花經譬喻品/妙法蓮華經第二卷
大、小徐的反切	（無）	（無）

從上表可看出，窺基的江南方言詞源自玄應，音注也源自玄應，僅是增加了 1 條直音，即蜆音覓。

（三）吳方言詞 2 條

詞條	掣電	掣電
方言詞	礦	磾
窺基的音注	息念反	大念反
慧琳音義的頁碼	991 頁下	991 頁下
玄應的音注	先念反	大念反
玄應音義的頁碼	140 頁下	140 頁下
經卷	妙法蓮花經觀音品/妙法蓮華經第八卷	妙法蓮花經觀音品/妙法蓮華經第八卷
大/小徐的反切	（無）	（無）

從上表可看出，窺基的江南方言詞源自玄應，音注也源自玄應，二者音值相同，僅 1 條切上字不同罷了。

（四）建平方言詞 1 條

詞條	狖/狖貍
方言詞	狖
窺基的音注	余季反
慧琳音義的頁碼	978 頁下
玄應的音注	余秀反
玄應音義的頁碼	133 頁下
經卷	妙法蓮花經譬喻品/妙法蓮華經第二卷
大/小徐的反切	（無）

從上表可看出，窺基的江南方言詞源自玄應，音注也源自玄應。從玄應的建平方言詞考證可知，他的建平方言詞是暗引郭璞的。另外，窺基的"狘"的"余季反"中的"季"應校改爲"秀"。

總之，窺基的帶音注的方言詞都是暗引玄應的，因爲玄應有《妙法蓮華經》音義，窺基是在玄應的底本上刪改而成的。

三 窺基引用的方言詞音注

窺基引用的帶音注的 10 條方言詞中，哪些是轉引玄應的，哪些是徵引原典的？哪些音注是原典的，或玄應的，或自作的？今考證如下：

（一）《方言》的方言詞音注 7 條

詞條	逮得	姝好	窺看/闚看	蠲除	卉木	關闚	巨身
方言詞	逮	姝	窺	蠲	卉	闚	巨
窺基的音注	臺柰反	倡珠反	丘規反	古玄反	暉謂反	余灼反	其呂反
慧琳音義的頁碼	969頁上	977頁上	979頁下	983頁上	983頁下	986頁上	988頁下
玄應的音注	徒戴反	充珠反	丘規反	古玄反	虛謂反	余酌反	其呂反
玄應音義的頁碼	128頁上	132頁下	134頁上	136頁上	136頁下	138頁上	139頁上
經卷	妙法蓮花經序品/妙法蓮華經第一卷	妙法蓮花經譬喻品/妙法蓮華經第二卷	妙法蓮花經譬喻品/妙法蓮華經第二卷	妙法蓮花經信解品/妙法蓮華經第二卷	蓮花經藥草喻品/妙法蓮華經第三卷	蓮花經見寶塔品/妙法蓮華經第四卷	蓮花經從地涌出品/妙法蓮華經第五卷
方言區域	關之東西	趙魏燕代	楚/南楚	南楚	東越吳揚/東越揚	關西	齊宋
反切比較①	代泰混	音同	音同	音同	音同	音同	音同
大/小徐反切	徒耐切/徒再反	昌朱切/尺朱反	去隨切/丘規反	古玄切/古玄反②	許偉切/許鬼反	以灼切/胤略反	其呂切/求許反

從上表可看出，上述 7 條方言詞窺基、玄應基本相同，表明窺基的方言詞源自玄應。7 條反切中，3 條反切用字相同，1 條切下字相同，1 條切上字相同，表明窺基基本承襲了玄應的注音。

（二）《說文》的方言詞音注 1 條

---

① 指窺基與玄應的音注的比較。
② 這裡是某某切，見徐鍇《說文解字繫傳》，中華書局 1987 年版，第 257 頁上。

第三章 窺基音義的方音研究

詞條	猶豫
方言詞	猶
窺基的音注	弋周反
慧琳音義的頁碼	974 頁上
玄應的音注	弋周反
玄應音義的頁碼	131 頁下
方言區域	隴西
經卷	妙法蓮花經方便品/妙法蓮華經第一卷
大/小徐的反切	以周切/延秋反

從上可看出，窺基的隴西方言詞源自玄應。玄應的隴西方言詞的反切來源考證見上。

（三）《釋名》的方言詞音注1條

詞條	四衢
方言詞	衢
窺基的音注	巨俱反
慧琳音義的頁碼	977 頁上
玄應的音注	巨俱反
玄應音義的頁碼	132 頁下
方言區域	齊魯
經卷	妙法蓮花經譬喻品/妙法蓮華經第二卷
大/小徐的反切	其俱切/羣訐反

從上可看出，窺基的隴西方言詞源自玄應，反切也源自玄應。另外，《釋名》本無反切，玄應音義中《釋名》的反切是玄應所作，還是暗引？已不可考。

（四）孫炎《爾雅注》的方言詞音注1條

詞條	蝮/蝮蠍
方言詞	蝮
窺基的音注	妨陸反
慧琳音義的頁碼	978 頁上
玄應的音注	缶六反
玄應音義的頁碼	133 頁上
方言區域	江淮以南
窺基、玄應的反切比較	幫滂混

— 187 —

续表

詞條	蝮/蝮蠍
經卷	妙法蓮花經譬喻品/妙法蓮華經第二卷
大/小徐的反切	芳目切/芳目切①

　　從上表可看出，窺基、玄應都引用了孫炎《爾雅注》的方言詞，但二人音注不同。蝮，郭璞注蒲篤（並冬合一入）反（《爾雅注疏》卷九，文淵閣四庫本），陸德明注孚福（滂東合三入）反（《經典釋文·爾雅音義》卷三十）。窺基的妨陸反與陸德明的孚福反音同，大概窺基取陸德明的注音，而捨弃郭璞、玄應的注音。

　　總之，窺基引用的方言詞都轉引自玄應，他的絕大部分音注都與玄應相同，衹是對少數音注作了改動。另外，在窺基"使用"和引用的20條方言詞音注中，與大徐反切上字相同的有2條，反切下字相同的有6條，反切上、下字都相同的有2條；與小徐反切上字相同的有2條，反切下字相同的有3條，反切上、下字都相同的有2條。②它們相同的比率太低，偶合的可能性大。至於窺基《妙法蓮花經音訓》是否以《說文》音為正，由於唐初的《說文》音今已亡佚，不可考。

第三節　方言音注反映的方音特點

　　從窺基的方言詞來看，窺基時代存在秦晉、吳、江南、中國、楚、齊魯等漢語方言區，其中秦音、吳音差別較大，二者是特點鮮明的方言。在窺基的27條方言音注中有21條與玄應的方言音注音同，二者反映的方音特點也相同，它反映的方音特點已在玄應音義中描述過，從略；另2條音注玄應幫滂混、代泰混，而窺基不混，注音較規範，與方音無關。所以本書僅有如下4條音注分析唐代方音的特點，具體如下：

---

① 這裡是某某切，見徐鍇《說文解字繫傳》，中華書局1987年版，第256頁下。
② 大、小徐的反切用字與唐寫本木部、口部殘卷以及李善《文選注》等引《說文》的音注用字並不相同，可能早期的《說文解字》的音注版本較多。窺基引用的《說文》音注是其中之一。

一 秦晉方音的特點

1. 尤韻的唇音字入虞韻以及入聲消失

【無復】上武扶反。謂非有也。或作无。《說文》云：《古文奇字》作无也。通於无者，虛无道也。下吳音扶救反。秦音馮目反。《說文》：往來也。謂往來復重耳。（慧琳卷二七，妙法蓮花經，序品，969頁上）

扶救反是並尤開三去。馮目反是並東合三入。尤韻的唇音字讀入虞韻是中唐以後北方方音的一個普遍現象[①]，大概秦音的屋韻先丟失-k 韻尾，與遇攝趨同，再與尤韻去聲混。從反面看，吳音的尤韻唇音字在窺基時代不入虞韻，與秦音明顯不同。另外，復王三扶富（並尤開三去）反、房六（並東合三入）反，王三收錄秦、吳音。

2. 庚₂耕₂混，四等韻讀洪音

【捶打】上之蕊反，擊也。下吳音頂，又都挺反[②]。今取秦音得耿反。《說文》云：以杖擊也。《廣雅》：捶打，擊也。（慧琳卷二七，妙法蓮花經，序品，972頁下）

得耿反是端耕開二上。打王三德冷（端庚開二上）反。窺基與王三庚₂耕₂混。窺基的庚耕混應是秦晉方音特點的反映。

頂王三丁挺（端青開四上）反，是細音；而秦音得耿反，為洪音。四等韻與洪音關係密切，例如《切韻》的反切上字一二四等為一類，三等為一類，李榮《切韻音系》認為四等韻讀洪音。四等韻讀洪音的現象在今南方方言中廣泛存在，如李如龍（1984）發現在一些保留較多古音特點的方言如閩語中，有不少四等字仍讀洪音；關東連州豐陽土話除蕭韻外，其他的四等韻有今讀洪音的現象[③]；湘西鄉話也有"純四等韻讀洪音"的早期語言現象[④]。類似的情況在侗台、苗瑤語中大量存在，如雞（見齊開四）侗台語如布依語等讀 kai；底（端齊開四）苗瑤語如畲語讀 tai。

[①] 儲泰松：《唐五代關中方音研究》，安徽大學出版社2005年版，第22頁。
[②] 頂王三丁挺（端青開四上）反，與都挺反音同。音頂是首音，都挺反是又音，一般來說，首音、又音音值不同，此處首音、又音音值相同疑有誤。
[③] 見莊初升《連州市豐陽土話的音韻特點》，《語文研究》2001年第3期。
[④] 見楊蔚《湘西鄉話音韻研究》，暨南大學博士學位論文，2004年。

二　吳音的特點

1. 尤韻的唇音字不讀虞韻，與秦音迥異

例子見上。

2. 二等的舌齒音字讀入四等韻

【捶打】上之蕊反，擊也。下吳音頂，又都挺反。今取秦音得耿反。《說文》云：以杖擊也。《廣雅》：捶打，擊也。（慧琳卷二七，妙法蓮花經，序品，972 頁下）

"今取秦音得耿反"表明窺基認爲秦音是規範的讀音。吳音頂、都挺反是端青開四上。吳音把二等的舌齒音字讀入四等，有把洪音讀入細音的現象。另外，打王三德冷（端庚開二上）反、都行（端青開四）反、丁挺反，王三兼收秦音和吳音。

第四章　慧苑音義的方音研究

慧苑（673—743？年）[①]，京兆人，少年出家，從法藏受業十九年，爲同門上首，曾住長安靜法寺和洛陽佛授記寺；撰《續華嚴經略疏刊定記》和《新譯大方廣佛華嚴經音義》等。證聖二年（699）《新譯華嚴經》譯畢，可推測他對其注音釋義的時間應在此年之後。另外，他的《續華嚴經略疏刊定記》中所說的教義往往和法藏的宗旨大異其趣，其中主要是改五教爲四教、改十玄爲十種德相和十種業用的兩重十玄，因此後來正統的華嚴宗人都以他爲異系。

第一節　方言音注的概況

中華大藏經第五十九冊（424—480頁）《新譯大方廣佛華嚴經音義》二卷題"京兆府靜法寺沙門慧苑述"，版本是金藏廣勝寺本。中華大藏經第五十九冊（481—509頁）的《新譯大方廣佛華嚴經音義》別本二卷題"京兆府靜法寺沙門慧苑述"，版本是麗藏本。慧琳《一切經音義》第二十一、二十二、二十三卷《新譯大方廣佛花嚴經音義》題"大唐沙門慧苑撰"。本書以金藏廣勝寺本爲底本，參校麗藏本和慧琳《一切經音義》。慧苑音義的方言音注不多，共8條，分佈如下：

（1）某音

借音1條。

[①] 見震華法師《中國佛教人名大辭典》，上海辭書出版社2002年版。

（2）慧苑引用的方言詞音注

有慧苑引用《方言》的方言詞音注 6 條、郭璞《爾雅注》音注 1 條，共 7 條。

第二節　方言音注的考證

一　某音

【奢】尸何反，借音也。（中華藏，經卷第七六，入法界品之十七，466 頁上）

尸何反是書歌開一。奢王三式車（書麻開三）反。歌麻混。此處借音與方言無關，書母不與一等韻相拼，它是音譯梵文所創製的字音。音譯梵語，如果碰到漢語沒有對應音節，譯者往往用一個聲母跟梵文音節開頭輔音相同的字對譯，同時用反切爲此字注音，但切下字卻不用與此字同韻母的字，而用另一個韻母與被譯音節的元音相同或相近的字，如歌韻、麻韻的主元音相近。這樣的反切實際上是當時漢語里不存在的人造音。

二　慧苑引用的方言詞音注

1. 郭璞《爾雅注》的方言詞音注 1 條

詞條	㴲涇其下	藍㴲
方言詞	涇	涇
音注	魚靳反（慧苑）	魚靳反（玄應）
頁碼	59—429 中（中華藏的頁碼）	328 下（徐校本的頁碼）
方言區域	江東（慧苑）	江東（玄應）
經卷	中華藏華嚴經音義卷上	玄應《一切經音義》卷十五僧祇律第十八卷

慧苑、玄應的詞條不同，經卷也不同，但音注相同，應是慧苑轉引了玄應的涇的音義。

2. 揚雄《方言》的方言詞音注 6 條

詞條	舡筏	戈鋋劍戟	熙怡微笑	熙怡微笑	伺其過失	十万猛卒
方言詞	筏	鋋	熙	怡	伺	卒
慧苑的音注	房越反	市連反	許基反	与脂反	相吏反	作沒反

第四章 慧苑音義的方音研究

续表

詞條	舡筏	戈鋋劒戟	熙怡微笑	熙怡微笑	伺其過失	十万猛卒
中華藏（金藏）的頁碼	59—433下	59—433下	59—458上	59—458上	59—460上	59—463上
方言區域	秦晉	吳揚江淮南楚	湘潭	湘潭	自關而北	南楚東海
經卷	華嚴經音義卷上	華嚴經音義卷上	華嚴經音義卷下	華嚴經音義卷下	華嚴經音義卷下	華嚴經音義卷下
詞條	筏船	（無）	熙怡	熙怡	（無）	（無）
方言詞	筏	（無）	熙	怡	（無）	（無）
玄應的音注	扶月反	（無）	虛之反	與之反	（無）	（無）
玄應音義（徐校本）的頁碼	295頁下	（無）	509頁上	509頁上	（無）	（無）
方言區域	北方	（無）	湘潭	湘潭	（無）	（無）
經卷	四分律第二卷	（無）	阿毗達磨順正理論第五四卷	阿毗達磨順正理論第五四卷	（無）	（無）
反切比較	音同	（無）	音同	之脂混	（無）	（無）

慧苑、玄應的3條方言詞反切用字不同，其中1條反切的音值不同，從中可看出慧苑給揚雄《方言》的方言詞注音時基本沒參考玄應音義。其餘3條方言詞的考證如下：

（1）【戈鋋劒戟】戈，古禾反。鋋，市連反。《小雅》曰：戈，鉤戟也。《說文》曰：戈謂平頭戟也。《聲類》曰：鋋，鏦也。鏦音愈。許叔重注《淮南子》曰：鏦，小矛也。《方言》：吳揚江淮南楚之間謂矛爲鋋。按論語圖"戈形旁出一刃也，戟形旁出兩刃也"。（中華藏，59—433下）

矛，吳揚江淮南楚五湖之間謂之鏦，甞蛇反。五湖，今吳興太湖也。先儒處之多亦不了，所未能詳者。或謂之鋋，音蟬。或謂之鏦，《漢書》曰：鏦殺吳王，錯江反。其柄謂之矜。今字作槿，巨巾反。（郭璞《方言注》卷九，文淵閣四庫本）

按：鋋的"郭璞的音蟬"與"慧苑的市連反"音同，大概慧苑是按郭璞的直音折合成反切的。另外，蟬王三市連反，慧苑的反切用字與王三相同。

（2）【伺其過失】伺，相吏反。鄭玄注《周禮》曰：伺猶察也。《玉篇》曰：伺侯也。《方言》曰：伺，候也。自關而北，凡竊相視謂之伺也。（中華藏，59—460上）

— 193 —

瞒、音總。䫲、音麗。䦇、貼、敕纖反。占、伺，視也。凡相竊視南楚謂之
䦇，或謂之瞒，或謂之貼，或謂之占……䦇，其通語也。自江而北謂之
貼，或謂之覛。凡相候謂之占，占猶瞻也。（郭璞《方言注》卷十，文
淵閣四庫本）

按：伺、覛異文，郭璞無注音。

（3）【十万猛卒】卒，作沒反。《方言》曰：南楚東海之間呼隸人給事
者謂之卒也。（中華藏，59—463 上）

楚東海之閒亭父謂之亭公，亭民。卒謂之弩父，主擔幔弩導幨，因名云。或謂
之褚。言衣赤也，褚音赭。（郭璞《方言注》卷三，文淵閣四庫本）

按：慧苑引用的《方言》與今傳本《方言》的文字差別較大；郭璞沒
給卒注音。

總之，通過考證，筆者發現這些方言詞的確是揚雄《方言》中的，
它們和今傳本《方言》存在着版本異文；這些方言詞的音注用字和郭璞
音注不相同，有些可能是慧苑根據郭璞的直音轉寫的，有些可能是慧苑
所"作"的。

第三節　方言音注反映的方音特點

慧苑沒有採用"某地音"直接描寫某地的方音，他的方言詞和方言區
劃承襲前人，但仍可通過他的特殊方言詞音注看出慧苑的方音特點。

1. 真欣混

【濔䢼其下】䢼，魚靳反。《爾雅》曰：濔，謂之䢼。郭璞注曰：濔，
滓也。江東呼爲䢼也。（中華藏，59—429 中）

魚靳反是疑欣開三去。䢼，王三無，《廣韻》魚覲（疑真開三去）切。
真欣混。筆者認爲不是江東方音而是慧苑方音的真欣混。

2. 之脂混

【熙怡微笑】熙，許基反。怡，与脂反。《方言》曰：湘潭之間謂喜曰
熙怡，或曰紛怡……（中華藏，59—458 上）

与脂反是以母脂開三。怡王三与之反。之脂混。筆者認爲不是湘潭方

— 194 —

音而是慧苑方音的之脂混。

　　由於慧苑是京兆人，曾住長安靜法寺和洛陽佛授記寺，所以筆者認爲真欣、之脂混是當時秦晉、中國方音特點的反映。另外，據黃仁軒、聶宛忻《慧苑音系聲紐的研究》（《古漢語研究》2007 年第 3 期），慧苑的梵漢對音反映的秦晉等方音還有全濁聲母不送氣等特徵。

第五章 雲公音義的方音研究

慧琳《一切經音義》卷二五題"開元二十一年壬申歲終南山太一山智炬寺集。釋雲公撰，翻經沙門慧琳再刪補"。開元二十一年是癸酉（733年），二十年爲壬申，陳垣認爲"二十一"是後人旁注，刻本致誤[①]。雲公的事跡無考，陳垣疑其爲牛雲。

《大般涅槃經音義·序》："雲匪量寡昧，敬慕茲經……遂觀《說文》以定文字，檢《韻集》以求音。訓詁多據《玉篇》，傳梵先資金簡，糅爲《音義》兩卷……"從雲公序看，《涅槃經音義》的音注應來源《韻集》。《韻集》五卷，宮、商、角、徵、羽各爲一卷，西晉安夏令呂靜（《字林》作者呂忱之弟）作。《顏氏家訓·音辭篇》："《韻集》以成（清）仍（蒸）宏（耕）登合成兩韻，爲（支）奇（支）益（昔）石（昔）分作四章。"即呂靜清蒸不分，耕登不分；支韻一分爲二（大概分開合），昔韻也一分爲二（大概分開合）。從王仁昫《刊謬補缺切韻》的四聲韻目小注可知《韻集》的分韻，卽董腫、脂之微、語麌、皆齊、夬會、真文、真臻、櫛質、隱吻、產旱、談銜、敢檻、耿靖迥、敬諍勁徑、錫麥、宥候、琰忝范豏、豔梵、葉怗洽、乏業同（合韻），沃燭、冬鍾、旨止、祭霽、灰咍、賄海、隊代、廢隊、元魂、阮混、月没、山刪、先仙、銑獮、線霰、薛屑、梗靖、靜迥、錫昔、尤侯、有厚、幼宥、洽狎別（分韻）。李季節批評《韻集》"分取無方"，大概呂靜《韻集》的分韻有自己的特點，與主流韻書不同。

[①] 轉引自儲泰松《唐五代關中方音研究》，安徽大學出版社2005年版，第8頁。

第五章　雲公音義的方音研究

第一節　方言音注的概況

　　釋雲公《大般涅槃經音義》四十卷保存在慧琳《一切經音義》第二十五卷和二十六卷（大部分）中，共有方言音注 23 條，具體分佈如下：
　　（1）某地音 7 條
　　有關西音、山東音、南北通語、關中音、北人音、江南音、吳會間音各 1 條。
　　（2）某音 4 條
　　有借音、舊音各 2 條。
　　（3）雲公"使用"的方言詞音注 5 條
　　有江南方言詞音注 1 條、楚 1 條、南楚 1 條、關西 2 條。
　　（4）雲公引用的方言詞音注 7 條
　　6 條方言詞出自揚雄《方言》，1 條出自劉熙《釋名》。

第二節　方言音注的考證

一　某地音
　　（1）【蜂螫】蟲行毒也。一音尸赤反，是關西音也。又音呼各反，山東音也。又作蛆字，知列反。東西通用也。（慧琳卷二五，涅槃經第二卷，934 頁下）
　　【蜂螫】舒赤反。《說文》：蟲行毒也。關西行此音。又音呼各反，山東行此音。蛆，知列反，東西通用也。（玄應卷二，大般涅槃經第二卷，38 頁上）
　　尸赤反與舒赤反音同。雲公與玄應的《涅槃經音義》基本相同，應是雲公徵引了玄應的註釋。
　　（2）【瘑下】當賴反，又作膩，同。《字林》：女人赤白瘑二病也。關中多音帶。《三蒼》：下漏病也。《釋名》云：下痢重而赤白曰瘑。言屬膩而

— 197 —

難差也。經文作蜇字，與蛆同，知列反，謂蟲螫也。又作哲字，智也。此之兩字並非經意。（慧琳卷二五，涅槃經第九卷，944 頁下）

【瘹下】又作膡。《字林》同。竹世反。瘹，赤利也。關中多音滯。《三蒼》：瘹下病也。《釋名》云：下重而赤白曰瘹。言屬膡而難差也。經文作蜇字，與蛆同。知列反。蟲螫也。又作哲，了也，智也。二形並非經旨。（玄應卷二，大般涅槃經第九卷，43 頁下）

瘹，雲公注當賴反，因而"關中多音帶"；玄應注竹世反，因而"關中多音滯"。二者互爲版本異文。誰對？已不可考。

（3）【以①柱髀】蒲米反。北人用此音，又必尔反。江南行此音。《釋名》：髀，卑也。在下稱也。古文亦作踔，經文有作跸、胜二體，並俗字，非正者也。（慧琳卷二六，大般涅槃經第十二卷，949 頁上）

【柱髀】古文踔同。蒲米反，北人行此音。又必尔反，江南行此音。《釋名》：髀，卑也。在下稱也。經文作跸胜二形，此並俗字，非其體也。（玄應卷二，大般涅槃經第十二卷，45 頁上）

髀的北人音、江南音雲公、玄應相同，應是雲公徵引了玄應的音義。

（4）【卵殼】口角反。殼字同，吳會間音口木反。今詳凡物皮皆是殼也。（慧琳卷二六，大般涅槃經第三三卷，962 頁上）

【明殼】《字書》作殼，同。口角反。吳會間音口角（木）②反。卵外堅也。案凡物皮皆曰殼是也。（玄應卷二，大般涅槃經第三三卷，51 頁下）

雲公、玄應的吳會間音相同。

總之，7 條某地音中，其中 6 條雲公與玄應相同；1 條有歧。

二 某音

（1）【般者】音補末反。此梵語也。準經翻爲入也，證也。准書定字，唯有班、槃二音，今取梵音穩便，借音爲鉢。（慧琳卷二五，涅槃經第一卷，928 頁下）

班王三布還（幫刪開二）反。槃王三薄官（並桓合一）反。補末反

---

① 據玄應音義，以字是衍文。
② 徐校：磧沙藏作木字。

第五章　雲公音義的方音研究

是幫桓合一入。鉢王三博末（幫桓合一入）反。補末反與"音缽"的缽音同。此處借音與方音無關，它是音譯梵文所創製的當時漢語里不存在的人造音。

（2）【多含】胡甘反。《莊子》曰：含哺鼓腹。《蒼頡篇》：含者，含哺也。謂其母哺飼其子，慮恐不消，故生憂念，佛知其意。舊音作琀，胡紺反。《說文》云：送終口中之玉也。與經意未相應，今不取也。（慧琳卷二五，涅槃經第四卷，936頁下）

琀王三下紺（匣覃開一去）反，與胡紺反音同。含，王三胡男（匣覃開一）反，雲公胡甘（談開一）反。含舊作琀，雲公認爲琀的胡紺反是舊音，此處的舊音與字形演變有關，與方音無關。

（3）【腦胲諸脉】胲，古來反。《玉篇》云：足大指也，謂分段之身，極上爲腦，極下爲胲，血肉所及，皆有其脉。腦外是髮，胲外是甲，此中無脉，故以簡之。舊音以爲胡賣反，呼爲骨者，全非經意也。（慧琳卷二五，涅槃經第十二卷，949頁上）

胲王三古哀（見咍開一）反，與雲公的古來反音同。胡賣反是匣佳開二去。胲的聲符亥，王三胡改（匣咍開一上）反。胲的借音應是認字認半邊造成的訛音，本身與方音無關。

（4）【螺玉[①]】勒和反，蚌也。古文正蠃同。經文有作蠡，力底反。借音用非也。蚌字音蒲講反。俗爲蚌字，非本體。（慧琳卷二五，涅槃經第十二卷，949頁下）

【螺王】古文蠃，同。力戈反。螺，蚌也。經文作蠡。力西、力底二反，借音耳。（玄應卷二，大般涅槃經第十二卷，45頁下）

從玄應音義看，雲公的蠡應校改爲蠡。蠡王三盧啓（來齊開四上）反，與力底反音同。螺有作蠡，雲公認爲蠡的力底反是借音，即螺借蠡的音。

總之，雲公的借音與譯音、字形演變、訛音以及異文有關，與方音無關，但特殊音注透露了雲公的方音。另外，雲公的4條某音中1條與玄應相同，3條是自己所"作"。

---

① 玄應音義是王。

— 199 —

三 雲公"使用"的方言詞音注

詞條	什物	口爽	頷骨	熊羆	熊羆
方言詞	什	爽	頷	猳	羆
雲公的音注	時立反	所兩反	侯感反	音加	彼宜反
慧琳①的頁碼	939頁下	945頁上	949頁上	952頁上	952頁上
方言區域	江南	楚	南楚	關西	關西
經卷	涅槃經六	涅槃經十	涅槃經十二	涅槃經十六	涅槃經十六
詞條	什物	口爽	頷骨	熊羆	熊羆
方言詞	什	爽	頷	猳	羆
玄應的音注	時立反	所兩反	胡感反	音加	彼宜反
玄應②的頁碼	41頁上	43頁下	45頁上	47頁上一下	47頁上一下
方言區域	江南	楚	南楚之外③	關西	關西
經卷	涅槃經六	涅槃經十	涅槃經十二	涅槃經十六	涅槃經十六
音注比較	音同	音同	音同	音同	音同

通過比較，筆者發現雲公、玄應的方言詞條相同；方言詞的音注除1條反切的切上字（侯、胡）不同外，其他反切用字、直音用字都相同。

四 雲公引用的方言詞音注

1. 揚雄《方言》的方言詞音注6條

詞條	博弈	顧眄	罐綆	戶闖	粟床	粟床
方言詞	弈	眄	綆	闖	糜	穄
雲公音注	音亦	眠見反	古杏反	余酌反	美悲反	音祭
慧琳④的頁碼	938頁上	951頁上	961頁上	964頁下	961頁上	961頁上
方言區域	自關而東齊魯之間	自關而西秦晉之間	韓魏之間	關西	關西	冀州
經卷	涅槃經四	涅槃經十四	涅槃經三二	涅槃經四〇	涅槃經三三	涅槃經三三
方言詞	弈	眄	綆	闖	糜	穄

---

① 指徐時儀校注《一切經音義》中的慧琳《一切經音義》的頁碼。
② 指徐時儀校注《一切經音義》中的玄應《一切經音義》的頁碼。
③ 從玄應音義看，頷是玄應引用揚雄《方言》的南楚方言詞。
④ 指徐時儀校注《一切經音義》中的慧琳《一切經音義》的頁碼。

续表

詞條	博弈	顧眄	罐綆	戶闑	粟床	粟床
玄應音注	餘石反	亡見反	格杏反	余酌反	亡皮反	（無）
玄應的頁碼	40頁上	46頁下	51頁上	52頁下	51頁上	51頁上
方言區域	自關而東齊魯之間	自關而西秦晉之間	韓魏之間	關西	關西	冀州
經卷	涅槃經四	涅槃經十四	涅槃經三二	涅槃經四〇	涅槃經三三	涅槃經三三
音注比較	音同	音同	音同	音同	支脂混	（無）

通過比較，筆者發現6條方言詞音注中，除1條雲公、玄應支脂混、1條玄應無注音外，其他的二人都音同。

2. 劉熙《釋名》的方言詞音注1條

【姝大】上齒朱反。《說文》：姝，好也，色美也。《釋名》云：趙魏燕代之間謂好爲姝。（慧琳卷二五，涅槃經第十卷，945頁下）

【姝大】充朱反。《說文》：姝，好也，色美也。《方言》：趙、魏、燕、代之間謂好爲姝。（玄應卷二，大般涅槃經第十卷，43頁下）

齒朱反與充朱反音同。按：今劉熙《釋名》無"趙魏燕代之間謂好爲姝"的文字，疑雲公有誤，誤把《方言》作《釋名》。也不排除後世傳抄致誤的可能性。

五　小結

雲公的23條方言音注中，有19條音注可和玄應比較。在這19條音注中，有16條音注二人音同。也就是說雲公僅"作"了7條方言音注。總之，雲公《涅槃經音義》參考了玄應《涅槃經》的註釋文字，玄應音義有"擁篲前驅、導夫先路"的作用。

第三節　方言音注反映的方音特點

由於雲公祇作了7條方言音注，因而透露雲公方音特點的音注不多，具體如下：

---

① 指徐時儀校注《一切經音義》中的玄應《一切經音義》的頁碼。

1. 覃談混

【多含】胡甘反。《莊子》曰：含哺鼓腹。《蒼頡篇》：含者，含哺也。謂其母哺飼其子，慮恐不消，故生憂念，佛知其意。舊音作琀，胡紺反。《說文》云：送終口中之玉也。與經意未相應，今不取也。（慧琳卷二五，涅槃經第四卷，936 頁下）

含，王三胡男（匣覃開一）反，雲公胡甘（談開一）反。

2. 支脂混

【粟床】美悲反。其字正體應作穈、麋二形，謂禾穄也。《方言》云：關西謂之穈，冀州謂之穄音祭。（慧琳卷二六，涅槃經第三三卷，961 頁上）

美悲反是明脂開三。穈《廣韻》靡爲（明支開三）切。

3. 佳咍混

【腦胲諸脉】胲，古來反。《玉篇》云：足大指也，謂分段之身，極上爲腦，極下爲胲，血肉所及，皆有其脉。腦外是髮，胲外是甲，此中無脉，故以簡之。舊音以爲胡賣反，呼爲骨者，全非經意也。（慧琳卷二五，涅槃經第十二卷，949 頁上）

舊音胡賣反是匣佳開二去。胲的聲符亥，王三胡改（匣咍開一上）反。它透露雲公方音佳咍混、濁上濁去混。雲公改切下字的濁上爲濁去，可能已發生濁上變去。

4. 濁上變去

見上。

雲公大概是京兆人，上述特點應是京兆一帶的秦晉方音特點的反映。另外，它與《韻集》的分韻不一致，可能這些方言音注並非"檢《韻集》以求音"，也可能王三描述《韻集》的分韻狀況有誤。

第六章 慧琳音義的方音研究

　　釋慧琳（737—820年）[①]，俗姓裴，西域疏勒國（今新疆喀什）人。"慧琳幼年亦曾稟受安西學士，稱誦書學"[②]，"弱冠歸於釋氏，師不空三藏"[③]，爲室灑。不空（705—774年）本"天竺婆羅門族"，是佛教密宗的高僧，與善無畏、金剛智並稱"開元三大士"。由於師事不空，受他的影響，慧琳"內精密教"[④]，達"印度聲明之妙"[⑤]。慧琳的駐錫地有大興善寺[⑥]、西明寺[⑦]等。關於慧琳《一切經音義》的成書年代，景審序云"以建中末年（783）創製，至元和二祀（807）方就"，宋贊寧《宋高僧傳》卷五曰"起貞元四年（788），迄元和五載（810）"，《冊府元龜》卷五一《帝王部·崇釋氏二》說"（元和）三年（808）三月辛亥，河中[⑧]僧惠（慧）琳撰《一切經音》並《目錄》一百三卷，表獻之"。慧琳《一切經音義》撰成後，《宋高僧傳》稱"京邑之間，一皆宗仰"。慧琳的著述還有《建立曼荼羅及揀擇地法》一

[①] 宋贊寧《宋高僧傳》："（慧）琳以元和十五年（820年）庚子卒於所住，春秋八十四矣。"由此上推，可知慧琳生於開元二十五年（737年）。

[②] 見慧琳《一切經音義》卷二五《次辯文字功德及出生次第》，第943頁上。

[③] 見處士顧齊之《新收一切藏經音義序》。

[④] 見景審《一切經音義序》。

[⑤] 同上。

[⑥] 景審《一切經音義序》："有大興善寺慧琳法師者……"大興善寺位於西安市城南約2.5公里的小寨興善寺西街，始建于晉，初稱遵善寺，隋文帝開皇二年擴建，更名大興善寺。

[⑦] 景審《一切經音義序》："……絕筆於西明寺焉。"宋贊寧《宋高僧傳》卷五有《唐京師西明寺法師慧琳傳》。西明寺原爲隋權臣楊素宅，占延康坊四分之一，面積12.2公頃。入唐以後爲唐太宗愛子魏王李泰宅，658年唐高宗立爲寺，有十院房屋四千餘間。

[⑧] （宋）志盤《佛祖統紀》："河中府沙門慧琳撰《一切經音義》一百三卷……"唐河中府治所在今山西永濟市西南蒲州鎮。

卷①、《具錄西國浴像儀軌》②等。

至於慧琳的注音，景審序稱"近有元庭堅《韻英》及張戩《考聲切韻》，今之所音，取則於此"，王國維《天寶韻英、元庭堅韻英、張戩考聲切韻、武玄之韻詮分部考》、黃淬伯《慧琳音義所據之韻書說》、黃侃等據此認爲慧琳注音取《韻英》、《考聲切韻》，而唐蘭《韻英考》的結論是"慧琳做音義時，並沒有依據一種韻書注音，而是隨手抄集的"，周法高《玄應反切考》的觀點是"我們並不能說慧琳全用《韻英》及《考聲切韻》，或專依《韻英》"。筆者通過比對反切，認爲後者的觀點是正確的。

第一節 方言音注的概況

慧琳《一切經音義》是佛典音義的集大成之作，註釋的佛經"始於大般若，終於護命法"，共1233部，5250卷，100餘萬字③。它包括慧琳轉錄的音義和自作的音義。慧琳轉錄（包括刪補）的音義有玄應音義、窺基音義、慧苑音義、雲公音義。慧琳《一切經音義》共有840條方言音注，它們具體分別如下：

總表一　慧琳《一切經音義》中的方言音注分佈表（840條）

慧琳自作的音義	慧琳轉錄的音義			
	玄應音義	窺基音義	慧苑音義	雲公音義
308條	474條	27條	8條	23條

慧琳自作音義共有308條方言音注，它們的具體分佈如下：

總表二　慧琳自作音義的方音種類和數據

種類	方言詞的音注		某地音	某音	總計
	慧琳"使用"	慧琳引用			
音注（條）	15	241	28	24	308條

---

① 見《大正新修大藏經》第18冊，臺灣新文豐出版有限公司1996年版，第926頁。
② 見慧琳《一切經音義》卷一百《具錄西國浴像儀軌》，署"慧琳集並音"，可知《具錄西國浴像儀軌》是慧琳的著述。
③ 景審《一切經音義序》："總一千三百部，五千七百餘卷。"顧齊之《新收一切藏經音義序》："著《經音義》一百卷，約六十萬言。"姚永銘《慧琳〈一切經音義〉研究》（江蘇古籍出版社2003年版，第12頁）認爲註釋的佛經"共1233部，5250卷，100餘萬字"。

第六章　慧琳音義的方音研究

分表一　某地音的區劃和音注數（總28條）

江東音	江南音	吳音	蜀地音	吳楚音	幽州音	秦音	北天邊方音
2條	2條	13條	1條	5條	2條	2條	1條

分表二　某音的種類和音注（24條）

方言音	俗音	時音	相傳音	舊音	或音	借音	通音
1條	4條	1條	2條	1條	2條	12條	1條

分表三　慧琳自己"使用"的方言詞的區劃（9類）和音注數（15條）

楚	南楚	河東	江淮吳楚	江南	南方	蜀	吳會江湘	吳越
2條	3條	1條	1條	2條	1條	1條	2條	2條

分表四　慧琳引用揚雄《方言》的方言詞的區劃（54類）和音注數（164條）

陳楚	陳楚宋魏	陳楚之間南楚之外	陳宋	楚	楚衛	楚郢以南	東郡
3條	1條	1條	2條	4條	2條	2條	1條
東齊	東齊魯衛	關東	自關東西秦晉之間	關西	自關而西秦隴之間	關之東西	關中
4條	1條	17條	2條	20條	3條	4條	2條
韓魏	江北	江淮	江淮南楚之間	荊楚	荊湘汝郢之郊	南楚江湘之郊	荊揚青徐之間
5條	1條	6條	1條	1條	1條	1條	1條
梁宋	南楚東海之間	南楚	南楚江湖之間	南楚之外	齊楚	齊楚宋衛之間	齊魯
1條	1條	8條	1條	2條	1條	2條	3條
齊宋	齊宋之郊楚魏之際	齊兗冀	秦晉	山東	山之東西	宋楚之間	宋魏陳楚之間
5條	2條	1條	11條	2條	2條	3條	1條
宋魏	吳楚	吳揚	吳揚海岱之間	燕北朝鮮洌水之間	趙魏	中夏	周
3條	1條	3條	1條	1條	14條	1條	1條
周魏宋楚	自關而東趙魏之郊	自關而東周洛韓魏之間	自關而西秦晉之間	自河以北趙魏之間	自山而東齊楚以往	總計54類	
1條	1條	1條	2條	1條	1條	總164條	

分表五　慧琳引用其他方言詞的區劃（46 類）和音注數（77 條）

班固《漢書》	賈逵《國語注》	許慎《說文解字》					
吳楚	楚	北方	陳宋	秦	楚	東齊	弘農
1 條	1 條	1 條	1 條	8 條	1 條	1 條	1 條

許慎《說文解字》						許慎《淮南子注》	王逸《楚辭注》
晉	九江	隴西	齊	汝南	兗州	楚	楚
1 條	1 條	1 條	3 條	1 條	1 條	4 條	3 條

王逸《楚辭注》	何休《公羊傳》	劉熙《釋名》		文穎《漢書注》	張揖《埤蒼》		如淳《漢書注》
南楚	齊	幽州	幽冀	幽州及漢中	北燕	長沙	南方
1 條	2 條	1 條	1 條	1 條	1 條	3 條	1 條

李登《聲類》	杜預《左傳注》	郭璞《爾雅注》					郭璞《方言注》
秦	吳楚	關西	江南	江東	荊州	齊	楚
1 條	3 條	4 條	1 條	3 條	1 條	2 條	1 條

郭璞《方言注》		郭璞	郭注《穆天子傳》	江南	顧野王《玉篇》	蜀	張戢《古今正字》
江東	靈[1]桂之郊	秦晉	南陽	江南	齊	蜀	長沙
2 條	1 條	1 條	1 條	3 條	1 條	1 條	1 條

張戢《古今正字》	張戢《考聲》			武玄之《韻詮》	總計 19 種文獻		
秦	楚	楚	關中	吳越	江東	總計 46 類方言區域	
1 條	1 條	1 條	2 條	3 條	1 條	總計 77 條方言音注	

第二節　方言音注的校勘

　　慧琳《一切經音義》中的自作方言音注共 308 條，比玄應《衆經音義》的方言音注少，再加之是在前人校勘的基礎上來校勘[2]，因而需要校勘的音

---

① 按：靈應爲零。
② 徐校本"以中華大藏經收錄的慧琳音義和臺灣大通書局據日本京城大學翻刻麗藏本的影印本作底本，並以海印寺本、獅谷白蓮社本、頻伽精舍本、大正藏本慧琳音義和玄應音義各本及慧琳音義所引一些古籍的今傳本等作參校本"，已作了各種版本比較，進行了海量的校勘。筆者在徐校本的基礎上再來校勘，把校勘建立在別人研究的基礎上，避免重複勞動。

音注並不多。具體如下：

（1）【剎帝利】上剎字，相傳音爲察。韻中元無此剎，乃是聲訛書謬也。古人翻經用刹，刹音初櫛反，以音梵音，後譯經者，將刹爲察，以刹察相近，遂乃變體書之，致有斯謬也。此句梵文無敵對語義，翻云歷代王種也。其中有福德智慧過於衆人者，即共立爲王因以爲氏也。（慧琳卷三，大般若波羅蜜多經第三三〇卷，558—559頁）

剎、刹應爲刹。刹帝利是古印度的四大種姓之一，略稱刹利，意譯土田主，即國王、大臣等統御民衆、從事兵役的種族，也稱"王種"，階級僅次於婆羅門。刹帝利，梵語的羅馬字母轉寫爲 kashitriya（巴利文 khattiya），根據羅馬拼音應讀作"卡沙德利亞"，刹（沙）對應音節 shit，所以慧琳音初櫛（臻開三入）反。相傳音察，王三初八（黠，刪開二入）反，應對應音節 shat。所以慧琳認爲刹相傳音察是"聲訛"。另外，剎、刹形近可訛，所以慧琳認爲"書謬"。

（2）【門壔】甜叶反。《左傳》曰：環城附於壔。杜注云：城上女牆也。《古今正字》云：城上女垣也。從土葉聲也。今人通音爲陳者，誤也。（慧琳卷八，大般若波羅蜜多經第五七一卷，635頁下）

壔的異體是堞，今《左傳》爲"環城附於堞"。埭（堞的避諱字）王三徒協（定母怗開四）反，與慧琳的甜叶反音同。堞《經典釋文》卷十八徐邈注養涉（以母葉開三）反，與楪（王三与涉反）音同。堞的以母葉開三（徐邈讀）是當時通行的語音，而慧琳認爲是誤音，就改讀甜叶反。陳字無，應校改爲楪。枽避唐（世）諱，本字爲枽。從阝從木混。

（3）【華荂】或作荂。《說文》作䔕，同。芳俱、詡俱二反。《方言》：華、荂，盛也。齊楚之間或謂之華，或謂之荂。（慧琳卷十，濡首菩薩無上清淨分衛經下卷，670頁下）

荂的芳俱反是滂虞合三。荂，王三羽俱（于虞合三）反，《廣韻》又音況于（曉虞合三）切，未見滂母讀。切上字芳應校改爲芌。芳、芌形近可訛。

（4）【羱羝】上虞袁、五官二反，並通。《爾雅》：羱羊如吳羊。郭璞云：似吳羊而大角，山羊也。經文作羱，非也。下丁奚反。《毛詩傳》曰：

— 207 —

羖羊，牡羊也。《廣雅》：雄也。吳羊牡者，三歲曰羖。並形聲字也。（慧琳卷十六，大方廣三戒經上卷，774頁上）

羖應校改爲羝。羝王三當稽反，與丁奚反音同。羖應校改爲羝也有內證，如下：

【羝羊】底泥反。《毛詩傳》曰：羝羊，牡羊也。《廣雅》云：羝，雄羊也。吳羊牡者，三歲曰羝。《說文》：從羊氐聲。論作羖，謬說也。（慧琳卷五一，唯識二十論，1394頁下）

另外，互、氏形近，經籍常訛。

（5）【蛇蠍】上社遮反。正體虵字也。下軒謁反。《廣雅》云：杜伯、蠤、蛨、蠆、蜇、蚔、蠆，蠍也。杜伯己（以）下，皆蠍之異名也。《方言》云：自關東西秦晉之間謂之蠤、蛨，或謂之蠍。案蠍者，四方之通語也。此蟲形如小傍蟹，尾向上卷於背，尾端有毒刺傷人。鄭箋《毛詩》云：螫，蟲也。尾末健似婦人髮末，曲而上卷然也。其毒螫人，謂之蠍蜇。蠤音楂蛨反。蛨音蘭葛反。䒕，古文毒字也。蜇音知列反。蚔音祇。蠆音敕介反。蟹音諧芥反。螫音釋。（慧琳卷三七，曼殊室利菩薩一字咒王經，1156頁下）

"自關東西秦晉之間"方言詞蛨應校改爲蛨。關西秦晉方言詞蠤音楂蛨反的蛨也應校改爲蛨。理由見上。"自關東西"應校改爲"自關而西"，理由是玄應音義是關西，如下

【蛇蠆】勑芥反。《字林》：皆行毒蟲也。關西謂蠍爲蠆蛨（蛨），音他達、力曷反。（玄應卷十六，鼻奈耶律第九卷，346頁上）

（6）【甌破】上莊虢反。此音見《字書》。甌，抓破也。舊音爲居碧反。或音九縛反。恐未切當，故改就此音。抓音莊交反。（慧琳卷五三，起世因本經第二卷，1438頁下）

甌字《漢語大字典》漏收。甌、摑異體，從爪從手表義同。從舊音居碧（見昔合三）反、或音九縛（見藥合三）反看，此字爲攫。攫王三居縛反，與九縛反音同。《說文》：攫，扟也。攫義是"用爪從上面像舀一樣抓取"[①]。即攫是正字，甌、摑是俗字。但攫、甌、摑無莊母讀，慧琳給它注

[①] 見湯可敬《說文解字今釋》，嶽麓書社1997年版，第1719頁。

莊虢反，表明他認爲此字是捉字。《說文》：捉，搤也。捉義是"迫促處而扼取"①，與抓義有別。但捉、抓義近，俗可通用，音可換讀，所以慧琳給𠕁注莊母，選擇《字書》音。

（7）【盆瓬】上盆門反。《爾雅》云：盎謂之缶。郭璞云：盎即盆也。《說文》：從皿分聲。盎音烏朗反。缶音夫茍反。下音罒。《埤蒼》云：罌之大者爲瓬。郭璞注《方言》云：零桂之郊謂罌爲之瓬，今江東亦言大瓮也。《古今正字》：從瓦元②聲。經作瓬堲，俗字也。（慧琳卷五五，禪祕要法經上卷，1478頁上）

零桂之郊方言詞瓬的直音罒應校改爲罡。瓬《大廣益會玉篇》古郎切，與罡音同。罒罡形近可訛。

（8）【齟齧】上齟字諸字書並無此字，譯經人隨意作之，相傳音在諸反，非也。正合作齻，音陟皆反，謂沒齒齩也。《廣雅》云：齻，齧也。古人釋云斷筋骨也。又有音齟爲截，亦非也。下研結反。前《法花音義》云：噬，齩也。少噬爲齧，沒齒爲齻，於義爲正。《古今正字》：齧亦噬也。從齒刃聲也。經從口作嚙，非也。刃音口八反。（慧琳卷七六，龍樹菩薩爲禪陀迦王說法要偈，1861頁下）

齟的相傳音在諸反的諸字應校改爲詣。齟《廣韻》在詣切，《大廣益會玉篇》俎詣切，二反切音同。諸詣形近可訛。

（9）【盝盌】上半未反。《字書》：正作盝。服虔《通俗文》云：盝，僧應器也。錄文作鉢，俗字也。下剜欻反。《方言》云：宋楚之間謂盂③爲盌。《說文》：從皿夗聲。夗音苑。（慧琳卷八十，大唐內典錄第四卷，1915頁上）

宋楚方言詞盌的剜欻反（影母咍開一）的欻應校改爲款。盌，郭璞《方言注》卷五（文淵閣四庫本）烏管（影母桓合一上）反，無咍開一讀。欻、款形近可訛。

（10）【差難】上楚迦反。王逸注《楚辭》云：差內恕己而量人也。亦楚人語辭也。（慧琳卷九四，續高僧傳第二〇卷，2109頁上）

---

① 見湯可敬《說文解字今釋》，嶽麓書社1997年版，第1701頁。
② 徐校：據文意似作亢。
③ 徐校：今傳本《方言》作盂。

— 209 —

羌內恕己以量人兮。羌，楚人語詞也。猶言卿何爲也。以心揆心爲恕，量度也。(《楚辭章句》卷一，文淵閣四庫本)

慧琳注楚迦反，表明是差字；但從王逸《楚辭章句》看，應是羌字。羌字是楚人的發語詞，慧琳誤改。差、羌形近可訛。慧琳以音改字，需在校勘中說明，所以附於此。

（11）【攓芙蓉】上揭焉反。《方言》：南楚謂取曰攓。《蒼頡篇》：拔取也。亦作攓，論作搴，亦通俗字。(慧琳卷八七，十門辯惑論卷下，2029頁上)

南楚方言詞攓應校改爲攓。郭璞《方言注》卷一："揜常含反、攓音蹇、摝盜賊、挻羊羶反，取也。南楚曰攓……"攓、攓形近可訛。

（12）【小螨】下儒稅反。《字林》云：螨，即蟁子也。顧野王云：螨喜齧人，謂之含毒是也。《說文》云：秦謂之蟎，楚謂之蚊也。從虫芮聲。蠹音文，芮音同上者也。(慧琳卷九二，續高僧傳第七卷，2086頁上)

秦方言詞螨應校改爲蟎。儒稅反注的是蟎的音。螨蟎形近可訛。"秦謂之蟎（蚋）"的例證太多，不再一一列舉。

（13）【葑葵】捧客反。《考聲》：葑，菜名也。鄭注《禮記》云：陳宋之間謂蔓菁爲葑。《說文》：從草封聲。(慧琳卷九八，廣弘明集釋正集第十一（卷）[①]，2162頁上)

陳宋方言詞葑的捧客（滂母陌開二）反的客應校改爲容。葑王三無，《廣韻》府容（幫鍾合三）切，無陌開二（客）讀。客容形近可訛。

上述方言音注中，屬形近而訛的有例（1）、（2）、（3）、（4）、（5）、（7）、（8）、（9）、（10）、（11）、（12），其中例（10）是慧琳據形訛的字形誤注字音。慧琳"尤精字學"[②]，這些訛誤中除例（10）外，其餘的可能都是後世傳抄造成的，並非慧琳自己的訛誤。例（6）是慧琳的義同換讀音，需用校釋來指出本字、本音，所以也列於此。

---

① 缺卷，今補。
② 見處士顧齊之《新收一切經音義序》。

第三節　方言音注的考證

分清方言音注不同來源的層次，對研究方音而言，是一個重要的問題，因此考證方言音注的不同來源是研究方音的基礎性工作。以下從五方面具體展開：

一　某地音

一般來說，傳統的韻書、字書、音義書（除佛典音義外）通常不收錄方音。而佛典音義由於受衆衆多，且這些受衆很多出自草根，出於普及佛教教義的需要出發，它就收錄了一定的方音。就佛典音義而論，慧琳音義的編纂體例與玄應音義相同，部分註釋內容也與玄應音義基本一樣，慧琳音義中的方音承襲玄應音義就具備可能性。但慧琳音義後出轉精，發明或發現的地方較多，在方言音注的註釋上也如此。因此，本書對方言音注的考證，須明確哪些方言音注源自玄應等，哪些是慧琳的發現或發明。

慧琳標注的某地音有 28 條，其中 26 條玄應音義無，已無法比對；2 條（除去重複，實際 1 條）玄應音義有，可以比對，具體如下：

【湻湩】誅隴反龍重反。《說文》云：乳汁也。江南見今呼乳汁爲湩，去聲。（慧琳卷十二，大寶積經第十一卷，702 頁下）

【牛湩】家（冢）①用反。吳音呼乳汁爲湩，今江南見行此音，從水重聲。（慧琳卷七九，經律異相第二四卷，1899 頁下）

【牛湩】竹用、都洞二反。《通俗文》：乳汁曰湩。今江南人亦呼乳爲湩。（玄應卷十七，出曜論第八卷，370 頁下）

慧琳給湩注去聲和冢用反，它們與玄應注的竹用反音值相同，區別是慧琳標注的江南音，而玄應僅標注湩是江南方言詞，沒標注江南音。大概湩是一個記音字，它的去聲讀是江南特有的方音。另外，從慧琳音義看，吳音、江南音無別。

---

① 徐校：家據文意似作冢。

總之，慧琳標注的某地音所"創"的多，承襲的少，即使承襲，也非複製，而是有所擴展和引申。

二 某音

慧琳標注的某音術語較多，有方言音、時俗音、時音、相傳音等8類，它們是否都與方音相關，本書需逐一考證，具體如下：

1. 方言音

【考掠】《字書》云：拷擊也。從手京省①聲。方言音略，亦通。（慧琳卷十六，佛說胞胎經，781頁下）

掠王三力讓（來陽開三去）反又離灼反。略王三離灼（來陽開三入）反。其實，掠王三力讓反是本音，離灼反是換讀音，因爲"掠"與"略"在"奪取"義上相同，語音沾染，纔有離灼切音②。此處的方言音是義同換讀音，與方音無關。

2. 俗音

（1）**【無縛無解】**……下皆買反。鄭注《禮記》云：解，釋也。《說文》：判也。從刀牛角也。今俗用音爲賈者，非也。（慧琳卷一，大般若波羅蜜多經第五〇卷，535頁下）

皆買反是見佳開二上。解王三加買（見佳開二上）反。賈王三古雅（見麻開二上）反。俗音佳麻混，慧琳認爲非。至於是哪兒的俗音，慧琳標記不清，可能是慧琳最熟悉的京兆一帶的方音。

（2）**【胞胎】**上補交反。古文作包，象形字也。爲是胎衣，蔡邕《石經》加肉作胞。《說文》云：兒生衣也。孔注《尚書》云：裹也。《莊子》云：胞者，腹肉衣也。俗音普包反，非也。……（慧琳卷二，大般若波羅蜜多經第一八一卷，548頁下）

補交反是幫肴開二。普包反是滂肴開二。胞王三布交（幫肴開二）、疋（匹）交（滂肴開二）反，兼收二音。送氣與不送氣混，在方音中較普遍。

（3）**【裸形】**盧果反。《說文》：肉袒也 壇嬾反。露形體也。《爾雅》：禮

---

① 徐校：省字衍。
② 見李華斌《李善文選注中義同換讀音注的分析》，《遵義師範學院學報》2012年第6期。

徒旱反。裼音錫[①]，肉袒也。郭璞云：脫衣而見體也。今俗音胡卦反。或作倮、臝，用同。（慧琳卷十二，大寶積經第十一卷，702頁上一下）

【袒裸】……下郎果反。《文字典說》：從人作倮，脫衣露體也。俗音華瓦反。或從身作臝，音並同，形聲字也……（慧琳卷七五，道地經，1826頁上一下）

【裸形國】魯果反。赤體無衣曰裸，或從人作倮，亦從身作臝，今避俗諱，音胡瓦反，上聲。（慧琳卷一百，惠超往五天竺國傳中卷，2190頁下）

臝、倮、裸異體。臝王三郎果（來戈合一上）反，與慧琳的盧果反音同。踝、稞、䵳王三胡瓦（匣馬合二上）反，與華瓦反音同。臝、倮、裸與踝、稞、䵳的聲符相同，上古都是歌部字，中古讀音分化，一在戈韻，一在麻韻，一在佳韻。它們由於聲符相同，慧琳的臝、倮、裸就獲得了踝、稞、䵳的讀音，這是類推音，用以避俗諱（古人避諱裸體）。這裡的俗音與文化有關。另外，俗音胡卦反與"華瓦反、胡瓦反"是佳麻混，大概是慧琳的秦晉方言特點的反映。

（4）【尪餘】枉王反。《韻英》云：羸弱也。俗音蠖黃反，聲訛轉也。（慧琳卷九〇，高僧傳第十四卷，2068頁下）

枉王反是影陽合三。俗音蠖黃反是影唐合一。陽唐混，洪細不分。其實，尪王三烏光（影唐合一）反，與蠖黃反音同，即王三收錄了俗音。慧琳與王仁昫矛盾。俗音是否爲訛音，已不可考。但方音中洪細不分的現象普遍存在，此處的俗音應與方音有關。另外，按照慧琳的觀點，王三收錄了方俗音。

總之，上述俗音4條，除1條與避諱有關，其餘3條都是方音。由於標記不精確，已不能確認是何處的方俗音。從慧琳的行蹤考察，它大概是慧琳最熟悉的秦晉方音。

3. 時音

【跑地】上音庖。俗字也。正體從手作捊。時人多呼爲孚字，非也。言跑地者，是牛王吼嗥之時以前脚捊地，從爪包聲也。（慧琳卷六十，根本

[①] 應爲錫。

說一切有部毗柰耶律第二六卷，1584頁上—下）

捊《廣韻》薄交（並肴開二）切。孚《廣韻》芳無（滂虞合三）切。捊、孚音不同，大概是認字認半邊造成的類推音。此處的時音是訛音，與方音無關。

4. 相傳音

（1）【剎帝利】上剎字，相傳音爲察。韻中元無此剎，乃是聲訛書謬也。古人翻經用刹，刹音初櫛反，以音梵音，後譯經者，將刹爲察，以刹察相近，遂乃變體書之，致有斯謬也。此句梵文無敵對語義，翻云歷代王種也。其中有福德智慧過於衆人者，即共立爲王因以爲氏也。（慧琳卷三，大般若波羅蜜多經第三三〇卷，558—559頁）

剎帝利，梵語 kashitriya，刹、剎（剎）對應音節 shit，慧琳音初櫛（臻開三入）反。相傳音察，王三初八（點，刪開二入）反，應對應音節 shat。所以慧琳認爲剎相傳音察是"聲訛"。讀剎（shit）爲察（shat），是相傳的訛音，與方音無關。

（2）【齭齧】上齭字諸字書並無此字，譯經人隨意作之，相傳音在諸反，非也。正合作齭，音陟皆反，謂沒齒齩也。《廣雅》云：齭，齧也。古人釋云斷筋骨也。又有音齭爲截，亦非也。下研結反。前《法花音義》云：齧，齩也。少齧爲齧，沒齒爲齭，於義爲正。《古今正字》：齧亦齧也。從齒刃聲也。經從口作齧，非也。刃音口八反。（慧琳卷七六，龍樹菩薩爲禪陀迦王說法要偈，1861頁下）

慧琳認爲齭字應爲齭字。譯經人作齭，就注在諸（詣）反，慧琳認爲本作齭，應讀陟皆反。此處的相傳音是文字訛誤造成的誤讀音。

5. 舊音、或音

【甌破】上莊虢反。此音見《字書》。甌，抓破也。舊音爲居碧反。或音九縛反。恐未切當，故改就此音。抓音莊交反。（慧琳卷五三，起世因本經第二卷，1438頁下）

攫是正字，甌、摑是俗字。從舊音居碧反（見昔合三）、或音九縛反（見藥合三）看，此字爲攫。《經典釋文》卷八："觸攫。俱縛反，又俱碧反。又作攫，華霸反。"攫王三居縛反。居碧反與俱碧反音同，居縛反、俱縛反與九縛反音同。看來，舊音是歷史上的讀書音，與方音無關。或音九縛反，也是攫的

— 214 —

舊音，也與方音無關。

【蒙俱】音其。孔夫子面相也。或音箕。（慧琳卷八六，辯正論第六卷，2011頁上）

其王三渠之反。箕王三居之切。群見混。或音表明還有一音，是否與方音有關不得而知。

6. 借音

借音12條，除去重複，實際9條。在這9條中，1條與玄應音義相同，其餘8條是慧琳所"作"，具體如下：

（1）【以索亡珠】所革反。俗字也。正作索。《方言》：索取也。借音字也。本音桑洛反。今不取。《說文》云：草木有莖葉，可爲繩索，故從宋_{普末反}，從糸，象形字也。今隸書通作索，變體書也。（慧琳卷十八，大乘大集地藏十輪經音并序，808頁上）

本音桑洛反是心鐸開一。借音所革反是生麥開二。索，王三蘇各（心鐸開一）反注"繩"義，所戟（生麥開三）反注"求"義。索，《廣韻》山責（生麥開二）切注"求、取"義。大概慧琳認爲索的繩義是本義，心鐸開一是本音；索取義爲引申義，生麥開二是借音。

（2）【牽抴】……下餘制反。抴本作曳。顧野王云：曳猶牽也。《廣雅》云：曳，引也。《說文》：從申厂。厂亦聲。經作抴。《考聲》音延屑反。借音字也。《字書》並無，今從曳。挈音牽結反。縻音美悲反。（慧琳卷三一，密嚴經第一卷，1054頁上）

曳，王三、慧琳餘制（以祭開三）反。抴（抴）《廣韻》羊列（以薛開三）切，《考聲》音延屑（以屑開四）反。大概慧琳認爲延屑反的抴是借音字，餘制反的曳是本字。從借音看，慧琳的薛屑已不分。

（3）【濺灑】上煎薛反。《考聲》云：濺，濺也。或作湔，亦通。下沙賈反。案灑者，以物霑水散灑也。借音用，本音所買反。今不用此音。（慧琳卷三五，一字頂輪王經第二卷，1124頁上）

慧琳認爲灑的所買（生佳開二）反是本音，沙賈（生麻開二上）反是借音。其實灑的"灑水"義《廣韻》注砂下（生麻開二上）切，也注所蟹（生佳開二下）切。灑《廣韻》一義二音，慧琳把它分爲本音或借音。慧琳的本音與借音是佳麻混。至於誰是本音或借音，已不可考，慧琳有強生分別之嫌。總之，此處的借音與方音無關。

（4）【倮形】華瓦反。借音用以避俗諱。本音螺果反。裸，赤體露形也。或從身作躶，或從衣作裸，並露體無衣也。形聲字也。（慧琳卷三五，蘇悉地羯囉經卷上，1129頁下）

【蓬髮躶黑形】盧果反。借音，避俗諱，音華瓦反。脫衣露體也。或作倮，訓同。（慧琳卷三六，觀自在如意輪瑜伽法，1145頁上）

這裡的借音與上面的俗音相同，是類推音，用以避俗諱（即忌諱裸體）。

（5）【鈿飾】上田練反。借音用，本音田。下昇織反。以寶厠鈿而飾之。（慧琳卷三六，金剛頂經中卷，1143頁上）

田練反是定先開四去。鈿，王三徒賢（定先開四）反注"金花"義，又堂見（定先開四去）反下注"寶鈿"義。田王三徒賢反。本音與借音平去混。鈿的金花義或寶鈿義中，誰是本義已不可考，慧琳有強生分別之嫌。但在"鈿飾"一詞中，鈿應讀去聲，慧琳所注不誤。

（6）【竄過】倉爨反。假借平聲用。本音去聲，今不取。遙投火炬也。（慧琳卷三七，陀羅尼集第七卷，1153頁下）

倉爨反是清桓合一。竄，王三七亂（清桓合一去）反下注"逃"義，《類篇》七丸（清桓合一）切下注"入穴"義。大概慧琳認爲去聲爲本音，平聲需破讀。實際上，誰是本音，已不可考。總之，此處的借音與變調構詞有關，與方音無關。

（7）【弱】慈洛反。借音也。（慧琳卷四二，觀自在菩薩如意輪瑜歧法經，1236頁上）

慈洛反是從鐸合一。弱王三而灼（日陽合三入）反。弱無從母讀，此處的借音來歷不清，不可考。

（8）【可汗】音寒，假借字也。北狄王號。（慧琳卷八三，大唐三藏玄奘法師本傳第一卷，1966頁上）

汗，王三侯旰（匣寒開一去）反。寒，王三胡安（匣寒開一）反。可汗是阿爾泰語系的遊牧民族鮮卑、回紇、柔然、高車、突厥、吐谷渾等對首領的尊稱，最早始於402年柔然首領社崙統一漠北自稱丘豆伐可汗。可汗的古突厥語的羅馬字母轉寫是 qaghan。阿爾泰語是無聲調的語言，漢語轉寫祇能用一個無標記的平調字來表示，音譯詞汗就讀平聲。但汗字無平

— 216 —

第六章　慧琳音義的方音研究

聲，所以慧琳認爲它是假借字，即借音字。

（9）【臯①繇】上音高，下音姚。孔注《尚書》云：臯②繇，舜帝臣也。《說文》：臯③字從白半聲也。半音洺④。《尚書》作咎，古字也。繇字作陶，音洮，古人借用也。從自，非也。（慧琳卷八六，辯正論第六卷，2009頁下）

繇字作陶，音洮，古人借用，借音是義同換讀音，見上。

總之，慧琳的借音是與本音相對的概念，它與詞義引申、義同換讀、避諱、類推、音譯有關。其中，類推、換讀有生造讀音之嫌；在本音與借音的區分上，也有強生分別之嫌。慧琳的借音基本與方音無關，僅1條借音側面透露出慧琳薛屑不分。

7. 通音

【門堞】甜叶反。《左傳》曰：環城附於堞。杜注云：城上女牆也。《古今正字》云：城上女垣也。從土葉聲也。今人通音爲陕者，誤也。（慧琳卷八，大般若波羅蜜多經第五七一卷，635頁下）

堞的異體是堞。堞《經典釋文》卷十八徐邈注養涉（以母葉開三）反，與楪（王三与涉反）音同。堞的以母葉開三（徐邈讀）是通行的語音，而慧琳認爲是誤音，就改讀甜叶反。此處的通音與方音無關。

8. 小結

上述24條某音中，有3條俗音與方音相關，其餘21條與文字訛誤、詞義引申、義同換讀、音譯、避諱、類推、訛讀等有關。

三　慧琳"使用"的方言詞音注

1. 楚方言詞

（1）【剩食其人下文又云剩可爲夫妻】剩音承證反，俗字也，亦楚郢之間語辭也。言剩如此者，意云豈能便如此，是此意也。蓋亦大師鄉音楚語也。（慧琳卷一百，止觀下卷，2196頁上）

---

① 原爲臯，據文意應爲臯。
② 同上。
③ 同上。
④ 徐校：陷據文意似當作洺。

— 217 —

止觀是修行禪那的方法，天臺宗特別重視它。天臺宗的創始人智顗（538—597 年），俗姓陳，字德安，荊州華容（今湖北潛江）人。從慧琳音義看，剩是智顗的方言詞。承證反是禪蒸開三去。乘（剩）王三實證（船蒸開三去）反。智顗的鄉音楚語船禪混。

（2）【㮞梠】上率追反。郭注《爾雅》云：㮞，㮇也。《說文》云：秦名爲屋㮇，周人謂之㮞，齊魯謂之桷。今楚人亦謂之桷子。下音呂。郭注《方言》云：梠即屋䉦也。《說文》：楣也。亦呼爲連綿也。今秦中呼爲連䉦。呼爲梠者，楚語也。亦通，云㮇梠也。（慧琳卷八二，西域記第二卷，1952 頁上—下）

《說文解字》卷十一（大徐本）："楣，秦名屋㯀聯也。齊謂之檐，楚謂之梠。从木眉聲，武悲切。"梠是慧琳暗引《說文》的楚方言詞。

2. 南楚方言詞

（1）【索縷】……下良主反。南楚之人貧衣破弊惡謂之襤縷。《說文》：縷，綫也。從糸從婁省①聲也。（慧琳卷八，大般若波羅蜜多經第五九九卷，647 頁上）

南楚凡人貧衣被醜敝……或謂之襤褸。（郭璞《方言注》卷三，文淵閣四庫本）

從《方言》看，襤褸是慧琳暗引揚雄的南楚方言詞。

（2）【頷車】含敢反。《韻英》云：頤也。《釋名》云：頷車，輔車也。或作頤②，南楚謂頤爲頷。從頁含聲。（慧琳卷六二，根本毗柰耶雜事律第十二卷，1610 頁上）

頷、頤，頷也。南楚謂之頷，秦晉謂之頷。頤，其通語也。（郭璞《方言注》卷十，文淵閣四庫本）

從《方言》看，頷是慧琳暗引揚雄的南楚方言詞。

（3）【巾褐】寒遏反。《考聲》云：褐，麤衣名。鄭箋《毛詩》云：褐，毛布也。南楚之人謂袍爲短褐。《說文》：麤衣也。從衣曷聲。麤古文麄字，從三鹿。（慧琳卷八六，辯正論第六卷，2010 頁上）

---

① 徐校：省衍。
② 徐校：獅作頤。

必有菅屩趾此蹻裋褐不完者。菅，茅也。趾，偶也。蹻，適也。楚人謂袍爲裋褐大布。（高誘注《淮南鴻烈解》卷十一，文淵閣四庫本）

短褐是慧琳暗引高誘《淮南鴻烈解》的（南）楚方言詞。

3. 河東方言詞

【廳庌】上邊丁反，下牙賈反。今河東人呼廳爲庌也。《廣雅》云：庌，南行偏舍也。鄭注《禮》云：廡也。《說文》訓同，從广牙聲也。（慧琳卷六六，集異門足論第四卷，1681頁下）

【前庌】五下反。《廣雅》：庌，舍也。《說文》：堂下周屋曰廡。幽冀之人謂之庌。今言廳庌是也。（玄應卷十七，出曜論第二卷，369頁上）

大屋曰廡。廡，幠也。幠，覆也。并冀人謂之庌。庌，正也，屋之正大者也。（劉熙《釋名》卷五）

庌，慧琳是河東方言詞，玄應是幽冀方言詞，劉熙是并冀方言詞。其實，河東、幽冀、并冀地理區域基本相同。大概慧琳暗引了玄應或劉熙等的方言詞而不注明出處。

4. 江淮吳楚之間方言詞

【盎甕】阿浪反。《爾雅》：盎，缶器也。江淮吳楚之間謂之鋼。鋼音罡，或去聲。……（慧琳卷六十，根本說一切有部毗奈耶律第三十卷，1585頁下）

《爾雅》、《方言》等無鋼字，江淮吳楚方言詞鋼已不可考。

5. 江南方言詞

（1）【腹骼】又作骱、骰二形，同，口亞反。《埤蒼》：腰骨也。江南呼髀，上骨[①]接脊者曰骱。（慧琳卷三七，孔雀王神咒經下卷，1158頁下）

【腹骼】又作骱、骰二形，同。口亞反。《埤蒼》：腰骨也。江南呼髀，骨上接腰者曰骱。（玄應卷五，孔雀王神咒經下卷，114頁上）

江南方言詞骱的音義慧琳、玄應相同，大概慧琳暗引玄應而不注明出處。

（2）【瓦甌】下惡侯反。《方言》云：盆之小者謂之甌。今江南謂瓷椀瓦椀總名爲甌。《古今正字》：從瓦從區省聲也。（慧琳卷六一，根本說一切有部毗奈耶律第三六卷，1590頁下）

---

① 慧琳的"骨上"二字倒乙。

今傳本《方言》無"江南謂瓷椀瓦椀總名爲甌"，江南方言詞甌已不可考。

6. 南方方言詞

【劑此】上齊細反。《爾雅》云：劑，齊也。今南方人呼剪刀爲劑刀。《古今正字》亦同聲[①]也。從刀齊聲。（慧琳卷九五，弘明集第四卷，2128頁上）

劑、翦，齊也。注：南方人呼翦刀爲劑刀。（郭璞注、邢昺疏《爾雅注疏》卷二，文淵閣四庫本）

從《爾雅注疏》看，劑刀是郭璞時代的南方方言詞。

7. 蜀方言詞

【鎢錥】鄔胡反，下融宿反。《埤蒼》：鎢錥，小釜也。又玉鎢，謂之銼鏴也。二字並從金，烏育皆聲，經文作鍫，非也。銼音才戈反，鏴音力戈反。軍行所用，此皆方言差別。蜀人名銼，倉臥反。（慧琳卷七九，經律異相第三六卷，1904頁上）

【鎢錥】於胡、餘六反。《廣雅》：鎢錥謂之銼鏴，亦云鉓鏴也。經文作鑐，非也。銼音才禾反。鏴，力和反。鉓，古我反。鏴，莫朗反。或作鎢鏴，或作鎰鏴，或作鈷鏴。蜀人言坐，皆一也。《字林》：小釜也。鎰音古盍反。鈷音古。坐，七臥反。（玄應卷十三，樹提伽經，273頁下）

銼、坐異文，大概慧琳暗引了玄應的蜀方言詞而不注明出處。

8. 吳會江湘方言詞

【療諸】力召反。鄭注《周禮》云：止病曰療。吳會江湘謂醫病曰療。《說文》亦云：療，醫，又治病。從疒，尞聲。疒音女厄反。（慧琳卷二九，金光明最勝王經第一卷，1011頁下）

五毒攻之。注：止病曰療。攻，治也。（鄭玄注、賈公彥疏《周禮注疏》卷五，文淵閣四庫本）

對照《周禮注疏》，鄭注沒交代療是"吳會江湘方言詞"。"吳會江湘謂醫病曰療"已不可考。

[①] 徐校：聲爲義。

9. 吳越

【藤樹】鄧能反。《考聲》云：蔓莚之類。吳越謂之藤，藤有數種。從草從舟從关從水。关音卷也。（慧琳卷三一，大乘入楞伽經第一卷，1047頁下）

【懸藤】下鄧能反。《集訓》云：藤，蘁也。音力鬼反。蘁謂草之有枝條，蔓莚如葛之屬也。吳越間謂之藤。《古今正字》：從草朕聲。《說文》：縢字從舟從关從水。关亦聲也。关音卷遠反。（慧琳卷四九，大莊嚴論第十三卷，1369頁下）

諸慮、山櫐。注：今江東呼櫐爲藤，似葛而麤大。（郭璞注、邢昺疏《爾雅注疏》卷九，文淵閣四庫本）

從郭注《爾雅》看，藤是江東方言詞。慧琳暗引郭注，改江東爲吳越。

總之，通過比對源文獻，筆者發現上述 15 條慧琳"使用"的帶音注的方言詞中，12 條是他暗引的，剩下 3 條已不可考。這 3 條方言詞分別來自江淮吳楚、江南、吳會江湘。鑒於慧琳是外族人，雖在中國長期生活，但足跡僅局限在西北地區，所以，筆者認爲他"使用"的方言詞並非是他熟知的時代方言，而是暗引前人的方言詞而不注明出處。

四　慧琳引用揚雄《方言》中的方言詞的音注

慧琳引用揚雄《方言》的方言詞共 54 類 164 條，其中荊湘汝潁之郊、南楚江湘之郊無別，實際 53 類；除去重複，實際 110 條。文獻考證主要採用文本比對，即把它和玄應《衆經音義》、揚雄《方言》等比對。以下從方言區域、方言音注、方言詞出現較早的年代等方面逐類逐條考證，具體如下：

1. 陳楚方言詞 3 條

（1）【鞠育】《詩》云：母兮鞠我。《傳》曰：鞠，養也。《方言》：陳楚之間謂養爲鞠。又掬，同。居六反。《說文》：掬，撮也。（慧琳卷四三，陀羅尼雜集第二卷，1250頁下）

【鞠育】《詩》云：母兮鞠我。《傳》曰：鞠，養也。《方言》：陳楚之間謂養爲鞠。又作掬，同。居六反。《說文》：掬，撮也。（玄應卷二十，陀羅尼雜集經第三卷，409頁上—下）

陳楚韓鄭之閒曰鞠，秦或曰陶，汝潁梁宋之閒曰胎，或曰艾。（郭璞《方言注》卷一）

按：鞠是揚雄時代的陳、楚、韓、鄭方言詞；慧琳、玄應都省"韓鄭"二字；慧琳、玄應的音義相同，大概是慧琳轉錄了玄應的音義。

（2）【鍵乎】健偃反。《周禮》：司門掌授官鍵以啟閉國門。鄭注云：鍵，管籥也。《方言》：陳楚之間謂籥爲鍵。《說文》：從金建聲。（慧琳卷五一，唯識論後序，1395頁上）

【關鍵】古文閹、捷二形，同。奇謇反。《方言》：關東謂之鍵，關西謂之閹。閹，牡也。（玄應卷二一，大菩薩藏經第七卷，434頁下）

自關而東陳楚之閒謂之鍵巨蹇反，自關而西謂之鑰。（郭璞《方言注》卷五）

按：鍵，慧琳是陳楚方言詞，玄應是關東方言詞，他們各自引用了揚雄《方言》的部分內容；健偃反與巨蹇反音同，與奇謇反是阮獮混。

（3）【不孳】下子慈反。《方言》：東（陳）楚之間凡人畜乳之雙產謂之孳孽。《說文》云：汲汲也。從子茲聲。……（慧琳卷七八，經律異相第十七卷，1894頁下）

【孳產】子思反《方言》東（陳）楚之間凡人畜乳之雙產謂之釐孳。……（玄應卷二五，阿毗達磨順正理論第七四卷，511頁上）

陳楚之閒凡人曾乳而雙產謂之釐孳。音茲。（郭璞《方言注》卷三）

按：釐孳、孳孽異文，音茲的茲和子思反、子慈反音同。

2. 陳楚宋魏之間方言詞 1 條

【瓢瓠】上驃摽反。《考聲》云：瓢，半瓠也。鄭玄：取甘瓠，割其蒂，以其齊爲酒樽也。《方言》：陳楚宋魏之間或謂蠡爲瓢。……（慧琳卷九五，弘明集第一卷，2121頁下）

蠡，陳楚宋魏之閒或謂之簞，或謂之櫼，或謂之瓢。（郭璞《方言注》卷五）

按：蠡、櫼異文；瓢，郭注無音注。

3. 陳楚之間南楚之外的方言詞 1 條

【流睇】音弟。鄭注《禮記》云：傾視也。《方言》云：陳楚之間南楚之外謂眄爲睇。《說文》：從目弟聲。（慧琳卷八一，大唐西域求法高僧傳下

第六章　慧琳音義的方音研究

卷，1945頁下）

【笑睇】徒計反。《禮記》：不能睇視。鄭玄曰：睇，傾視也。《方言》：陳楚之間謂眄曰睇。《纂文》云：顧視曰睇。（玄應卷二二，瑜伽師地論第十一卷，450頁下）

瞷音閑、睇音俤、睎、略音略，眄也。陳楚之間南楚之外曰睇。（郭璞《方言注》卷二）

按：弟《廣韻》徒禮切又特計切；特計切與徒計反音同，徒禮切與音俤的俤（《廣韻》：徒禮切）音同。

4. 陳宋之間方言詞2條（除去重複，實際1條）

【摭之】上章亦反。《方言》：摭，取也。陳青徐之間謂取爲摭。……（慧琳卷七七，大周刊定衆經目錄序第六卷，1881頁上）

【持摭】下征適反。《方言》云：陳宋之間以手取物曰摭。《說文》：正體從石作拓，拾取物也。從手庶聲也。（慧琳卷九十，高僧傳第十四卷，2068頁上）

捋常含反、攘音襄、摭盜蹠、挻羊羶反，取也。南楚曰攘，陳宋之閒曰摭……（郭璞《方言注》卷一）

按：慧琳徵引的"陳青徐"應爲"陳宋"；盜蹠的蹠與章亦反、征適反音同。

5. 楚方言詞4條

（1）【所憑】被冰反。《周書》曰：憑玉几。《說文》作凭。《方言》云：楚人名怒爲憑，或名爲滿。郭璞注云：憑憑，恚怒皃也。經取怒滿義也。（慧琳卷十八，大乘大集地藏十輪經第一卷，809頁下）

憑不厭乎求索。憑，滿也。楚人名滿曰憑……（王逸《楚辭章句》卷一）

按：憑、凭異文，慧琳誤王逸《離騷經》的注文爲揚雄《方言》的白文。

（2）【鶱翥】……下諸茹反。《方言》云：翥，舉也。楚謂飛爲翥。《說文》：飛舉也，從羽者聲。（慧琳卷六二，根本毗奈耶雜事律第二八卷，1618頁上）

翥，舉也。楚謂之翥。（郭璞《方言注》卷十）

按：翥，郭璞無音注。

— 223 —

（3）【雲褐】寒遏反。《方言》：楚人謂袍爲褐也。言道家多於衣上畫作雲霞之氣也。（慧琳卷八七，甄正論卷下，2027頁上）

必有菅屩跂此跨裋褐不完者。菅，茅也。跂，偶也。跨，適也。楚人謂袍爲裋褐大布。（高誘注《淮南鴻烈解》卷十一，文淵閣四庫本）

按：今本《方言》無"楚人謂袍爲褐"字，它疑爲高誘《淮南鴻烈解》的注文。

（4）【謇諤】居展反。《周易》：謇，難也。《方言》：謇，吃也。楚語也。郭璞云：亦北方通語也。……（慧琳卷八八，集沙門不拜俗議第三卷，2039頁下）

【無謇】居展反。《方言》：謇，吃也。楚語也。言不通利謂之謇吃。（玄應卷七，大方等大集菩薩念佛三昧經第四卷，150頁下）

讓、極，吃也，楚語也。亦北方通語也。（郭璞《方言注》卷十）

按：謇、讓異文，謇是揚雄時代的楚方言詞，也是郭璞時代的北方通語。

6. 楚衛方言詞 2 條（除去重複，實際 1 條）

【轅輈】上音袁。車前雙轅也。《說文》：轅，輈也。鄭玄注《考工記》云：輈，轅也。《方言》云：楚衛之間謂轅曰輈。音肘留反。……（慧琳卷十五，大寶積經第一二〇卷，769頁下）

【辭轅】……下音袁。鄭注《禮記》云：輈，張溜反，轅也。《方言》：楚衛之間謂轅曰輈。《說文》：轅，輈也。從車袁聲也。……（慧琳卷五十，攝大乘論上卷，1378頁下）

轅，楚衛之間謂之輈。張由反。（郭璞《方言注》卷九）

按：慧琳的肘留反、張溜反與郭璞的張由反音同。

7. 楚郢以南方言詞 2 條（除去重複，實際 1 條）

【丘垤】田結反。《毛詩傳》云：垤，螘冢也。《方言》：楚郢以南蟻土謂之垤。……（慧琳卷九五，弘明集第一卷，2121頁下）

【蟻垤】田結反。《毛詩傳》云：垤，蟻冢也。《方言》：楚郢已（以）南蟻穴謂之垤。……（慧琳卷九五，廣弘明集第二〇卷，2168頁下）

【丘垤】徒結反。《方言》：楚郢以南蟻土謂之垤。郢，以井反。（玄應卷七，如來興顯經，160頁上）

埓、封，場也。楚郢以南蟻土謂之埓。埓，中齊語也。（郭璞《方言注》卷十）

按：慧琳改蟻土爲蟻穴；埓的反切下字慧琳、玄應相同，音值也相同，大概慧琳轉錄了玄應的音義。

8. 東郡方言詞 1 條

【跟跪】上丈良反。《方言》云：東郡謂跪曰跟跪。《廣雅》：跟跽，拜也。《古今正字》：從足長聲。跽音務。……（慧琳卷三九，不空羂索經第一卷，1174 頁下）

跟、跽音務、隉、企欺跋反，立也。東齊海岱北燕之郊跪謂之跟跽。今東郡人亦呼長跽爲跟跽。（郭璞《方言注》卷七）

跟跪、跟跽異文。"東郡謂跪曰跟跽（跪）"是郭璞《方言》的注文，非揚雄《方言》的白文，慧琳引用的文獻標注不清楚。

9. 東齊方言詞 4 條（除去重複，實際 2 條）

（1）【樹荄】古來反。《爾雅》：荄，根也。郭璞曰：俗呼韭根爲荄。《方言》：東齊謂根曰荄。……（慧琳卷十六，佛說胞胎經，781 頁上）

【陳荄】古來反。《方言》：東齊謂根曰荄。……（慧琳卷八三，大唐三藏玄奘法師本傳第八卷，1977 頁上）

【枯荄】古來反。《考聲》云：草莖也。《方言》：東齊謂根曰荄。……（慧琳卷九五，弘明集第四卷，2128 頁上）

【樹荄】古來反。《說文》：草根也。《方言》：東齊謂薙根曰荄也。（玄應卷十三，胞胎經，269 頁下）

荄，杜根也今俗名韭根爲荄，音陔。東齊曰杜《詩》曰"徹彼桑杜"是也，或曰荄音撥。（郭璞《方言注》卷三）

按：東齊方言詞荄的音義慧琳、玄應相同，大概慧琳轉錄了玄應的音義；慧琳、玄應的"東齊謂根曰荄"與今傳本《方言》的"東齊曰杜"成版本異文。

（2）【雲萃】下情醉反。《方言》云：東齊之間謂聚爲萃。《毛詩傳》曰：集也。……（慧琳卷八六，辯正論第六卷，2009 頁下）

萃，雜集也。東齊曰聚。（郭璞《方言注》卷三）

按："東齊之間謂聚爲萃"與"東齊曰聚"矛盾，慧琳的引文和源文獻有出入。

10. 東齊魯衛之間方言詞 1 條

【老叟】湅厚反。《考聲》云：叟者，老稱也。《方言》云：東齊魯衛之間凡尊考謂之叟。《廣雅》：父也。《說文》：老人也。從宀又聲也。（慧琳卷六一，根本說一切有部毗奈耶律第四七卷，1594 頁上）

俊[①]、艾，長老也。東齊魯衛之間凡尊老謂之俊。（郭璞《方言注》卷六）

按：叟，郭璞無音注。

11. 東徐青齊之間方言詞 1 條

【啟迪】下徒歷反。孔注《尚書》云：迪，蹈也。言信蹈行，古人之德也。又云迪，教導也。《方言》：迪，正也。東徐青齊之間相正謂之迪。……（慧琳卷三一，密嚴經序，1052—1053 頁）

由、迪，正也。東齊青徐之間相正謂之由、迪。（郭璞《方言注》卷六）

按：慧琳的東徐青齊應爲東齊青徐，慧琳音義有錯簡；迪，郭璞無音注。

12. 關東方言詞 17 條（除去重複，實際 11 條）

（1）【拒逆】……下魚戟反。《爾雅》：迎也。《方言》云：自關而東謂迎爲逆。……鄭注《考工記》云：逆猶卻也。《考聲》云：逆者，反常道也，不順也。關東曰逆，關西曰迎。……（慧琳卷七，大般若波羅蜜多經第五五九卷，627 頁上—下）

逢、逆，迎也。自關而東曰逆，自關而西或曰迎或曰逢。（郭璞《方言注》卷一）

按：逆，郭璞無音注。

（2）【關鍵】……下渠彥反。鄭眾注《周禮》云：管籥也。《說文》：鍵，鉉音縣。從金建聲也。或作閞，或從木作楗，同。《方言》云：自關而東謂之鍵，自關而西謂之鑰。鑰，牡也。（慧琳卷十三，大寶積經第四一卷，722 頁上）

【妙鍵】乾偃反，上聲字也。鄭注《周禮》云：鍵，壯也。《方言》：

[①] 華學誠《匯證》，第 485 頁：戴震《方言疏證》"俊，本又作叟"。

自關而東陳楚之間謂鑰爲鍵。《考聲》云：車轄也。《說文》：鍵，鉉也。從金建聲也。（慧琳卷三一，大乘入楞伽經第七卷，1046頁下）

【關鍵】乾蹇反。鄭衆注《周禮》云：鍵，官籥也。《方言》云：自關而東陳楚之間謂籥爲鍵。《說文》：鉉也。從金建聲。亦作揵，經文從門作閞，古文字。（慧琳卷四十，聖迦抳金剛童子求成就經，1198頁上）

【鍵鑰】上虔偃反。《周禮》：司門掌管鍵以啟閉也。鄭注云：鍵猶牡也。《方言》：自關而東謂之鍵，自關而西謂之鑰。《說文》：從金建聲。下羊酌反。……（慧琳卷八十，大唐內典錄第五卷，1916頁上）

【關鍵】下其蹇反。《方言》云：自關已（以）東陳楚之間謂籥爲鍵。《說文》：從金建聲。（慧琳卷八三，大唐三藏玄奘法師本傳第七卷，1973頁下）

【鉗鍵】……下奇偃反。鄭注《周禮》：鍵，籥也。《方言》：自關而東陳楚之間謂籥爲鍵。……（慧琳卷八三，大唐三藏玄奘法師本傳第十卷，1979頁上）

【關鍵】古還反，下虔蹇反。《周禮》：司門掌授管鍵以啟閉國門也。《方言》云：關東謂鑰爲鍵。（慧琳卷八八，集沙門不拜俗議第二卷，2039頁上）

【關鍵】又作閞、揵二形，同。奇騫反。《方言》：關東謂之鍵，關西謂之鑰。（玄應卷四，觀佛三昧海經第一卷，90頁下）

自關而東陳楚之間謂之鍵<small>巨蹇反</small>，自關而西謂之鑰。（郭璞《方言注》卷五）

按：渠彥反與虔蹇反、乾蹇反、虔偃反、奇偃反、巨騫反、奇騫反是濁上濁去混。

（3）【揜頓】上音奄。《尚書》云：揜有四海爲天下君。孔安國曰：揜，同也。《方言》：藏也，取也。自關而東謂取爲揜。杜注《左傳》：匿也。或爲掩字，訓義同。《說文》：覆也。從手弇聲。弇音同上也。……（慧琳卷二十，寶星陀羅尼經序，839頁上）

掩、索，取也。自關而東曰掩，自關而西曰索，或曰担。（郭璞《方言注》卷六）

按：關東方言詞揜、掩異文，郭璞無音注。

(4)【幢旗】上濁江反。《方言》云：幢，翳也。自關而東謂之幢。郭注云：舞者執之以自蔽翳也。《廣雅》：幢謂之翿。翿音導也。《古今正字》：從巾童聲……（慧琳卷二九，金光明最勝王經第七卷，1019頁下）

翿音濤、幢徒江反，翳也，舞者所以自蔽翳也。楚曰翿，關西關東皆曰幢。（郭璞《方言注》卷二）

按：濁江反與徒江反音同。

(5)【舟航】……下鶴剛反。《毛詩傳》：渡船也。《方言》云：自關而東謂濟渡爲航。《說文》：從方作斻，從舟亢聲。亢音岡（罡）也。（慧琳卷二九，金光明最勝王經第十卷，1022頁下）

【梯航】剔低反，下鶴崗反。《方言》：自關而東謂舟爲航。《說文》：從舟亢聲。（慧琳卷八三，大唐三藏玄奘法師本傳第七卷，1973—1974頁）

【大航欄】上何岡反。《方言》：自關而東謂舟爲航，大船也。形聲字。（慧琳卷九十，高僧傳第十卷，2064頁上）

【舟航】又作杭，同。何唐反。《方言》：自關而東或謂舟爲航。航，渡也，濟渡之舟也。（玄應卷五，文殊問經下卷，116頁下）

自關而西謂之船，自關而東或謂之舟，或謂之航行伍。（郭璞《方言注》卷九）

按：鶴剛反、何唐反、何岡反與"行伍"的行音同。

(6)【榛梗】……下革杏反。《方言》：自關而東草木刺人者爲梗。賈注《國語》：梗，害也。王逸注曰：梗，強也。《說文》：從木更聲。（慧琳卷五十，攝大乘論釋第六卷，1382頁下）

凡草木刺人北燕朝鮮之閒謂之茦，或謂之壯，自關而東或謂之梗……（郭璞《方言注》卷三）

按：關東方言詞梗，郭璞無音注。

(7)【蚰蜒】上以周反，下以㳂反。《方言》：自關東而①謂之螾蜒。《說文》：蚰蜒亦曰蝘蜒也。並從虫，由、延皆聲。螾音引，蝘音匽②也。（慧琳卷七二，阿毗達磨顯宗論第十二卷，1773頁上）

---

① 徐校："東而"，據文意當爲"而東"。
② 徐校："蝘"，據文意當爲"匽"。

蚰蜒由延二音，自關而東謂之蝚蛖蝚音引……（郭璞《方言注》卷十一）

按：蜒、蛖異文，"蝚音引"慧琳、郭璞相同。

（8）【鷦鷯】上佞丁反，下蠲穴反。《廣雅》云：鷦鷯，果蠃（蠃）、飛、女匠、工雀也。《方言》：桑飛，自關而東謂之鷦鷯，俗名巧婦小鳥也。《說文》：並從鳥，寧、夬皆聲也。夬音古快反也。（慧琳卷八八，釋法琳本傳第三卷，2035 頁下）

桑飛，即鷦鷯也，又名鷦鴱。自關而東謂之工爵，或謂之過蠃，音螺。或謂之女匠；今亦名爲巧婦，江東呼布母。自關而東謂之鷦鷯……甯玦兩音。（郭璞《方言注》卷八，文淵閣四庫本）

按：佞丁反與"甯"（《集韻》囊丁反）音同，蠲穴反與"玦"音同。

（9）【譎怪】上古穴反。鄭注《論語》：譎，詐也。《方言》：自關而東謂詐爲譎。《說文》：權詐。梁益曰譣，天下曰譎。從言矞聲。或作憰也。（慧琳卷一百，肇論下卷，2194 頁上）

自關而東西或曰譎。（郭璞《方言注》卷三）

《說文解字》卷三上（大徐本）："譎，權詐也。益梁曰譣欺，天下曰譎。从言矞聲。古穴切。"

按：譎，郭璞無音注；它的方言區域慧琳是關東，而揚雄是關東西，許慎是天下。

13. 自關東西秦晉之間方言詞 2 條（除去重複，實際 1 條）

【蛇蠍】……《方言》云：自關東西秦晉之間謂之蠇、蛩，或謂之蠍。案蠍者，四方之通語也。此蟲形如小傍蟹，尾向上卷於背，尾端有毒刺傷人。……蠇音楂剉反。……（慧琳卷三七，曼殊室利菩薩一字咒王經，1156 頁下）

【蛇蠍】……《方言》云：自關東西秦晉之間謂之蠇、蛩，或謂之蠍。案蠍者，四方之通語也。蠇音撻。……（慧琳卷三八，佛母大孔雀明王經，1163 頁上）

按：今傳本《方言》無"自關東西秦晉之間謂之蠇、蛩"，疑爲《方言》的佚文。

14. 關西方言詞 20 條（除去重複，實際 13 條）

（1）【舩撥（橃）】上述專反。《世本》：共鼓貨狄作舟舩。宋忠曰：黃帝二臣名也。《方言》曰：自關而西謂舟爲舩。《說文》云：舩，舟也。從舟從公省聲也。……（慧琳卷七，大般若波羅蜜多經第五四九卷，624頁下）

【舩檝】順專反。舩，舟也。《方言》曰：自關而西謂舟爲舩。……（慧琳卷四一，大乘理趣六波羅蜜多經第一卷，1212頁上）

【舩舶】上時緣反。又《方言》云：自關而西謂舟曰船。《說文》云：舟也。從舟從鉛省聲……（慧琳卷六二，根本毗奈耶雜事律第十八卷，1613頁下）

【舩人】述專反。《世本》：共鼓貨狄作舟舩。宋忠曰：黃帝臣也。《方言》：自關而西謂舟爲舩。……（玄應卷十七，俱舍論第六卷，365頁上）

舟，自關而西謂之船。（郭璞《方言注》卷九）

按：船舩異文，船郭璞無音注；順專反、述專反音同，與時（禪）緣反是船禪混。

（2）【矛盾】……下述尹反。鄭注《周禮》云：五盾干櫓之屬。其名未盡聞。《方言》云：自關而東或謂之干，關西謂之盾。……（慧琳卷十，仁王般若經上卷，672頁下）

盾，自關而東或謂之瞂音伐，或謂之干干者，扞也，關西謂之盾。（郭璞《方言注》卷九）

按：關西方言詞盾，郭璞無音注。

（3）【擁篲】……下隨銳反。《玉篇》云：掃竹也。《方言》云：自關而西或謂之掃篲隨醉反，亦曰掃帚之酉反。或從草作蔧。（慧琳卷十一，大寶積經序，686頁下）

按：今傳本《方言》無關西方言詞掃篲。

（4）【熊羆】上書穹反，下彼眉反。……《爾雅》云：羆如熊，黃白色。郭璞云：羆似熊而大，熊類也。頭長高，猛憨呵甘反，多力能拔木。《方言》：關西呼爲狼音家羆。從罷蒲罵反灬聲也。（慧琳卷十一，大寶積經第一卷，688頁上—下）

羆如熊，黃白文。注：似熊而長頭，高脚猛憨多力，能拔樹木。關西呼曰貑羆。音義：羆音碑，憨呼濫反，貑音加。（《爾雅注疏》卷十一，文淵閣四庫本）

按："音家的家、音加的加"音同，狼、貑異文，慧琳誤郭璞《爾雅》的注文爲揚雄《方言》的白文。

(5)【黃鸝】力知反。《方言》：黃鸝，鵹黃也。自關而西謂之黃離，俗謂之黃鸝，或謂之楚雀。《廣志》謂之黃離留。或作鴛、鵹，古字也。（慧琳卷十三，大寶積經第四十卷，721頁上）

【黃鸝】又作鴛（鴛），同。力貲反。《方言》：倉庚。自關而西謂之鸝黃，或謂之黃鳥，或謂之楚雀。異名也。（玄應卷二二，瑜伽師地論第三七卷，457頁下）

鸝黃，自關而東謂之鵹黃又名商庚，自關而西謂之鸝黃其色鵹黑而黃因名之，或謂之黃鳥或謂之楚雀。（郭璞《方言注》卷八）

按：慧琳的"黃離"與揚雄、玄應的"鸝黃"成版本異文。

(6)【箭稍】上將線反。《爾雅》：箭，竹名也。郭璞曰：似篠而小，可以爲矢，因名矢爲箭。《方言》云：自關而西謂矢爲箭。……（慧琳卷十三，大寶積經第四五卷，725頁下）

【箭躰】上煎賤反。《方言》云：自關而西謂之箭。郭注云：三鎌，今箭躰箭也。平題，今戲躰箭也。從竹前聲。……（慧琳卷四五，菩薩五法懺悔經，1296頁上）

【箭䇆】上煎線反。《方言》：箭，矢也。關西謂之箭，關東謂之矢。……（慧琳卷六一，根本說一切有部毗奈耶律第三七卷，1591頁下）

箭，自關而東謂之矢，江淮之閒謂之鍭音侯，關西曰箭箭者，竹名，因以爲號。（郭璞《方言注》卷九）

按：箭，郭璞無音注。

(7)【蒼蠅】……下翼繒反。《方言》云：自關而西謂之蠅。《說文》云：蟲之大腹者。從蟲從黽。黽音猛也。（慧琳卷十五，大寶積經第一一二卷，764頁上）

【蠅蟲】上孕蒸反，下麥彭反。鄭箋《毛詩》：蠅之爲蟲，污白爲黑。《方言》：陳楚秦晉之間謂之蠅，東齊謂之羊，聲訛轉也。郭璞曰：江東人呼羊聲似蠅也。（慧琳卷四一，六波羅蜜多經第三卷，1217頁上—下）

【蠅蚤】上翼繒反。《毛詩》箋云：爲蠅之蟲，污白爲黑、污黑爲白也。《方言》：陳楚之間自關而西秦晉之間謂之蠅，東齊謂之羊。郭璞曰：此語轉不正耳。今江東人呼羊聲如蠅，凡如此比不宜別立名也。……（慧琳卷五一，破外道小乘涅槃論，1407—1408頁）

蠅，東齊謂之羊，陳楚之間謂之蠅，自關而西秦晉之間謂之羊。（郭璞《方言注》卷九）

按："陳楚之間自關而西秦晉之間謂之蠅"與"陳楚之間謂之蠅，自關而西秦晉之間謂之羊"矛盾，慧琳的引文與今傳本《方言》有異。疑慧琳的引文有誤。

（8）【擢本】撞卓反。《考聲》云：連根拔也。《方言》云：自關而西或云拔或擢。《蒼頡篇》云：抽也。《說文》：引。從手翟聲也。翟音宅，翟字上從羽也。（慧琳卷二四，大方廣如來不思議境界經第一卷，913頁下）

摳、擢、拂、戎，拔也，自關而西或曰拔或曰擢，自關而東江淮南楚之間或曰戎，東齊海岱之間曰摳。（郭璞《方言注》卷三）

按：擢，郭璞無音注。

（9）【蚰蜒】上酉州反，下演仙反。《考聲》云：蚰蜒，蟲名也。《方言》云：自關而東謂之螾蜒，關西謂之蚰蜒，北燕謂之祝蜒。《文字典說》：二字並從虫，由、延皆聲也。（慧琳卷三二，藥師瑠璃光如來本願功德經，1067頁下）

蚰蜒。由、延二音……北燕謂之蚆蚭。蚆，奴六反；蚭音尼。江東又呼蛩，音鞏。（郭璞《方言注》卷十一）

按：今傳本《方言》無"關西謂之蚰蜒"六字。

（10）【如鎌】下斂占反。太公《六韜》：大鎌柄長七尺。《方言》：刈刌，自關而西謂之鎌。《蒼頡篇》云：大鐮也。《考聲》：釤物者也。亦作鐮也。《說文》：從金兼聲也。（慧琳卷五十，辯中邊論上卷，1389頁下）

【持鎌】下斂占反。《方言》：自關而西謂之鎌。刈物具也。……（慧琳卷七五，道地經，1828頁下）

刈鉤……自關而西或謂之鉤，或謂之鎌，或謂之鍥音結。（郭璞《方言注》卷五）

按：鎌，郭璞無音注；刌、鉤異文。

（11）【盆盎】上蒲門反。《周禮》云：陶人爲盆，實二鬴音方矩反。《方言》：自關而西或謂之盆。《古今正字》：從皿分聲。……（慧琳卷六四，沙彌十戒並威儀，1643頁上）

䉽甊謂之盎，自關而西或謂之盆，或謂之盎，其小者謂之升甌。（郭璞

《方言注》卷五）

按：盆，郭璞無音注。

(12)【鍵鑰】上虔偃反。《周禮》：司門掌管鍵以啟閉也。鄭注云：鍵猶牡也。《方言》：自關而東謂之鍵，自關而西謂之鑰。《說文》：從金建聲。下羊酌反。……（慧琳卷八十，大唐內典錄第五卷，1916頁上）

【戶鑰】古文鑰，同。余酌反。《方言》：關東謂之鍵，關西謂之鑰。（玄應卷十七，迦旃延阿毗曇第三卷，361頁下）

自關而東陳楚之間謂之鍵巨蹇反，自關而西謂之鑰。（郭璞《方言注》卷五）

按：羊酌反、余酌反音同；鑰，郭璞無音注。

(13)【躍鞘】霄曜反。《方言》：劍削也。關東謂之削，關西謂之鞘。……鞘音壁茗反，茗音冥並反。（慧琳卷九八，廣弘明集第十六卷，2163頁上）

【刀鞘】……《方言》：劍削，關東謂之削，關西謂之鞘。音餅。……（玄應卷十七，阿毗曇毗婆沙論第四卷，356頁下）

自關而東或謂之廓，或謂之削，自關而西謂之鞞方婢反。（郭璞《方言注》卷九）

按：壁茗反與音餅的餅音同，與方婢反是青支混。

總之，上述13條方言詞中，3條今傳本《方言》無，1條慧琳誤郭璞《爾雅》的注文爲揚雄《方言》的白文，4條與今傳本《方言》成版本異文，總之，慧琳徵引的《方言》與今傳本《方言》有一定的差別。至於音注，慧琳與郭璞無一相同。另外，慧琳給"船"既注船母，也注禪母，慧琳有船禪不分的情況。

15. 自關而西秦隴之間方言詞3條（除去重複，實際2條）

(1)【蝙蝠】補眠反，下風伏反。……《方言》云：自關而西秦隴之間謂之蝙蝠。冬蟄而夏飛，晝伏而夜出也。（慧琳卷十一，大寶積經第三卷，695頁上）

【蝙蝠】上遍眠反，下音福。……《方言》：自關而東曰伏翼。自關而西秦隴之間謂之蝙蝠。……（慧琳卷四五，佛藏經上卷，1292頁下）

【蝙蝠】上閉綿反，下風目反。《爾雅》云：蝙蝠，服翼也。《方言》云：自關而東云服翼也，關西秦隴又曰蝙蝠也。……（慧琳卷八六，辯正

論第六卷，2012頁上—下）

蝙蝠_{邊福兩音}。自關而東謂之服翼，或謂之飛鼠，或謂之老鼠，或謂之僊鼠；自關而西秦隴之間謂之蝙蝠，北燕謂之蟙䘃_{職墨兩音}。（郭璞《方言注》卷八）

按：補眠反與音邊的邊音同，與閉綿反是先仙混；風伏反、風目反、音福的福音同。

（2）【㮇梁】上長攀反。《方言》：自關而西秦隴之間謂之㮇。從木從㩀省聲。……（慧琳卷五六，本事經第五卷，1505頁上）

《說文解字》卷六上（大徐本）："㮇。秦名爲屋㮇，周謂之㮇，齊魯謂之桷。从木衰聲。所追切。"

按：今傳本《方言》無"自關而西秦隴之間謂之㮇"，疑慧琳誤《說文》爲《方言》。

16. 關之東西方言詞4條（除去重複，實際3條）

（1）【逮得】上徒奈反。《爾雅》：逮，及也。《方言》云：自關東西謂及爲逮。經作逯，非也，音祿，走也，非此義。（慧琳卷三，大般若波羅蜜多經第三四七卷，564頁上）

【逮得】徒戴反。《爾雅》云：逮，及也。《方言》：自關之東西謂及曰逮。……（玄應卷六，妙法蓮華經第一卷，128頁上）

迨、遝，及也。東齊曰迨_{音殆}，關之東西曰遝，或曰及。（郭璞《方言注》卷三）

按：逮、遝異體，郭璞無音注，徒奈反、徒戴反是泰代混。

（2）【蔓菁】上滿盤反，下井盈反。《方言》云：東楚謂之䔬，關之東西謂之蕪菁。今俗亦謂之蕪菁。……（慧琳卷三九，不空羂索經第二七卷，1185頁上）

蘴、蕘，蕪菁也。陳楚之郊謂之蘴，魯齊之郊謂之蕘，關之東西謂之蕪菁。（郭璞《方言注》卷三）

按：菁，郭璞無音注。

（3）【譎詭】上涓穴反。《方言》云：關東西謂詐爲譎也。……（慧琳卷八五，辯正論第四卷，2004頁下）

【譎詃】涓穴反。鄭注《論語》云：譎，詐也。《方言》：自關而東西

或謂詐爲譎也。……（慧琳卷九八，廣弘明集第十四卷，2160 頁上）

【譎詭】又作憰，同。公穴反。下又作恑，同。居毀反。《方言》：自關而東西或謂詐爲譎恑。譎恑亦奇怪也。（玄應卷五，超日明三昧經上卷，110 頁上）

自關而東西或曰譎。（郭璞《方言注》卷三）

按：譎，郭璞無音注；涓穴反、公穴反音同。

17. 關中方言詞 2 條

（1）【襠襠】上堪蛤反，（下）黨郎反。《考聲》云：襠襠，衣名也。《方言》云：今關中謂襦曰襠襠。《古今正字》云：襠即背襠也。一當背，一當胷，從衣當聲也。（慧琳卷三七，陀羅尼集第三卷，1152 頁下）

按：今傳本《方言》無"今關中謂襦曰襠襠"。

（2）【姑妐】燭容反。《方言》云：今關中人呼夫之父曰妐。《考聲》云：妐亦夫之兄也，從女從公聲也。古文云爾。（慧琳卷五七，婦人遇辜經，1520 頁上）

諸姬皆侍，去爲望卿作歌曰：背尊章，嫖以忽，<small>師古曰：尊章猶言舅姑也，今關中俗婦呼呼舅爲鍾，鍾者，章聲之轉也。</small>（顔師古注《漢書》卷五三，中華書局 1964 年版，2429—2430 頁）

按：妐鍾異體，夫之兄卽舅，慧琳誤顔師古《漢書》的注文爲揚雄《方言》的白文。

總之，2 條帶音注的關中方言詞非出自揚雄《方言》，因爲揚雄無"關中"的方言區劃術語，疑爲慧琳誤引或捏造。

18. 韓魏方言詞 5 條（除去重複，實際 2 條）

（1）【交絡】郎各反。郭注《山海經》：絡，繞也。《方言》：韓魏之間謂繞爲絡。……（慧琳卷六，大般若波羅蜜多經第四六九卷，600 頁上）

【絡髆索】上郎各反。郭注《山海經》：絡，繞也。《方言》：自關而東周洛韓魏之間謂繞爲絡。……（慧琳卷三九，不空羂索經第二一卷，1183 頁上）

【角絡】郎各反。郭璞云：絡，繞也。《方言》：自關而東周洛韓魏之間謂繞爲絡。……（慧琳卷四三，金剛恐怖觀自在菩薩最勝明王經，1247 頁上）

繘，自關而東周洛韓魏之閒謂之綆，或謂之絡音洛，關西謂之繘。（郭璞《方言注》卷五）

按：郎各反、音洛的洛音同。

（2）【短綆】下羹杏反。杜預注《左傳》云：綆即汲水繩也。《方言》：韓豐之間謂索爲綆也。《說文》：從糸更聲。（慧琳卷八九，高僧傳第六卷，2055頁上）

【綆汲】上耕杏反。杜預注《左傳》云：綆，汲水繩也。《方言》：自關而東周洛韓豐之間謂索爲綆。……（慧琳卷九八，廣弘明集第二四卷，2172—2173頁）

按：從上例可看出"韓豐"應爲"韓魏"，慧琳改繘爲索。

19. 江北方言詞 1 條

【伺求】上司次反。鄭注《周禮》云：伺猶察也。顧野王：伺猶候也。《方言》：自江而北謂相竊視爲伺。《蒼頡篇》：二人相候也。《古今正字》：從人司聲也。（慧琳卷二十，寶星經第九卷，846頁上）

……占、伺，視也。……自江而北謂之貼，或謂之覗。（郭璞《方言注》卷十）

按：伺、覗異文。

20. 江淮方言詞 6 條（除去重複，實際 2 條）

（1）【荊棘】……下兢力反。《方言》云：江淮之間凡草木有刺傷人者皆謂之棘。……（慧琳卷三，大般若波羅蜜多經第三三〇卷，558頁下）

【棘朿（束）】上矜（矜）憶反。《方言》：凡草木刺人江淮之間謂之棘。……（慧琳卷十九，大集譬喻王經下卷，833頁下）

【棘朿（束）】上兢力反。《方言》：江淮之間凡草木有束傷人者皆謂之棘。……（慧琳卷三二，彌勒下生成佛經，1078頁上—下）

【棘樹】矜力反。……《方言》云：凡草木有束刺人，江淮之間謂之棘。……（慧琳卷五一，唯識論，1399頁上）

【槲棘（棘）】……下矜力反。……《方言》云：凡草木刺人江淮之間謂之棘（棘）。……（慧琳卷八四，集古今佛道論衡，1990頁上）

凡草木刺人北燕朝鮮之閒謂之茦……自關而西謂之刺，江湘之閒謂之

棘《楚詞》①曰：曾枝剡棘。亦通語耳。音己力反。（郭璞《方言注》卷三）

按：江淮與江湘異文，兢力反、矜（矜）憶反、兢力反、矜力反、己力反音同。

（2）【浮泡】普包反。《方言》：泡，盛也。江淮之間語也。郭璞注云：泡，洪漲皃也。水上浮漚也。（慧琳卷十八，大乘大集地藏十輪經第一卷，809頁上）

……泡音庖，盛也。自關而西秦晉之間語也。……江淮之間曰泡包肥，洪張貌……（郭璞《方言注》卷二）

按：音庖的庖與普包反是並滂混，慧琳已濁音清化。

21. 江淮南楚之間方言詞1條

【鐵鍤】磣甲反。《方言》云：宋魏之間謂臿爲鍫，江淮南楚之間謂鍤。《說文》：從金臿聲。臿音同上。鍫音七焦反也。（慧琳卷六二，根本毗奈耶雜事律經第十卷，1608頁下）

臿，……宋魏之間謂之鏵，或謂之鐯音韋，江淮南楚之間謂之臿……（郭璞《方言注》卷五）

按：鍤、臿異文，郭璞無音注。

22. 荆楚方言詞1條

【僄樂】上匹妙反。《方言》云：僄，輕也。荆楚之間謂輕爲僄。……（慧琳卷七五，道地經，1826頁上）

仇音汎、僄飄零，輕也。楚凡相輕薄謂之相仇，或謂之僄也。（郭璞《方言注》卷十）

按：慧琳改楚爲荆楚，匹妙反與飄零的飄音同。

23. 荆湘汝潁之郊方言詞1條、南楚江湘之郊方言詞1條（實際1條）

【占吝】……下鄰振反。孔注《尚書》：吝，惜也。《方言》：荆湘汝潁之郊貪而不施曰吝。郭注云：慳吝多惜也。《說文》：從口文聲。經從心作悋，亦通。古文從文作吝。（慧琳卷十六，大聖文殊師利佛刹功德經中卷，782—783頁）

【吝惜】上隣鎮反。《方言》云：南楚江湘之郊凡衆會不施謂之吝。……

---

① 四庫本是《楚詞》，非爲《楚辭》。

（慧琳卷二九，金光明最勝王經第二卷，1015頁上）

【慳吝】古文㚣，同。力鎮反。堅著多惜曰吝。《方言》：荊汝江湘之間凡貪而不施謂之吝。（玄應卷二三，對法論第一卷，473頁上）

荊汝江湘之郊凡貪而不施謂之𠫑亦中國之通語，或謂之嗇，或謂之悋。悋，恨也慳者多惜恨也。（郭璞《方言注》卷十）

按：㚣、吝異體，郭璞無音注；鄰振反、力鎮反、隣鎮反音同；南楚江湘之郊是荊汝江湘之郊的轉寫，實質無別。

24. 荊揚青徐之間方言詞 1 條

【愵嘿】上天顯反。《方言》：愵，慚也。荊楊（揚）青徐之間謂慚曰愵。……（慧琳卷九八，廣弘明集第二四卷，2172頁上）

【慙惡】女六反。《方言》：愵、惡，慙也。荊揚青徐之間曰愵……愵音他典反。（玄應卷十九，佛本行集經第三九卷，402頁下）

愵音腆、惡人力反又女六反，慙也。荊揚青徐之閒曰愵……（郭璞《方言注》卷六）

按：愵的天顯反、他典反與音腆的腆音同；惡的反切玄應與郭璞相同。

25. 梁宋之間方言詞 1 條

【馬棹】下所六反。《方言》云：梁宋間謂馬樴爲棹。郭注云：棹，食馬器也。……（慧琳卷八九，高僧傳第五卷，2053頁上）

樴，梁宋齊楚北燕之間或謂之棹音縮，或謂之阜。（郭璞《方言注》卷五）

按：慧琳省略了"齊楚北燕"四字，所六反與"音縮"的縮音同。

26. 南楚東海之間方言詞 1 條

【赭衣】上遮野反。郭璞云：赭，赤土也。《方言》：南楚東海之間或謂赤爲赭。言衣赤色如赭。《說文》：從赤者聲。（慧琳卷八二，大唐西域記第一卷，1950—1951頁）

【赭色】之野反。《三蒼》：赭，赤土也。《方言》：南楚東海之間或謂卒爲赭。郭璞言：衣赤也。（玄應卷九，大智度論第十八卷，193頁下）

楚東海之閒亭父謂之亭公，卒謂之弩父，或謂之褚言衣赤也。褚音赭。（郭璞《方言注》卷三）

按：遮野反、之野反音同；郭璞以音改字，用"音赭"校改褚爲赭，慧琳、玄應從之。

27. 南楚方言詞 8 條（除去重複，實際 6 條）

（1）【蠲除】上決緣反。《考聲》云：蠲，潔也。《方言》云：南楚之人疾愈謂之蠲。郭璞曰：蠲，除也。（慧琳卷五，大般若波羅蜜多經第四一四卷，583 頁下）

【蠲愈】上決玄反。《方言》云：南楚之人疾愈謂之蠲。郭璞曰：蠲，除也。……（慧琳卷二九，金光明最勝王經第五卷，1016 頁下）

【蠲除】上決緣反。《尚書》云：上帝不蠲也。《方言》云：南楚之人疾愈謂之蠲。……（慧琳卷七二，阿毗達磨顯宗論第一卷，1769 頁下）

【蠲除】古玄反。《方言》：南楚疾愈謂之蠲。蠲亦除也。（玄應卷二三，攝大乘論第六卷，479 頁上）

南楚病愈者謂之差，……或謂之蠲蠲亦除也，音涓，又一圭反。或謂之除。（郭璞《方言注》卷三）

按：決緣反、決玄反、古玄反與音涓的涓音同。

（2）【幢相】……《廣雅》：幢謂之翿。翿音徒到反。《方言》：幢，翳也。郭璞注云：儛者所以自蔽翳身也。南楚謂翳曰翿，翿即幢也。……（慧琳卷六，大般若波羅蜜多經第四八四卷，602 頁下）

【麾纛】徒到反。《詩》云：左執翿。《傳》曰：翿，纛翳也。《箋》云：舞者所持，所以羽舞者也。《方言》：楚謂翳為翿。翿音徒到反。（玄應卷十九，佛本行集經第二八卷，400 頁下）

翿音濤，幢徒江反，翳也，舞者所以自蔽翳也。楚曰翿，關西關東皆曰幢。（郭璞《方言注》卷二）

按：徒到反與"音濤"的濤是平去混，慧琳、玄應改楚為南楚。

（3）【三戟】京逆反。……《方言》云：南楚謂之偃戟。郭注云：今之雄戟也。即矛有曲枝者是。《說文》云：有枝兵器也。……（慧琳卷二九，金光明最勝王經第七卷，1019 頁下）

三刃枝，南楚宛郢謂之匽戟……（郭璞《方言注》卷九）

按：戟，郭璞無音注；偃、匽異文。

（4）【海豨】下音希，俗字也。《說文》：正體從豕作豨。《方言》云：南楚之人謂豬為豨。又云豕走聲也。言海豨者，海中魚，其形似豬，故名

海豬，亦江豚之類也。（慧琳卷六一，根本說一切有部毗柰耶律第三二卷，1589頁上）

豬，……南楚謂之豨，其子或謂之豚，或謂之貕音奚……（郭璞《方言注》卷八）

按：豨，郭璞無音注。

（5）【攓芙蓉】上竭焉反。《方言》：南楚謂取曰攓。《蒼頡篇》：拔取也。亦作攐，論作搴，亦通俗字。（慧琳卷八七，十門辯惑論卷下，2029頁上）

撏常含反、攓音搴、摣盜蹃、挻羊饘反，取也。南楚曰攓……（郭璞《方言注》卷一）

按：竭焉反與音搴的搴（《廣韻》居偃切）是見溪混，卽送氣與不送氣混。

（6）【奴儓】下岱來反。《左傳》云：儓，僕臣名。士自皁隸至儓僕，凡十品也。（方）①言云：儓、敵，匹也。又南楚罵庸賤謂之儓。郭璞注云：儓，駑鈍也。《古今正字》：從人臺聲。（慧琳卷九四，續高僧傳第二七卷，2114頁上）

儓音臺，農夫之醜稱也。南楚凡罵庸賤謂之田儓……（郭璞《方言注》卷三）

按：岱來反與音臺的臺音同，慧琳徵引省一"田"字。

28. 南楚江湖之間方言詞 1 條

【惠舸】各可反。《方言》云：南楚江湖凡船大者謂之舸。《說文》：從舟可聲。（慧琳卷八四，集古今佛道論衡第三卷，1990頁下）

南楚江湘凡船大者謂之舸姑可反，……（郭璞《方言注》卷九）

按：南楚江湖、南楚江湘是版本異文，各可反、姑可反音同。

29. 南楚之外方言詞 2 條

（1）【頷骨】含感反。《方言》：頷，頰也。南楚之外謂之頷。《說文》：從頁含聲也。（慧琳卷七五，禪要經呵欲品，1840頁下）

頷、頤，頜也。南楚謂之頷，秦晉謂之頜。頤，其通語也。（郭璞《方

---

① 徐校：各本無，據文意補。

言注》卷十）

按：揚雄的南楚卽慧琳的南楚之外。

（2）【鸊鷉】上并役反，下體低反。《方言》：野鳬小而沒水中者，南楚之外謂之鸊鷉，其大者謂之鶻蹏。……（慧琳卷九八，廣弘明集第二九卷，2181 頁下）

野鳬其小而好沒水中者南楚之外謂之鷿鷉鷿音瓴甓，鷉他奚反，大者謂之鶻蹏滑蹏兩音。（郭璞《方言注》卷八）

按：并役反與"瓴甓"的甓是幫並混、清青混，體低反與他奚反音同。

30. 齊楚方言詞 1 條

【華芛】或作荂。《說文》作蓉同。芳俱、詡俱二反。《方言》：華、荂，盛也。齊楚之間或謂之華，或謂之荂。（慧琳卷十，濡首菩薩無上清淨分衛經下卷，670 頁下）

齊楚之閒或謂之華，或謂之荂。（郭璞《方言注》卷一）

按：荂，郭璞無音注。

31. 齊楚宋衛之間方言詞 2 條（除去重複，實際 1 條）

【之誚】樵曜反。《方言》云：齊楚宋衛之間謂讓曰誚。……（慧琳卷八八，法琳法師本傳第一卷，2033 頁上）

【談誚】蕉曜反。孔注《尚書》云：誚，相責讓也。《蒼頡篇》云：訶也，又嬈也。《方言》：齊楚宋衛之間謂讓曰誚，又作譙。（慧琳卷八八，集沙門不拜俗議第六卷，2043 頁下）

譙字或作誚、謹火袁反，讓也。齊楚宋衛荆陳之閒曰譙，自關而西秦晉之閒凡言相責讓曰譙讓，北燕曰謹。（郭璞《方言注》卷七）

按：誚是譙的或體，郭璞無音注。

32. 齊魯之間方言詞 3 條

（1）【枉生】威往反。《方言》云：齊魯之間謂光景爲枉矢。……（慧琳卷四，大般若波羅蜜多經第三六六卷，568 頁上）

枉矢。齊魯謂光景爲枉矢，言其光行若射矢之所至也。（劉熙《釋名·釋天》卷一，文淵閣四庫本）

按：本劉熙的齊魯方言詞，慧琳誤爲揚雄的。

（2）【憎前】上則登反。《韓詩》：憎，惡也。《方言》：疾也。齊魯之

間相惡謂之憎。《說文》：從心。（慧琳卷七九，經律異相第三七卷，1904頁下）

諄憎，所疾也。宋魯凡相惡謂之諄憎，若秦晉言可惡矣。（郭璞《方言注》卷七）

按：慧琳省"諄"字，齊魯、宋魯成版本異文。

（3）【耆艾】……下五蓋反。《禮記》：五十曰艾。《爾雅》：艾，養也。《方言》：齊魯之間凡尊老謂之艾。……（慧琳卷八二，大唐西域記第一卷，1950頁下）

東齊魯衞之閒凡尊老謂之俊，或謂之艾。（郭璞《方言注》卷六）

按：艾，郭璞無音注。

33. 齊宋之間方言詞2條（除去重複，實際1條）

【有音】邑今反。《說文》：音，聲也。……從言含一。經從口作喑。《說文》：齊宋之間謂兒泣不止曰喑。非經義也。（慧琳卷四四，無所有菩薩經第一卷，1272頁下）

【喑者】上於衿反。《方言》云：齊宋之間謂啼極無聲曰喑。俗謂喑啞也。《說文》：從口音聲。（慧琳卷八七，甄正論中卷，2025頁下）

自關而西秦晉之閒凡大人少兒泣而不止謂之唴，……齊宋之閒謂之喑_{音蔭}……（郭璞《方言注》卷一）

按：邑今反、於衿反與"音蔭"的蔭是平去混。

34. 齊宋之郊楚魏之際方言詞2條（除去重複，實際1條）

【之夥】胡果反。《方言》云：凡物盛多齊宋之郊楚魏之際謂之夥。……（慧琳卷九七，廣弘明集第三卷，2146頁上）

【繁夥】和果反。《方言》：凡物盛多齊宋之郊楚魏之際謂之夥。……（慧琳卷九八，廣弘明集第二〇卷，2168頁下）

凡物盛多謂之寇，齊宋之郊楚魏之際曰夥_{音禍}。（郭璞《方言注》卷一）

按：胡果反、和果反與"音禍"的禍音同。

35. 齊兗冀方言詞1條

【垂荄】捻東反。《方言》：齊兗冀人謂小枝爲荄。或從竹作篗①。（慧

---

① 徐校：據文意當作篗。

琳卷九八，廣弘明集第二九卷，2181頁上）

木細枝謂之杪，江淮陳楚之內謂之篾，青齊兗冀之閒謂之蔑馬鬣。（郭璞《方言注》卷二）

按：慧琳省"青"字，捻東反與馬鬣的鬣（鬣）音同。

36. 秦晉方言詞 11 條（除去重複，實際 6 條）

（1）【豔色】上音焰。《方言》：豔，美也。秦晉之間謂美色爲豔。《說文》：好而長也。經文從去作豓，俗字。（慧琳卷十八，十輪經第三卷，815頁下）

【豔發】上塩漸反。《毛詩傳》云：豔，美色也。《方言》云：秦晉之間謂美色爲豔。《說文》云：好而長也。從豐盍聲也。豐音峰也。傳作艷，俗字也。（慧琳卷八九，高僧傳第六卷，2054頁下）

【豔色】又作艷，同。餘贍反。《方言》：秦晉之間謂美爲豔。豔亦光也。（玄應卷二一，大乘十輪經第三卷，439頁下）

……秦晉之閒美貌謂之娥，美狀爲窕，美色爲豔，美心爲窈。（郭璞《方言注》卷二）

按："音焰"的焰、塩漸反、餘贍反音同。

（2）【勍敵】……下亭嫡反。杜注《左傳》云：敵，對也。《方言》云：秦晉之間同力者謂之敵。《廣雅》：敵，輩也。《說文》云：仇也。從支從啇省聲也。（慧琳卷四九，大莊嚴論第十卷，1371頁上）

自關而西秦晉之閒物力同者謂之臺敵。（郭璞《方言注》卷二）

按：慧琳少一臺（敵與臺敵）字。

（3）【顧眄】下眠遍反。《方言》云：秦晉之間以視爲眄。《說文》：眄，邪視也。……（慧琳卷六一，根本說一切有部毗奈耶律第三一卷，1588頁下）

【顧眄】下眠見反。《方言》云：秦晉之間以視爲眄。……（慧琳卷七二，阿毗達磨顯宗論第六卷，1771頁下）

【顧眛】下蔑遍反。《方言》云：自關而西秦晉之間以視爲眄。《說文》：邪視也。……（慧琳卷七五，坐禪三昧經上卷，1835頁上）

【顧眄】眠見反。《說文》：眄，邪視也。《方言》：自關而西秦晉之間曰眄。（玄應卷二二，瑜伽師地論第一卷，447頁上）

……自關而西秦晉之間謂視爲瞑也。（郭璞《方言注》卷二）

按：眠遍反、蔑遍反、眠見反音同。

（4）【勸獎】將兩反。《方言》云：秦晉之間相勸曰獎。……（慧琳卷七七，釋迦譜序第三卷，1870頁下）

【勸獎】將想反。郭注《方言》云：秦晉之間相勸曰獎。……（慧琳卷八一，南海寄歸內法傳第四卷，1941頁下）

自關而西秦晉之閒相勸曰聳，或曰獎。（郭璞《方言注》卷六）

按：將兩反、將想反音同，獎、獎異體，

（5）【蛛蝥】上駐逾反，下母侯反。……《方言》：自關而西秦晉之間謂蜘蛛或爲蟊也。……（慧琳卷三一，大乘密嚴經第一卷，1051頁下）

【蛛蝥】上猪俱反，下莫侯反。《爾雅》：蜘蛛即蛛蝥也。《方言》：秦晉之間謂蜘蛛或爲蟊也。與蝥同。《說文》：並從虫也。（慧琳卷八三，大唐三藏玄奘法師本傳第八卷，1975頁下）

竈黽 知株二音，竈蝥也 音無。自關而西秦晉之閒謂之竈蝥……（郭璞《方言注》卷十一）

按：慧琳省"竈（蝥、蟊異文）"一字，"母侯反、莫侯反與'音無'的無"是侯虞混。

（6）【愧慙】上天典反。《方言》：愧，慙也。秦晉之間謂內心慙耻曰愧。……（慧琳卷九〇，高僧傳第十四卷，2068頁下）

【慙恧】女六反。《方言》：愧、恧，慙也。荊揚青徐之間曰愧，梁益秦晉之間曰慙，山之東西自愧曰恧。……愧音他典反。（玄應卷十九，佛本行集經第三九卷，402頁下）

愧音腆、恧人力反又女六反，慙也。荊揚青徐之閒曰愧，若梁益秦晉之閒言心內慙矣，山之東西自愧曰恧。（郭璞《方言注》卷六，文淵閣四庫本）

按：慧琳誤荊揚青徐爲秦晉。另外，玄應不誤。

37. 山東方言詞 2 條（除去重複，實際 1 條）

【悛改】七緣反。《博雅》：悛，更也。《方言》云：自山已（以）東謂改曰悛。……（慧琳卷六〇，根本說一切有部毗奈耶律第七卷，1576頁下）

【悛改】上音詮。孔注《尚書》云：悛，亦改心（也）。《方言》云：自關東謂改曰悛也。……（慧琳卷八〇，開元釋教錄第一卷，1919頁上）

【悛法】且泉反。悛，改也。《方言》：自山東而謂改曰悛。《廣雅》：悛，更也。（玄應卷二十，分別業報略集，424頁下）

悛音銓、懌音奕，改也。自山而東或曰悛，或曰懌。（郭璞《方言注》卷六）

按：七緣反、且泉反與"音銓"的銓音同。

38. 山之東西方言詞2條（除去重複，實際1條）

【媿惡】……下女六反。《方言》：惡，慚也。山之東西自愧曰惡。《小爾雅》云：心愧爲惡。《說文》：亦慚也。從心而聲也。（慧琳卷三一，大乘入楞伽經，1047頁上）

【外惡】紐六反。《方言》云：惡，慚也。山之東西息（自）愧曰惡。郭璞云：心愧也。《說文》：從心而聲。（慧琳卷八一，南海寄歸內法傳第二卷，1939頁下）

【慙惡】女六反。《方言》：恧、惡，慙也。荊揚青徐之間曰恧，梁益秦晉之間曰慙，山之東西自愧曰惡。《三蒼》：惡，慚也。……（玄應卷十九，佛本行集經第三九卷，402頁下）

恧音朒、惡人力反又女六反，慙也。荊揚青徐之間曰恧，若梁益秦晉之間言心內慙矣，山之東西自愧曰惡。（郭璞《方言注》卷六）

按：女六反、紐六反音同。

39. 宋楚之間方言詞3條（除去重複，實際2條）

（1）【倢疾】上潛葉反。《廣雅》云：倢，健也。《方言》云：宋楚之間謂慧爲倢。郭注云：慧謂了，慧倢言便也。……（慧琳卷四四，法集經第五卷，1269頁上）

【倢疾】上潛葉反。王注《楚辭》云：倢，疾也。《方言》云：宋楚之間謂惠爲倢。郭注云：惠、了、倢，言便也。……（慧琳卷六八，阿毗達磨大毗婆沙論第十五卷，1702頁上）

虔、偄，慧也。……宋楚之間謂之倢言便倢也。（郭璞《方言注》卷一）

按：倢，郭璞無音注。

（2）【盍盌】……下剜欵（款）反。《方言》云：宋楚之間謂盉①爲

---

① 徐校：今傳本《方言》作盂。

盌。《說文》：從皿夗聲。夗音苑。（慧琳卷八十，大唐內典錄第四卷，1915頁上）

孟音于，宋楚魏之閒或謂之盌烏管反。（郭璞《方言注》卷五）

按：慧琳省"魏"字，剜款反與烏管反音同。

40. 宋齊之間方言詞3條（除去重複，實際1條）

【先哲】下展裂反。《爾雅》云：哲，智也。《方言》云：齊宋之間謂智爲哲。……（慧琳卷二九，金光明經前序，1024頁上）

【勇喆】……今作哲，同。知列反。《爾雅》：哲，智也。《尚書》：知人則哲。《方言》：齊宋之間謂智爲哲。（慧琳卷四三，陀羅尼雜集第三卷，1251頁上）

【聰喆】又作哲、悊二形，同。知列反。《爾雅》：哲，智也。《方言》：齊宋之間謂智爲哲，明了也。（慧琳卷六五，毗尼律第四卷，1665頁上）

【無喆】又作哲、悊二形，同。知列反。《爾雅》：哲，智也。《方言》：齊宋之間謂知爲哲。哲，明了也。（玄應卷五，梵女首意經，119頁下）

黨、曉、哲，知也。楚謂之黨，黨，朗也，解寤貌。或曰曉；齊宋之閒謂之哲。（郭璞《方言注》卷一）

按：展裂反、知列反音同。

41. 宋魏陳楚之間方言詞1條

【麴櫱】……《方言》云：宋魏陳楚之間謂麴爲苗也。《文字典說》云：從麥匊聲。苗音曲也。……（慧琳卷六六，阿毗達磨法蘊足論第一卷，1675頁上）

薄，宋魏陳楚江淮之閒謂之苗，或謂之麴此直語，楚聲轉耳。（郭璞《方言注》卷五）

按：慧琳省"江淮"二字；苗，郭璞無音注。

42. 宋魏之間方言詞3條

（1）【銽鐵】上畫瓜反。《方言》：宋魏之間舌謂之銽。……（慧琳卷八，大般若波羅蜜多經第五八九卷，644頁下）

舌，……宋魏之閒謂之銽，或謂之鐔；江淮南楚之閒謂之舌。（郭璞《方言注》卷五）

按：銽，郭璞無音注。

（2）【鐵鍤】磣甲反。《方言》云：宋魏之間謂臿爲鍬，江淮南楚之間謂鍤。《說文》：從金臿聲。臿音同上。鍬音七焦反也。（慧琳卷六二，根本毗奈耶雜事律第十卷，1608頁下）

按：慧琳的引文"宋魏之間謂臿爲鍬"與今傳本《方言》的"宋魏之間臿謂之鏵"矛盾。

（3）【籧篨】上音渠，下音除。許注《淮南子》云：籧篨，草席也。《方言》：宋魏之間謂簟粗者爲籧篨也。……（慧琳卷八三，大唐三藏玄奘法師本傳第十卷，1978頁下）

簟，宋魏之閒謂之笙……其麤者謂之籧篨。（郭璞《方言注》卷五）

按：籧篨，郭璞無音注。

43. 吳楚方言詞 1 條

【彈棊】……下忌箕反。顧野王云：棊，所以行弈者也。《方言》：博也。吳楚之間或謂之棊。圍棋謂之弈也。……（慧琳卷四五，梵綱經盧舍那佛說菩薩心地經上卷，1291頁下）

簙，謂之蔽，……吳楚之閒或謂之蔽，……或謂之棊。（郭璞《方言注》卷五）

按：棊，郭璞無音注。

44. 吳揚方言詞 3 條（除去重複，實際 2 條）

（1）【兵戈】……下果禾反。鄭注《周禮》云：勾，矛戟也。《方言》云：吳楊（揚）之間謂戟爲戈。……（慧琳卷六，大般若波羅蜜多經第五百卷，605頁上）

【干戈】……下古禾反。……《方言》云：吳楊（揚）之間謂戟爲戈。《說文》云：平頭戟也。象形。（慧琳卷十一，大寶積經序，685頁下）

戟，……吳揚之閒謂之戈。（郭璞《方言注》卷九）

按：戈，郭璞無音注。

（2）【白鷺】音路。《毛詩傳》曰：白鳥也。《爾雅》：白鷺，春鋤也。《方言》云：齊魯之間謂之春鋤。吳地揚州謂之白鷺。……（慧琳卷八，大般若波羅蜜多經第五九三卷，645頁下）

鷺，水鳥也。好而潔白，故謂之白鳥。齊魯之間謂之春鉏，遼東樂浪吳揚人皆謂之白鷺。（陸璣《毛詩草木鳥獸蟲魚疏》卷下，文淵閣四庫本）

按：慧琳誤陸璣的《詩疏》爲揚雄的《方言》。

45. 吳揚海岱之間方言詞 1 條

【卉木】上暉貴反。郭注《爾雅》云：百草之總也。《方言》：吳揚海岱之間謂草爲卉。……（慧琳卷十八，十輪經第三卷，816 頁上）

【卉木】虛謂反。百草之總名也。《方言》：東越揚州之間名草曰卉。（玄應卷二二，瑜伽師地論第二二卷，453 頁下）

芔凶位反、莽嬢母反，草也。東越揚州之間曰芔，南楚曰莽。（郭璞《方言注》卷十）

按：卉是楷書，芔是小篆，暉貴反、虛謂反與凶位反是脂微混；慧琳改東越揚州爲吳揚海岱。

46. 燕北朝鮮洌水之間方言詞 1 條

【籌策】……下楚革反。或作筴。《聲類》：筴，籌也。鄭玄云：箸也。筴，亦筭也。《方言》：燕北朝鮮烈水之間謂木細枝爲策。……（慧琳卷十八，大乘大集地藏十輪經第二卷，813 頁上）

燕之北鄙朝鮮洌水之間謂之策。（郭璞《方言注》卷二）

按：烈、洌異文；策，郭璞無音注。

47. （關東）趙魏（燕代）方言詞 14 條（除去重複，實際 4 條）

（1）【黠慧】上閑戛反。《方言》云：自關而東趙魏之間謂慧爲黠。……（慧琳卷四，大般若波羅蜜多經第三九八卷，573 頁下）

【爲黠】遐軋反。《方言》：自關而東趙魏之間謂慧爲黠。……（慧琳卷五，大般若波羅蜜多經第四四〇卷，591 頁下）

【聰黠】……下閑八反。《考聲》云：黠，利也。《方言》：趙魏之間謂慧爲黠。《說文》：從黑吉聲也。（慧琳卷十六，大方廣三戒經下卷，776 頁下）

【黠慧】閑八反。《方言》云：黠亦慧也。趙魏之間謂慧爲黠。……（慧琳卷四一，六波羅蜜多經第四卷，1221 頁下）

【已黠】閑戛反。《考聲》云：利也。《方言》：慧也。趙魏之間謂慧爲黠。……（慧琳卷七五，佛說治身經，1837 頁上）

【有黠】遐軋反。《方言》云：自關而東趙魏之間謂慧爲黠。……（慧琳卷七七，釋迦譜序第四卷，1871 頁下）

第六章　慧琳音義的方音研究

【愚點】閑軋反。《方言》云：自關而東趙魏之間謂慧爲點。……（慧琳卷九六，弘明集第十三卷，2138頁下）

自關而東趙魏之間謂之點，或謂之鬼。（郭璞《方言注》卷一）

按：慧琳音義的1837頁省"自關而東"四字；點，郭璞無音注。

（2）【持鍫】七消反。俗字也，亦作鍪。……《爾雅》：鍫謂之鍤。《方言》云：趙魏之間謂臿爲鍪。顏氏《證俗音》云：今江南人呼爲鏵鍪，巴蜀之間謂鍪爲鍤。……（慧琳卷四二，瑜伽護摩經第一卷，1233頁下）

【釤鍫】……下千消反。《方言》：趙魏間謂臿爲鍪。（玄應卷十五，十誦律第九卷，318頁下）

臿……趙魏之間謂之喿 字亦作鍪也。（郭璞《方言注》卷五）

按：七消反、千消反音同；鍪，郭璞無音注。

（3）【姝麗】上齒朱反。……《方言》云：趙魏燕代之間謂好爲姝。從女朱聲也。……（慧琳卷十五，大寶積經第一二〇卷，769頁下）

【姝好】上昌朱反。……《方言》云：趙魏燕代之間謂好爲姝。……（慧琳卷十七，如幻三昧經上卷，791頁上）

【姝好】觸踰反。……《方言》云：趙魏燕代之間謂好爲姝。……（慧琳卷三二，順權方便經上卷，1082頁上）

【姝麗】上昌朱反。……《方言》云：趙魏燕代之間謂好爲姝。……（慧琳卷四三，大藥叉女歡喜母并愛子成就經，1248頁上）

【姝妍】上昌朱反。鄭箋《毛詩》云：姝，美色也。《方言》云：趙魏之間謂好爲姝。……（慧琳卷五三，起世因本經第二卷，1437頁下）

【姝妙】充朱反。……《方言》：趙魏燕代之間謂好爲姝。（玄應卷二二，瑜伽師地論第二二卷，453頁下）

趙魏燕代之間曰姝 昌朱反，又音株，亦四方通語。（郭璞《方言注》卷三）

按：慧琳音義的1437頁省"燕代"二字，慧琳的一反切（昌朱反）與郭璞的相同，另三反切（齒朱反、充朱反、觸踰反）與昌朱反音同。

（4）【鍫鍤】……《方言》云：趙魏之間謂鍤。郭注《爾雅》及《（方）言》作鍪，訓亦鍤。《爾雅》又作疀，音同。下楚甲反。鍤，亦鍫也。……（慧琳卷九三，續高僧傳第十二卷，2096頁下）

按："趙魏之間謂鍤"與例（2）"趙魏之間謂臿爲鍪"矛盾，此處慧琳

— 249 —

的引文有誤。

48. 中夏方言詞 1 條

【頷頷】上牙格反。《方言》云：頷，頯也。中夏謂頯爲頷。……（慧琳卷九四，續高僧傳第二七卷，2113 頁下）

中夏謂之頷，東齊謂之顤，汝潁淮泗之閒謂之頰。（郭璞《方言注》卷十）

按：頷，郭璞無音注。

49. 周方言詞 1 條

【齎饟】……下式掌反。《爾雅》：饟，饋也。《方言》云：周人謂餉曰饟（饟）。從食襄聲。經作餉，亦通俗字也。饋音匱也。（慧琳卷五四，佛說鴦掘摩經，1458 頁上—下）

《說文》卷五下："饟：周人謂餉曰饟，从食襄聲。"

按：慧琳的引文有誤，誤《說文》爲《方言》，誤饟爲饋。

50. 周魏宋楚之間方言詞 1 條

【獨舂】上同祿反。下束鐘反。《考聲》：鳥名也。鄭注《禮記》云：求旦之鳥也。《方言》：周魏宋楚之間謂之獨舂，或謂之定甲。……（慧琳卷九八，廣弘明集第二九卷，2181 頁上）

鴠鴞，周魏齊宋楚之閒謂之定甲，或謂之獨舂。（郭璞《方言注》卷八）

按：慧琳省"齊"字；獨舂，郭璞無音注。

51. 自關而東趙魏之郊方言詞 1 條

【蘇甕】烏貢反。《方言》云：自關而東趙魏之郊謂大者爲甕，小者名㼜。《古今正字》：從瓦雍聲也。或從公作瓮，俗字也。（慧琳卷五一，唯識論，1393 頁下）

自關而東趙魏之郊謂之瓮，或謂之㼜。（郭璞《方言注》卷五）

按：甕（瓮），郭璞無音注。

52. 自關而西秦晉之間方言詞 2 條

（1）【灰焦】辛進反。《方言》：自關而西秦晉之間炊薪不盡曰焦。《說文》：焦謂火之餘木也。焦從聿從火。今通作燼，誤也。（慧琳卷十三，大寶積經第三八卷，720 頁下）

【灰燼】似刃反。《說文》：謂火之餘木也。《方言》：自關而西秦晉之

間炊薪不盡曰𤇯。（玄應卷二一，大菩薩藏經第四卷，434 頁上）

孑、蓋昨吝反，餘也謂遺餘。周鄭之閒曰蓋，或曰孑；青徐楚之閒曰孑；自關而西秦晉之閒炊薪不盡曰蓋。（郭璞《方言注》卷二）

按：㶳、𤇯、蓋異文，實質無別；辛進反、似刃反與昨吝反是心、從、邪混。

（2）【遍躡】黏輒反。《方言》：躡，登也。自關而西秦晉之間謂登爲躡。《廣雅》：躡，履也。《說文》：蹈也。……（慧琳卷五一，唯識論，1399 頁上）

自關而西秦晉之閒曰躡，東齊海岱之閒謂之躋。（郭璞《方言注》卷一）

按：躡，郭璞無音注。

53. 自河以北趙魏之間方言詞 1 條

【嚴酷】空穀反。《方言》：酷，極也。又熟也。自河以北趙魏之間穀熟曰酷。非其義也。……（慧琳卷六八，阿毗達磨大毗婆沙論第二九卷，1704 頁上）

自河以北趙魏之閒火熟曰爛，氣熟曰糦，久熟曰酋，穀熟曰酷。熟其通語也。（郭璞《方言注》卷七）

按：酷，郭璞無音注。

54. 自山而東齊楚以往方言詞 1 條

【若熬】伍高反。鄭注《禮記》云：熬亦煎也。《方言》：熬，火乾也。凡以火而乾五穀之類也，自山而東齊楚以往謂之熬。……（慧琳卷三三，轉女身經，1097 頁上）

熬，……火乾也……自山而東齊楚以往謂之熬。（郭璞《方言注》卷七）

按：熬，郭璞無音注。

總之，通過以上比對，筆者從方言詞、方言區劃、方言音注三方面來總結，可以得出以下結論：

（1）在慧琳的 110 條（不計算重複）方言詞中，有 29 條與玄應音義相同，占 26.4%。在這 29 條方言詞中，切上字二者相同 12 條，切下字相同 16 條，其中切上、下字都相同 8 條，占 27.6%。也就是說，慧琳不光轉錄玄應的部分“義”，也轉錄了玄應的部分“音”。

（2）慧琳的《方言》引文問題較多，其中王逸《離騷經》的注文（1

條）、郭璞《方言》的注文（1條）、郭璞《爾雅》的注文（1條）、高誘《淮南鴻烈解》的注文（1條）、許慎《說文》的白文（2條）、劉熙《釋名》的白文（2條）、陸璣《毛詩草木鳥獸蟲魚疏》的注文（1條）誤爲揚雄《方言》的白文；2條關中方言詞疑爲慧琳誤引或捏造，因爲揚雄不使用"關中"的方言區劃術語；慧琳的引文（2條）自相矛盾（"宋魏之間謂舌爲鍬"與"宋魏之間舌謂之鏵"、"趙魏之間謂銛"與"趙魏之間謂舌爲銛"）；慧琳有臆改揚雄《方言》的嫌疑，如"陳宋"改爲"陳青徐"、"韓魏"改爲"韓豐"、"楚"爲"荊楚"或"南楚"、"荊揚青徐"改爲"秦晉"、"東越揚州"改爲"吳揚海岱"、"南楚"爲"南楚之外"。

（3）慧琳的《方言》引文今傳本《方言》無的有"自關東西秦晉之間謂之蠣、蛩"、"關西謂之蚰蜒"2條。可能是《方言》的佚文，可依慧琳音義輯補。

（4）慧琳的引文與揚雄的白文相互矛盾有"東齊之間謂聚爲萃"與"東齊曰聚"、"陳楚之間自關而西秦晉之間謂之蠅"與"陳楚之間謂之蠅，自關而西秦晉之間謂之羊"2條。慧琳的引文與揚雄《方言》的白文相異之處較多，如江淮與江湘、江湖與江湘、齊魯與宋魯等。這些異文對《方言》的校勘有價值。慧琳的引文並非忠實於原文，其中增字、減字、倒文等的情況較多，需與異文區別對待。

（5）慧琳的反切與郭璞《方言注》的反切有3條相同，即蟪音引、惡的女六反、姝的昌朱反。從中可看出，慧琳承襲前人的反切較少，絕大多數方言詞的注音是他自己所"作"。

五 慧琳引用其他文獻中的方言詞的音注

除《方言》外，慧琳引用其他文獻中的帶音注的方言詞共77條，除去重複，實際55條，它們分別出自《漢書》、《說文》等19種文獻。這些方言詞中有些是轉引自玄應的《衆經音義》等二手材料，有些出自源文獻。通過考證可以定量和定性分析它和玄應《衆經音義》等的繼承關係，也可以確定方言詞通行的較早年代和音注的傳承情況等。筆者對方言詞的考證主要從方言區域、方言音注、較早通行年代等幾方面展開，具體如下：

第六章 慧琳音義的方音研究

（一）班固《漢書》的方言（詞 1 條）

【槎瀨】……下來帶反。王逸注《楚辭》云：瀨亦湍瀨也。《漢書》云：吳楚謂之瀨也。……（慧琳卷七二，阿毗達磨顯宗論第十六卷，1774 頁上）

甲爲下瀨將軍，下蒼梧。臣瓚曰：瀨，湍也。吳越謂之瀨。師古曰：瀨音賴。宋祁曰：注文吳越舊本作吳楚。①（顏師古注《漢書·武帝紀第六》，中華書局 1964 年版，187 頁）

按：瀨非班固《漢書》的白文而是臣瓚的注文中的吳楚方言詞，慧琳的來帶反和顏師古的"音賴"的賴音同。

（二）賈逵《國語注》的方言詞（1 條）

【芰荷】上奇寄反。賈注《國語》云：菱，芰（芰）也。楚人謂陵爲芰（芰）。杜林或作茤。（慧琳卷三六，大日經第四卷，1139 頁下）

嗜芰。上尚利反，下音騎。補音：下巨義反，《字林》云"楚人名菱曰芰"，《爾雅》從此音。（宋·宋庠《國語補音》卷三，文淵閣四庫本）

按：菱、菱異文，今韋昭注《國語》無"楚人名菱曰芰"②，從宋庠的《補音》看，楚方言詞芰出自《字林》，大概呂忱也徵引了賈注。

（三）許慎《說文》的方言詞（20 條，除去重複，實際 13 條）

（1）【乾腒】巨魚反。鄭注《周禮》：腒，乾雉也。《說文》：北方謂鳥腊音昔曰腒。從月居聲。……（慧琳卷九七，廣弘明集第二〇卷，2155 頁下）

大徐本："腒，北方謂鳥腊曰腒。从肉居聲。傳曰：堯如腊，舜如腒。九魚切。"

按：巨魚反、九魚切是群見混；另外，大徐的全濁聲母清化後變不送氣的清音，與今湘語、南部吳語、南部閩語的特徵類似，也不排除"認字認半邊（居）造成的原因"的可能性。

（2）【所摭】征石反。《說文》：摭，拾也。陳宋語也。亦作拓。從手庶聲也。（慧琳卷九五，弘明集第二卷，2124 頁下）

大徐本："拓，拾也。陳宋語。从手石聲。之石切。"

---

① "宋祁曰"後的文字據《前漢書》（文淵閣四庫本）輯補。
② 賈逵的《國語注》已亡佚，韋昭注中保留了賈注的部分內容。

按：征石反、之石切音同，撼、拓異文。

（3）【蚊蜹】……下儒銳反。……《說文》：秦謂之蜹。……（慧琳卷十七，大乘顯識經下卷，795頁下）

【蚊蜹】……下爇銳反。……《說文》：秦謂之蜹。……（慧琳卷三十，寶雨經第三卷，1032頁下）

【蚊蜹】上勿分反。……下而銳反。……《說文》：秦謂之蜹，楚謂之蚊。……（慧琳卷六九，阿毗達磨大毗婆沙論第一二〇卷，1717頁下）

【蜹了】蕤贅反。……《說文》：秦謂之蜹。……（慧琳卷七六，阿育王經第八卷，1849頁下）

【小蜹】下儒銳反。……《說文》：秦謂之蜹，楚謂之螡也。……螡音文……（慧琳卷九二，續高僧傳第七卷，2086頁上）

【蚊蚋】而銳反。《說文》：秦人謂之蚋，楚人謂之蚊。[①]《通俗文》：蜎化爲蚊。小蚊曰蚋。蜎音渠究反。（玄應卷三，摩訶般若波羅蜜經第三五卷，60頁下）

大徐本："蜹，秦晉謂之蜹，楚謂之蚊。从虫芮聲。而銳切。"

按：蚊、螡異體，勿分反、音文的文音同；儒銳反、爇銳反、而銳反、蕤贅反音同。

（4）【被帔】下伾被反。《釋名》云：帔，披也。顧野王云：帔者，披之於背上也。王逸注《楚辭》：在背曰帔也。《說文》：弘農人謂帬曰帔也。從巾皮聲。帬音群也。（慧琳卷六三，根本說一切有部百一羯磨第八卷，1631頁下）

大徐本："帔，弘農謂帬帔也。从巾皮聲。披義切。"

按：伾被反、披義切音同。

（5）【繡綾】……下力升反。《埤蒼》云：綾似綺而細也。《說文》云：東齊謂布帛之細者曰綾也。從糸㚖聲，㚖音同上。（慧琳卷六六，集異門足論第四卷，1680頁上）

大徐本："綾，東齊謂布帛之細曰綾。从糸夌聲。力膺切。"

按：力升反、力膺切音同。

[①] 徐校：《說文》的解說，高麗藏無，據磧沙藏補。

第六章 慧琳音義的方音研究

（6）【蘭茞】……《說文》：楚謂之蘺，晉謂之虈音香妖反。臣音夷。（慧琳卷九八，廣弘明集第十四卷，2160頁下）

大徐本："虈，楚謂之蘺，晉謂之虈，齊謂之茝。从艸嚻聲。許嬌切。"

按：香妖反、許嬌切音同。

（7）【固鍇】……下界諧反。言：鍇，堅也。《說文》云：九江謂鐵爲鍇。從金，皆亦聲。（慧琳卷九八，廣弘明集第二七卷，2176頁下）

大徐本："鍇，九江謂鐵曰鍇。从金皆聲。苦駭切。"

按：界諧反、苦駭切見溪混、平上混。

（8）【猶豫】弋又、弋周二反。案《說文》隴西謂犬子爲猶，猶性多預在人前，故凡不決者謂之猶豫也。……（慧琳卷四六，大智度論第四卷，1302頁上）

【猶豫】弋又、弋周二反。案《說文》隴西謂犬子爲猶，猶性多豫在人前，故凡不決者謂之猶豫也。……（玄應卷九，大智度論第四卷，187頁上—下）

大徐本卷十上："猶：玃屬，从犬，酋聲，一曰隴西謂犬子爲猷，以周切。"

《篆隸萬象名義》："猶，餘周反。"

按：弋周反、以周切音同。

（9）【炊爨】粗亂反。《說文》云：齊謂之炊爨。……（慧琳卷四二，大佛頂經第三卷，1238頁上）

大徐本："爨，齊謂之炊爨。臼象持甑，冂爲竈口，廾推林內火。凡爨之屬皆从爨。七亂切。"

按：粗亂反、七亂切清從混，濁音按平送仄不送的規則清化。

（10）【鍱鍱】音葉。《考聲》云：銅鐵鍱也。《說文》云：齊人謂鍱爲鍱。鍱音集，即鍱也。（慧琳卷七九，經律異相第三九卷，1905頁上）

【鍱鐵】上餘頰反。《說文》：齊謂鍱才入（反）曰鍱。……（慧琳卷八三，大唐三藏玄奘法師本傳第二卷，1967頁上）

大徐本："鍱，鍱也。从金葉聲。齊謂之鍱。與涉切。"

按：音葉的葉、與涉切音同，它們與餘頰反是葉怗混。

（11）【椽柱】長攣反。《考聲》：屋椽也。《說文》：榱也。秦謂之椽，

周謂之榱,齊魯謂之桷。……榱音衰,桷音角。(慧琳卷十四,大寶積經第六四卷,742頁上)

【梁橡】……下長攣反。《考聲》:橡,屋橡也。《說文》云:秦謂之橡。……(慧琳卷四七,中論第四卷,1337頁下)

【梁橡】下篆攣反。《考聲》:橡,屋橡也。《說文》云:秦謂之橡,齊魯謂之桷。……(慧琳卷五一,百字論,1405頁下)

大徐本:"榱:秦名爲屋椽,周謂之榱,齊魯謂之桷。从木衰聲。所追切。"

按:"音衰"的衰與所追切音同。

(12)【嬲患】上猱老反。《考聲》云:嬲,憂煩也。《說文》云:有所恨痛也。今汝南人有所恨言大嬲也。從女惱省聲。……(慧琳卷四五,文殊淨律經,1295頁下)

【憂嬲】奴道反。《說文》:有所恨痛也。今汝南人有所恨言大嬲,今皆作惱也。(玄應卷十三,雜阿含經,287頁下)

大徐本:"嬲,有所恨也。从女,囟聲。今汝南人有所恨曰嬲。奴皓切。"

按:猱老反、奴皓切音同。

(13)【匪詑】……下達何反。……《說文》:兖州謂欺爲詑,魯語也。今作訑也。(慧琳卷十一,大寶積經第八卷,697頁下)

大徐本:"詑,沇州謂欺曰詑。从言它聲。託何切。"

按:兖、沇異文;達何反、託何切是透定混,大徐的全濁聲母清化後變不送氣的清音,也不排除"認字認半邊(它)造成的原因"的可能性。

總之,上述13條(不計算重複)方言詞中,12條與大徐本相同,3條與玄應音義相同;21條方言音注中,慧琳、玄應、徐鉉的切語用字相同1條,音值與徐鉉不同4條。可能慧琳的注音承襲少,所"作"的多。

(四)許慎《淮南子注》的方言詞(4條,除去重複,實際2條)

(1)【惟磶】初所反。許叔重注《淮南子》云:楚人謂柱礩曰磶。《古今正字》云:山雲蒸而潤柱磶也。從石楚聲。礎音昔。(慧琳卷七七,釋迦方志下卷,1878頁下)

【堂磶】下音楚。《淮南子》云:山雲蒸,柱磶潤。許叔重曰:楚人謂

第六章 慧琳音義的方音研究

柱礎爲磶。……（慧琳卷九二，續高僧傳第九卷，2088頁下）

【惟磶】初舉反。許叔重注《淮南子》云：楚人謂柱礎曰磶。……（慧琳卷九八，廣弘明集釋正集第十一卷，2162頁上）

山雲蒸柱礎_{楚潤}，礎，柱下石礩也。（高誘注《淮南鴻烈解》卷十七，文淵閣四庫本）

按：今《淮南子》中的高誘、許慎注已混，（宋）蘇頌，（清）勞格、陶方琦，（民國）劉文典等認爲《謬稱》、《齊俗》、《道應》、《詮言》、《兵略》、《人間》、《泰族》、《要略》8篇是許慎注，剩下13篇是高誘注，因爲高注有"因以題篇"的標記，也雜有少量的許慎注。①但《淮南鴻烈解》中無"楚人謂柱礎曰磶"，大概是許注的佚文。

（2）【短褐】上端管反，下寒葛反。許叔重注《淮南子》云：楚人謂袍爲短褐。……（慧琳卷九八，廣弘明集第二四卷，2174頁上）

按：今《淮南鴻烈解》中無"楚人謂袍爲短褐"，大概是許注的佚文。

（五）王逸《楚辭注》的方言詞（4條）

（1）【船橃】……王逸注《楚辭》云：編竹木浮於水曰枻。楚人謂之枒（樺）②。枒音敗埋反。枒（樺）即柎、泭，二字音用並同，芳于反。……（慧琳卷十八，大乘大集地藏十輪經第一卷，809頁下）

乘氾泭以下流兮，_{乘舟氾船而涉渡也。編竹木曰泭，楚人曰枒，秦人曰橃也}。（《楚辭章句》卷四）

按：枒（樺）、柎異文。

（2）【潯潭】……下音談。王逸注《楚辭》云：潭，閑也。南楚之人謂深水曰潭。潭，閑也，深也。……（慧琳卷三六，掬呵耶宣怛囉經，1137頁上）

亂曰：長瀨湍流泝江潭兮，_{楚人名淵曰潭}。（《楚辭章句》卷四）

按："南楚之人謂深水曰潭"是"楚人名淵曰潭"的轉寫。

（3）【差難】上楚迦反。王逸注《楚辭》云：差內恕己而量人也。亦楚人語辭也。（慧琳卷九四，續高僧傳第二〇卷，2109頁上）

---

① 另13篇也雜有許慎注，可從以下訓詁術語判斷：高注稱解，許注稱間詁。
② 徐校：據文意似當作樺。

羌內恕己以量人兮。羌，楚人語詞也。猶言卿何爲也。以心揆心爲恕，量度也。(《楚辭章句》卷一)

按：慧琳有誤，見《方言音注的校勘》一節。

(4)【哈雙玄】海哀反。王逸注《楚辭》云：哈，笑也。楚人謂笑爲哈也。……(慧琳卷九八，廣弘明集第三〇卷，2184頁上)

又眾兆之所哈，哈，笑也。楚人謂相啁笑曰哈。(《楚辭章句》卷四)

按：慧琳省啁字。

(六)何休注《公羊傳》的方言詞（2條，除去重複，實際1條）

【羸瘠】……下情亦反。何休注《公羊傳》云：瘠，病也。齊人語也。……(慧琳卷十五，大寶積經第一〇三卷，757頁上)

【枯瘠】……下情亦反。何休注《公羊傳》云：瘠，病也。齊人語也。……(慧琳卷一百，止觀下卷，2196頁上)

大災者何？疏：大瘠也。注：瘠，病也，齊人語也，以加大知非火災也。音義：瘠，在亦反。(《春秋公羊傳注疏》卷八，文淵閣四庫本)

按：何休（129—182年），今文經學家，任城樊（今山東滋陽）人，齊人，應熟知齊語；慧琳的情亦反與陸德明的在亦反音同。

(七)劉熙《釋名》的方言詞（2條）

(1)【額廣】雅格反。從客作額，俗字也。《方言》：額，顙也。《釋名》云：幽州人謂額爲鄂。今江外吳音呼額爲訝，並邊方訛也。《說文》：從頁從格省聲也。(慧琳卷四，大般若波羅蜜多經第三八一卷，571頁下)

額，鄂也，有垠鄂也，故幽州人則謂之鄂也。(劉熙《釋名·釋形體》卷二)

按：額、鄂是鐸陌混。

(2)【南庌】顏假反。《廣雅》：庌，舍也。謂廊屋也。《說文》：堂下周屋曰廡。《釋名》云：大屋曰廡。幽冀人謂之庌。經文作雅，非體也。(慧琳卷四三，陀羅尼雜集經第五卷，1252頁下)

【南庌】顏假反。《廣雅》：庌，舍也。謂廊屋也。《說文》：堂下周屋曰廡。《釋名》云：大屋曰廡。幽冀人謂之庌。經文作牙，非體也。(玄應卷二十，陀羅尼雜集經第五卷，411頁下)

大屋曰廡。廡，幠也。幠，覆也。并冀人謂之庌。庌，正也，屋之正

大者也。(劉熙《釋名‧釋宮室》卷五)

按：慧琳庌的音義與玄應相同，慧琳轉錄了玄應的音義；方言詞庌出自《釋名》，幽冀、并冀異文。

(八)文穎《漢書注》的方言詞(1條)

【妳媼】……下烏晧反。文穎注《漢書》云：幽州及漢中皆謂老嫗爲媼。……(慧琳卷九八，廣弘明集第二九卷，2178頁下)

母媼。文穎曰：幽州及漢中皆謂老嫗爲媼。孟康曰：媼，母別名，音烏老反。(顏師古注《漢書》，中華書局1964年版，1頁)

按：烏晧反、烏老反音同。

(九)張揖《埤蒼》的方言詞(4條，除去重複，實際2條)

(1)【寶甈】牽結反。《埤蒼》：甈受一斝。北燕人謂瓶爲甈，大瓶也。(慧琳卷十一，大寶積經第九卷，699頁上)

甈，詰結切，器受一斗，北燕謂瓶爲甈。(司馬光《類篇》，中華書局1984年版，475頁下)

按：牽結反、詰結切音同；《埤蒼》已亡佚，不可考，從《類篇》看，大概司馬光轉引了張揖的北燕方言詞。

(2)【隄隚】……下蕩郎反。……《埤蒼》云：長沙人謂隄曰隚也。……《古今正字》：從阜唐聲。(慧琳卷六七，阿毗達磨集異門足論第二十卷，1686頁下)

【隄隚】……下蕩郎反。……《埤蒼》云：長沙人謂隄曰隚也。……(慧琳卷六七，眾事分阿毗曇論第五卷，1690頁下)

【爲隚】徒當反。《埤蒼》云"長沙人謂隄爲隚"是也。(慧琳卷七十，俱舍論第十卷，1732頁上)

隚，徒郎切，長沙謂隄曰隚。(《大廣益會玉篇》卷二二，中華書局2004年版，107頁上)

按：蕩郎反、徒當反、徒郎切音同，《埤蒼》已亡佚，不可考，從《玉篇》看，大概顧野王轉錄了張揖的長沙方言詞。

(十)如淳《漢書注》的方言詞(1條)

【檥方】宜倚反，又音宜。如淳注《史記》云：南方人謂整船向岸曰檥。孟康注云：附也。船著岸也。或作艤，同。《說文》：從木義聲。(慧琳

卷五一，唯識論後序，1395頁下）

烏江亭長檥船待。孟康曰：檥音蟻，附也。附船著岸也。如淳曰：南方人謂整船向岸曰檥。（《史記集解》卷七，文淵閣四庫本）

烏江亭長檥船待。服虔曰：檥音蟻。如淳曰：南方人謂整船向岸曰檥。（顔師古注《漢書》三一卷，中華書局 1964 年版，1819—1820 頁）

按：宜倚反、音蟻的蟻音同，檥是如淳時代的南方方言詞。

（十一）李登《聲類》的方言詞（1 條）

【芬葩】……下拍巴反。《聲類》云：秦人謂花爲葩也。從草皅聲。皅音同上也。（慧琳卷二八，大方等頂王經，1007 頁上）

按：《聲類》是最早的韻書，已亡佚，"秦人謂花爲葩"不可考。

（十二）杜預《左傳注》的方言（3 條，除去重複，實際 1 條）

【燼炱】上接鹽反。杜注《左傳》云：吳楚之間謂火滅爲燼。……（慧琳卷十九，大方等大集菩薩念佛三昧經第二卷，830 頁下）

【餘燼】子廉反。杜注《左傳》：吳楚之間謂火滅爲燼也。……（慧琳卷九七，廣弘明集第二卷，2145 頁上）

【餘燼】㦛廉反。杜注《左傳》云：吳楚之間謂火滅爲燼也。……（慧琳卷九八，廣弘明集第二二卷，2169 頁上）

【燼燼】子廉反，下似進反。燼，吳楚之間謂火滅爲燼。……（玄應卷七，大方等大集菩薩念佛三昧經第二二卷，150 頁下）

晉人從之，楚師大敗，王夷師燼。注：夷，傷也；吳楚之間謂火滅爲燼。（《春秋左傳注疏》卷三七，文淵閣四庫本）

按：燼，杜預無音注；慧琳的反切有承襲玄應的，也有自己所"作"的。

（十三）郭璞《爾雅注》的方言詞（11 條，除去重複，實際 8 條）

(1)【熊羆】……郭注《爾雅》：似熊而頭高腳長，猛憨多力，能拔木。關西呼猳熊也。……猳音加……（慧琳卷三一，大乘密嚴經第三卷，1052 頁下）

【羆熊】上音悲。《爾雅》：羆似熊而黃白色。郭璞曰：似熊而頭長腳高，猛憨多力，能拔樹木。關西呼猳熊也。……猳音加。（慧琳卷三五，蘇悉地羯囉經上卷，1129 頁上—下）

【一羆】……《爾雅》：羆似熊而黃白。郭注曰：羆，長頭腳高，猛憨

多力，能拔樹木。關西呼猏熊也。……猏音加。（慧琳卷六九，阿毗達磨大毗婆沙論第一一四卷，1716頁上）

【羆頭】……郭注《爾雅》：羆似熊而長頭，高脚多力，能拔樹木。關西呼猏熊也。……猏音加。（慧琳卷七八，經律異相第十六卷，1894頁上）

【熊羆】……《爾雅》：羆如熊，黃白文。郭璞曰：似熊而長頭，似馬有甋，高脚，猛憨多力，能拔木。關西名猏羆。……猏音加。（玄應卷二，大般涅槃經第十六卷，47頁上—下）

羆如熊，黃白文。注：似熊而長頭，高脚猛憨多力，能拔樹木。關西呼曰猏羆。音義：羆音碑，憨呼濫反，猏音加。（《爾雅注疏》卷十一，文淵閣四庫本）

按：慧琳的猏熊應爲猏羆；猏、猏異文，慧琳、玄應、陸德明都注音加。

（2）【砂潬】歎丹反。《爾雅》：潬，水中砂出也。郭璞曰：今江南呼水中沙堆爲潬。又音但。經文從土作坦，非也。（慧琳卷三七，佛說七俱知佛母準泥大明陀羅尼經，1155頁下）

【潬上】徒旱反。《爾雅》：潬，沙出。郭璞曰：今江東呼水中沙堆爲潬。謂水中央地也。（玄應卷十九，佛本行集經第四二卷，403頁上）

潬，沙出。注：今河中呼水中沙堆爲潬。音義：潬，徒坦反……（《爾雅注疏》卷七，文淵閣四庫本）

潬但。（《爾雅音釋》卷十二，周祖謨《爾雅校箋》，111頁）

按：歎丹反與徒旱反、徒坦反是平上混，慧琳的"又音但"與郭璞的直音同；"江東"、"河中"異文。

（3）【鷄鳧】下輔無反。郭注《爾雅》云：鳧似鴨而小，長尾，背上有文，今江東人亦呼爲鷉，音詩。……（慧琳卷五七，佛說分別善惡所起經，1513頁上）

鷉，沈鳧。注：似鴨而小，長尾，背上有文。今江東亦呼爲鷉。音義：鷉，郭音施。（《爾雅注疏》卷十，文淵閣四庫本）

按："音詩的詩與音施的施"是之支混。

（4）【蚊幬】……下宙留反。……《爾雅》云：幬，謂之帳。郭璞注云：今江東人亦謂帳爲幬。……（慧琳卷六二，根本毗奈耶雜事律第十九卷，1613頁下）

幬謂之帳。注：今江東亦謂帳爲幬。音義：幬，直留反。(《爾雅注疏》卷三，文淵閣四庫本)

按：慧琳的宙留反與陸德明的直留反音同。

（5）【荇菱】上音杏。郭注《爾雅》云：荇，叢生水中，葉圓，莖端長短隨水深淺。江東食之，呼爲荇，或作苓。……(慧琳卷九八，廣弘明集第二九卷，2181頁下)

苓……注：叢生水中，葉圓在莖端，長短隨水深淺，江東食之，亦呼苓。音義：苓音杏。(《爾雅注疏》卷八，文淵閣四庫本)

按：慧琳與陸德明的直音同。

（6）【鯢魚】……郭注《爾雅》：鯢魚似鮎，四脚，聲如小兒。大者八九尺。今江東呼爲伇，荆州呼爲鰪。《古今正字》：從魚兒聲。鰪音湯蠟反。(慧琳卷三九，不空羂索經第二五卷，1184頁下)

按：今郭璞《爾雅注》無"今江東呼爲伇，荆州呼爲鰪"。

（7）【蝙蝠】補眠反，下風伏反。《爾雅》：蝙蝠，伏翼也。郭璞云：齊人呼爲蟙䘃音織墨，亦名仙鼠。頭似鼠，肉翅。……(慧琳卷十一，大寶積經第三卷，695頁上)

蝙蝠，服翼。注：齊人呼蟙䘃，或謂之仙鼠。音義：蟙，章弋反。䘃，亡北反。(《爾雅注疏》卷十，文淵閣四庫本)

按：章弋反與"音織"的織音同，織墨的墨與亡北反音同。

（8）【燕雀】……郭注《爾雅》云：齊人呼燕爲鳦。……鳦音乙。……(慧琳卷五三，起世因本經第七卷，1441頁上—下)

燕燕，鳦。注：《詩》云：燕燕于飛。一名玄鳥。齊人呼鳦。音義：鳦音乙。(《爾雅注疏》卷十，文淵閣四庫本)

按：慧琳、陸德明的直音相同。

總之，慧琳的8條（不計算重複）方言詞音注中，1條直音與郭璞相同，3條直音與陸德明的《爾雅音義》相同，1條切下字與陸德明的《爾雅音義》相同。因此筆者認爲慧琳引用了郭注和陸德明的音義。

（十四）郭璞《方言注》的方言詞（5條）

（1）【衆夥】下和果反。郭注《方言》：楚人爲（謂）多爲夥。《說文》：從多果聲。(慧琳卷九四，續高僧傳第二六卷，2112頁下)

第六章 慧琳音義的方音研究

凡物盛多謂之寇，齊宋之郊楚魏之際曰夥_{音禍}。（郭璞《方言注》卷一）

楚人謂多爲夥。（司馬遷《史記·陳涉世家》）

按：夥應爲揚雄《方言》白文中的方言詞，非郭璞注文中的方言詞，大概"最"初出自司馬遷的《史記》，被揚雄徵引[①]；和果反與"音禍"的禍音同。

（2）【苦綸】律屯反。郭璞注《方言》云：綸，索也。今江東通呼爲綸。……（慧琳卷十三，大寶積經第四八卷，728頁下）

曲綯，或謂之曲綸，_{今江東通呼索綸，音倫}。自關而西謂之紖。（郭璞《方言注》卷九）

按：律屯反與音倫的倫音同。

（3）【舳艫】上蟲六反。《方言》：舟後曰舳。舳，制水者也。郭注云：今江東呼柂爲舳。……（慧琳卷九八，廣弘明集第二九卷，2178頁上）

後曰舳，_{今江東呼柂爲舳，音軸}。（郭璞《方言注》卷九）

按：蟲六反與音軸的軸音同，"拖"、"柂"異文。

（4）【盆瓨】……下音岡（罡）。《埤蒼》云：甖之大者爲瓨。郭璞注《方言》云：零桂之郊謂罌爲之瓨，今江東亦言大瓮（爲瓨）[②]也。……（慧琳卷五五，禪祕要法經上卷，1478頁上）

瓨_{音岡}……甖也_{於庚反}。靈[③]桂之郊謂之瓨_{今江東通呼大瓮爲瓨}。（郭璞《方言注》卷五）

按：直音"岡（罡）與岡"音同。

（5）【瘂嗄】上細賫反。郭注《方言》云：瘂，咽病也。東齊云聲散曰嘶，秦晉聲變曰瘂。……（慧琳卷三十，寶雨經第六卷，1033頁上）

瘂_{音斯}、嗌_{惡介反}、噎也_{皆謂咽痛也，音醫}。楚曰瘂，秦晉或曰嗌，又曰噎。（郭璞《方言注》卷六，文淵閣四庫本）

按："楚曰瘂"與"秦晉聲變曰瘂"矛盾，細賫反與"音斯"的斯是齊支混。

---

① 筆者認爲楚方言詞夥是揚雄引司馬遷《史記》的，因爲揚雄非楚人；揚雄讀過《史記》，證據是他給司馬遷的歷史著作署名爲《太史公書》。

② 據文意補"爲瓨"二字。

③ 按：靈應爲零。

— 263 —

總之，上述 5 條方言詞的音注，慧琳、郭璞無一相同，慧琳的音注是自己所"作"。

（十五）郭璞的南陽方言詞（1 條）

【霽橙】上齊細反。郭璞云：今南陽人呼雨止曰霽。《說文》：雨止也。從雨齊聲也。（慧琳卷四二，大佛頂經第四卷，1238 頁上）

【風霽】子詣反。《說文》：雨止也。南陽人呼雨止爲霽也。（玄應卷二十，佛所行讚第三卷，420 頁上）

濟謂之霽。注：今南陽人呼雨止爲霽。（《爾雅注疏》卷五，文淵閣四庫本）

按：霽是郭璞《爾雅注》的南陽方言詞，齊細反、子詣反是精從混，玄應的濁音按平送仄不送的規則清化。

（十六）郭璞注《穆天子傳》的方言詞（3 條，除去重複，實際 1 條）

【乳湩】冢隴反。郭注《穆天子傳》云：湩，乳汁也。今江南亦呼乳爲湩。《說文》：乳汁也。從水重聲。隴音龍用反。（慧琳卷三三，佛說犢子經，1095 頁上）

【其湩】冢用反。《穆天子傳》云：湩，乳汁也。郭璞云：今江南亦呼乳爲湩。湩亦聲。（慧琳卷五七，旒陀越國王經，1521 頁下）

【師子湩】下斸用反。郭璞云：湩，乳汁也。今江南人亦呼乳爲湩也。《說文》：從水重聲。（慧琳卷七八，經律異相第十七卷，1895 頁上）

【牛湩】竹用、都洞二反。《通俗文》：乳汁曰湩。今江南亦呼乳爲湩也。（玄應卷八，維摩詰經上卷，168 頁上）

因具牛羊之湩。湩，乳也。今江南人亦呼乳爲湩，音寒①凍反。（郭璞注《穆天子傳》，文淵閣四庫本）

按：冢隴反、冢用反、斸用反、竹用反音同，與寒（塞）凍反是東鍾混。

（十七）顧野王《玉篇》的方言詞 2 條

（1）【銅鑷】闍接反。《考聲》云：釘鑷也。《玉篇》云：齊人爲鑷、爲鋏鋏音集。《典說》云：金銀銅鐵皆有鑷。唐初避廟諱改世作鍱。（慧琳卷十四，大寶積經第七六卷，745 頁上）

---

① 寒疑爲塞。

鍱，音集，《說文》鍱也。(《大廣益會玉篇》，中華書局 2004 年版，85頁上)

《說文》："鍱，鍱也。从金葉聲。齊謂之鍱。"

按：今《大廣益會玉篇》無"齊人爲鍱、爲鍱"。從《說文》看，它應爲"齊人謂鍱爲鍱"，可能慧琳的引文有誤，也可能是顧野王的佚文。

(2)【麫溲】上眠遍反。顧野王云：蜀中以桃根樹屑爲麫。……(慧琳卷三八，金剛光燄止風雨陀羅尼經，1167 頁上)

麫，亡見切，麥麩，蜀以桄榔木屑爲麫。(《大廣益會玉篇》，中華書局 2004 年版，73 頁下)

按：眠遍反、亡見切音同，根樹與榔木、麫與麫異文。

(十八) 張戬《古今正字》、《考聲》的方言詞 (9 條，除去重複，實際 7 條)

(1)【隄隨】……下蕩郎反。《古今正字》云：長沙人謂隄爲隨。從阜唐聲。亦作塘。(慧琳卷七七，釋迦譜序第七卷，1873 頁上)

【爲隨】徒當反。《埤蒼》云"長沙人謂隄爲隨"是也。(慧琳卷七十，俱舍論第十卷，1732 頁上)

按：張戬轉引了張揖《埤蒼》的長沙方言詞，蕩郎反、徒當反音同。

(2)【蠥蚋】……下蘂稅反。正蚋字也。論文作蚋，俗字也。《古今正字》云：秦謂之蚋，楚謂之蚤。從蟲芮(芮)聲。蠥音眠鷩反。蚋音文，芮音上同。(慧琳卷六六，集異門足論第九卷，1682 頁上)

【蚊蚋】而銳反。《說文》：秦人謂之蚋，楚人謂之蚊。《通俗文》：蜎化爲蚊。小蚊曰蚋。蜎音渠兗反。(玄應卷三，摩訶般若波羅蜜經第三五卷，60 頁下)

按：張戬轉引了許慎的秦、楚方言詞，蘂稅反、而銳反音同。

(3)【孀居】上音霜。《考聲》云：孀居，寡婦也。楚人謂寡爲孀居。從女霜聲。(慧琳卷六一，根本說一切有部毗奈耶律第三五卷，1590 頁下)

【孀孩】所莊反。《古今正字》云：楚人謂寡婦曰孀。從女霜亦聲也。(慧琳卷九八，廣弘明集第二二卷，2169 頁上)

《詩正義》引許慎《淮南子注》云：楚人謂寡婦曰孀。[①]

按：《考聲》是《考聲切韻》的簡稱，音霜的霜與所莊反音同，張戩《考聲》、《古今正字》轉引了許慎的楚方言詞。

(4)【姑妐】下燭容反。……《考聲》《方言》並云：今關中人呼夫之父曰妐。……（慧琳卷五五，玉耶女經，1469頁上）

妐。諸容切，夫之兄爲兄妐。一曰關中呼夫之父曰妐。（《類篇》卷三五）

按：《方言》無"關中"的方言區域術語，司馬光所引與慧琳相同，大概前有所承。《考聲》亡佚，相關內容已不可考。

(5)【祆神】上顯堅反。《考聲》云：胡謂神爲天。今關中人謂天神爲祆也。（慧琳卷三七，牟梨曼陀羅咒經，1149頁下）

《康熙字典》卷二一："祆，《廣韻》呼烟切，音訐。《説文》：關中謂天爲祆。"

按：《考聲》已亡佚，關中方言詞祆已不可考；從《康熙字典》看，"關中謂天爲祆"出自《説文》，但今傳本《説文》無，許慎不使用關中的方言區劃術語，大概《康熙字典》有誤。

(6)【紋繒】上物分反。《考聲》云：紋，吳越謂小綾爲紋也。……（慧琳卷八六，辯正論第八卷，2017頁下）

【紋綵】上吻分反。《考聲》云：紋，吳越謂小綾爲紋也。……（慧琳卷八七，甄正論中卷，2026頁下）

按：物分反、吻分反音同，"吳越謂小綾爲紋"已不可考。

(7)【坱鬱】上惡朗反。王逸注《楚辭》云：坱，霧氣暎昧也。《考聲》云：吳越謂塵起爲坱。……（慧琳卷二四，廣弘明集第二四卷，2172頁下）

按："吳越謂塵起爲坱"已不可考。

總之，張戩的《古今正字》（二卷）、《考聲切韻》等均已亡佚，《古今正字》民國龍璋有輯佚本。從文獻比對看，《古今正字》、《考聲切韻》的方言詞採用了《埤蒼》、許慎《淮南子注》等材料。

（十九）武玄之《韻詮》的方言詞（1條）

【砂潬】壇懶反。上聲字也。《韻詮》曰：潬，水中沙推（堆）出（衍

[①] 轉引自李秀華《淺析〈淮南子〉許慎注和〈説文解字〉之關係》，《諸子學刊》第六輯。

字）曰潬。江東語也。從水單聲。（慧琳卷六一，根本說一切有部毗奈耶律第三一卷，1588頁下）

【潬上】徒旱反。《爾雅》：潬，沙出。郭璞曰：今江東呼水中沙堆爲潬。謂水中央地也。（玄應卷十九，佛本行集經第四二卷，403頁上）

按：《韻詮》已亡佚，從玄應音義看，武玄之引用了郭璞《爾雅注》的材料。

總之，通過對慧琳引用的方言詞音注的考證，可得出以下結論：

1. 慧琳引用的帶音注的方言詞55條（不計算重複）中，與玄應《衆經音義》相同的有11條，占20%。在這11條方言詞的音注中，切上字二者相同5條，切下字相同7條，其中切上、下字都相同5條，占45.5%。也就是說，慧琳不光轉錄玄應的部分"義"，也轉錄了玄應的部分"音"，慧琳、玄應的音義呈承繼性的特徵。

2. 慧琳的引文非一手材料，有些是二手材料。除玄應《衆經音義》外，慧琳轉錄的二手材料還有張戩的《古今正字》、《考聲》和武玄之的《韻詮》。慧琳轉錄的張戩、武玄之的方言詞出現的年代並非都是唐代，它們較早出現的年代有東漢（許慎）、曹魏（張揖）、東晉（郭璞）等。

3. 在55條方言音注中，慧琳的9條音注與比對文獻的音值不同，占16.4%；慧琳的6條音注用字與比對的文獻相同，即大徐本2條[①]、《經典釋文》3條、《玉篇》1條，占10.9%。因此，就方言詞的音注而言，慧琳有承襲前人的音注，也有自己所"作"的音注，相較而言，所"作"的音注占多。

4. 慧琳的引文問題較多。引文有誤，如"羌內恕己以量人兮"的"羌"誤引爲"差"，"齊人爲鎌、爲鐮"應爲"齊人謂鎌爲鐮"；引文互相矛盾，如"楚曰癠"與"秦晉聲變曰癠"矛盾；標記不精確，如臣瓚《漢書》的注文標記爲《漢書》的白文，《方言》的白文標記爲郭璞的注文；引文不忠實於原文，有臆改原文之嫌，如楚爲南楚，幽冀爲并冀。

5. 慧琳所引的文獻很多今已亡佚，如賈逵的《國語注》、張揖的《埤蒼》、李登的《聲類》、張戩的《古今正字》《考聲》、武玄之的《韻詮》，他

[①] 大徐的反切一般被認爲承襲孫愐《唐韻》的反切。

的引文是輯佚的寶庫；慧琳所引的文獻與今傳世文獻的版本異文很多，對校勘傳世文獻很有價值。

六 小結

通過對慧琳自作的 308 條方言音注（某地音、某音、使用的方言音注、引用的方言音注）的逐條考證，筆者認爲：

1. 慧琳的某地音共 28 條，相對玄應的某地音 105 條來說，數量相對較少。某地音是研究唐代方音的重要材料，慧琳標注的某地音所"創"的多，承襲玄應等人的少，即使承襲，也非複製，而是有所擴展和引申。

2. 慧琳的某音情況較複雜，在 24 條某音中，僅有 3 條俗音與方音相關，其餘 21 條與文字訛誤、詞義引申、義同換讀、音譯、避諱、類推、訛讀等有關。

3. 相對玄應音義而言，慧琳"使用"的帶音注的方言詞數量較少，通過比對源文獻，發現這慧琳"使用"的帶音注的 15 條方言詞中，12 條是他暗引的。筆者認爲他"使用"的方言詞並非是他熟知的時代方言詞，而是暗引前人的方言詞而不注明出處。

4. 慧琳引用的帶音注的方言詞出自 20 部文獻，超過了玄應的 11 部文獻，他徵引的方言詞的來源較玄應要廣，正如景審的序所說"百氏咸討"。 就方言詞的音注而言，慧琳有承襲前人的音注，也有自己所"作"的音注，相較而言，所"作"的音注占多。慧琳的引文問題較多，有誤引、誤標、捏造、自相矛盾、臆改等問題。總的來看，慧琳的引文不如玄應嚴謹、規範。

第四節 方言音注反映的方音特點

慧琳是一位外族人，長期生活在漢語區，具備熟知各地漢語方言的可能性。但慧琳給方言詞大多數注的都是規範的讀音，僅少數方言詞記錄了漢語各地的方音，因此本書不能憑此窺測中晚唐的方音系統，但可以之來反映中晚唐的方音特點，具體如下：

一　秦（隴）晉方音的特點

（一）方言材料

慧琳《一切經音義》中可用來描寫秦晉方音特點的材料有如下幾種：

（1）"某地音"：秦音 2 條。

（2）慧琳"使用"的方言詞的音注：河東方言詞音注 1 條。

（3）慧琳引用的方言詞的音注：揚雄的秦晉 15 條，秦隴 3 條，關西 20 條，關中 2 條；許慎的秦 8 條，隴西 1 條；文穎的漢中 1 條；郭璞的關西 4 條；張戢的秦 1 條，關中 2 條。

（4）俗音 3 條。慧琳的俗音沒標注方言區域，鑒於慧琳來華後主要生活在秦晉方言區，這些俗音應是秦晉一帶的方音。

（5）慧琳給其他方言區域的方言詞"作"音注，絕大多數是以當時的規範語音標準來注的規範讀音，並非是某地的方音，這個規範的語音的基礎方言之一是秦晉方言，所以這些方言音注也是描寫秦晉方音特點的材料之一。

（二）方音特點

1. 聲母

1.1　船禪不分

【舩撥（檝）】上述專反。……《方言》曰：自關而西謂舟爲舩。……（慧琳卷七，大般若波羅蜜多經第五四九卷，624 頁下）

【舩檝】順專反。舩，舟也。《方言》曰：自關而西謂舟爲舩。……（慧琳卷四一，大乘理趣六波羅蜜多經第一卷，1212 頁上）

【舩舶】上時緣反。又《方言》云：自關而西謂舟曰船。……（慧琳卷六二，根本毗奈耶雜事律第十八卷，1613 頁下）

順（船）專反、述（船）專反音同，與時（禪）緣反船禪混。慧琳時而注船母、時而注禪母，表明慧琳的船禪已不分。從《顏氏家訓·音辭篇》看，北人能分船禪，《切韻》也是船禪分明；但王三船禪已混，李匡乂《資暇集》的記載表明船禪已混[①]，禪、狀（船）兩母在對音里跟《千字文》、

[①]《資暇集》卷下"承牀"條（中華書局 1985 年版，第 27—28 頁）："近者繩牀皆短其倚衡，曰折背樣（原注：繩牀字當作'承'字，言輕齎可隨人來去）。"繩《廣韻》食陵切，船母字；承《廣韻》署陵切，禪母字。從李匡乂的用字看，他已船禪不分。

— 269 —

《阿彌陀經》、《金剛經》等三種藏音一樣地混入審母[1]；從《唐蕃會盟碑》的漢藏對音看，船禪的平聲都讀作ç，已混[2]；守溫《歸三十字母例》中三十字母有禪無船；北宋時期關中的船禪已混[3]，《集韻》的船禪已混[4]，《中原音韻》也是船禪不分[5]，所以筆者認爲六朝至唐初北音船禪不混，但中唐以後逐步混併，到晚唐五代時期，船與禪母合併[6]。

1.2 濁擦音比濁塞音清化徹底

（1）【灰炱】辛進反。《方言》：自關而西秦晉之間炊薪不盡曰炱。《說文》：炱謂火之餘木也。炱從聿從火。今通作燼，誤也。（慧琳卷十三，大寶積經第三八卷，720頁下）

辛進反是心真開三去。燼（炱）王三似刃（邪真開三去）反。心邪混，濁音清化。

（2）【枹鼓】上音附牟反，亦音芳無反。並秦音。……枹字吳音伏不反。不音福浮反。在尤字韻中與浮同韻。訓釋總同，音旨殊別，任隨鄉音，今且不取。（慧琳八四，古今譯經圖記第四卷，1983頁上一下）

附牟反應是並虞合三[7]。從秦音的又音芳無反（滂虞合三）看，濁音已按平送仄不送的規則清化。

上述的（1）例中，濁擦音已清化爲清擦音，二者在慧琳的同條音義中不並存；（2）例中的濁塞音與清塞音在秦晉方言並存，表明它在秦晉方言的濁音清化還未徹底完成。所以，濁擦音的清化比濁塞音徹底。

1.3 送氣與不送氣混

【胞胎】上補交反。古文作包，象形字也。爲是胎衣，蔡邕《石經》加肉作胞。《說文》云：兒生衣也。孔注《尚書》云：裹也。《莊子》云：

---

[1] 見羅常培《唐五代西北方音》，商務印書館2012年版，第105頁。
[2] 同上書，第230頁。
[3] 沈括《夢溪筆談》卷一："官名中尚書，本秦官，尚音上，謂之常者，秦人音也。至今秦人謂尚爲常。"尚、上，《廣韻》禪母；常，《廣韻》也是禪母，但常今西安讀tṣhaŋ，與北京相同。沈括認爲尚、上、常不同音，大概尚、上是禪母，常是船母，北宋時期秦人船禪不分。
[4] 見邵榮芬《集韻音系簡論》，商務印書館2011年版，第64—66頁。
[5] 楊耐思《中原音韻音系》（中國社會科學出版社1981年版，第14—15頁）有船無禪。
[6] 喬全生《晉方言語音史研究》（中華書局2008年版，第90頁）也持類似的觀點。
[7] 牟王三、《廣韻》都是尤韻字。慧琳對尤韻的唇音字一般都取虞韻，即取秦音，而不取吳音（尤韻），所以筆者認爲牟字慧琳取虞韻。

胞者，腹肉衣也。俗音普包反，非也。……（慧琳卷二，大般若波羅蜜多經第一八一卷，548頁下）

補交反是幫肴開二。普包反是滂肴開二。胞王三布交（幫肴開二）、疋（匹）交（滂肴開二）反，兼收二音。送氣與不送氣混，在今方音中也較普遍。至於是哪兒的俗音，慧琳標記不清。筆者認爲它是慧琳熟知的京兆一帶的方音。

2. 韻母

2.1 尤韻的唇音字入虞韻

（1）【覆載】上敷務反。見《韻英》，秦音也。諸字書音爲敷救反。吳楚之音也。……（慧琳卷一，大唐三藏聖教序，521頁上）

敷務反是滂虞合三去。敷救反是滂尤開三去。覆王三敷救（滂尤開三去）反。虞尤混。慧琳以秦音作首音，表明他認爲秦音是規範的讀音。

（2）【枹鼓】上音附牟反，亦音芳無反。並秦音。《左氏傳》：枹而鼓之。顧野王云：擊鼓椎也。《說文》音桴，擊鼓柄也。從木包聲。《譯經圖記》中從孚從手作捊，非也。枹字吳音伏不反。不音福浮反。在尤字韻中與浮同韻。訓釋總同，音旨殊別，任隨鄉音，今且不取。（慧琳八四，古今譯經圖記第四卷，1983頁上—下）

吳音伏不反是並尤開三。芳無反是滂虞合三。附牟反應是並虞合三[①]。尤虞混，慧琳不取吳音。

2.2 尤韻的唇音字入侯韻

【蛛蝥】……下莫侯反。《爾雅》：蜘蛛即蛛蝥也。《方言》：秦晉之間謂蜘蛛或爲蝥也。與蝥同。……（慧琳卷八三，大唐三藏玄奘法師本傳第八卷，1975頁下）

莫侯反是明侯開一。蝥王三莫浮（明尤開三）反。尤三遇明母變侯一，與《經典釋文》、《集韻》類似。邵榮芬認爲"尤韻明母字當是早就完成了的，只是在編《集韻》時纔把它反映出來了。……垷知基本完成尤和東三明母字這一變化的最早音系是陸德明的《經典釋文》反切音系，它較《集

[①] 牟王三、《廣韻》都是尤韻字。慧琳對尤韻的唇音字一般都取虞韻，即取秦音，而不取吳音（尤韻），所以筆者認爲牟字慧琳取虞韻。

韻》早出約四個半世紀"①。慧琳音義的尤韻的唇音字入侯韻，處在《經典釋文》和《集韻》中間，是量變到質變的重要一環。

2.3 代泰混

【逮得】上徒奈反。《爾雅》：逮，及也。《方言》云：自關東西謂及爲逮。……（慧琳卷三，大般若波羅蜜多經第三四七卷，564 頁上）

徒奈反是定泰開一。逮王三徒戴（定咍開一去）反。

2.4 祭至混

【擁篲】……下隨銳反。《玉篇》云：掃竹也。《方言》云：自關而西或謂之掃篲隨醉反，亦曰掃帚之酉反。或從草作蕢。（慧琳卷十一，大寶積經序，686 頁下）

隨銳反是邪祭合三。隨醉反是邪脂合三去。同一篲字，慧琳既注祭合三，也注脂合三去，表明二者已混。

2.5 仙先混

【蝙蝠】上閉綿反，……《方言》云：自關而東云服翼也，關西秦隴又曰蝙蝠也。……（慧琳卷八六，辯正論第六卷，2012 頁上—下）

閉綿反是幫仙開三。蝙王三布玄（幫先開四）反。

2.6 佳麻混

【無縛無解】……下皆買反。鄭注《禮記》云：解，釋也。《說文》：判也。從刀牛角也。今俗用音爲賈者，非也。（慧琳卷一，大般若波羅蜜多經第五〇卷，535 頁下）

皆買反是見佳開二上。解王三加買（見佳開二上）反。賈王三古雅（見麻開二上）反。佳麻的主元音相同，佳韻的韻尾 i 丟失，變得與麻韻相同。佳麻混，大概是慧琳最熟悉的京兆一帶俗音特點的反映。

2.7 覃談混

【襜襠】上堪蛤反，……《方言》云：今關中謂襦曰襜襠。……（慧琳卷三七，陀羅尼集第三卷，1152 頁下）

堪蛤反是溪覃開一入。襜《廣韻》苦盍（溪談開一入）切。合盍的韻尾相同，並非-p 消失的前兆，而是主元音趨同造成的。

---

① 邵榮芬：《集韻音系簡論》，商務印書館 2011 年版，第 115 頁。

2.8 洪細不分

【尫餘】枉王反。《韻英》云：羸弱也。俗音蠖黄反，聲訛轉也。（慧琳卷九〇，高僧傳第十四卷，2068頁下）

枉王反是影陽合三。俗音蠖黄反是影唐合一。俗音陽唐混，洪細不分。此處的俗音應是慧琳熟知的秦晉一帶等的方音。

3. 聲調

3.1 入聲韻尾的消變

【蚊蜹】……下儒鋭反。……《説文》：秦謂之蜹。……（慧琳卷十七，大乘顯識經下卷，795頁下）

儒鋭反是日祭合三。蜹王三如雪（日薛合三）反。蜹上古緝部字，與祭、薛韻關係不大；日母是次濁聲母，它的入聲字在北方方言中一般派入去聲，所以筆者認爲它讀去聲與入聲韻尾的消變有關，反映語音的超前變化，非與古音有關[①]。

二　中原方音的特點

（一）方言材料

慧琳《一切經音義》中可用來描寫中國方音特點的材料僅有"慧琳引用的方言詞的音注"一類，即揚雄的山東2條，關東17條，宋魏1條，自關而東周洛韓魏之間1條；許慎的弘農1條，汝南1條。

（二）方音特點

儲泰松認爲慧琳的秦音是指北方通語[②]，筆者贊同他的觀點，因爲慧琳沒使用"中國音"的術語來標注方音，大概慧琳的秦音包括秦音和中國音。因此，慧琳秦晉方音的特點中的絶大多數也是中國方音的特點。以下1例，慧琳對同一個關東方言詞注了兩個不同的反切，筆者認爲它是秦晉、中國方音特點的反映，如下：

（1）【關鍵】……下渠彦反。……《方言》云：自關而東謂之鍵，自關而西謂之鑰。鑰，牡也。（慧琳卷十三，大寶積經第四一卷，722

---

① 去入相混與古無去聲或入派三聲等有關。筆者不認爲它與古無去聲有關，因爲從諧聲内看，蜹上古屬緝部，中古讀薛韻、祭韻，它們與緝部無關。蜹（蚋）讀祭、薛韻，與-t、-p 混併有關。

② 儲泰松：《唐五代關中方音研究》，安徽大學出版社2005年版，第23頁。

頁上）

【鉗鍵】……下奇偃反。鄭注《周禮》：鍵，籥也。《方言》：自關而東陳楚之間謂籥爲鍵。……（慧琳卷八三，大唐三藏玄奘法師本傳第十卷，1979 頁上）

渠彥反是群仙開三去。奇偃反是群元開三上。慧琳的仙元混、濁上濁去混，是秦晉、中國方音特點的流露。

三　江南方音的特點

（一）方言材料

慧琳《一切經音義》中可用來描寫江南方音特點的材料有如下幾種：

（1）"某地音"：江南音 2 條。

（2）慧琳"使用"的方言詞的音注：江南 2 條、江淮（吳楚）1 條。

（3）慧琳引用的方言詞的音注：郭璞的江南 1 條。

慧琳"使用"和引用的方言詞一般注規範的讀音，不反映江南方音的特點，由於是江南方言詞，所以（2）、（3）附於此。

（二）方音特點

【淳渾】誅寵反龍重反。《說文》云：乳汁也。江南見今呼乳汁爲渾，去聲。（慧琳卷十二，大寶積經第十一卷，702 頁下）

【牛渾】家（冢）①用反。吳音呼乳汁爲渾，今江南見行此音，從水重聲。（慧琳卷七九，經律異相第二四卷，1899 頁下）

渾本是吳方言詞，慧琳時代擴大到整個江南方言區。渾是上聲字，如王三鵃小韻莫渾反，即渾是腫合三的字。"上聲似去，去聲似上"（李涪《刊誤》卷下"切韻"條）本是吳語的特點。由於江南鄰近吳語區，"南染吳越"（《顏氏家訓·音辭篇》），江南方音也具有吳語的特點。也不排除慧琳的吳、江南所指爲一的可能性。

慧琳《一切經音義》中有關江南方音的材料太少，反映方音的特點僅上 1 條，還與吳語的特點相同，但筆者不認爲吳語指的是南朝通語[②]，而認

---

① 徐校：家據文意似作冢。
② 見儲泰松《唐五代關中方音研究》，安徽大學出版社 2005 年版，第 16—19 頁。

爲江南音代表南方通語，慧琳既然分別採用江南音、吴音等術語，表明他認爲二者有區别，所以本書不採用吴音、江南音等同的觀點。

四　吴越方音的特點

（一）方言材料

慧琳《一切經音義》中可用來描寫吴越方音特點的材料有如下幾種：

（1）"某地音"：江外吴音 13 條，吴（楚）音 4 條，江東音 2 條。

（2）慧琳引用的方言詞的音注：揚雄《方言》的吴楚 1 條，吴揚 2 條，吴揚海岱之間 1 條，班固《漢書》的吴楚 1 條，杜預《左傳注》的吴楚 1 條，張戩《考聲》的吴越 3 條。

（3）慧琳"使用"的方言詞的音注：吴越 2 條、江淮吴楚 1 條、吴會江湘 2 條。

慧琳引用和"使用"的方言詞一般注的是規範的讀音，不反映吴越方音的特點，但其中特殊的方言詞透露了吴越方音的特點，所以附於此。

（二）方音特點

1. 聲母

慧琳音義的材料基本不能反映吴語的聲母特點，從略。

2. 韻母

2.1 尤韻的脣音字不變虞韻

（1）【覆載】上敷務反。見《韻英》，秦音也。諸字書音爲敷救反。吴楚之音也。……（慧琳卷一，大唐三藏聖教序，521 頁上）

敷務反是滂虞合三去。敷救反是滂尤開三去。覆，王三敷救（滂尤開三去）反，與吴音同。吴音虞尤不混。覆今讀 fù，出自秦音。

（2）【浮泡】上輔無反。……吴音薄謀反，今不取。……（慧琳卷四，大般若波羅蜜多經第三五〇卷，566 頁上）

【浮囊】附無反。《玉篇》音扶尤反。陸法言音薄謀反。下二皆吴楚之音也，今並不取。……（慧琳卷七，大般若波羅蜜多經第五六一卷，628 頁上）

慧琳的輔無反、附無反是並虞合三，應是秦音。《玉篇》音扶尤反、《切韻》音薄謀反都是並尤開三。浮，王三縛謀（並尤開三）反，與吴音同。

— 275 —

慧琳不取吳音，表明中唐時期吳音處於相對的頹勢，地位比不上秦音。浮今讀 fú，出自秦音。

（3）【堆阜】……下扶久反。吳楚之音也。《韻英》音扶武反。……（慧琳卷十二，大寶積經第二七卷，708—709 頁）

【堆阜】……下扶有反。吳楚音也。《韻英》音云扶武反。……（慧琳卷四一，大乘理趣六波羅蜜多經第一卷，1209 頁下）

吳楚音扶久、扶有反是幫尤開三上。扶武反是幫虞合三上。阜，王三房久反，與吳（楚）音同。《韻英》的扶武反是秦音。阜今讀 fù，出自秦音。

（4）【枹鼓】上音附牟反，亦音芳無反。並秦音。……枹字吳音伏不反。不音福浮反。在尤字韻中與浮同韻。訓釋總同，音旨殊別，任隨鄉音，今且不取。（慧琳八四，古今譯經圖記第四卷，1983 頁上—下）

吳音伏不反是並尤開三。芳無反是滂虞合三。附牟反應是並虞合三①。枹今讀 fú，出自秦音。

2.2 侯韻的唇音字不入模韻

【茂盛】上莫候反。吳楚之音。《韻英》音爲摸布反。……（慧琳卷四，大般若波羅蜜多經第三六三卷，568 頁上）

莫候反是明侯開一去。摸布反是明模合一去。茂王三莫候（明侯開一去）反，與吳音同。大概《韻英》的摸布反爲秦音，侯模混；而吳音侯模不混。

2.3 二等的舌音字讀入四等

【樞打】……下德耿反。《廣雅》：打亦擊。《埤蒼》：棓也。棓音龐巷反。《說文》：從手丁聲也。陸法言云：都挺反。吳音，今不取也。（慧琳卷八，大般若波羅蜜多經第五六六卷，631 頁下）

【捶打】……下德冷反。……今江外吳地見音爲頂，今不取。（慧琳卷十一，大寶積經第二卷，690 頁下）

德耿反是端耕開二上。德冷反是端庚開二上。打《廣韻》德冷切。慧

---

① 牟王三、《廣韻》都是尤韻字。慧琳對尤韻的唇音字一般都取虞韻，即取秦音，而不取吳音（尤韻），所以筆者認爲牟字慧琳取虞韻。

— 276 —

琳既注德耿反又注德冷反，表明他耕庚不分。

陸法言《切韻》音都挺反是青開四上。打王三丁挺反。頂王三丁挺反。打的諧聲丁也是四等韻（青開四）。吳音、《切韻》有把二等的舌音字讀成四等的現象。另外，慧琳青耕不混，就不取吳音；《廣韻》與《切韻》、王三不同，取秦音不取吳音。

2.4 二等韻的唇音字讀入三等

【猫兔】上莫包反。江外吳音以爲苗字，今不取。……（慧琳卷十一，大寶積經第一卷，690 頁上）

莫包反是明肴開二。苗王三武瀌（宵開三）反。貓（猫），王三莫交（肴開二）、武瀌反，兼收二音。二等韻的牙音、喉音字中古以後滋生出 i 借音，而唇音字一般不滋生 i 借音。吳音把二等的唇音字讀成三等，是特有的方音現象。慧琳肴宵不混，就不取吳音。

2.5 真文能分

【蟁蟲】上音文，吳音密彬反。……（慧琳卷七九，經律異相第三一卷，1902 頁上）

蚊（蟁）、文上古文部，王三注武分（明文合三）反。密彬反是明真開三。民避唐諱改文。大概吳音讀本字的音，即諧聲"民"（上古真部）的音；而慧琳注的首音是避諱字的音，諧聲"文"的音。首音標注避諱字的音，表明唐代北方方言真韻、文韻不分；吳音標注本字的音，表明它能分真文。另外，唇音字有不分開合口的現象。

2.6 皆佳混

【掛錫】古畫反。《韻詮》云：掛，懸也。又，吳音怪，訓釋總同。或作挂。（慧琳卷一百，惠超往五天竺國傳上卷，2189 頁下）

古畫反是見佳開二去。怪是皆開二的去聲字。挂（掛）王三古賣反，與古畫反音同。掛上古支部字[①]，上古支部字派入中古佳韻，而不派入皆韻，所以筆者認爲佳韻是本讀。卦韻字吳音讀怪韻，表明吳音卦怪不分。

---

① 見郭錫良《漢字古音手冊》，商務印書館 2010 年版，第 18 頁。段玉裁認爲古無去聲，掛字圭聲，段玉裁歸入十六部，從諧聲看它是平聲字，筆者認爲它的去聲是後起的變聲，非古本音。

3. 聲調

3.1 去入相混

【頟廣】雅格反。從客作額，俗字也。……《釋名》云：幽州人謂頟爲鄂。今江外吳音呼頟爲訝，並邊方訛也。……（慧琳卷四，大般若波羅蜜多經第三八一卷，571 頁下）

【健頟】……下崖格反。……江東人呼頟爲訝，幽州人謂頟爲鄂，皆聲訛轉也。（慧琳卷六十，根本說一切有部毗柰耶律第二二卷，1582 頁上一下）

頟的雅格、崖格反是疑庚開二入。訝玉三吾駕（疑麻開二去）反。去入混。頟上古鐸部，訝上古魚部，陰入對轉，筆者認爲它與去聲的形成有關，比中古以後的入派三聲時代要早。

總之，吳越方音的最大特色之一是中唐時期流攝的唇音字不讀虞模，這是與北方方音的明顯區別；其次，吳越方音能分真文，與當時北方方言（已混）不同；再次，二等韻的唇音、舌音字讀細音也是吳語特有的方音現象；再次，中唐以後，吳越方音受北方方音的影響，吳越方音也和北方方音的同步發展，如二等重韻皆、佳已混。

五　楚語的特點

（一）方言材料

慧琳《一切經音義》中可用來描寫楚語特點的材料有如下幾種：

（1）"某地音"： 吳楚音 5 條。

（2）慧琳引用的方言詞的音注：揚雄的陳楚 3 條、陳楚宋魏 1 條、陳楚 2 條、楚 4 條、楚衛 2 條、楚郢以南 2 條、齊楚 3 條、荆楚 1 條、荆湘汝郢之郊 1 條、荆揚青徐之間 1 條、楚魏之際 2 條、宋楚 2 條，《漢書》的吳楚 1 條，許慎的楚 5 條，王逸的楚 3 條，杜預的吳楚 3 條，郭璞的荆州 1 條、楚 1 條，張戢的楚 2 條。

（3）慧琳"使用"的方言詞的音注：楚 2 條、江淮吳楚 1 條。

慧琳引用和"使用"的方言詞一般注的是規範的讀音，不反映楚方音的特點，由於它們是楚方言詞，所以附於此。

（二）方音特點

1. 聲母

船禪混

【剩食其人下文又云剩可爲夫妻】剩音承證反，俗字也，亦楚郢之間語辭也。言剩如此者，意云豈能便如此，是此意也。蓋亦大師鄉音楚語也。（慧琳卷一百，止觀下卷，2196 頁上）

從慧琳音義看，剩是智顗的方言詞。承證反是禪蒸開三去。乘（剩）王三實證（船蒸開三去）反。智顗大師鄉音楚語有船禪混的現象。

2. 韻母

2.1 尤韻的唇音字不變虞韻

（1）【覆載】上敷務反。見《韻英》，秦音也。諸字書音爲敷救反。吳楚之音也。……（慧琳卷一，大唐三藏聖教序，521 頁上）

（2）【浮囊】附無反。《玉篇》音扶尤反。陸法言音薄謀反。下二皆吳楚之音也，今並不取。……（慧琳卷七，大般若波羅蜜多經第五六一卷，628 頁上）

（3）【堆阜】……下扶久反。吳楚之音也。《韻英》音扶武反。……（慧琳卷十二，大寶積經第二七卷，708—709 頁）

【堆阜】……下扶有反。吳楚音也。《韻英》音云扶武反。……（慧琳卷四一，大乘理趣六波羅蜜多經第一卷，1209 頁下）

2.2 侯韻的唇音字不讀模韻

【茂盛】上莫候反。吳楚之音。《韻英》音爲摸布反。……（慧琳卷四，大般若波羅蜜多經第三六三卷，568 頁上）

3. 聲調

無材料揭示楚方言的聲調特點，略。

六　蜀語的特點

（一）方言材料

慧琳《一切經音義》中可用來描寫蜀語特點的材料有如下幾種：

（1）"某地音"：蜀地音 1 條。

（2）慧琳引用的方言詞的音注：顧野王的蜀 1 條。

（3）慧琳"使用"的方言詞的音注：蜀1條。

另外，慧琳給後兩類材料注規範的讀音，一般不反映蜀語的特點，由於它們是蜀方言詞，所以附於此。

（二）方音特點

【葉粽】上閻接反。苁葉也。下音惣，蜀人作去聲，呼粽子，亦俗字也。正體從米，從熒作糉，即五月五日楚人所尚糉子是。（慧琳卷一百，比丘尼傳第四卷，2201頁下）

惣，上聲字；粽，去聲字。上去混。今西安話讀 tsuoŋ，與"惣"音同。但今全國各地方言除西安話外，大多讀去聲①，與中古時期蜀語同。

總之，能反映蜀語方音特點僅上一條方言詞，由於受材料限制，姑且如此。

七 燕趙方音的特點

（一）方言材料

慧琳《一切經音義》中可用來描寫燕趙方音特點的材料有如下幾種：

（1）"某地音"：幽州音2條。

（2）慧琳引用的方言詞的音注：揚雄的趙魏14條、自關而東趙魏之郊1條、自河以北趙魏之間1條、齊兗冀1條、燕北1條，劉熙的幽州1條、幽冀1條，文穎的幽州1條，張揖的北燕1條。

（3）慧琳"使用"的方言詞的音注：（無）。

慧琳引用的方言詞一般注的是規範的讀音，不反映燕趙方音的特點，由於它們是燕趙方言詞，所以附於此。

（二）方音特點

慧琳引用的燕趙方言詞較多，但幾乎不反映燕趙的方音特點，僅2條幽州音可揭示它的特點，如下：

【額廣】雅格反。從客作額，俗字也。《方言》：額，顙也。《釋名》云：幽州人謂額爲鄂。今江外吳音呼額爲訝，並邊方訛也。《說文》：從頁從格省聲也。（慧琳卷四，大般若波羅蜜多經第三八一卷，571頁下）

---

① 見王福堂《漢語方音字彙》，語文出版社2008年版，第364頁。

【健頷】……下崖格反。……江東人呼頷爲訝，幽州人謂頷爲鄂，皆聲訛轉也。（慧琳卷六十，根本說一切有部毗奈耶律第二二卷，1582頁上—下）

額（頷）的雅格反是疑庚開二入。鄂王三五各（疑唐開一入）反。鐸陌混，但二者的韻尾（-k）相同，並非是入聲消失的前兆，而是韻腹（-ɐ、-ɑ）混同的緣故，即庚唐的主元音混。慧琳能分庚唐，所以他認爲是"聲訛轉"造成的。

八 齊魯方音的特點

（一）方言材料

慧琳《一切經音義》中可用來描寫齊魯方音特點的材料僅有"慧琳引用的方言詞的音注"一類，即揚雄的東齊4條、東齊魯衛1條、齊楚4條、齊魯3條、齊宋7條，許慎的東齊1條、齊3條、兗州1條，何休的齊2條，郭璞的齊2條，顧野王的齊1條。

（二）方音特點

慧琳一般給引用的方言詞注規範的讀音，他的齊魯方言詞一般不揭示齊魯方音的特點。慧琳不使用齊魯方言詞，也不標注齊魯方音，可能他不熟悉齊魯方音，也可能中唐以後齊魯方音的特點已不明顯，鄰近方言進一步融合，和中原、燕趙等方言的區別變小。

九 小結

慧琳的某地音有秦音、吳楚音、蜀地音、幽州音、江南音，缺少中國音、齊魯音。可能慧琳的秦音包括中國音，代表當時北方通語；也可能中唐以後齊魯方音的特點已不明顯，與鄰近方言進一步融合，和中原、秦晉等方言的區別變小。

慧琳把秦音與吳楚音對舉，尤侯韻的唇音字是否入虞模是二者的顯著差別。慧琳取秦音不取吳楚音，表明秦音已成當時通行的讀音。但語言接觸導致曾經特點不同的方言也具有相似之處，如南北朝末期北人、南人在船禪是否區分形成語音對立（《顏氏家訓·音辭篇》），但中唐以後秦晉方音已不分船禪，向《中原音韻》（也是船禪不分）看齊；"上聲似去，去聲似上"（李涪《刊誤》卷下"切韻"條）本是吳語的特點，由於江南鄰近吳語區，"南染吳越"（《顏氏家訓·音辭篇》），中唐時期的江南方音也具有吳語的"上聲似去，去聲似上"特點。

中唐以後，以秦晉方音爲代表的北方方音，它的濁音清化、濁上變去、入聲韻尾的消變、重韻相混等已有擴大化的趨勢，這是方音演變的共性。但各地方音演變並非同步發展，也有滯後的情況，如吳語的入聲讀去聲可能與去聲形成有關，聲調演變的層次較古。

方音的演變也有特例，不符合演變的規律，如送氣與不送氣混、洪音讀細音、上去相混等，部分是"聲訛轉"造成的；部分與各地的語音底層等有關。

慧琳的漢語語音的底層是京兆一帶的方音，如粽子的"粽"他注上聲，與今西安話相同，與當時的蜀語等不同。

總之，由於受材料限制，本書僅能揭示各地漢語方音的語音特點，至於整個音系的特點，還需結合其他材料纔能描寫出來。

結　論

　　至此，本書在前人研究成果的基礎上，全面描寫、分析、整理和研究了唐代佛典音義中的方言音注，對其音注的性質、方音的研究價值等有了比較詳細的討論。現綜合前述各章的討論，作最後的總結陳詞。

一　方言音注的性質

　　從方言音注看，唐代佛典音義呈現承繼性的特徵。玄應發凡起例[①]，給佛經詞條的注音釋義確立了範式。窺基、慧苑、雲公、慧琳承襲了這種音義的註釋範式，擴大到衆經的注音釋義上。他們不僅承襲了玄應的註釋體例，而且徵引了玄應的註釋内容。窺基、慧苑、雲公承襲的多，開拓的少。慧琳有所承襲，也有所突破，例如他的"某地音"、"某音"等所指的就和玄應有所差別。總的來看，四種佛經音義是累積性的音義，它們音義中的方言音注也是累積性的音注。

　　再具體而言，唐代佛典音義中的四種方言音注所反映的語音性質是不相同的。"某地音"忠實地記載了唐代各個時期的某地方音；"某音"一般反映了經師熟知的方音等；玄應等人"使用"和引用的方言詞音注一般注的是規範讀音，它間接反映了北方當時通語的演變情況。

　　另外，從一些特殊的方言音注看，窺基、慧苑、雲公、慧琳的底層語音是京兆一帶的方俗音。

[①] 北齊高僧道慧作《一切經音義》，隋朝沙門智騫著《衆經音》，似乎他們才是發凡起例的人，但窺基、慧苑、雲公、慧琳等人不是承襲他們的註釋體式，而是承襲玄應的註釋體式；他們的著述亡佚也表明它們的影響不大。所以筆者認爲佛典音義的發凡起例者實是玄應。

二 方言音注的研究價值

研究唐代佛典音義中的方言音注,本書主要從文獻學和語言學兩方面切入,因此總結唐代佛典音義中的方言音注的研究價值,也要這兩方面展開,具體如下:

(一)文獻學的價值

輯佚、校勘、考證等是文獻學的基本內容,對唐代佛典音義中的方言音注,筆者分別作了輯佚、校勘、考證等文獻整理工作,以下也分別從輯佚、校勘、考證等方面來總結研究它的文獻學價值。

1. 輯佚

玄應《眾經音義》共給 442 部佛經注了音義,其中方言音注共 596 條,分佈在 139 部佛經音義中。慧琳轉錄玄應的方言音注 474 條,分佈在 108 部佛經音義中。今逐一比對其中的 108 部佛經音義,輯佚出玄應《一切經音義》遺漏的 10 條方言音注,除去和玄應音義的他處重複以及轉錄的訛誤,實際 6 條。

另外,慧琳轉錄的音義和玄應音義在佛經的名稱、被注字、切上字、切下字、直音用字略有差別,二者存在一定數量的版本異文。

2. 校勘

玄應《眾經音義》中有 20 多條方言音注出現了訛誤,情況大致有如下幾種:正俗字轉化、字形近似、記音字的讀音近似、小篆和楷體不統一等造成的訛誤。上述訛誤,有些是後代傳抄造成的,有些是由於玄應大量使用俗字造成的,有些是由於玄應缺乏古音知識如亂用讀音近似的記音字造成的,等等。玄應是唐初的一位"正字"大師,但他有亂用俗字等文字使用不太規範的情況,他的佛典音義不如韻書、字書、儒典音義、史書音義等用字嚴謹。

慧琳《一切經音義》中的"已作"的方言音注總共 308 條,比玄應《眾經音義》的方言音注少,再加之是在前人校勘的基礎上來校勘,因而需要校勘的音注並不多。慧琳有 13 條方言音注出現訛誤,基本上是由形近而造成的。慧琳"尤精字學",這些訛誤中的絕大多數是後世傳抄造成的。相較而言,慧琳用字比玄應規範,亂用俗字等情況較少。

另外,窺基、慧苑、雲公的佛經音義中,由於方言音注數量相對較少,

結　論

需校勘的地方不多，從略。

3. 考證

玄應的"某地音"有"關西音、中國音"和"江南音、吳會間音（江東音）"，二者兩兩有別。雲公與玄應基本相同，大概與因襲玄應的音義有關。慧琳音義無中國音，它的秦音是北方通語的代表；他的江東音、江外吳音所指一樣，都指的是吳音，並非南方通語。窺基把吳音、秦音對舉，與慧琳類似，大概與慧琳的"再詳定"有關。慧苑沒採用"某地音"的術語，從略。

玄應的"某音"中，部分是方音，部分與方音有關等。玄應"使用"的帶音注的方言詞，有些是他暗引的，不能作唐初的方言詞。玄應暗引這些方言詞，並非忠實原著，除版本異文、文字參差外，他還有對歷史上的方言區劃加以"改造"，如把"并冀"改"幽冀"、"江東"改"江南"、"關東"改"山東"。玄應引用的方言詞音注中，極少數是方音，絕大多數是傳承有緒的讀書音。

窺基的"某音"與方音無關。他使用的帶音注的方言詞都是暗引玄應的，因爲玄應撰有《妙法蓮華經音義》，窺基是在玄應的底本上刪改而成的。他引用的方言詞都轉引自玄應，他的絕大部分音注都與玄應相同，祇是對少數音注作了改動。

慧苑的"某音"與方音無關，它是音譯梵文所創製的字音，是當時漢語里不存在的人造音。他引用的方言詞是揚雄《方言》的，它們和今傳本《方言》存在着版本異文；這些方言詞的音注和郭璞音注不相同，有些可能是慧苑根據郭璞的直音轉寫，有些可能是慧苑所"作"。

雲公的"某地音"基本是轉錄玄應的"某地音"。他的"某音"與譯音、訛音以及異文有關，與方音無關，但其中的特殊音注透露了方音。他使用的23條方言音注中，有16條音注與玄應音同，也就是雲公《涅槃經音義》參考了玄應《涅槃經》的註釋文字，他承襲的多，所"創"的少。

慧琳的28條"某地音"中，2條是對玄應相關內容的轉寫，其餘26條是自己所"作"。他的24條"某音"中，3條俗音與方音相關，其餘21條與文字訛誤、詞義引申、義同換讀、音譯、避諱、類推音、訛讀等有關。

— 285 —

他"使用"的帶音注的方言詞，絕大部分是他暗引的，所以筆者認爲他"使用"的方言詞並非是他熟知的時代方言詞。他引用的帶音注的方言詞出自 20 部文獻，超過了玄應的 11 部文獻，他有承襲前人的音注，也有自己所"作"的音注，相較而言，所"作"的音注占多。慧琳的引文問題較多，有誤引、誤標、捏造、自相矛盾、臆改等問題。

總之，玄應發凡起例，是開創者，他的《衆經音義》有"擁篲前驅、導夫先路"的作用；窺基、慧苑、雲公承襲的多，所"創"的少；慧琳承襲的少，所"創"的多，但他的引文不如玄應嚴謹、規範。

另外，窺基《妙法蓮花經音訓》是否以《說文》音爲正，由於唐初的《說文》音今已亡佚，不可考；雲公《涅槃經音義》檢《韻集》以求音，由於《韻集》今已亡佚，不可考；通過把佛典音義中的方言音注和王三比較，筆者發現王三有兼收秦音和吳音的情況。

（二）音韻學的價值

受材料的限制，本書不能描寫出唐代各地的方言音系，僅能歸納出方音特點。本書歸納出唐代方音的主要特點就是它的音韻學價值所在，這些特點表現在：

1. 據《顏氏家訓·音辭篇》記載，南人（包括吳人、楚人）船禪不分，北人能分，是南北朝後期到隋的南北方音的顯著差異。從玄應的反切來看，他的船禪不混，反映了唐初北音在正齒濁塞擦音和濁擦音上形成音位對立的特點。由於唐朝是一個大一統的朝代，語言相對密切的接觸導致差別較大的方言日漸趨同，使得中唐以後北方通語也不分船禪，從慧琳對同一字既注船母也注禪母可看出這一點，它變得與南方方音相似，這是南音北漸的結果。可以類推，從邪分合的情況與此類似，惜唐代佛典音義缺少從邪分合的方音材料。

2. 玄應音義中，中國音有莊組與章組合併的現象，與守溫字母[①]、《皇極經世書聲音圖》[②]相同；秦晉方音有知三組與章組混併的現象，與《開蒙

[①] 它的正齒音祇有"照穿禪審"一組，表明莊、章已合流。
[②] 周祖謨《宋代汴洛語音考·二皇極經世書聲音圖解》："照穿二母兩等同列，當讀同一音。此自唐五代已然。"見《問學集》，中華書局 1983 年版，第 595 頁。

要訓》①、《中原音韻》②相同。在知、莊、章的合流問題上，唐代的中國音、守溫字母、《皇極經世書聲音圖》的照二照三合流與今閩語③相同，佛典音義中的秦晉方音、《開蒙要訓》的知三與章組合流與今贛語、客家話④相同。大概唐代中後期開始，在當時漢語方言中，莊、章組的分合上已有兩種走向，一種是莊、章合併（如中國方言），一種是知三與章組合流（如西北方音）。

3. 唐代各地方言都有照二歸精、舌上歸舌頭、古匣母字讀舌根塞音等存古的遺跡。以古匣母字讀舌根塞音爲例來解釋，中古群母祇和三等韻相拼，而匣母與一、二、四等卻不與三等相拼，二者正好形成音位互補，可作上古匣歸群的理據；李榮《從現代方言論古群母有一、二、四等》也認爲這些匣母字是從群母字變來。也可用先有塞音後有擦音的觀點來解釋上述方言現象。

4. 唐代秦晉方言的滂明混表明它可能有鼻冠濁聲母。類似的情況在不空的對音中也有發現，例如不空用鼻音尾的鼻聲母漢字對梵文的鼻輔音，用無鼻音尾的鼻聲母漢字對梵文的濁不送氣塞音；于闐文字轉寫《金剛經》用 byerä 對"滅"，用 daṃmä 對"南"。今廈門話存在 *mb＞b 的現象，如門讀 bun。今晉方言的并州片、呂梁片、五臺片米脂、志延片安塞等幾十個方言點的鼻音聲母均帶有同部位的塞音成份，將古鼻音聲母明母讀 *mb，泥母讀 *nd，疑母讀 *ŋg。今侗台語、苗瑤語、東部彝語有鼻冠音 mb- 等聲母；吳語、潮汕閩語、海南話有雙唇内爆音 ɓ-

---

① 羅常培《唐五代西北方音》："漢藏對音中知、章兩組不分，《開蒙要訓》也有許多互注的例子，都和這裡（按：指別字異文）的情況相合。"在羅常培羅列了《開蒙要訓》知組、照組互注的 9 個字例中，7 例是知三、章組互注，可能知三和章組已合流。

② 《中原音韻》具體是知二與莊組合流、知三與章組合流。周德清，江西高安人，他的《中原音韻》體現出了贛語的特點。古屋昭弘（1992）在整理《正字通》的反切系統時，發現中古精組的"子祖"、"七才"類可作莊組字的反切上字，中古知三、章兩母可以互切，也表明知二與莊組合流、知三與章組合流。張自烈，江西宜春人，他的《正字通》也體現出贛語的特點。

③ 今閩語中的絶大多數方言是莊章組的字爲一類，知組字不論二、三等都讀塞音 t 類，即知組與莊章組形成二分的局面。

④ 今贛語、客家話的絶大多數次方言片的特點是知二與莊組合流、知三與章組合流，形成兩分的局面。

聲母①。可以說鼻冠濁聲母或先喉塞音或內爆音聲母早已在唐代西北方音中存在，也可類推唐代的吳語、閩語等也存在鼻冠濁聲母或先喉塞音或內爆音聲母，祇是唐代缺乏吳語、閩語的材料來描述它。一般認爲鼻冠濁聲母或先喉塞音或內爆音聲母來自侗台語等的底層，但從唐代西北方言的材料看，唐代西北方音受侗台語影響的可能性較少，本書同意朱曉農的觀點，認爲它是自然音變形成的。

5. 唐代的江南音有舌音入齒的現象。它在今漢語方言較普遍，如贛語陽新（國和）方言里的端透定母的細音字無一例外都讀 ts、ts'②，關中方言"在鄜縣、扶風、岐山、汧陽、麟游、長武、瓜坡等七處有舌尖塞音在 i 前變爲塞擦音的現象"③。這種現象的產生與 i 介音有關，由於 i 具有前高特性，容易滋生出摩擦成份，使 t、t'變成 ts、ts'。

6. 唐代各地漢語方言除吳語不太明顯外，其他各地都存在濁音清化的現象。一般來說，濁擦音最先或最容易清化，濁塞音清化的進程緩慢，濁塞擦音處在中間。筆者觀察佛典音義中的濁音清化的情況也大致如此，如秦晉方言中有濁塞音與清化了的塞音並存的情況，而濁擦音與清化後的擦音一般不並存。唐代方言中的濁音清化有如下三種形態：全濁聲母清化後有一律變送氣清音，與今贛語、客家話、晉語汾河片、徽語大部等相同；全濁聲母清化後有一律變不送氣清音，與今南部吳語、閩語、湘語等相同；全濁聲母按平送仄不送的規則清化，與今官話、粵語等相同。三種清化形態在唐代的各地方言都有零星分佈，不能與今漢語方言形成地域的對應關係。與濁音清化同時還伴隨着濁上變去、平分陰陽的現象。以秦晉方音爲例，平分陰陽相對較少或基本不發生④，

---

① 雙唇ɓ-是發聲最早的內爆音，也是世界上最爲普通常見的內爆音，在東南亞地區的各種語言中廣泛存在，發音時，聲門向下拉減少在聲道裏的空氣，然後釋放，發聲所需要的氣流降低了口腔的真空度，由於口腔真空度較少，就與雙唇鼻音 m-類似，聽感上發生混淆。

② 見萬波《贛語聲母的歷史層次研究》，商務印書館 2009 年版，第 134—135 頁。

③ 見白滌洲、喻世長《關中方音調查報告》，中國科學院 1954 年版，第 102 頁。

④ 今晉方言的并州片的太原、婁煩、古交、清徐、文水、祁縣、孝義、平遙、介休、榆次、太谷、交城、壽陽、榆社 14 個點，上黨片的武鄉、高平 2 個點，張呼片的張家口、張北、康保、康泉、沽源、尚義、懷安、萬全、宣化、崇禮、靈壽、平山、陽原、獲鹿、豐南、灤縣、灤南、元氏、贊皇 19 個點以及呼和浩特、涼城、集寧、豐鎮、太僕寺 5 個點都是平聲不分陰陽。中原官話的隴中片的天水、秦安、通渭、臨夏、廣河、渭源、莊浪、海原、隆德、民和、樂都、同仁等，南疆片的昭蘇、鞏留、伊寧、吐魯番、庫車、溫宿、巴楚等也是平聲不分陰陽。賀巍《中原官話的特性及其內部差別》(《官話方言研究》，方志出版社 2002 年版)："這兩片（隴中、南疆）大都是清代後期由陝甘兩省過去的移民。"由現代方言往上推，筆者認爲唐代的秦晉方音很少平分陰陽。

濁上變去相對較多①。

7. 隋代，尤侯韻的唇音字還沒有與虞模同韻的例子②；唐初，尤侯韻的唇音字纔開始與虞模互押③；中唐以後，白居易等中原詩人的通押漸多④。但操吳語、楚語、燕趙方音⑤的詩人卻不通押，以操楚語的詩人孟浩然的詩韻爲例，他的尤侯不與虞模合韻，就可看出這一點。玄應音義中就有尤侯韻與虞模韻混同的例子，慧琳更是直接標注它是秦音等與吳楚音的差別，即"秦晉方音、中國音、江南音"與"吳語、楚語、燕趙方音"在語音上的顯著區別是尤侯韻的唇音字是否讀虞模韻。另外，慧琳基本不認可吳楚音，表明中唐以後北方方言地位超過了南方方言，取得了相對性的優勢。

8. 由於吳語、楚語是鄰近方言，相互接觸使它們沾染了相同的語音特點，如尤侯不入虞模；但二者也有顯著的區別，如楚語的蕭豪與尤侯基本不混，可從襄陽籍的詩人孟浩然、皮日休的詩韻中看出這一點，從玄應音義、詩韻、對音看，陳隋唐時期的吳語有蕭豪入尤侯的現象，即吳語、楚語在蕭豪是否入尤侯上形成了語音對立。唐代其他方言區也有蕭豪入尤侯的現象。從詩韻看，中唐時期的濟陽、孟津一帶也有此現象；從《千字文》的藏音看，晚唐時期的西北方音也有效攝與流攝混同的現象。今閩方言效

---

① 李涪《刊誤》卷下："又恨怨之恨則在去聲，很戾之很則在上聲。又言辯之辯則在上聲，冠弁之弁則在去聲。又舅甥之舅則在上聲，故舊之舊則在去聲。又皓白之皓則在上聲，號令之號則在去聲。又以恐字若字俱去聲，今士君子於上聲呼恨，去聲呼恐，得不爲有知之所笑乎？"很與恨、辯與弁、舅與舊、皓與號，都是全濁上聲與全濁去聲混。楊耐思《北方話"濁上變去"來源試探》(《學術月刊》1958年第2期)："這是'濁上變去'的早期現象。"

② 李榮《隋韻譜》無遇攝和流攝同韻的例子，見《音韻存稿》，商務印書館1982年版，第138—143、160—163頁。

③ 鮑明煒《初唐詩文韻系》(中國音韻學研究會編《音韻學研究》第二輯，中華書局1986年版，第97頁)："《遇攝》與其他韻攝通押有以下幾個字：流攝厚韻'母、畝、茂'，宥韻'廄'……'母、畝、茂、廄'等都是唇牙音字，可能是這類字在聽感上與虞模接近，或'母、畝、茂'等字的主元音已變同虞模。"鮑明煒從聽感和主元音來解釋，實際上他未注意到通押的詩人的地域。如從地域看，通押的詩人都是北方人，這種現象是北方詩人的方音特點的流露。

④ 白居易《琵琶行》協"住部妒數污度故婦去"，婦是尤上的字，與虞模互押。據儲泰松《唐五代關中詩人的用韻特徵》，魚模部與尤侯部相押隋代無其例，初唐7例，中唐詩韻44例，……多爲尤侯部唇音字押入魚模部，非唇音字押入魚模或魚模部押入尤侯部都比較少見。

⑤ 據丁治民《唐遼宋金北京地區韻部研究》(黃山書社2006年版)的研究，尤侯韻的唇音字與虞模同韻，在唐五代北京地區的詩文很少見到，遼文韻中，整個河北道尤侯韻的唇音字如'畝茂婦浮'等祇與尤侯韻相協，可以說自唐至遼，燕趙方言中的尤侯韻的唇音字基本不與虞模相押。

攝一等逢端、精組聲母有少數字讀與流攝一等文讀同韻，如"老"與"漏"音同。學術界認爲現代吳、閩語有一個共同的底層——江東方言，如丁邦新認爲吳語的前身是閩語，大概今閩方言還保留中古吳語的蕭豪入尤侯的特徵。

9. 唐代京兆一帶的下里間音的冬韻舌音字讀入登韻。唐代西北方音中也有東冬鍾與登同韻的現象，如釋定惠的《俗流悉曇章》（任半塘編著《敦煌歌辭總編》，上海古籍出版社1987年版）："無爲法性妙開通，愚迷衆生隔壁聾，容龍洪舂，普勸同燃智燈。"韻腳字：通（東）聾（東）舂（鍾）燈（登）。冬韻入登韻，在今漢語方言還有遺跡，溫州方言讀"儂"亦爲"能"，蘇州市郊及吳江、昆山一些鄉村東（冬）韻讀如登韻：東=登，懂=等，凍=凳，同=騰，農=能，棕=增，從=層，聾=楞，韻母都是əŋ①。東冬讀入登韻，與合口介音丟失有關。上面的這些例字，都是舌齒音字，舌齒音字失去圓唇化的特徵非常普遍，如武漢話的"團結"的"團"讀 t'an。一般來說，牙喉音字因其聲母發音部位靠後而較能保持母音的圓唇勢，舌齒音字因其聲母發音部位靠前在展唇化過程中每每走在前頭，歷史和現代方言在展唇化的進程中大致如此。

10. 總的來說，重韻不分，一、二等相混，三、四等相混，在唐代北方方言區較普遍；南人在南北朝至唐初能分魚虞、支脂、洽狎、清青等，但北音南下，南人在分韻上部分也逐漸具有北語的特點，變得與北音相似，祇是演變略爲滯後。

11. 從佛典音義中筆者發現上古之部字在唐代吳音讀蟹攝一等，而山東（崤山以東）音讀止攝三等；從顏師古《匡謬正俗》、釋元康《肇疏論》等材料筆者也發現上古之部字在唐代吳音中有讀止攝三等的情況，表明唐代南方也有三等介音的增生。可能三等介音的增生在唐代各地方音中較普遍，唐代方言並不能證明"三等介音的增生最初祇見於北方"②的觀點。

12. 玄應音義中的江南音、窺基音義中的秦音有四等韻讀洪音的現象，慧琳音義中的吳語有洪音讀入四等韻的現象。四等韻與洪音關係密切，例

---

① 見徐時儀《一切經音義三種校本合刊·緒論》，上海古籍出版社2008年版，第95頁。
② "三等介音的增生最初祇見於北方"見於鄭張尚芳《漢語介音的來源分析》，《語言研究》1996年增刊。

如《切韻》的反切上字一、二、四等爲一類，三等爲一類，李榮《切韻音系》認爲四等韻讀洪音。四等韻與洪音混併的現象在今南方方言中廣泛存在，如李如龍（1984）發現在一些保留較多古音特點的方言如閩語中，有不少四等字仍讀洪音；廣東連州豐陽土話除蕭韻外，其他的四等韻有今讀洪音的現象[①]；湘西鄉話也有"純四等韻讀洪音"的早期語言現象[②]。類似的情況在侗台、苗瑤語中大量存在，如雞（見齊開四），侗台語如布依語等讀 kai；底（端齊開四），苗瑤語如畬語讀 tai。所以筆者認爲它部分是古音的殘留，部分與侗台、苗瑤語等的接觸有關，部分是自然音變的結果。

13. 二等韻的舌根音、喉音字中古以後北方官話滋生出 i 借音，而唇音字一般不滋生 i 借音。唐代的吳音把二等的唇音字讀成三等，如貓讀苗，是特有的方音現象。貓讀苗，今武漢、成都、長沙、南昌、福州、建甌的文讀和梅縣、陽江話也是如此[③]。貓讀苗不形成音位對立，大概因爲貓叫聲爲苗，就用苗轉指貓，這是一種語音借代的現象，在方言中普遍存在。

14. 各地聲調相混的情況較多，如"秦隴則去聲爲入"、"秦人去聲似上"、"梁益則平聲似去"、"吳人上聲似去"，聲調相混的因素較複雜，有些可能與全濁聲母的清化、輔音韻尾的丟失等有關，有些可能與各地的調值不同等有關。筆者認爲調值是主要原因之一，唐代各地方言中同一調類的調值應該不同，它是多少已不可考，但可從現代漢語方言的調值逆推出歷史上的各地方音中同一調類的調值是不同的結論，如民國時期北平的去聲是高降調，咸陽人聽起來像他的上聲，臨淄人聽起來像他的陽平[④]。

15. 唐代佛典音義中各地方言里的洪音讀細音的例子較多，而細音讀洪音的較少，也就是說，洪音讀細音比細音讀洪音的現象較普遍，與今現代漢語方言的情況類似[⑤]。也就是說 i 介音增生的現象在唐代就存在，非現

---

① 見莊初升《連州市豐陽土話的音韻特點》，《語文研究》2001 年第 3 期。
② 見楊蔚《湘西鄉話音韻研究》，暨南大學博士學位論文，2004 年。
③ 見王福堂《漢語方音字彙》，語文出版社 2008 年版，第 178 頁。
④ 見趙元任《方音聲調比較表》。
⑤ 鄭張尚芳《方言介音異常的成因及 e>ia、o>ua 音變》（《語言學論叢》第 26 輯，商務印書館 2002 年版）列舉了漢語南方方言的喉音、舌音中的一等韻字讀細音的許多例子；喬全生《晉方言語音史研究》（中華書局 2008 年版，第 307—311 頁）指出晉方言中的并州片、呂梁片和中原官話中的汾河片見系一等韻字讀細音，晉方言的大包片流攝開口一等字讀細音。而細音讀洪音一般是返祖的現象，相對較少。

代方言的特例。它大概與"人類的語音力度變小、發音越來越省力"等因素有關。

16. 從玄應、慧琳等音義材料中，很難發現平分陰陽的語音現象，反切注音、詩韻、對音等材料也基本不反映平分陰陽的情況，筆者認爲其中的原因之一可能與反切注音、詩韻等不易反映平分陰陽有關，但筆者相信唐代平分陰陽的現象基本不發生，因爲如果真的發生了平分陰陽，唐人不會沒有感知不去記載它。不能據"《中國語言地圖集》收錄的930個方言點中僅有24個點平聲不分陰陽，而漢語方言中平分陰陽的分佈比濁上變去、入派三聲要廣得多"的現象，就認爲平分陰陽早於濁聲母的清化、濁上變去、入派三聲等[①]，因爲在唐代的文獻記載中有大量的濁上變去、入聲韻尾的弱化脫落、濁音清化等材料。

17. 陰陽對轉、陰入對轉、塞音韻尾互注在各地方言中較普遍，即韻尾-p、-t、-k、-m、-n、-ŋ弱化脫落的情況較普遍。對漢語音節來說，韻尾非音節的核心，處於音節的邊緣，易遭忽視。忽視的東西容易弱化或丟失。一般來說，響度不高的塞尾-p、-t、-k先弱化或脫落，響度略高的鼻尾-m、-n、-ŋ後弱化或脫落。總的來說，韻尾的弱化脫落是純語言的問題，與文化、習俗等關係不大。

18. 方音演變的特例較多，如送氣與不送氣混、-n與-ŋ混、開合混等，這些演變大部分不符合音變規律，可能是"聲訛轉"等造成的，也可能是"逆"變造成的等。

以上是唐代各地方音的主要特點，至於次方言片的語音特點，同一大的次方言片也不盡相同，且這些特點較零碎，佛典音義反映得也不充分，略去。

[①] "平分陰陽現象早於濁母的清化"的觀點見於維基百科"平分陰陽"的詞條和李巧蘭《北方官話方言全濁聲母清化和入聲消失的次序》(《石家莊學院學報》2012年第4期)等，"平分陰陽早於入派三聲"的觀點見於李樹儼《論"平分陰陽，入派三聲"》(《語文研究》2000年第1期)。

參考文獻

一 佛典音義文本類

（唐）玄應撰：《一切經音義》，《中華大藏經》（漢文部分）第五六冊，中華書局 1993 年版。

（唐）慧琳撰：《一切經音義》，《中華大藏經》（漢文部分）第五六、五七、五八、五九冊，中華書局 1993 年版。

（唐）慧苑述：《新譯大方廣佛華嚴經音義》，《中華大藏經》（漢文部分）第五九冊，中華書局 1993 年版。

（唐）玄應撰：《一切經音義》，《趙城金藏》第九十、九一冊，北京圖書館出版社 2008 年版。

（唐）慧苑述：《新譯大方廣佛華嚴經音義》，《趙城金藏》第九一冊，北京圖書館出版社 2008 年版。

（唐）玄應、慧琳等撰，徐時儀校注：《一切經音義三種校本合刊》，上海古籍出版社 2008 年版。

張湧泉主編、審訂：《敦煌經部文獻合集·小學類·佛經音義之屬》第十、十一冊，中華書局 2008 年版。

《大正新修大藏經》檢索系統，臺北中華電子佛典協會（CBETA）。

二 其他古代文本類

（東漢）班固撰，（唐）顏師古注：《漢書》，中華書局 1964 年版。

（唐）顏師古：《匡謬正俗》，文淵閣四庫全書本。

（唐）劉肅：《大唐新語》，中華書局 1984 年版。

（唐）蘇鶚：《蘇氏演義》、《杜陽雜編》，文淵閣四庫全書本。

（唐）段成式：《酉陽雜俎》，文淵閣四庫全書本。

（唐）封演：《封氏聞見記》，文淵閣四庫全書本。

（唐）李涪：《刊誤》，文淵閣四庫全書本。

（唐）李肇：《唐國史補》，文淵閣四庫全書本。

（唐）李匡乂：《資暇集》，中華書局 1985 年版。

三　現代研究專著類

馬伯樂：《唐代長安方言考》，中華書局 2005 年版。

黃淬伯：《唐代關中方言音系》，中華書局 2010 年版。

黃淬伯：《慧琳一切經音義反切考》，中華書局 2010 年版。

羅常培：《唐五代西北方音》，商務印書館 2012 年版。

羅常培、周祖謨：《漢魏晉南北朝韻部演變研究》，中華書局 2007 年版。

周祖謨：《問學集》，中華書局 1966 年版。

周法高：《玄應反切考》，《史語所輯刊》20 本，1948 年。

李榮：《隋韻譜》，《音韻存稿》，商務印書館 1982 年版。

李榮、熊正輝、張振興等：《中國語言地圖集》，香港朗文（遠東）出版公司 1987 年版。

袁家驊等：《漢語方言概要》，語文出版社 2006 年版。

[英]麥克唐奈：《學生梵語語法》，張力生譯，商務印書館 2011 年版。

李范文：《宋代西北方音》，中國社會科學出版社 1994 年版。

王福堂：《漢語方言語音的演變和層次》，語文出版社 2005 年版。

高田時雄：《敦煌·民族·語言》，中華書局 2005 年版。

葉寶奎：《明清官話音系》，廈門大學出版社 2001 年版。

錢乃榮：《北部吳語研究》，上海大學出版社 2003 年版。

曹志耘：《南部吳語語音研究》，商務印書館 2002 年版。

方廣錩：《中國寫本大藏經研究》，上海古籍出版社 2006 年版。

王洪君：《漢語非綫性音系學》，北京大學出版社 1999 年版。

萬獻初：《漢語音義學論稿》，中國社會科學出版社 2012 年版。

華學誠：《周秦漢晉方言研究史》，復旦大學出版社 2007 年版。
萬波：《贛語聲母的歷史層次研究》，商務印書館 2009 年版。
喬全生：《晉方言研究史》，中華書局 2008 年版。
朱曉農：《語音學》，商務印書館 2010 年版。
周振鶴、游汝杰：《語言與中國文化》，上海人民出版社 1986 年版。
姚永銘：《慧琳〈一切經音義〉研究》，江蘇古籍出版社 2003 年版。
徐時儀、陳五雲、梁曉虹主編：《佛經音義研究》（首屆佛經音義研究國際學術研討會論文集），上海古籍出版社 2006 年版。
徐時儀：《玄應和慧琳〈一切經音義〉研究》，上海世紀出版集團、上海人民出版社 2009 年版。
儲泰松：《唐五代關中方音研究》，安徽大學出版社 2005 年版。
于亭：《玄應音義研究》，中國社會科學出版社 2009 年版。
黃仁瑄：《唐五代佛典音義研究》，中華書局 2011 年版。
李華斌：《昭明文選音注研究》，巴蜀書社 2013 年版。

四　現代研究論文類

鮑明煒：《初唐詩文的韻系》，《音韻學研究》第二輯，中華書局 1986 年版。
陳大爲：《唐五代湖北地區文人古體詩與韻文用韻系統考》，《湖北社會科學》2012 年第 7 期。
陳海波、尉遲志平：《五代詩韻系略說》，《語言研究》1998 年第 2 期。
儲泰松：《梵漢對音與中古音研究》，《古漢語研究》1998 年第 1 期。
儲泰松：《唐代的秦音與吳音》，《古漢語研究》2001 年第 2 期。
儲泰松：《唐五代關中文人的用韻特徵》，《安徽師範大學學報》2002 年第 3 期。
儲泰松：《唐代音義所見方音考》，《語言研究》2004 年第 2 期。
儲泰松：《中古佛典翻譯中的"吳音"》，《古漢語研究》2008 年第 2 期。
儲泰松：《唐代的方言研究及其方言觀念》，《語言科學》2011 年第 2 期。
儲泰松：《窺基〈妙法蓮華經玄贊〉所據韻書考》，《古漢語研究》2011 年第 4 期。

陳王庭著，方廣錩修改審定：《〈玄應音義〉目錄》，《藏外佛教文獻》第二編（總第十五輯）。

方一新：《玄應〈一切經音義〉卷一二〈生經〉音義劄記》，《古漢語研究》2006 年第 3 期。

馮國棟：《窺基的四重二諦理論》，《五台山研究》2006 年第 2 期。

傅新軍：《唐末貫休詩歌用韻考及其所反映的方音特點》，《中南大學學報》2012 年第 1 期。

韓小荊：《玄應〈一切經音義〉註釋指瑕》，《湖北大學學報》2012 年第 3 期。

黃仁軒：《玄應音系中的舌音、唇音和全濁聲母》，《語言研究》2006 年第 2 期。

黃仁軒：《唐五代佛典音義音系中的舌音聲母》，《語言研究》2007 年第 2 期。

黃仁軒、聶宛忻：《慧苑音系聲紐的研究》，《古漢語研究》2007 年第 3 期。

黃仁軒：《唐五代佛典音義音系中的全濁聲母》，《語言科學》2010 年第 4 期。

黃仁軒：《唐五代佛典音義音系中的牙音聲母》，《漢語學報》2011 年第 1 期。

黃仁軒：《〈瑜伽師地論〉之玄應"音義"校勘舉例》，《古漢語研究》2012 年第 2 期。

黃易青：《〈守溫韻學殘卷〉反映的晚唐等韻學及西北方音》，《北京師範大學學報》2007 年第 3 期。

李豐園：《武玄之〈韻詮〉考述》，《南陽師範學院學報》2004 年第 3 期。

李建強：《P.T.396 的版本來源及其反映的漢語語音現象》，《語言研究》2013 年第 2 期。

李樹儼：《論"平分陰陽，入派三聲"》，《語文研究》2000 年第 1 期。

劉根輝、尉遲志平：《中唐詩韻系略說》，《語言研究》1999 年第 1 期。

柳玉宏：《六朝唐宋方言研究綜述》，《寧夏大學學報》2006 年第 6 期。

李巧蘭：《北方官話方言全濁聲母清化和入聲消失的次序》，《石家莊學院學報》2012 年第 4 期。

李無未：《韋應物詩韻系》，《延邊大學學報》1994 年第 2 期。

魯國堯：《客、贛、通泰方言源於南朝通語說》，《魯國堯自選集》，大象出版社 1994 年版。

魯國堯：《顏之推之謎及其半解》（上、下），《中國語文》2002 年第 6 期；2003 年第 2 期。

羅常培：《漢語方音研究小史》，《羅常培語言學論文集》，商務印書館 2004 年版。

苗昱、陶家駿：《〈華嚴音義〉聲類考》，《蘇州大學學報》2005 年第 2 期。

苗昱、陶家駿：《〈華嚴音義〉韻部研究》，《南京曉莊學院學報》2008 年第 5 期。

聶鴻音：《粟特語對音資料和唐代漢語西北方言》，《語言研究》2006 年第 2 期。

聶宛忻：《玄應〈一切經音義〉中的借音》，《南陽師範學院學報》2003 年第 11 期。

喬輝：《高麗藏本〈慧苑音義〉與玄應〈一切經音義〉之"大方廣佛華嚴經音義"相較說略》，《語文學刊》2011 年第 6 期。

時塚晴通：《玄應〈一切經音義〉的西域寫本》，《敦煌研究》1992 年第 2 期。

時永樂、門鳳超：《唐代的方言著作》，《文獻》2007 年第 2 期。

孫伯君：《西夏譯經的梵漢對音與漢語西北方音》，《語言研究》2007 年第 1 期

孫其芳：《敦煌詞中的方音釋例》，《甘肅社會科學》1982 年第 3 期。

王華權：《〈一切經音義〉高麗藏版本再考》，《咸寧學院學報》2009 年第 4 期。

王軍虎：《晉陝方言的"支微入魚"現象和唐五代西北方音》，《中國語文》2004 年第 3 期。

王力：《玄應〈一切經音義〉反切考》，《語言研究》1982 年第 1 期。

汪啟明：《古蜀語諸家論述纂要》，《楚雄師範學院學報》2012 年第 2 期。

王曦：《〈玄應音義〉磧沙藏系改動原文文字情況考察》，《合肥師範學院學報》2011 年第 4 期。

王曦：《〈玄應音義〉磧沙藏系與高麗藏系異文比較》，《古漢語研究》2012 年第 3 期。

王耀東：《唐宋方言學史研究策略》，《中南大學學報》2013 年第 1 期。

汪銀峰：《〈慧琳音義〉研究綜述》，《煙臺師範學院學報》2004 年第 1 期。

文亦武：《慧琳〈一切經音義〉成書年代考實及其他》，《古籍整理研究學刊》2000 年第 4 期。

吳繼剛：《〈玄應音義〉中的案語研究》，《五邑大學學報》2009 年第 2 期。

熊江平：《杜牧詩韻考》，《青海師範大學學報》1995 年第 1 期。

許建平：《杏雨書屋玄應〈一切經音義〉殘卷校釋》，《敦煌研究》2011 年第 5 期。

徐時儀：《玄應〈眾經音義〉方俗詞考》，《上海師範大學學報》2004 年第 4 期。

徐時儀：《玄應〈眾經音義〉方言俗語詞考》，《漢語學報》2005 年第 1 期。

徐時儀：《玄應〈眾經音義〉引〈方言〉考》，《方言》2005 年第 1 期。

徐時儀：《玄應〈眾經音義〉口語詞考》，《南開語言學刊》2005 年第 1 期。

徐時儀：《敦煌寫本〈玄應音義〉考補》，《敦煌研究》2005 年第 1 期。

徐時儀：《玄應〈一切經音義〉注音依據考》，《黔南民族師範學院學報》2005 年第 2 期。

徐時儀：《玄應〈眾經音義〉的成書和版本流傳考探》，《古籍整理研究學刊》2005 年第 4 期。

徐時儀：《金藏、麗藏、磧沙藏與永樂南藏淵源考》，《世界宗教研究》2006

年第 2 期。

徐時儀：《俄藏敦煌寫卷〈放光般若經〉音義考斠》，《古籍整理研究學刊》2008 年第 3 期。

徐時儀校注：《一切經音義三種校本合刊·緒論》，上海古籍出版社 2008 年版。

徐時儀：《玄應〈一切經音義〉寫卷考》，《文獻》2009 年第 1 期。

徐時儀：《略論〈一切經音義〉與音韻學研究》，《杭州師範大學學報》2009 年第 6 期。

徐時儀：《略論佛經音義的校勘》，《杭州師範大學學報》2011 年第 5 期。

楊蔚：《湘西鄉話音韻研究》，暨南大學博士學位論文，2004 年。

尉遲治平、朱煒：《梵文"五五"字譯音和玄應音的聲調》，《語言研究》2011 年第 4 期。

于浩淼：《溫庭筠詞的用韻》，《南陽師範學院學報》2003 年第 5 期。

張固也：《〈資暇集〉作者李匡文的仕履與著述》，《文獻》2000 年第 4 期。

張金泉：《敦煌佛經音義寫卷述要》，《敦煌研究》1997 年第 2 期。

張金泉：《P.2901 佛經音義寫卷考》，《杭州大學學報》1998 年第 1 期。

張敏：《皮日休、陸龜蒙詩文用韻比較研究》，山東師範大學碩士學位論文，2006 年。

張鉉：《慧琳〈音義〉的方音注音體例及其價值》，《中山大學學報》2010 年 3 期。

張鉉：《再論慧琳〈音義〉中的"吳音"》，《語文學刊》2010 年第 4 期。

趙蓉、尉遲志平：《晚唐詩韻系略說》，《語言研究》1999 年第 2 期。

鄭偉宏：《窺基〈因明入正理論疏〉研究》，《復旦學報》2005 年第 3 期。

鄭張尚芳：《漢語介音的來源分析》，《語言研究》1996 年增刊。

趙振鐸：《唐人筆記裏面的方俗讀音》（一），《漢語史研究集刊》第二輯，巴蜀書社 2000 年版。

趙振鐸：《唐人筆記裏面的方俗讀音》（二），《漢語史研究集刊》第三輯，巴蜀書社 2000 年版。

周祖謨:《唐五代的北方語音》,《語言學論叢》第十五輯,商務印書館 1988 年版。

周祖謨:《切韻與吳音》,《問學集》中華書局 1966 年版。

莊初升:《連州市豐陽土話的音韻特點》,《語文研究》2001 年第 3 期。

後　記

　　唐代佛典音義記錄了唐代方音的第一手材料，在歷史語音的研究上它的地位無與倫比。在前人研究的基礎上，筆者結合了筆記小說、敦煌文獻、詩韻、對音、現代漢語方言、少數民族語言等材料來描寫唐代方音的特點，最終完成了這部書稿。這部書稿花費了筆者大量的時間和精力，書稿完成後，並無如釋重負的感覺，總覺得意猶未盡，這裡差一點，那裡缺一點，可能與佛典音義中的方音材料太少有關，更大的可能是與自己的學識不夠有關。自己特別愛讀書，自認爲讀了很多書，但完成這部書稿以後，總覺得讀書太少，知識不夠用，可能以前是井底之蛙，所見太少罷了。

　　筆者上學甚早，但年輕的時候時運不濟，迫於生計壓力，旁鶩或被迫旁鶩太多，以致入行太晚，不惑之年纔拿到博士學位。"不惑"以後，回絕了一些不必要的應酬和交際，閉關修煉，每天除了上課外，就是看書、寫字，總感覺時間不夠用，腦袋不好使，精力越來越差。人這一輩子祇知與世沉浮，每天消耗淡水、空氣、食物等，而不做點實事，如果這樣，我是心有不甘的。現在勉強交出了這部書稿，又覺得惶恐，大概所創太少，怕浪費紙張、筆墨等，心裡慚愧、糾結。本書疏漏之處甚多，恐難報師友厚望，祈海內方家的批評指正，不勝感激。

　　雖然碌碌無爲，但也得到國家、社會、師友、家庭等關心、支持、幫助、奉獻。回想自己從小學讀書到博士畢業，基本沒交學費，這是國家的培養、支持！必須多干點實事，少一點牢騷，盡努力來回報國家。在自己的成長路上，每到關鍵的時候，總有相關的學校爲我提供薪資，讓我能養家餬口，必須盡力工作，對得起這份薪資。更重要的是自己所吃的食物，都取之於自然，因爲我的活着，一些生物失去了生命，要對這些冤親債主贖罪，衆生平等，不能蔑視低等級的生命，儘量少消耗一點食物，來表達對自然的愧疚。感謝韋煜院長、石雲輝院長和楊再波處長對本書出版的關心；感謝超星學術，它爲我提供了許多未曾謀面的先生的講座，如孫宏開、戴慶夏、王士元、李如龍、吳福祥、江荻、黃行、李錦芳等；感謝中國知網和知識人的學術資料，也有一些陌生的好人把資料無償傳到網上，使我不必親自遠赴讀書館等去查找。在這本書的出版上，審稿、編輯、校對、排版、印刷等工作花費了相關人員的大量時間和精力，在此向他們表示謝意！我太專注於所謂的事業，忽視對家人、師友等的情感交流，在這裡，必須要表達對他們的歉意！

目前自己走的這條路，十分孤寂漫長，需要坐一輩子的冷板凳，切忌浮躁和急功近利。好在已有很多前輩作出了榜樣，有他們作伴，我想，如果定力、悟性夠的話，自己是不會寂寞的，也借此來勉勵自己。

是爲記。

李華斌

2013 年 9 月 22 日凌晨於都勻紫竹苑寓所